大学语文

DAXUE YUWEN

精编版

JINGBIAN BAN

主　编◎黎晓莲

参　编◎李　婷　吴　莹　张星星
　　　　陆燊佳　徐　萍　黄妮妮
　　　彭晓玲　鲁清清

重庆大学出版社

内容简介

本书是《大学语文》(2016年由重庆大学出版社出版)的精编版,在保持原书体例不变的前提下,仍然采取传统的"文选"模式,以史为纲,从审美的角度,系统且精炼地编选了部分古今中外名著名篇。每篇文选都附有作者简介、注释、译文、导读以及思考问题,既有文学史的宏观视野,又有名篇赏析的微观审视;既有阅读审美的方法介绍,也有为人处世的直观感悟;既适合教师课堂导读,也适合学生课余自学。本书独具特色、篇幅适中,尤其适合应用型大学非中文专业通识类课程使用,也可以作为电大、网教、自考等选用教材。

图书在版编目(CIP)数据

大学语文 : 精编版 / 黎晓莲主编. -- 重庆 : 重庆
大学出版社,2019.4(2022.1重印)
ISBN 978-7-5689-1527-4

Ⅰ.①大… Ⅱ.①黎… Ⅲ.①大学语文课—高等学校
—教材 Ⅳ.①H193.9

中国版本图书馆 CIP 数据核字(2019)第 041738 号

大学语文：精编版
主 编 黎晓莲
责任编辑:杨 漫 版式设计:黄俊棚
责任校对:万清菊 责任印制:赵 晟

*

重庆大学出版社出版发行
出版人:饶帮华
社址:重庆市沙坪坝区大学城西路 21 号
邮编:401331
电话:(023) 88617190 88617185(中小学)
传真:(023) 88617186 88617166
网址:http://www.cqup.com.cn
邮箱:fxk@ cqup.com.cn(营销中心)
全国新华书店经销
重庆华林天美印务有限公司印刷

*

开本:787mm×1092mm 1/16 印张:14.75 字数436千
2019 年 4 月第 1 版 2022 年 1 月第 2 次印刷
印数:2 001—4 000
ISBN 978-7-5689-1527-4 定价:37.00 元

说　明

　　本书是在 2016 年出版的《大学语文》(重庆大学出版社出版)的基础上修订而成。在修订过程中,本书仍然坚持以弘扬中国传统文化为原则,以适应技术应用型大学教学改革为目标,以编写适合该类大学学生实际情况的新型教材为宗旨,在保持原有编写体例和结构不变的基础上,削减、压缩、精简、调整了部分内容,并请有关专家对古代作品的注释、作家作品简介以及导读部分,重新进行了审阅和修正,使得这本教材更加精炼易学,也更适合课时较少、基础较薄弱的学生使用。

　　本书在修订过程中,同样得到本校教研室老师以及许多同行、专家的帮助和大力支持,在此一并致谢。

编　者

2018 年 10 月 1 日

前　言 PREFACE

　　全面实施素质教育,是我国现阶段教育改革的主要目标,而培养复合型、创新型以及技术应用型人才,则是目前高校人才培养的首要目标。自 2014 年教育部工作要点明确提出加强国民文化素质教育以来,加强大学生的文化素质教育则是我国高等教育改革的一项重要举措,各种教学、考试改革试点及新型教材应运而生。在这种宏观背景之下,"大学语文"作为一门极为重要的素质教育课程,也必须适应新的教育环境和教育理念。同时,技术应用型大学作为大学改革的主流,也被赋予了新的要求和新的使命,为提高教学质量,迫切需要编写具有针对性的高质量的专门教材。

　　语文教育即母语教育,也是母语文化教育。中国及世界各国文学作品是各民族智慧的结晶,是民族精神与传统文化的载体,也是产生民族向心力和人文精神的原始动力。大学生作为传承者之一,其作用举足轻重,"大学语文"则是培养大学生综合人文素质的基础学科,其目的是在一个更高的层次上加强学生的语言表达、交流与沟通能力。在当今社会精神"沙漠化"和大学生人文素养下降的危机之下,学习古今中外经典名著名篇,不仅能增强学生对善恶美丑的鉴别能力,还能在潜移默化中净化心灵,陶冶情操,提升人格,更能丰富想象力,增强创新力。

　　目前高校的大学语文教材不下千种,在编排模式和体例上也作了不同程度的探索和创新,如有以阅读能力、书面表达能力和口头表达能力为模块的编写,有以语言编、文化编、文学编、艺术编、科技编、交流编为体例的编写,有以汉语基础、应用写作、文学选讲为体例的编写,有以文化专题为模块的编写等,这些探索和创新给我们的编写提供了有力的借鉴和启发。基于以上认识,我们在充分调研技术应用型大学学生现状的基础上,结合其文化素养的实际情况,对此次编写作了一些新的尝试。

　　为配合落实国家大力提倡的传承优秀传统文化的政策,增强学生的古典文学修养,提高其综合人文素质,本教材在编写时依然采取传统直观的"文选"模式,以史为纲,按照古今中外文学史的发展脉络,从古到今,从中到外,精选各个时期的经典作品。每篇文选都附有作者简介、注释、译文、导读以及思考问题,既有文学史的宏观视野,又有名篇赏析的微观审视;既有阅读审美的方法介绍,也有为人处世的直观感悟;既适合教师课堂导读,又适合学生课余自学。其中,作者简介从文学史的角度概述了该作家的生平经历、文学贡献,以及在文学史上的地位和影响。导读部分紧扣文本,从背景知识、思想主旨、结构安排、语言风格、影响启发等方面入手,皆短小精悍,准确全面,力在拓展学生视野,帮助其深入理解。在内容上,中国古代文学作品所占比重最大,其次是中国现当代文学和外国文学,皆按照时间顺序将不同时期的不同作家和作品依次编写,使学生对古今中外文学的发展有更加宏观的认识和了解。所选篇目皆以引发学生兴趣为主旨,兼顾知识性、思想性和可读性,同时注重题材的广泛性和风格的多样性。书中所选古文作品较多,能有效地引导学生对优秀传统文化的重视,并提高其古文阅读、赏析能力。本书与其他教材相比有较大的不同,也更适合技术应用型大学学生的阅读、学习能力的提升。

在本书的编写中,除了本教研室的老师黎晓莲、李婷、徐萍、黄妮妮倾力撰写外,还得到我校机电学院的彭晓玲老师,《书法报》的鲁清清,武汉大学在读研究生张星星、陆燊佳、吴莹等人的大力支持,在此一并致以最诚挚的谢意!

由于编者水平有限,书中难免存在疏漏之处,敬请同行专家及广大读者批评指正。

编　者

2019 年 1 月

目　录
CONTENTS

关雎[1]

《诗经》

　　《诗经》是我国第一部诗歌总集,收集了自西周初年至春秋中叶五百多年的诗歌三百零五篇。先秦称《诗经》为《诗》,或取其整数称"诗三百""三百篇",西汉时被尊为儒家经典,才称为《诗经》并沿用至今。《诗经》约成书于春秋时期。汉代传授《诗经》的有齐(辕固)、鲁(申培)、韩(韩婴)、毛(毛苌)四家。东汉以后,齐、鲁、韩三家先后亡失,毛诗仅存。

　　《诗经》内容分为"风、雅、颂"三部分。"风"即"十五国风",是十五个诸侯国或地区的民歌,包括周南、召南、邶、鄘、卫、王、郑、齐、魏、唐、秦、陈、桧、曹、豳,其中周南、召南产生于汉水和长江中游,其余为黄河中下游,共一百六十篇;"雅"主要是朝廷乐歌,分大雅和小雅,共一百零五篇;"颂"主要是宗庙乐歌,有周颂、鲁颂、商颂,共四十篇。《诗经》题材广泛、内容丰富,生动再现了西周至春秋年间的社会状况与民情风俗,特别是"国风"保存了当时劳动人民的口头创作特色,表达了他们的思想感情和生活认知。《诗经》大多句式优美,以四言为主,重章叠句,一唱三叹,回环往复,摇曳多姿。其语言准确形象,朴素鲜明,蕴藉含蓄,具有较强的感染力。后人总结其表现手法为"赋、比、兴",与"风、雅、颂"合称"六义"。"赋"即铺陈叙述(敷陈其事而直言之也);"比"即比喻、譬喻(以彼物比此物也);"兴"即借助其他事物作为诗歌的开头(先言他物以引起所咏之词也)。《诗经》"饥者歌其食,劳者歌其事"的现实主义精神,奠定了我国古典诗歌的现实主义基础,是中国现实主义文学的第一座里程碑,在我国乃至世界文化史上都占有极高的地位。

【原文】

　　关关[2]雎鸠[3],在河之洲[4]。窈窕淑女[5],君子[6]好逑[7]。

　　参差[8]荇菜[9],左右流之[10]。窈窕淑女,寤寐[11]求之。

　　求之不得,寤寐思服[12]。悠哉悠哉[13],辗转反侧[14]。

　　参差荇菜,左右采之。窈窕淑女,琴瑟友之[15]。

　　参差荇菜,左右芼[16]之。窈窕淑女,钟鼓乐之[17]。

【注释】

　　[1]本篇选自《诗经·国风·周南》。《周南》是《诗经·国风》中的部分作品,因在周王都城的南面而得名,同时"南"又是方位之称,在周代习惯将江汉流域的一些小国统称之"南国"或"南土""南邦",所以诗的编辑者便将采自江汉流域许多小国的歌词,连同受"南音"影响的周、召一些地方采集来的歌词,命名为"周南""召南",以与其他十四国风在编排的形式上整齐划一。《诗经·国风·周南》总计十一篇:《关雎》《葛覃》《卷耳》《樛木》《螽斯》《桃夭》《兔罝》《芣苢》《汉广》《汝坟》《麟之趾》。

　　[2]关关:象声词,雎鸠二鸟鸣和声。

　　[3]雎鸠(jū jiū):一种水鸟名,即王雎。一说鱼鹰。

　　[4]洲:水中央的陆地。

　　[5]窈窕(yǎo tiǎo)淑女:贤良美好的女子。窈窕:身材体态美好的样子。淑:好,善良。

　　[6]君子:当时对贵族阶级男子的通称。

　　[7]好逑(hǎo qiú):此为动词,即爱慕而希望成为配偶的意思。好:男女相悦的样子。逑:同"仇",配偶。

[8]参差:长短不齐的样子。

[9]荇(xìng)菜:水草类植物。圆叶细茎,叶心脏形,浮在水面,根生水底,可供食用。

[10]左右流之:时而向左、时而向右地采摘荇菜。此以摘取荇菜隐喻"君子"追求"淑女"。流:同"摎",摘取或捋取。

[11]寤寐(wù mèi):醒和睡。寤:睡醒。寐:睡着。

[12]思服:思念。服:思念。

[13]悠哉悠哉:即"悠悠",就是长。这句是说思念绵绵不断。

[14]辗转反侧:翻来覆去不能安睡。辗:古作"展",即"转"。反:覆身而卧。侧:侧身而卧。

[15]琴瑟友之:用弹琴鼓瑟来亲近她。琴、瑟:皆弦乐器。友:用作动词,亲近。

[16]芼(mào):择取,挑选。

[17]钟鼓乐之:用钟鼓奏乐来使她快乐。乐:使……快乐。

【译文】

关关和鸣的雎鸠,相伴在河中小洲。那美丽贤淑的女子,是君子追求的好配偶。

参差不齐的荇菜,从左到右去捞它。那美丽贤淑的女子,醒来睡去都想追求她。

追求却没法得到,白天黑夜思念她。长长的思念哟,叫人翻来覆去难睡下。

参差不齐的荇菜,从左到右去采它。那美丽贤淑的女子,奏起琴瑟来亲近她。

参差不齐的荇菜,从左到右去拔它。那美丽贤淑的女子,敲起钟鼓来取悦她。

【导读】

《国风·周南·关雎》是《诗经》的第一篇,诗中赞美纯情真爱,颂扬坚贞不渝,倡导对女性人格的尊重。《关雎》把古代男女恋情作为社会风俗习尚描写出来,有助于我们了解古代男女相会、互相爱慕并希望成婚的心理状态。

该诗可以分为三章。第一章见物起兴,"关关雎鸠,在河之洲",为我们展开了一幅春暖花开、百鸟争鸣的美好画面,这里作者以比兴手法写出一片相思之情。"窈窕淑女,君子好逑",这正是自己所向往的。第二章直率地表露追慕之心和缠绵悱恻的相思之苦。"参差荇菜"承"关关雎鸠"而来,也是以洲上生长之物即景生情。"求之不得",写出了迫切的思念之情;"辗转反侧",写出了思念已夜不成眠。"求"字是全篇的中心,整首诗都在表现男子对女子的追求过程,即从深切的思慕到实现结婚的愿望。第三章,抒发求之而不得的忧思和求而得之的喜悦。"琴瑟友之",他想用为姑娘弹琴、唱歌这种办法来接近姑娘,赢得姑娘的芳心,这样想着,他仿佛看到了希望的曙光,"琴瑟友之""钟鼓乐之",都是既得之后的情景。他骑着大马,带着迎亲的队伍,吹吹打打,将那位他日思夜想的姑娘娶回家了。通篇诗是写一个男子对女子的思念和追求过程,这里"君子"与"淑女"的结合,代表了一种理想婚姻。古之儒者重视夫妇之德,有其很深的道理。

这首诗的主要表现手法是兴寄,从别的事物引起所咏之物,以为寄托。同时,还采用双声叠韵的联绵词,增强诗歌音调的和谐美和人物描写的生动性。全诗采取偶句入韵的方式用韵,极大地增强了诗歌的节奏感和音乐美。《国风·周南·关雎》这首短小的诗歌,其声、情、文、义俱佳,足以为《风》之始,三百篇之冠。《论语》多次提到《诗》(即《诗经》),但作出具体评价的作品,却只有《关雎》一篇,谓之"乐而不淫,哀而不伤"。

【思考】

1.如何理解这首诗的主旨?

2.这首诗运用起兴的手法取得了怎样的艺术效果?

采 薇[1]

《诗经》

《采薇》选自《诗经·小雅》,大约产生于周宣王时期。周代北方的猃狁(即后来的匈奴)已十分强悍,经常入侵中原,给当时北方人民生活带来不少灾难。历史上有不少周天子派兵戍守边外和命将士出兵打败猃狁的记载。从《采薇》的内容看,当是将士戍役劳还时之作,诗歌唱出了从军将士的艰辛生活和思归情怀。

【原文】

采薇采薇,薇亦作[2]止[3]。曰[4]归曰归,岁亦莫[5]止。靡室靡家[6],猃狁[7]之故。不遑[8]启居[9],猃狁之故。

采薇采薇,薇亦柔[10]止。曰归曰归,心亦忧止。忧心烈烈[11],载饥载渴[12]。我戍[13]未定,靡使归聘[14]。

采薇采薇,薇亦刚[15]止。曰归曰归,岁亦阳[16]止。王事[17]靡盬[18],不遑启处[19]。忧心孔[20]疚[21],我行不来[22]!

彼尔维何[23]?维常之华[24]。彼路斯何[25]?君子[26]之车。戎车[27]既驾,四牡[28]业业[29]。岂敢定居[30]?一月三捷[31]。

驾彼四牡,四牡骙骙[32]。君子所依[33],小人所腓[34]。四牡翼翼[35],象弭鱼服[36]。岂不日戒[37]?猃狁孔棘[38]!

昔[39]我往矣,杨柳依依[40]。今我来思[41],雨雪霏霏[42]。行道迟迟[43],载渴载饥。我心伤悲,莫知我哀!

【注释】

[1]薇:豆科,野豌豆属的一种,学名救荒野豌豆,又叫大巢菜,种子、茎、叶均可食用。

[2]作:指薇冒出地面,生长出来。

[3]止:语助词,无实义。

[4]曰:言,说。一说语助词,无实义。

[5]莫:通"暮",指年末。

[6]靡(mǐ)室靡家:指常年远征在外,没有正常的家庭生活。靡:无。

[7]猃狁(xiǎn yǔn):也作"玁狁",西周时北方部族,也称"北狄""匈奴"。

[8]不遑(huáng):不暇。遑:闲暇。

[9]启居:跪、坐,此指安居休息。启:危跪、危坐。居:安坐、安居。古人席地而坐,有危坐与安坐之分。两膝着席,危坐时腰部伸直,臀部与足跟离开;安坐时臀部贴在足跟上。

[10]柔:柔嫩。指刚长出来的薇柔嫩的样子。

[11]烈烈:本指火势猛烈的样子,此处形容忧心如焚。

[12]载(zài)饥载渴:又饥又渴。

[13]戍(shù):驻守,这里指防守的地点。

[14]使:指派,委托。聘(pìn):问候。

[15]刚:坚硬。

[16]阳:十月为阳,今犹言"十月小阳春"。

[17]王事:国事,此指战争之事。

[18]靡:无。盬(gǔ):止息,了结。

[19]启处:同"启居",休整,休息。

[20]孔:甚,很。

[21]疚:病,苦痛。

[22]我行不来:我不能回家。来:归来。

[23]尔:通"苶",花盛貌。维:是。

[24]常:通"棠"。常棣即"棠棣",植物名。华:同"花"。

[25]路:通"辂",高大的战车。斯:语助词,无实义。

[26]君子:指将帅。

[27]戎(róng):兵车。

[28]牡(mǔ):雄兽,此指雄马。

[29]业业:高大强健的样子。

[30]定居:同"安居"。

[31]捷:胜利,此指接战、交战。一说邪出,改道行军。三捷:即多次行军。

[32]骙(kuí)骙:马雄壮威武的样子。

[33]依:依靠,此指乘坐。

[34]小人:指士兵。腓(féi):庇护,掩护。

[35]翼翼:整齐的样子,此指马训练有素。

[36]弭(mǐ):弓的一种,其两端饰以骨角,一说弓的两端受弦处。象弭:以象牙装饰弓端的弭。鱼服:用鲨鱼皮制成的箭袋。

[37]日戒:日日警惕戒备。

[38]棘(jí):通"急"。孔棘:非常紧急。

[39]昔:从前,过去,指当初离家出征时。

[40]依依:形容柳丝轻柔、随风摇曳的样子。

[41]思:语助词,无实义。

[42]霏(fēi)霏:雪下得很大的样子。

[43]迟迟:缓慢的样子。

【译文】

豆苗采了又采,薇菜刚刚冒出地面。说回家了回家了,但已到了年末仍未能实现。没有妻室没有家,都是为了和猃狁打仗。没有时间安居休息,都是为了和猃狁打仗。

豆苗采了又采,薇菜柔嫩的样子。说回家了回家了,心中是多么忧闷。忧心如焚,饥渴交加实在难忍。驻防的地点不能固定,无法使人带信回家。

豆苗采了又采,薇菜的茎叶变老了。说回家了回家了,又到了十月小阳春。征役没有休止,哪能有片刻安身。心中是那么痛苦,到如今都不能回家。

那盛开着的是什么花?是棠棣花。那驶过的是什么人的车?当然是将帅们的从乘。兵车已经驾起,四匹雄马又高又大。哪里敢安然住下?因为一个月多次交战!

驾起四匹雄马,四匹马高大而又强壮。将帅们坐在车上,士兵们也靠它隐蔽遮挡。四匹马训练得已经娴熟,还有象骨装饰的弓和鲨鱼皮箭囊。怎么能不每天戒备呢?猃狁之难很紧急啊。

回想当初出征时,杨柳依依随风吹。如今回来路途中,大雪纷纷满天飞。道路泥泞难行走,又饥又渴真劳累。满腔伤感满腔悲,我的哀痛谁体会!

【导读】

战争诗是《诗经》中重要的诗歌类型之一。战争诗与婚恋诗、农事诗等题材相比,反映的社会面更广阔,涉及政治、军事、经济、思想道德、民族关系、家庭关系等社会诸多层面。《采薇》一诗写西周时期一位饱尝服役思家之苦的戍边战士在归途中所思所想,叙述了他转战边陲的艰苦生活,表达了他爱国恋家、忧时伤事的思想感情。

全诗共分六章,前三章以倒叙的方式,追忆思归之情,叙述难归原因。这位戍边战士长期远离家室,戎马倥偬。军旅生活是那么艰苦,驻守地转移不定,王室公事无休无止,战士们无暇休息,有时还得采薇充饥。对此,难免怨嗟,产生渴望返回故乡之情,但为了抵御猃狁的侵扰,为了边境早日安定,战士们坚持下来了,恰当地处理了个人忧伤痛苦与保卫疆土的矛盾。四、五两章笔锋陡转,描写边防将士出征威仪,全篇气势为之一振。先以自问自答的形式,流露出出征将士们雄赳赳、气昂昂的自豪感。接下来对战车以及弓箭的描写,显示出将士们装备的精良和高度警惕的精神状态,使主人公的爱国思想得到了充分的体现。末章忆昔伤今,"以乐景写哀,以哀景写乐",增强了哀乐的情感表达,更增加了诗歌的艺术感染力。然而在九死一生归来之际,庆幸之余,难免痛定思痛;加之归途艰难,又饥又渴,怎不悲从中来呢!重叠的句式与比兴的手法在诗中得到了充分运用。如前三章的重章叠句中,以薇的生长过程衬托离家日久企盼早归之情,异常生动妥帖。第四章以棠棣盛开象征军容之壮、军威之严。

诗人借景写情,感时伤事,善于以物写时令,以柳代春,以雪代冬,而且以薇菜的"作""柔""刚"交待时节的变化。末章"昔我往矣,杨柳依依。今我来思,雨雪霏霏",分别抒写当年出征和此日生还这两种特定时刻的景物和情怀,言浅意深,情景交融,历来被认为是《诗经》中最有名的诗句。末尾与首句照应,通篇结构完整,严谨统一,可见诗人构思的精巧。《采薇》的故事里面有着太丰富的色彩,太深沉的情怀,相思之情与报国之志,豪放与苍凉如此和谐地交织在一起,奏响的是真实的生命乐章,同时还表现了对和平的殷切期望。

【思考】

1.有人认为"昔我往矣,杨柳依依。今我来思,雨雪霏霏"是《诗经》最好的一章,你是如何看待的?

2.本诗用了哪些表现手法,达到了怎样的艺术效果?

子路曾皙冉有公西华侍坐

《论语》

孔子(前551—前479),名丘,字仲尼,春秋末期鲁国人。中国著名的思想家、教育家、政治家。孔子开创了私人讲学的风气,是儒家学派的创始人,曾带领部分弟子周游列国十四年,晚年修订六经。相传他有弟子三千,其中有七十二贤人。孔子在古代被尊奉为"天纵之圣""天之木铎",是当时社会上的最博学者之一,被后世统治者尊为孔圣人、至圣、至圣先师、大成至圣文宣王先师、万世师表等。其思想对中国和世界都有深远的影响,孔子被列为"世界十大文化名人"之首。孔子主张"为政以德",用道德和礼教来治理国家是最高尚的治国之道,这种治国方略也叫"德治"或"礼治"。"德治"就是主张以道德去感化、教育人,儒家认为,无论人性善恶,都可以用道德去感化、教育人。而所谓"礼治",即遵守严格的等级制度,君臣、父子、贵贱、尊卑都有严格的区别。孔子"有教无类"的思想在教育发展史上具有划时代的意义。他主张不分贵贱不分国界,只要有心向学,都可以入学受教,开创了教育普及的先河。

《论语》是一部语录体散文集,它是孔子的门人和再传弟子所辑录的孔子言行录,全面地反映了孔子的哲学、政治、文化和教育思想,是儒家思想的最重要著作。宋儒把《论语》《大学》《中庸》和《孟子》合称为"四书"。《论语》共二十篇,每篇又分若干章,不相连属,言简意丰,含蓄凝练,包含了孔子渊博的学识和丰富的生活经验。在记言的同时,传达了人物的神情态度;在某些章节的记述中,还生动地反映了人物的性格特点;其中有不少精辟的言论成为人们习用的格言和成语,对后来的文学语言有很大影响。

【原文】

子路、曾皙、冉有、公西华[1]侍坐[2]。

子曰:"以吾一日长乎尔,毋吾以也[3]。居则曰:'不吾知也。'[4]如或知尔,则何以哉?[5]"

子路率尔而对曰[6]:"千乘之国[7],摄乎大国之间[8],加之以师旅[9],因之以饥馑[10];由也为之[11],比[12]及三年,可使有勇,且知方也[13]。"

夫子哂之[14]。

"求,尔何如?"

对曰:"方六七十[15],如五六十[16],求也为之,比及三年,可使足民[17]。如其礼乐,以俟君子[18]。"

"赤,尔何如?"

对曰:"非曰能之,愿学焉[19]。宗庙之事,如会同[20],端章甫[21],愿为小相焉[22]。"

"点,尔何如?"

鼓瑟希[23],铿尔[24],舍瑟而作[25],对曰:"异乎三子者之撰[26]。"

子曰:"何伤[27]乎?亦各言其志也!"

曰:"莫春[28]者,春服既成[29],冠者[30]五六人,童子六七人,浴乎沂[31],风乎舞雩[32],咏而归。"

夫子喟然[33]叹曰:"吾与[34]点也。"

三子者出,曾皙后[35]。曾皙曰:"夫三子者之言何如?"

子曰:"亦各言其志也已矣!"

曰:"夫子何哂由也?"

曰:"为国以礼,其言不让,是故哂之[36]。"

"唯求则非邦也与[37]?""安见方六七十、如五六十而非邦也者?""唯赤则非邦也与?""宗庙会同,非诸侯而何?赤也为之小,孰能为之大[38]?"

【注释】

[1]子路、曾皙、冉有、公西华:四人皆为孔子弟子。子路:仲氏,名由,字子路。曾皙:名点,字皙,曾参的父亲。冉有:名求,字子有。公西华:公西氏,名赤,字子华。

[2]侍:侍奉。侍坐:此处指执弟子之礼,陪孔子而坐。

[3]以:因。长:年长。吾以:以吾。以:动词,用。此二句意谓你们不要因为我比你们年长而受拘束不敢言。

[4]居:平时,闲居。则:连词,就。此二句意谓你们平常闲居时常说:"大家不了解我啊。"

[5]如:如果。或:有人。则:连词,那么,就。何以:用什么(去实现自己的抱负)。此二句意谓如果有人了解你们,你们将以什么来从政呢?

[6]率尔:轻率急忙的样子。对:回答。

[7]乘(shèng):车辆。春秋时,一辆兵车,配甲士三人,步卒七十二人,称一乘。古代按照土地出兵车,能出一千辆兵车的是一个拥有方圆百里面积的诸侯国。

[8]摄:夹,箝,此指逼迫。乎:于,在。

[9]师旅:古代军队的组织单位,二千五百人为师,五百人为旅,此处指战争。

[10]因:动词,继,接续,接着。饥馑:灾荒。

[11]为:治理。之:指"千乘之国"。

[12]比(bì):等到。

[13]方:义,正道,此指礼义。

[14]夫子:古代的一种敬称。哂:微笑。

[15]方:见方,纵横。方六七十:指方圆六七十里的小国家。

[16]如:或者。

[17]足:使……富足。足民:使民衣食富足。

[18]如:至于。其:那。以:把。后边省宾语"之"。俟:等待。此二句意谓至于兴礼乐教化,则不是自己所能做,需等待其他君子。这是自谦之词。

[19]能:能做到。焉:之,指管理国家的事情。

[20]宗庙之事:祭祀之事。宗庙:君主祭祀先祖的地方。如:或者。会:诸侯之间的盟会。同:诸侯共同朝见天子。

[21]端:玄端,古代的一种礼服。章甫:古代的一种礼帽。皆名词作动词,意谓穿着礼服,戴着礼帽。

[22]愿:愿意。相:在祭祀、会盟或朝见天子时主持赞礼和司仪的人。"愿为小相"表示谦逊。

[23]鼓:弹。瑟:古乐器。希:同"稀",稀疏,这里指鼓瑟的声音已接近尾声。

[24]铿:曲终之余音。

[25]舍:放下。作:站起身。

[26]撰:陈述。此句意谓我的志向和他们三位不一样。

[27]伤:妨害。

[28]莫春:指农历三月。莫:同"暮"。

[29]既:副词,已经。成:稳定,指春服已经穿得住。

[30]冠:古代男子二十岁举行冠礼,束发加冠。

[31]沂(yí):水名,在今山东省曲阜市南。

[32]风:作动词,迎风乘凉。舞雩(yú):鲁国祭天求雨的场所。

[33]喟然:叹息的样子。

[34]与:动词,赞成,同意。

[35]后:作动词,走在后面,最后出。

[36]为:治理。以:靠,用。让:谦让。

[37]邦:国家,这是指国家大事。与:同"欤",疑问语气词。此句意谓难道冉求所说的就不是邦国之事了吗?

[38]此句意谓公西华只能做小相的话,那谁还能做大相呢?

【译文】

子路、曾皙、冉有、公西华陪(孔子)坐着。孔子说:"你们不要因为我比你们年长就受拘束而不敢畅所欲言。(你们)平时(就)常说:'没有人了解我呀!'假如有人了解你们,那么(你们)打算做些什么事情呢?"

子路不假思索地回答说:"一个拥有千乘兵车的中等国家,夹在大国之间,加上外国军队的侵犯,接着又遇上饥荒;如果让我治理这个国家,等到三年功夫,就可以使人有保卫国家的勇气,而且还懂得做人的道理。"

孔子听了,微微一笑。

"冉有,你怎么样?"

(冉有)回答说:"一个方圆六七十里甚至于五六十里的国家,如果让我去治理,等到三年,就可以使老百姓富足起来。至于振兴礼乐教化,那就只有等待贤人君子来推行了。"

"公西华,你怎么样?"

(公西华)回答说:"我不敢说能做到什么,但愿意学着做些东西。宗庙祭祀的工作,或者是诸侯会盟及朝见天子的时候,我愿意穿着礼服,戴着礼帽,做一个小小的司仪。"

"曾皙,你怎么样?"

(曾皙)弹瑟的声音渐渐稀疏下来,"铿"的一声,放下瑟直起身来,回答说:"我和他们三人所讲的不一样呀!"

孔子说:"那有什么关系呢?不过是各自谈谈自己的志向。"

(曾皙)说:"暮春时节(天气和暖),春天的衣服已经做好了。(我和)五六个成年人,六七个童仆,到沂河里沐浴(祈福),在舞雩台上乘凉,唱着歌回家。"

孔子长叹一声说:"我赞同曾皙的想法呀!"

子路、冉有、公西华都出去了,曾皙最后走。曾皙问(孔子):"他们三个人的话怎么样?"

孔子说:"也不过是各自谈谈自己的志向罢了!"

(曾皙)说:"您为什么笑仲由呢?"

(孔子)说:"要用礼来治理国家,可他说话却不知道谦虚,所以笑他。""难道冉有讲的就不是国家大事吗?""何以见得方圆六七十里或五六十里的地方就不是国家呢?""难道公西华所讲的不是国家大事吗?""宗庙祭祀,诸侯会盟和朝见天子,不是诸侯的大事又是什么呢?公西华只能替诸侯做小相,那么,谁又能给诸侯做大相?"

【导读】

《子路、曾皙、冉有、公西华侍坐》出自《论语·先进篇》,编者取文章第一句作为标题。本篇是《论语》中有完整结构的一章,记叙孔子师生在一起谈论各人政治抱负的情景,人物的语言情态都写得颇有个性,是一段很生动的记叙文。

本文第一段"子路、曾皙、冉有、公西华侍坐",表现了师生关系的亲密无间,为下文的对话渲染了一种轻松和谐的气氛。第二段,孔子对学生言志的评论,各有其侧重之点,反映出他因材施教的教育方法。"子路率尔而对曰"使子路率直的性格跃然纸上。"夫子哂之","哂"字传神地表现出孔子对子路的委婉含蓄的表态,既以微笑表示对他的政治抱负的认可,又含而不露地批评了"其言不让"。但孔子明确地表明态度:"吾与点也!"子路、冉有、公西华三人言志的具体内容虽各不相同,但有一个共同点,就是先富后教,礼乐治国。曾皙的话似乎与政治无关,但他描绘的是一个太平社会的缩影,即形象化了的礼乐之治的盛世,所以深受孔子赞扬。孔子的政治思想,既有其保守的一面,如他的"礼乐治国"实际上是主张恢复西周的礼乐制度;也有其积极的一面,如"足食足兵""先富后教"的思想,就具有朴素的唯物主义因素。我们对孔子的政治思想,既不可不加分析地全盘继承,也不可不加分析地全盘否定。

本文虽然是语录体,但人物的语言能鲜明表现其性格特征,少量的行动描写,也能表现出各自不同的人物色彩。孔子是一位伟大的教育家,对其学生了如指掌,从日常的交谈中,也注意引导学生立志。亲切和蔼的老师,循循善诱,学生各言其志,个性鲜明,整个场面使不同人物的不同性格栩栩如生地展现在读者面前,在一问一答的简单对话中,展现了作者反对战争、向往和平、追求幸福和谐社会的志向。

【思考】

1.孔子对四位弟子志向的不同评价表现了孔子怎样的思想感情?

2.通过这篇文章如何理解孔子对艺术的看法?

秋水[1](节选)

《庄子》

庄子(约前369—前286),名周,字子休(亦说子沐),宋国蒙人,先祖是宋国君主宋戴公。他是战国中期著名的思想家、哲学家和文学家,是老子哲学思想的继承者和发展者,先秦庄子学派的创始人,是道家学派的主要代表人物之一。庄周因崇尚自由而不应楚威王之聘,生平只做过宋国的漆园吏,史称"漆园傲吏",被誉为地方官吏之楷模。庄子最早提出"内圣外王"思想,对儒家影响深远,庄子洞悉易理,深刻指出"《易》以道阴阳",庄子"三籁"思想与《易经》"三才"之道相合。

《庄子》分内、外、杂篇,原有五十二篇,乃由战国中晚期逐步流传、糅杂、附益,至西汉大致成形,然而当时流传版本,今已失传。目前所传三十三篇,经郭象整理,篇目章节与汉代亦有不同。一般认为内篇七篇是庄子本人所写,大体可代表战国时期庄子思想核心。而外篇十五篇、杂篇十一篇一般认为是庄子的门人及后学所作。庄子的文章,想象丰富,构思奇特,文笔变化多端,纵横恣肆,文辞瑰丽,具有浓厚的浪漫主义色彩,并采用寓言故事的形式,富有幽默讽刺的意味,能把一些微妙难言的哲理说得引人入胜。他的作品被人称为"文学的哲学,哲学的文学",对后世文学语言有很大影响。据传,庄子又曾隐居南华山,故唐玄宗天宝初,诏封庄周为南华真人,称其著书《庄子》为《南华真经》。

道家文化与哲学是中华文化传统最深邃博大的根源之一,它以崇尚自然的精神风骨、包罗万象的广阔胸怀而成为中华文化立足于世界的坚实基础。而在源远流长的道家文化与哲学的历史发展中,庄子的思想可称得上是道家思想之正脉,庄子之文亦以雄奇奔放、绚丽多姿的特色而被视为先秦诸子散文中的奇范。

【原文】

秋水时至[2],百川灌河[3]。泾流[4]之大,两涘渚崖之间[5],不辨[6]牛马。于是焉河伯欣然自喜[7],以天下之美为尽在己[8]。顺流而东行,至于北海,东面而视,不见水端[9]。于是焉河伯始旋[10]其面目,望洋向若[11]而叹曰:"野语[12]有之曰:'闻道百,以为莫己若[13]者。'我之谓也[14]。且夫我尝闻少仲尼之闻而轻伯夷之义[15]者,始吾弗信。今我睹子之难穷也[16],吾非至于子之门则殆矣[17],吾长见笑于大方之家[18]。"

北海若曰:"井蛙不可以语于海者[19],拘于虚[20]也;夏虫不可以语于冰者,笃于时也[21];曲士不可以语于道者[22],束于教也[23]。今尔出于崖涘[24],观于大海,乃知尔丑[25],尔将可与语大理矣[26]。天下之水,莫大于海,万川归之,不知何时止而不盈[27];尾闾泄之[28],不知何时已而不虚[29];春秋不变,水旱不知。此其过江河之流[30],不可为量数[31]。而吾未尝以此自多[32]者,自以比形于天地,而受气于阴阳[33],吾在于天地之间,犹小石小木之在大山也。方存乎见少[34]，又奚以自多[35]！计四海之在天地之间也，不似礨空[36]之在大泽乎？计中国[37]之在海内，不似稊米之在大仓乎[38]？号物之数谓之万[39]，人处一焉[40]；人卒[41]九州，谷食之所生[42]，舟车之所通[43]，人处一焉[44]。此其比万物也[45]，不似豪末[46]之在于马体乎？五帝之所连[47]，三王之所争[48]，仁人之所忧[49]，任士之所劳[50]，尽此矣[51]！伯夷辞之以为名[52]，仲尼语之以为博[53]。此其自多也[54]，不似尔向之自多于水乎[55]？"

河伯曰："然则吾大天地而小豪末[56]，可乎？"

北海若曰："否。夫物，量无穷[57]，时无止[58]，分无常[59]，终始无故[60]。是故大知观于远近[61]，故小而不寡[62]，大而不多，知量无穷；证曏今故[63]，故遥而不闷[64]，掇而不跂[65]，知时无止；察乎盈虚[66]，故得而不喜，失而不忧[67]，知分之无常也；明乎坦涂[68]，故生而不说，死而不祸[69]，知终始之不可故也。计人之所知，不若其所不知；其生之时，不若未生之时；以其至小[70]，求穷其至大之域，是故迷乱而不能自得也。由此观之，又何以知豪末之足以定至细之倪[71]？又何以知天地之足以穷至大之域？"

河伯曰："世之议者，皆曰：'至精无形[72]，至大不可围。'是信情乎[73]？"

北海若曰："夫自细视大者不尽，自大视细者不明。夫精，小之微也；垺，大之殷[74]也；故异便[75]。此势之有也[76]。夫精粗者，期于有形者也[77]；无形者，数之所不能分也[78]；不可围者，数之所不能穷也。可以言论者[79]，物之粗也[80]；可以意致者，物之精也[81]。言之所不能论，意之所不能察致者，不期精粗焉[82]。是故大人之行[83]，不出乎害人，不多仁恩[84]；动不为利，不贱门隶[85]；货财弗争，不多辞让[86]；事焉不借人，不多食乎力，不贱贪汙[87]；行殊乎俗，不多辟异[88]；为在从众，不贱佞谄[89]；世之爵禄不足以为劝，戮耻不足以为辱[90]；知是非之不可为分，细大之不可为倪[91]。闻曰：'道人不闻，至德不得[92]，大人无己。'——约分之至也[93]。"

河伯曰："若物之外[94]，若物之内，恶至而倪贵贱[95]？恶至而倪小大？"

北海若曰："以道观之[96]，物无贵贱；以物观之，自贵而相贱；以俗观之[97]，贵贱不在己。以差观之[98]，因其所大而大之[99]，则万物莫不大；因其所小而小之，则万物莫不小；知天地之为稊米也[100]，知豪末之为丘山也，则差数覩矣[101]。以功观之[102]，因其所有而有之[103]，则万物莫不有；因其所无而无之，则万物莫不无；知东西之相反而不可以相无[104]，则功分定矣[105]。以趣观之[106]，因其所然而然之[107]，则万物莫不然；因其所非而非之[108]，则万物莫不非；知尧、桀之自然而相非[109]，则趣操覩矣[110]。昔者尧、舜让而帝[111]之，哙让而绝[112]，汤、武争而王[113]，白公争而灭[114]。由此观之，争让之礼，尧、桀之行，贵贱有时，未可以为常也[115]。梁丽可以冲城[116]，而不可以窒穴[117]，言殊器也[118]。骐骥、骅骝一日而驰千里[119]，捕鼠不如狸狌[120]，言殊技也。鸱鸺夜撮蚤[121]，察豪末，昼出瞋目而不见丘山[122]，言殊性也[123]。故曰：盖师是而无非[124]，师治而无乱乎？是未明天地之理[125]，万物之情者也[126]。是犹师天而无地，师阴而无阳，其不可行明矣[127]。然且语而不舍[128]，非愚则诬也[129]！帝王殊禅[130]，三代殊继[131]。差其时，逆其俗者[132]，谓之篡夫[133]；当其时，顺其俗者，谓之义之徒[134]。默默乎河伯！女恶知贵贱之门[135]，小大之家[136]！"

河伯曰："然则我何为乎[137]？何不为乎？吾辞受趣舍[138]，吾终奈何[139]？"

北海若曰:"以道观之,何贵何贱,是谓反衍[140];无拘而志[141],与道大蹇[142]。何少何多,是谓谢施[143];无一而行[144],与道参差[145]。严乎若国之有君[146],其无私德[147];繇繇乎若祭之有社[148],其无私福;泛泛乎其若四方之无穷[149],其无所畛域[150];兼怀万物[151],其孰承翼[152]?是谓无方[153]。万物一齐[154],孰短孰长?道无终始,物有死生,不恃其成[155]。一虚一满[156],不位乎其形[157]。年不可举[158],时不可止;消息盈虚[159],终则有始。是所以语大义之方,论万物之理也[160]。物之生也,若骤若驰[161],无动而不变[162],无时而不移[163]。何为乎[164]?何不为乎?夫固将自化[165]!"

河伯曰:"然则何贵于道邪[166]?"

北海若曰:"知道者必达于理[167],达于理者必明于权[168],明于权者不以物害己[169]。至德者火弗能热[170],水弗能溺[171],寒暑弗能害[172],禽兽弗能贼[173];非谓其薄之也[174],言察乎安危[175],宁于祸福[176],谨于去就[177],莫之能害也[178]。故曰:天在内,人在外,德在乎天[179];知天人之行[180],本乎天,位乎得[181],蹢躅而屈伸[182],反要而语极[183]。"

曰:"何谓天?何谓人[184]?"

北海若曰:"牛马四足,是谓天;落马首[185],穿牛鼻,是谓人。故曰:无以人灭天,无以故灭命[186],无以得殉名[187],谨守而勿失,是谓反其真[188]。"

【注释】

[1]本文选自《庄子·外篇》。

[2]时:动词,按照时令,按季节。

[3]灌:注入。河:黄河。

[4]泾(jīng)流:水流。

[5]两涘(sì):河的两岸。涘:水边,河岸。渚(zhǔ)崖:水中小岛的岸沿。渚:水中小岛。

[6]辩:同"辨",分辨,辨别。

[7]河伯:黄河之神。

[8]尽在己:意谓全部集中在自己这里。

[9]面:名词作动词,面向,朝向。端:边,尽头。

[10]旋:转,改变。

[11]望洋:仰视的样子。若:海若,海神。

[12]野语:指俗话,俗语。

[13]莫己若:即"莫若己",没有谁能比得上自己。

[14]我之谓:即谓我。

[15]尝闻:曾经听说。少:认为……少。轻:认为……轻,轻视。此句意谓小看仲尼的学识,轻视伯夷的义行。

[16]子:你,这里指整个北海。难穷:难以穷尽。

[17]殆(dài):危险。

[18]大方之家:原指懂得大道理的人。后泛指见识广博或学有专长的人。

[19]以:与。语:谈论。

[20]拘:受拘束,受局限。虚:同"墟",狭小的处所。拘于虚:眼界受狭小居处、环境的局限。

[21]笃:固,局限。时:时令季节。

[22]曲士:乡曲之士,指见识浅陋之人。

[23]束于教:受所受教育情况的束缚。束:束缚,限制。

[24]尔:你。

[25]乃:才。丑:鄙陋,粗鄙。

[26]大理:大道理。

[27]盈:溢出来,满溢。

[28]尾闾:古代传说中海水排泄之处。泄:排泄。

[29]已:停止。虚:作动词,流尽,放空。

[30]其:指大海。过:超过。此句意谓大海的容水量超过了长江、黄河的水流。

[31]量:数量。数:计算。

[32]多:赞美,自负。自多:自满,自我夸耀。

[33]比:并列。形:身形。此句意谓我自以为列身于天地之间,禀受了阴阳之气。

[34]方:正。此句意谓正是自己存有见识很少的想法。

[35]奚以:何以,怎么。

[36]礨(lěi)空:石间孔隙,蚁穴。

[37]中国:指中原地区。

[38]稊(tí)米:一种稗草的籽。大仓:储存粮食的大仓库。

[39]号:称。

[40]人处一:意谓人类只是天下万物中的一类而已。

[41]卒:尽。

[42]生:生长。

[43]通:通过,到达。

[44]人处一:意谓每个人只是天下万民中的一个而已。

[45]其:人。

[46]豪:通"毫"。豪末:毫毛的末梢。

[47]五帝:指传说中的黄帝、颛(zhuān)顼(xū)、帝喾(kù)、尧、舜。一说指伏羲、神农、黄帝、尧、舜。所连:所连续统治的。

[48]三王:指夏启、商汤、周武王。所争:所争夺的。

[49]仁人:崇尚仁的人。

[50]任士:以天下为己任的贤能之士。劳:劳心劳力。

[51]尽此:尽于此。

[52]辞:推辞。此句意谓伯夷以辞让君位而获得名声。

[53]此句意谓孔子以说仁而显得渊博。

[54]其:指伯夷、孔子。

[55]向:刚才。

[56]大、小:意动用法,以……为大,以……为小。

[57]穷:穷尽,指物量的大小,都是没有穷尽的。

[58]时无止:时间是无止境的。

[59]分(fèn)无常:得失之分并无常规。

[60]终始:指事物的因果关系。故:原因。此句意谓事物的发展变化,周而复始,并无定因。

[61]知:通"智"。大知:具有大智慧的人。

[62]小而不寡:不因物量小而以为寡。

[63]证曏今故:证明古今。一说"证于曏今"。曏:明,一说同"向"。故:古。

[64]遥:远,指长寿。闷:苦闷,厌倦。

[65]掇(duō):若手拾物,言近而可取。一说指短命。跂:通"企",企羡。此句意谓就近拾取,不必跂起脚跟企盼远处的。

[66]察:详察。盈虚:指天道有盈有亏。

[67]喜:喜悦。忧:忧伤。此句意谓不因有所得而喜悦,不因有所失而忧伤。

[68]坦:平坦。涂:同"途",道。坦涂:平坦的道路。

[69]说:同"悦",欢喜。祸:灾祸,危害。死而不祸:不以死去为灾祸。

[70]至小:指极其有限的智慧。

[71]倪:事物细微的初始,端倪,头绪。一说"倪"为"仪"的假借字,度,标准。

[72]至精无形:最小的东西,看不到它的形体。至:极、最。精:作名词,细密的东西。

[73]围:包围,环绕。信:实。信情:实情。

[74]垺(fú):郭,城外有郭(即廓),比喻大中更大的。殷:盛,大。

[75]异:大小之异,即大小不同。便:便利。此句意谓大小不同,各有便利之处。

[76]势:形势,自然形势。

[77]期:限度。有形者:有形体可以寻求。

[78]分:剖分。

[79]以:用。

[80]粗:粗浅,不精致。

[81]意:心意,思维。致:到。意致:思维可以达到的。精:精细。

[82]察致者:详察明辨到的。期:限。

[83]大人之行:修养高尚者的行动。大人:圣人,至人。

[84]乎:于。多:赞许。

[85]贱:卑贱。意动用法,以……为卑贱。隶:奴隶,差役。

[86]多:赞许。辞让:谦让。

[87]借:求助。食乎力:自食其力。贱:以为贱。汙:同"污"。

[88]殊:不同。辟:通"僻",不诚实,邪僻。辟异:邪僻怪异。

[89]为:做事,行为。佞谄(nìng chǎn):谄媚奉承。

[90]劝:劝诱。戮耻:刑戮耻辱。以为:把……当作……

[91]分:划分。倪:端,边际。

[92]道人、大人:指为人处世合于"道"的人。不闻:不使人知道他,亦即不求闻达于世。至德:具有最高的道德的人。得:得失。

[93]约:约束。分:本分。至:极,最。此句意谓约束自己恰如其分。

[94]若:此,这个。

[95]恶(wū):同"乌",疑问词,何,怎么。至:至于。倪:作动词,划分,衡量。

[96]道:常道,规律。此处指自然界事物发展的规律。按自然的常道来看,事物大小各有其分,各有自己的属性,各有自己的变化规律,所以无所谓贵贱之分、大小之别,各适其分而已。

[97]俗:世俗的观点。

[98]差:差别。

[99]因:依照,根据。大:此处指与其他事物相比自身所固有的长处。大之:以之为大。此句意谓顺着各种物体大的一面去观察便会认为物体是大的。

[100]稊(tí)米:一种稗草的籽。

[101]覩(dǔ):即"睹"。

[102]功:功效,在实用方面的成效。

[103]所有:指事物本来所具有的特性。

[104]东西:东与西的方向,此处指互相对立的方向,方向相反,却又互相依赖,不能脱离一方而单独存在。无:缺少。

[105]功分:指事物的功效、本分。定:固定,固有。

[106]以:从。趣:意趣,倾向。

[107]然:对,是,指可肯定之处。然之:以之为然。此句意谓从人们意趣、倾向来看万物,依据其可以肯定之处去肯定它,万物都值得肯定。

[108]非:不是,不对。此处指不可肯定之处。非之:以之为非。

[109]自然:自以为然,自以为对。相非:互以为非,互相认为对方不对。此句意谓自以为正确又相互否定对方。

[110]趣:趣向。操:持,拿,引申为所主张的。即以尧、桀的自以为对而互以为非,就可以看出人们的趣向和主张是多么不同了。

[111]让:禅让。帝:称帝。

[112]之:即子之,燕王哙之相。哙(kuài):燕王,燕昭王之父。绝:灭亡。哙为燕王时,重用其相子之。后欲效法尧舜禅让,让子之为王。燕人不服,不到三年,燕国大乱。齐宣王乘机攻燕,燕大败。齐人杀哙及子之,燕几乎亡国。待昭王立,战乱才得以平定。

[113]汤、武:指汤伐桀灭夏而建立商,武王伐纣灭商而建立周,都是用武力争夺而称王。王(wàng):成为帝王。

[114]白公:白公胜,曾发动叛乱,杀死子西和子期,囚禁楚惠王,自立为楚王。不久叶公率军勤王,与楚国国内的人共同攻打白公胜。白公胜兵败,自缢而死,楚惠王恢复王位。

[115]"未可"句意谓不可以把上述历史上的禅让天下或争夺王位看作一定规。

[116]丽:同"欐",即栋。梁丽即房屋的栋梁。冲城:冲击城池。

[117]室穴:堵塞洞穴。

[118]殊:不同。器:器具。

[119]骐骥、骅骝:良马,骏马。

[120]狸(lí)狌(shēng):野猫和黄鼠狼。

[121]鸱(chī)鸺(xiū):猫头鹰一类的鸟。撮(cuō):用指爪捏取细碎的东西。

[122]瞋(chēn)目:睁大眼睛,瞪着眼睛。

[123]殊性:特殊的本性。

[124]盖:通"盍"(hé),何不。师:以……为榜样,效法。无:不,不要。

[125]天地之理:自然界对立统一、相反相成的大道理。庄子认为是与非、治与乱相反,而不可以相无,这是天地之间的大道理。

[126]万物之情:万物本身的情理,即万物本身存在的矛盾性。

[127]明:明白,清楚。

[128]然:但是,然而。且:抑或,还是。舍:舍弃。此句意谓如果还是坚持以上的说法,不放弃。

[129]愚:傻,笨。诬:欺骗,把没有的事说成有。

[130]帝王:五帝,指尧、舜、禹、汤、武,其中尧、舜是禅让,禹、汤、武则是传帝位给子孙。殊:不同。

[131]三代:夏、商、周三代。继:继承帝位。夏、商、周三代取得王位,或父子相继,或兴兵篡夺,形式也各不相同。

[132]差(chā):错过。俗:民俗,民情。差其时逆其俗者:即不合时代、悖逆世俗的人。

[133]篡夫:篡逆之徒。

[134]义:正义,道义。此句意谓称他作合乎正义的人。

[135]女:同"汝",你。恶(wū):同"乌",哪,何。门:门径,此处指道理。

[136]家:学术流派。小大之家:大小的流别。

[137]然则:既然如此,那么。何为:为何,做什么。

[138]辞受趣舍:推辞或接纳、趋就或舍弃。趣:通"取"。

[139]终:终究。

[140]反衍:反复流动。

[141]而:尔,你。无拘而志:不要束缚你的心志。

[142]蹇(jiǎn):困苦,不顺利,艰难。

[143]谢施(yì):更替续延。

[144]无:没有,此处指缺少。一:事物的另一方面。

[145]参差:长短、高低不齐。

[146]严:威严,端整。一说同"俨"(yǎn),恭敬,庄重。若:像。

[147]其:代指国君。私:偏私的。德:恩德,恩惠。

[148]繇繇(yóu):同"悠悠",悠然自得的样子。祭:祭祀。社:土地神。

[149]泛泛:广大无边际的样子。

[150]畛(zhěn)域:界限,范围。

[151]怀:包容。

[152]承:承受,蒙受。翼:遮蔽,掩护。承翼:鬼神护佑。

[153]方:方面,一边或一面。无方:不偏向任何一方面。

[154]一齐:齐一,同等的。

[155]恃:依靠,凭借。成:成就。

[156]虚:空,虚亏。满:全,充实。

[157]位:位置,居,处。不位乎其形:不固守于某一种不变的形态。

[158]年:岁月。举:挽留,攀留。

[159]消:消减。息:增长。盈:满,充实。虚:亏虚。消息盈虚:指事物的盛衰变化或行为的出处进退。

[160]是:这。语:谈论。大义之方:大道的准则。此句意谓懂得了以上的道理,才可以和他谈论天地的常道,万物的义理。

[161]骤(zhòu):(马)奔驰。驰:车马等奔跑,快跑。

[162]无:没有。动:举动,行动。

[163]移:动,变动。

[164]何:什么。为:做。

[165]固:本来。夫固将自化:一切必定都将自然地变化。

[166]何:为什么。贵于道:即以道为贵。

[167]达:通达。理:事理。

[168]达于理:明达事理。权:权变,权宜机变。

[169]以:因。物:外物。

[170]弗能热:不能使之热。

[171]溺:淹没。

[172]害:伤害。

[173]贼:伤害,残害。

[174]薄:迫近,侵犯。其:代指至德者。之:代指水火、寒暑、禽兽。此句意谓行为合于"道"之人迫

近水火、寒暑、禽兽而不受伤害。

[175]言察乎安危:此句意谓在事前圣人就能明察安危,避开灾祸。

[176]宁:安。祸:灾害,灾难,亦指穷塞,即处于困顿的境地。福:与"祸"相对,指处于通达顺利之时。

[177]谨:谨慎。去:离开。就:趋向,归附。

[178]莫之能害:莫能害之。

[179]德:高尚的品德。天:天然。在乎:顺乎。德在乎天:高尚的品德与自然相合。

[180]知:懂得。天人:指洞悉宇宙人生本原的人。此句意谓能通晓自然界运行的规律和预见人事的变化。

[181]位:居,处。得:所得,此处指所处的地位。

[182]蹢躅(zhí zhú):同"踯躅",进退不定的样子。

[183]反:同"返",回,归。要:要害,关键。极:定点。反要而语极:知"道"的人,可以知道事物的本质、要害,可以回归到事物的关键上去,可以谈论至理。

[184]天:天性。人:人为。

[185]落:通"络",马笼头,这里指羁勒,用网状物兜住。

[186]故:意外的变故。命:天然的禀赋。

[187]得:所得,受于自然的天性。殉名:为名而牺牲天性。

[188]反:同"返"。真:真性。反其真:回复真性,即一切任其自然,废弃人为。

【译文】

秋天里山洪按照时令汹涌而至,众多大川的水流汇入黄河,河面宽阔波涛汹涌,两岸和水中沙洲之间连牛马都不能分辨。于是河神欣然自喜,认为天下一切美好的东西全都聚集在自己这里。河神顺着水流向东而去,来到北海边,面朝东边一望,看不见大海的尽头。于是河神方才改变先前洋洋自得的面孔,面对着海神仰首慨叹道:"俗语有这样的说法,'听到了上百条道理,便认为天下再没有谁能比得上自己'的,说的就是我这样的人了。而且我还曾听说过孔丘懂得的东西太少、伯夷的高义不值得看重的话语,开始我不敢相信。如今我亲眼看到了你是这样的浩渺博大、无边无际,我要不是因为来到你的门前,真可就危险了,我必定会永远受到修养极高的人的耻笑。"

海神说:"井里的青蛙,不可能跟它们谈论大海,是因为受到生活空间的限制;夏天的虫子,不可能跟它们谈论冰冻,是因为受到生活时间的限制;乡曲之士,不可能跟他们谈论大道,是因为所受教育的束缚。如今你从河岸边出来,看到了大海,方才知道自己的鄙陋,你将可以参与谈论大道了。天下的水面,没有什么比海更大的,千万条河川流归大海,不知道什么时候才会停歇而大海却从不会满溢;海底的尾闾泄漏海水,不知道什么时候才会停止而海水却从不曾减少;无论春天还是秋天不见有变化,无论水涝还是干旱不会有知觉。这说明大海远远超过了江河的水流,不能够用数量来计算。可是我从不曾因此而自满,自认为从天地那里承受到形体并且从阴和阳那里秉承到元气,我存在于天地之间,就好像一小块石子、一小块木屑存在于大山之中。我正以为自身的存在实在渺小,又哪里会自以为满足而自负呢!想一想,四海存在于天地之间,不就像小小的石间孔隙存在于大泽之中吗?再想一想,中原大地存在于四海之内,不就像细碎的米粒存在于大粮仓里吗?号称事物的数字叫作万,人类只是万物中的一种;人们聚集于九州,粮食在这里生长,舟车在这里通行,而每个人只是人群中的一员。一个人比起万物,不就像是毫毛之末存在于整个马体吗?五帝所续连的,三王所争夺的,仁人所忧患的,贤才所操劳的,全在于这毫末般的天下呢!伯夷辞让它而博取名声,孔丘谈论它而显示渊博。这大概就是他们的自满与自傲,不就像你先前在河水暴涨时的洋洋自得吗?"

河神说:"这样,那么我把天地看作最大,把毫毛之末看作最小,可以吗?"

海神回答："不可以。万物的量是不可穷尽的,时间的推移是没有止境的,得与失的禀分没有不变的常规,事物的终结和起始也没有定因。所以具有大智的人观察事物从不局限于一隅,因而体积小却不看作就是少,体积大却不看作就是多,这是因为知道事物的量是不可穷尽的;证验并明察古往今来的各种情况,因而寿命久远却不感到厌倦,生命只在近前却不会企求寿诞,这是因为知道时间的推移是没有止境的;洞悉事物有盈与虚的规律,因而有所得却不欢欣喜悦,有所失也不悔恨忧愁,这是因为知道得与失的禀分是没有定规的;明了生与死之间犹如一条没有阻隔的平坦大道,因而生于世间不会倍加欢喜,死离人世不觉祸患加身,这是因为知道终了和起始是不会一成不变的。算算人所懂得的知识,远远不如他所不知道的东西多;他生存的时间,也远远不如他不在人世的时间长;用极为有限的智慧去探究没有穷尽的境域,所以内心迷乱而必然不能有所得!由此看来,又怎么知道毫毛的末端就可以判定是最为细小的限度呢?又怎么知道天与地就可以看作最大的境域呢?"

河神说:"世间议论的人们总是说:'最细小的东西没有形体可循,最巨大的东西不可限定范围。'这样的话是真实可信的吗?"

海神回答:"从细小的角度看庞大的东西不可能全面,从巨大的角度看细小的东西不可能真切。精细,是小中之小;庞大,是大中之大;不过大小虽有不同却各有各的合宜之处。这就是事物固有的态势。所谓精细与粗大,仅限于有形的东西;至于没有形体的事物,是不能用计算数量的办法来加以剖解的;而不可限定范围的东西,更不是用数量能够精确计算的。可以用言语来谈论的东西,是事物粗浅的外在表象;可以用心意来传告的东西,则是事物精细的内在实质。言语所不能谈论的,心意所不能传告的,也就不限于精细和粗浅的范围了。所以修养高尚者的行动,不会出于对人的伤害,也不会赞赏给人以仁慈和恩惠;无论干什么都不是为了私利,也不会轻视从事守门差役之类的人。无论什么财物都不去争夺,也不推崇谦和与辞让;凡事从不借助他人的力气,但也不提倡自食其力,同时也不鄙夷贪婪与污秽;行动与世俗不同,但不主张邪僻怪异;行为追随一般的人,也不以奉承和谄媚为卑贱;人世间的所谓高官厚禄不足以作为劝勉,刑戮和侮辱不足以看作羞耻;知道是与非的界限不能清楚地划分,也懂得细小和巨大不可能确定清晰的界限。听人说:'能体察大道的人不求闻达于世,修养高尚的人不会计较得失,清虚宁寂的人能够忘却自己。'这就是约束自己而达到适得其分的境界。"

河神说:"如此事物的外表,如此事物的内在,从何处来区分它们的贵贱?又怎么来区别它们的大小?"

海神回答:"用自然的常理来看,万物本没有贵贱的区别;从万物自身来看,各自为贵而又以他物为贱;拿世俗的观点来看,贵贱不在于事物自身。按照物与物之间的差别来看,顺着各种物体大的一面去观察便会认为物体是大的,那么万物就没有什么不是大的;顺着各种物体小的一面去观察便会认为物体是小的,那么万物没有什么不是小的;知晓天地虽大比起更大的东西来也如小小的米粒,知晓毫毛之末虽小比起更小的东西来也如高大的山丘,而万物的差别和数量也就看得很清楚了。依照事物的功用来看,顺着物体所具有的一面去观察便会认为具有了这样的功能,那么万物就没有什么不具有这样的功能;顺着物体所不具有的一面去观察便会认为不具有这样的功能,那么万物就没有什么具有了这样的功能;可知东与西的方向对立相反却又不可以相互缺少,而事物的功用与本分便得以确定。从人们对事物的趋向来看,顺着各种事物肯定的一面去观察便会认为是对的,那么万物没有什么不是对的;顺着各种事物否定的一面去观察便会认为是不对的,那么万物没有什么不是错的;知晓唐尧和夏桀都自以为正确又相互否定对方,而人们的趋向与持守也就看得很清楚了。当年唐尧、虞舜禅让而称帝,宰相子之与燕王哙禅让而燕国几乎灭亡,商汤、周武王都争夺天下而成为帝王,白公胜争夺王位却招致杀身。由此看来,争斗与禅让的礼制,唐尧与夏桀的做法,认可还是鄙夷都会因时而异,不可以把它们看作不变的规律。栋梁之材可以用来冲击敌城,却不可以用来堵塞洞穴,说的是器物的用处不一样。骏马良驹一天奔驰上千里,捕捉老鼠却不如野猫与黄鼠狼,说的是技能不一样。猫头鹰夜里能抓取小小的跳蚤,细察毫毛之末,可是大白天睁大眼睛也看不见高大的山丘,说的是禀性不一样。所以说:怎么只看重对的一面而忽略不对的一面,看重治而忽略乱呢？这是因为不明了自然存在的道理和万物自身的实情。这就像是重视天而轻视地，重视阴而轻视阳，那不可行是十分明白的了。然而还是要谈论不休，不是愚昧便是欺骗！远古帝王的禅让各不相同，夏、商、周三代的继承也各不一样。不合时代、悖逆世俗的人，称他为篡逆之徒；合于时代、顺应世俗的人，称他为高义之士。沉默下来吧，河神！你怎么会懂得万物间贵贱的门庭和大小的流别！"

河神说："既然这样，那么我应该做些什么呢？又不应该做什么呢？我将怎样推辞或接纳、趋就或舍弃，我终究将怎么办？"

海神回答："用道的观点来观察，什么是贵什么是贱，这可称之为循环往复；不必束缚你的心志，而跟大道相违碍。什么是少什么是多，这可称之为更替续延；不要偏执于事物的某一方面行事，而跟大道不相一致。端庄、威严的样子像是一国的国君，确实没有一点儿偏私的恩惠；优游自得的样子像是祭祀中的土地神，确实没有任何偏私的赐福；浩瀚周遍的样子像是通达四方而又旷远无穷，确实没有什么区分界限；兼蓄并且包藏万物，难道谁专门有所承受或者有所庇护？这就称作不偏执于事物的任何一个方面。宇宙万物本是混同齐一的，谁优谁劣呢？大道没有终结和起始，万物却都有死有生，因而不可能依仗一时的成功。时而空虚时而充实，万物从不固守于某一不变的形态。岁月不可以挽留，时间从不会停息；消退、生长、充实、空虚，宇宙万物终结便又有了开始。这样也就可以谈论大道的准则，评说万物的道理了。万物的生长，像是马儿飞奔，像是马车疾行，没有什么举动不在变化，没有什么时刻不在迁移。应该做些什么呢？又不应该做什么呢？一切必定都将自然地变化！"

河神说："既然如此，那么为什么还要那么看重大道呢？"

海神回答："懂得大道的人必定通达事理，通达事理的人必定明白应变，明白应变的人定然不会因为外物而损伤自己。道德修养高尚的人烈焰不能烧灼他们，洪水不能沉溺他们，严寒酷暑不能侵扰他们，飞禽走兽不能伤害他们；不是说他们逼迫进水火、寒暑的侵扰和禽兽的伤害而能幸免，而是说他们明察安危，安于祸福，慎处离弃与追求，因而没有什么东西能够伤害他们。所以说：天然蕴含于内里，人为显露于外在，高尚的修养则顺应自然。懂得人的行止，立足于自然的规律，居处于自得的环境，徘徊不定，屈伸无常，也就返归大道的要冲而可谈论至极的道理。"

河神说："什么是天然？什么又是人为？"

海神回答："牛马生就四只脚，这就叫天然；用马络套住马头，用牛鼻绳穿过牛鼻，这就叫人为。所以说，不要用人为去毁灭天然，不要用有意的作为去毁灭自然的禀性，不要为获取虚名而不遗余力。谨慎地持守自然的禀性而不丧失，这就叫返归本真。"

【导读】

《秋水》是《庄子》中的又一长篇，用篇首的两个字作为篇名，所阐述的是庄子的认识论。全篇由两大部分构成。本文节选的是第一部分，以北海海神跟河神的对话讨论人的认识有"小知"和"大知"的区别。河伯见识短浅，狂妄自大，看见河水暴涨淹没一切，就以为自己是天下之最美。但当他看到大海更广大无边时，则自叹不如。北海的一席话颇具哲理，告诉人们看问题不能局限于某一点，应当全方位、多角度。随后北海若与河伯的七番问答从七个层面进一步论证其"无为"的认识论：第一番问答写河神的小却自以为大，对比海神的大却自以为小，说明了认识事物的相对性。第二番问答以确知事物和判定其大小极其不易，说明认知常受事物自身的不定性和事物总体的无穷性所影响。第三番问答紧承前一问答，进一步说明认知事物之不易，常常是"言"不能"论"，"意"不能"察"。第四番问答从事物的相对性出发，更进一步地指出大小贵贱都不是绝对的，因而最终是不应加以辨知的。第五番问答从"万物一齐""道无终始"的观点出发，指出人们认知外物必将无所作为，只能等待它们的"自化"。第六番问答透过为什么要看重"道"的谈话，指出懂得了"道"就能通晓事理，就能认识事物的变化规律。第七番问答明确提出了返归本真的主张，即不能以人为毁灭天性，把"自化"的观点又推进了一步，万物齐一，道无始终，无为即可以"反其真"。第二大部分（未选）分别又用了"夔怜蚿""孔子围于匡""公孙龙问于魏牟""庄子钓于濮水"等寓言进一步论述了"反其真"即养生以保身,乘天机而动,无为而无不为。总的来说,本篇强调了认识事物的复杂性,即事物本身的相对性和认知过程的变异性,指出了认知之不易和准确判断的困难。但篇文过分强调事物变化的不定因素,未能揭示出认知过程中相对与绝对间的辩证关系,很容易导向不可知论,因而最终仍只能顺物自化,返归无为,这当然又是消极的了。

庄子的散文善于用生动的寓言故事来讲述深刻抽象的道理。本文在整体上以河神和海神的对话展开说理,大寓言故事里面又套有若干个小寓言故事,层层论证,用了大量的比喻,发人深思。同时,该文将写景叙事与论证说理有机结合起来,纵横恣肆,文辞瑰丽,具有浓厚的浪漫主义色彩,增强了文章的艺术性和感染力。

【思考】

1.本篇反映了庄子怎样的认识论?

2.结合《庄子·寓言》篇谈谈庄子文章的语言特点。

湘夫人[1]

屈 原

屈原(约前340—约前278),我国古代伟大的爱国诗人,名平,字原,战国时期楚国贵族出身,曾任三闾大夫、左徒,兼管内政外交大事。他主张对内举贤能,修明法度,对外联齐抗秦。后因遭贵族排挤,被流放沅、湘流域。公元前278年秦将白起攻破楚国首都郢都,屈原在长沙附近汨罗江怀石自杀,传说端午节就是他的忌日。

屈原在楚国民歌的基础上创造了新的诗歌体裁——楚辞,成为中国古代浪漫主义诗歌的奠基者,主要作品有《离骚》《九章》《九歌》等。他在诗中抒发了炽热的爱国主义思想,体现了他对理想的不懈追求和为此九死不悔的精神。他创造的楚辞文体在中国文学史上独树一帜,具有浓郁的荆楚地方文化色彩,与《诗经》并称"风骚"二体,它所创造的艺术风格和艺术技巧对后世诗歌创作产生了积极而深远的影响。

【原文】

帝子降兮北渚[2],目眇眇兮愁予[3]。

袅袅兮秋风[4],洞庭波兮木叶下[5]。

登白薠兮骋望[6],与佳期兮夕张[7]。

鸟何萃兮苹中[8],罾何为兮木上[9]?

沅有芷兮澧有兰[10],思公子兮未敢言[11]。

荒忽兮远望[12],观流水兮潺湲[13]。

麋何食兮庭中[14]?蛟何为兮水裔[15]?

朝驰余马兮江皋[16],夕济兮西澨[17]。

闻佳人兮召予,将腾驾兮偕逝[18]。

筑室兮水中,葺之兮荷盖[19]。

荪壁兮紫坛[20],匊芳椒兮成堂[21]。

桂栋兮兰橑[22],辛夷楣兮药房[23]。

罔薜荔兮为帷^[24]，擗蕙櫋兮既张^[25]。

白玉兮为镇^[26]，疏石兰兮为芳^[27]。

芷葺兮荷屋^[28]，缭之兮杜衡^[29]。

合百草兮实庭^[30]，建芳馨兮庑门^[31]。

九嶷缤兮并迎^[32]，灵之来兮如云^[33]。

捐余袂兮江中^[34]，遗余褋兮醴浦^[35]。

搴汀洲兮杜若^[36]，将以遗兮远者^[37]。

时不可兮骤得^[38]，聊逍遥兮容与^[39]。

【注释】

[1]本篇选自《楚辞章句》，为《九歌》中的一篇。《九歌》是屈原十一篇作品的总称。"九"是泛指，非实数，《九歌》本是古乐章名。王逸《楚辞章句》认为："昔楚国南郢之邑，沅湘之同，其俗信鬼而好祠。其祠必作歌乐鼓舞以乐诸神。屈原放逐，窜伏其间，怀忧苦毒，愁思沸郁，出见俗人祭祀之札，歌舞之乐，其辞鄙陋，因作《九歌》之曲，上陈事神之敬，下见己之冤结，托之以风谏。"也有人认为这是屈原在民间祭歌的基础上加工而成的。此篇与《九歌》中另一篇《湘君》为姊妹篇。关于湘夫人和湘君为谁，多有争论，但二人为湘水之神，则无疑。旧说湘君为舜，舜南巡时，死在苍梧，他的妃子娥皇、女英追寻至洞庭湖，听说舜已死，遂投湘水而亡，成为湘水之神，即湘夫人。近代大多认为湘君和湘夫人是湘水的配偶神。此篇写湘君期待湘夫人而不至，产生的思慕哀怨之情。

[2]帝子:指湘夫人。相传舜妃为帝尧之女，故称帝子。渚:水中小块陆地。

[3]眇眇(miǎo):远望的样子。愁予:使我忧愁。

[4]袅袅(niǎo):微风吹拂的样子。

[5]波:生起水波。下:落。

[6]蘋:水草名，生湖泽间。登白蘋:登上长着白蘋的地方。骋望:纵目而望。

[7]佳:佳人，指湘夫人。期:期约。张:陈设，此指陈设帏帐。

[8]萃:集。苹:水草名。此句意谓鸟本当集在木上，为什么却聚在水草上。

[9]罾(zēng):一种捕鱼的网。此句意谓鱼罾原当在水中，为什么却挂在树上。此二句比喻所愿不得，失其应处之所，故而所求不得。

[10]沅:即沅江，在今湖南省西部。芷(zhǐ):白芷，一种香草。醴(lǐ):同"澧"(lǐ)，即澧水，在今湖南省，流入洞庭湖。

[11]公子:指湘夫人。古代贵族称公族，贵族子女不分性别，都可称"公子"。

[12]荒忽:即恍惚，不分明的样子。

[13]潺湲(yuán):水流缓慢的样子。

[14]麋:兽名，麋鹿。此句意谓麋鹿本当在山林却跑到人家的庭院里觅食。

[15]水裔:水边。此句意谓蛟本当在深渊却跑到水边来。此二句也是比喻所处失当。

[16]皋:水边陆地。

[17]济:渡过。滋(shì):水边。

[18]腾驾:驾着马车飞驰。偕逝:同往。

[19]葺:用茅草盖房子。盖:指屋顶。此句意谓用荷叶盖房。

[20]荪壁:用荪草装饰墙壁。荪(sūn):香草名。紫:紫贝，一种水产贝壳。坛:中庭。

[21]匊:古"播"字，散播。椒:一种香木。成:涂饰。

[22]栋:屋梁，屋脊柱。橑(lǎo):屋椽。

[23]辛夷:香木名,也叫木兰、木笔。楣:门上横梁。药:白芷。房:卧房。

[24]罔:通"网",编结。薜荔:一种香草,缘木而生,也叫"木莲"。帷:帷帐。

[25]擗(pǐ):剖开。蕙:一种香草。櫋(mián):屋檐板,一作"幔"讲,帐顶。既张:已经张挂好了。

[26]镇:镇压坐席之物。

[27]疏:散布,分布。石兰:香草名,兰草的一种。

[28]芷葺:用白芷的叶子层层覆盖。

[29]缭:缠绕。杜衡:香草名。

[30]合:会聚。百草:各种香草。实:充实,充满。

[31]建:设置。馨:芳香,草木香气。庑(wǔ):廊屋。

[32]九嶷(yí):又名苍梧山,传说中舜的葬地,在湘水南。这里指九嶷山神。缤:盛多的样子。

[33]灵:众神。如云:形容众多。

[34]捐:抛弃。袂(mèi):衣袖。

[35]遗:丢弃。褋(dié):单衣,外衣。浦:水边。

[36]搴:拔取。汀:水中或水边的平地。杜若:香草名。

[37]远者:来自远方的人,指湘夫人。

[38]时:时机,此指约会的时机。骤得:数得,屡得。

[39]聊:姑且。逍遥:游玩。容与:从容自在的样子。

【译文】

湘夫人降落在北洲之上,极目远眺啊使我惆怅。

树木轻摇啊秋风初凉,洞庭起波啊树叶落降。

踩着白蘋啊纵目四望,与佳人相约啊在今天晚上。

鸟儿为什么聚集在水草之处?鱼网为什么挂结在树梢之上?

沅水芷草绿啊澧水兰花香,思念湘夫人啊却不敢明讲。

神思恍惚啊望着远方,只见江水啊缓缓流淌。

麋鹿为什么在庭院里觅食?蛟龙为什么在水边游荡?

清晨我骑马在江畔奔驰,傍晚我渡到江水西旁。

我听说湘夫人啊在召唤着我,我将驾车啊与她同往。

我要把房屋啊建筑在水中央,还要把荷叶啊盖在屋顶上。

荪草装点墙壁啊紫贝铺砌庭坛,四壁撒满香椒啊用来装饰厅堂。

桂木做栋梁啊木兰为桁橼,辛夷装门楣啊白芷饰卧房。

编织薜荔啊做成帷幕,析开蕙草做的幔帐也已支张。

用白玉啊做成镇席,各处陈设石兰啊一片芳香。

在荷屋上覆盖芷草,用杜衡缠绕四方。

汇集各种花草啊布满庭院,建造芬芳馥郁的门廊。

九嶷山的众神都来欢迎湘夫人,他们簇簇拥拥的像云一样。

我把那衣袖抛到江中去,我把那单衣扔到澧水旁。

我在小洲上啊采摘着杜若,将用来馈赠给远方的姑娘。

美好的时光啊不可多得,我姑且悠闲自得地徘徊游逛。

【导读】

这首诗的诗题虽是湘夫人,可全诗都是以湘君的口吻描绘了湘君在约会地点没有等到湘夫人时,感情的起伏和一系列的心理活动。写的是神的生活,流溢出来的却是人的情味。据传湘君和湘夫人是湘水的配偶神。湘君就是传说中的舜,他到南方巡视时,死在苍梧,他的妃子是尧的两个女儿,到南方寻找舜,走到洞庭湖附近,听说舜已死,她们就投湘江而死,死后就成了湘水神,被称为湘夫人。这首诗描写了湘君和湘夫人的恋爱生活片段。

首句"帝子降兮北渚",写湘君带着虔诚的期盼,久久徘徊在洞庭湖的山岸,渴望湘夫人的到来。反常现象作比兴,突出了人物内心的失望和困惑,大有所求不得、徒劳无益的意味。其中"袅袅兮秋风,洞庭波兮木叶下"更是写景的名句,对渲染气氛和心境都极有效果。第二段进一步深化湘君的渴望之情。以水边泽畔的香草兴起对伊人的默默思念,又以流水的缓缓而流暗示远望中时光的流逝。第三段纯粹是湘君幻想与湘夫人如愿相会的情景。这是一个令人目不暇接、眼花缭乱的神奇世界:建在水中央的庭堂都用奇花异草香木构筑修饰。作者在这里一口气罗列了十多种植物,极力表现出相会处的华美艳丽,其目的是以流光溢彩的外部环境来烘托和反映充溢于人物内心的欢乐和幸福。因此当九嶷山的众神来把湘君的恋人接走时,他才恍然大悟,从这如梦幻般的美境中惊醒,重新陷入相思的痛苦之中。最后一段与《湘君》结尾不仅句数相同,而且句式也完全一样。湘君在绝望之余,也像湘夫人那样情绪激动,向江中和岸边抛弃了对方的赠礼,但表面的决绝却无法抑制内心的相恋,他最终同样恢复了平静,打算在耐心的等待和期盼中,走完相恋相思这段好事多磨的心理历程。他在汀洲上采来芳香的杜若,准备把它赠送给远来的湘夫人。

《湘君》和《湘夫人》是由一次约会在时间上的误差而引出的两个悲剧,但合起来又是一幕两情相悦、忠贞不渝的喜剧。说它们是悲剧,是因为赴约的双方都错过了相会的时间,彼此都因相思不见而难以自拔,心灵和感情遭受了长时间痛苦的煎熬;说它们是喜剧,是由于男女双方的相恋真诚深挚,尽管有挫折,但都没有放弃追求和期盼,所以最后圆满结局的出现只是时间问题。这首诗让历代的读者都从中获取了不畏艰难、永不停息地追求理想和爱情的巨大动力。

【思考】

1.如何理解该诗中"湘夫人"形象的思想意义?
2.结合屈原其他作品谈谈"楚辞"的诗体特征。

谏逐客书[1]

李 斯

李斯(约前280—前208),战国时期楚国上蔡(今河南驻马店上蔡县)人,著名的政治家、文学家和书法家,后人誉为"千古一相"。李斯曾与韩非一起师从荀况学习"帝王之术",学成入秦为吕不韦舍人,后得到秦王器重,拜为客卿,并协助秦始皇统一天下。秦统一之后,李斯官至丞相,参与制定并完善秦朝的法律制度,力排众议主张实行郡县制,废除分封制,提出并且主持了文字、车轨、货币、度量衡的统一。李斯政治主张的实施对中国和世界产生了深远的影响,奠定了中国两千多年政治制度的基本格局。李斯贡献巨大,但害死了韩非,且被赵高所逼把胡亥推上了皇位,为后世所诟病。秦二世时,李斯为赵高所陷害,被腰斩于咸阳,夷灭三族。

《谏逐客书》为李斯的代表作。此外,秦一些刻石文大都出自李斯之手,如《泰山刻石文》《琅琊台刻石文》等。

【原文】

臣闻吏议逐客,窃以为过矣[2]。

昔缪公求士[3],西取由余于戎[4],东得百里奚于宛[5],迎蹇叔于宋[6],来邳豹、公孙支于晋[7]。此五子者,不产于秦[8],而缪公用之,并国二十,遂霸西戎[9]。孝公用商鞅之法[10],移风易俗,民以殷盛[11],国以富强,百姓乐用[12],诸侯亲服,获楚、魏之师[13],举地千里,至今治强[14]。惠王用张仪之计[15],拔三川之地[16],西并巴、蜀[17],北收上郡[18],南取汉中[19],包九夷,制鄢、郢[20],东据成皋之险[21],割膏腴之壤,遂散六国之众[22],使之西面事秦,功施到今[23]。昭王得范雎[24],废穰侯[25],逐华阳[26],强公室,杜私门[27],蚕食诸侯[28],使秦成帝业。此四君者,皆以客之功。由此观之,客何负于秦哉!向使四君却客而不内[29],疏士而不用,是使国无富利之实,而秦无强大之名也。

今陛下致昆山之玉[30],有随、和之宝[31],垂明月之珠[32],服太阿之剑[33],乘纤离之马[34],建翠凤之旗[35],树灵鼍之鼓[36]。此数宝者,秦不生一焉,而陛下说之[37],何也?必秦国之所生然后可,则是夜光之璧[38]不饰朝廷,犀象之器不为玩好[39],郑、卫之女不充后宫[40],而骏良駃騠不实外厩[41],江南金锡不为用[42],西蜀丹青不为采[43]。所以饰后宫、充下陈[44]、娱心意、说耳目者,必出于秦然后可,则是宛珠之簪[45]、傅玑之珥[46]、阿缟之衣[47],锦绣之饰不进于前[48],而随俗雅化[49],佳冶窈窕,赵女不立于侧也[50]。夫击瓮叩缶,弹筝搏髀[51],而歌呼呜呜快耳者,真秦之声也;郑、卫、桑间、昭、虞、武、象[52]者,异国之乐也。今弃击瓮叩缶而就郑、卫,退弹筝而取昭、虞,若是者何也?快意当前,适观而已矣[53]。今取人则不然。不问可否,不论曲直,非秦者去,为客者逐。然则是所重者在乎色乐、珠玉,而所轻者在乎人民也。此非所以跨海内、制诸侯之术也。

臣闻地广者粟多,国大者人众,兵强则士勇。是以泰山不让土壤[54],故能成其大;河海不择细流[55],故能就其深[56];王者不却众庶[57],故能明其德。是以地无四方,民无异国,四时充美[58],鬼神降福,此五帝三王之所以无敌也[59]。今乃弃黔首以资敌国[60],却宾客以业诸侯[61],使天下之士退而不敢西向,裹足不入秦,此所谓"藉寇兵而赍盗粮[62]"者也。

夫物不产于秦,可宝者多;士不产于秦,而愿忠者众。今逐客以资敌国,损民以益仇[63],内自虚而外树怨于诸侯[64],求国无危,不可得也。

【注释】

[1]本篇选自《史记·李斯列传》,是李斯的一个奏折。李斯入秦后被拜为客卿。当时,韩国派水工郑国赴秦修渠,借以消耗秦国的人力、物力。这个计谋被曝光后,秦宗室大臣借机建议秦王驱逐客卿。秦王于是下逐客令,李斯也在被逐之列,因此作《谏逐客书》上奏秦王,秦王阅后立刻取消原令,李斯亦官复原职。客:客卿,指在秦国做官的其他诸侯国的人。

[2]窃:私下,谦辞。过:错误。

[3]缪公:即秦穆公(前659—前621年在位),春秋五霸之一。缪:通"穆"。

[4]由余:亦作"繇余",戎王的臣子,是晋人后裔。穆公用计招他归秦,以客礼待之。入秦后,受到秦穆公重用,帮助秦国攻灭西戎十二小国,称霸西戎。戎:古代中原人多称西方少数部族为戎。此指秦国西北部的西戎,活动范围约在今陕西西南、甘肃东部、宁夏南部一带。

[5]百里奚:楚国宛人,原为虞国大夫。晋灭虞被俘,后作为秦穆公夫人的陪嫁奴仆入秦。逃亡到宛,被楚人所执。秦穆公知道他有才干,用五张黑公羊皮将他赎回,官拜上大夫,故称"五羖大夫",亦是

辅佐秦穆公称霸的重臣。宛(yuān):楚国邑名,在今河南南阳市。

[6]蹇(jiǎn)叔:岐人,寓居于宋。他是百里奚的好友,经百里奚推荐,秦穆公把他从宋国请来,委任为上大夫。百里奚对穆公说:"臣不及臣友蹇叔,蹇叔贤而世莫知。"宋:国名,或称"商""殷",子姓,始封君为商纣王庶兄微子启,西周初周公平定武庚叛乱后将商旧都周围地区封给微子启,都于商丘(今河南商丘市南),约位于今河南东南部及所邻山东、江苏、安徽接界之地。公元前3世纪中叶,大臣剔成肸(即司城子罕)逐杀宋桓侯,戴氏代宋。公元前286年被齐国所灭。

[7]邳(pī)豹:晋国大夫邳郑之子,邳郑被晋惠公杀死后,邳豹投奔秦国,秦穆公任为大夫。公孙支:"支"或作"枝",字子桑,岐人,曾游晋,后返秦任大夫。晋:国名,姬姓,始封君为周成王之弟叔虞,建都于唐(今陕西翼城县西),约有今山西西南部之地。春秋时,晋献公迁都于绛,亦称"翼"(今山西翼城县东南),陆续攻灭周围小国;晋文公成为继齐桓公之后的霸主;晋景公迁都新田(今山西侯马市西),亦称"新绛",兼并赤狄,疆域扩展到今山西大部、河北西南部、河南北部和陕西一角。春秋后期,公室衰微,六卿强大。战国初,被执政的韩、赵、魏三家所瓜分。公元前369年,最后一位国君晋桓公被废为庶人,国灭祀绝。

[8]产:生,出生。

[9]并国二十,遂霸西戎:《秦本纪》云秦缪公"益国十二,开地千里,遂霸西戎"。这里的"二十"当是约数。并:吞并。

[10]孝公:即秦孝公(前361—前338年在位),名渠梁。商鞅:卫国公族,氏公孙,亦称公孙鞅、卫鞅。初为魏相公叔座家臣,公叔座死后入秦,受到秦孝公重用,任左庶长、大良造,因功封于商(今山西商县东南)十五邑,号称商君。于公元前356年和公元前350年两次实行变法,奠定秦国富强的基础。公元前338年,秦孝公去世,商鞅被车裂身死。

[11]殷:多,众多。殷盛:指百姓众多而且富裕。

[12]乐用:乐于被使用。

[13]魏:国名,始封君魏文侯,系晋国大夫毕万后裔,于公元前403年与韩景侯、赵烈侯联合瓜分晋国,被周威烈王封为诸侯,建都安邑(今山西夏县西北)。魏文侯任用李悝改革内政,成为强国。梁惠王时迁都大梁(今河南开封市),因亦称"梁"。后国势衰败,公元前225年被秦国所灭。获楚、魏之师:指战胜楚国、魏国的军队。公元前340年,商鞅设计诱杀魏军主将公子卬,大败魏军。同年又与楚战,战况不详,据此,当也是秦军获胜。

[14]治:太平,安定。

[15]惠王:即秦惠王(前337—前311年在位),名驷,秦孝公之子。于公元前325年称王。张仪:魏国人,秦惠王时数次任秦相,鼓吹"连横",游说各国诸侯事奉秦国,辅佐秦惠文君称王,封武信君。秦武王即位,入魏为相。于公元前310年去世。此句以下诸事,并非都是张仪之计,因为张仪曾任宰相,就把功劳归功于他了。

[16]三川之地:指黄河、洛水、伊水三川之地,在今河南西北部黄河以南的洛水、伊水流域。三川之地本属韩国,韩宣王在此设三川郡。"拔三川之地"实为秦武王时事,公元前308年秦武王派兵攻取三川大县宜阳(今河南宜阳县西)。公元前249年秦灭东周,取得韩三川全郡,重设三川郡。

[17]巴:国名,周武王灭商后被封为子国,称巴子国,在今四川东部、湖北西部一带。战国中期建都于巴(今重庆市)。公元前316年秦惠王派张仪、司马错等领兵攻灭巴国,在其地设置巴郡。蜀:国名,周武王时曾参加伐商的盟会,今四川中部偏西地区。战国中期建都于成都(今四川省成都市)。公元前316年秦惠文王派张仪、司马错等领兵灭蜀,在其地设置蜀郡。

[18]上郡:郡名,魏地,在今陕西榆林。魏文侯时置,辖境有今陕西洛河以东,黄梁河以北,东北到子长县、延安市一带。公元前328年魏割上郡十五县给秦,前312年又将整个上郡献秦。秦国于公元前304年于此设置上郡。

[19]汉中：郡名，楚地，在今陕西汉中。楚怀王时置，辖境有陕西东南和湖北西北的汉水流域。公元前312年，被秦将魏章领兵攻取，秦于此重置汉中郡。

[20]包：并吞。九夷：此指楚国境内西北部的少数部族，在今陕西、湖北、四川三省交界地区。鄢(yān)：楚国别都，在今湖北宜城市东南。春秋时楚惠王曾建都于此。郢(yǐng)：楚国都城，在今湖北江陵市西北纪南城。公元前279年秦将白起攻取鄢，翌年又攻取郢。

[21]成皋：邑名，在今河南荥阳市汜水镇，地势险要，是著名的军事重地。春秋时属郑国，也称"虎牢"，公元前375年韩国灭郑，遂属韩，公元前249年被秦军攻取。

[22]六国：韩、魏、燕、赵、齐、楚。

[23]施(yì)：蔓延，延续。

[24]昭王：即秦昭襄王(前307—前251年在位)，名稷，秦惠王之子，秦武王异母弟。范雎(jū)：一作"范睢"，亦称范叔，魏人，入秦后改名张禄，受到秦昭王信任，为秦相，对内力主废除外戚专权，对外采取远交近攻策略，封于应(今河南宝丰县西南)，亦称应侯，死于公元前255年。

[25]穰(ráng)：即魏冉，楚人后裔，秦昭王母宣太后之异父弟，秦武王去世，拥立秦昭王，任将军，多次为相，受封于穰(今河南邓州市)，故称穰侯，后又加封陶(今山东定陶区西北)。因秦昭王听用范雎之言，被免去相职，终老于陶。

[26]华阳：即华阳君芈戎，楚昭王母宣太后之同父弟，曾任将军等职，与魏冉同掌国政，先受封于华阳(今河南新郑市北)，故称华阳君，后封于新城(今河南密县东南)，故又称新城君。公元前266年，与魏冉同被免职遣归封地。

[27]强：增强，巩固。公室：王室。私门：与公室相对，指豪门贵族。

[28]蚕食：比喻像蚕吃桑叶那样逐渐吞食侵占。

[29]向使：当初假使，倘若。却：拒绝。内：通"纳"，接纳。

[30]陛下：对帝王的尊称。致：求得，收罗。昆山：即昆仑山，古时传说昆仑山北麓和田产美玉。

[31]随、和之宝：即所谓"随侯之珠"和"和氏之璧"，传说中春秋时随侯所得的夜明珠和楚人卞和得来的美玉。

[32]明月之珠：夜间光如明月的宝珠。

[33]太阿(ē)：亦称"泰阿"，宝剑名，相传为春秋著名工匠欧冶子、干将所铸。

[34]纤离：古骏马名。

[35]翠凤之旗：用翠羽做成凤鸟形状作为装饰的旗子。

[36]鼍(tuó)：即今扬子鳄，俗称猪婆龙，皮可制鼓，声音洪大。

[37]说：通"悦"，喜悦，喜爱。

[38]夜光之璧：据《战国策·楚策》记载，张仪为秦游说楚王，楚王乃遣使献夜光之璧等物于秦王。

[39]犀：犀牛角。象：象牙。犀象之器：指用犀牛角和象牙制成的器具。玩好：供人玩赏的东西。

[40]郑：国名，姬姓，始封君为周宣王弟友，公元前806年分封于郑(今陕西华县东)。春秋时建都新郑(今河南新郑市)，有今河南中部之地，公元前375年被韩国所灭。卫：国名，姬姓，始封君为周武王弟康叔，初都朝歌(今河南淇县)，后迁都楚丘(今河南滑县)、帝丘(今河南濮阳县)，有今河南北部、山东西部之地。公元前254年被魏国所灭。郑、卫之女：郑、卫的女子以善于歌舞著称。此时郑、卫已亡，当指郑、卫故地的女子。后宫：嫔妃所居的宫室，也可用作嫔妃的代称。

[41]駃騠(jué tí)：骏马名。厩(jiù)：马圈，马棚。

[42]江南：长江以南地区。此指长江以南的楚地，素以出产金、锡著名。

[43]丹：丹砂，可以制成红色颜料。青：青䨼，可以制成青黑色颜料。西蜀丹青：蜀地素以出产丹青矿石出名。采：彩色，彩绘。

[44]下陈：殿堂下陈放礼器、站立侯从的地方，此指站在后列的人，侍妾。充下陈：泛指将财物、美女

充实府库后宫。

[45]宛:地名。宛珠之簪:指用宛地出产的珍珠所作装饰的发簪。

[46]傅:通"附",附着,镶嵌。玑:不圆的珠子,此泛指珠子。珥:耳饰。

[47]阿(ē):地名,齐国东阿(今山东阳谷东北阿城区)。缟(gǎo):未经染色的白绢。

[48]锦:织锦。绣:刺绣。

[49]随俗雅化:随合时俗而打扮自己,力求雅致不凡。

[50]佳:美好,美丽。冶:妖冶,艳丽。窈窕(yǎo tiǎo):美好的样子。赵:国名,始封君赵烈侯,系晋国大夫赵衰后裔,于公元前403年与魏文侯、韩景侯联合瓜分晋国,被周威烈王封为诸侯,建都晋阳(今山西太原市东南),有今山西中部、陕西东北角、河北西南部。公元前386年迁都邯郸(今河北邯郸市)。公元前222年被秦国所灭。古人多以燕、赵为出美女之地。

[51]瓮(wèng):陶制的容器,古人用来打水。缶(fǒu):一种口小腹大的陶器。秦人将瓮、缶作为打击乐器。搏:击打,拍打。髀(bì):大腿。搏髀:拍打大腿,以此掌握音乐唱歌的节奏。

[52]郑:指郑国故地的音乐。卫:指卫国故地的音乐。郑、卫两国的音乐当时以优美动听闻名于世。桑间:桑间为卫国濮水边上地名,在今河南濮阳县南,有男女聚会唱歌的风俗。此指桑间的音乐。昭:通"韶",《史记集解》引徐广曰:"昭,一作'韶'。"歌颂虞舜的舞乐。虞:按《史记会注考证校补》引南化本、枫山本、三条本等作"护",当为歌颂商汤的舞乐。武:歌颂周武王的舞乐。象:歌颂周文王的舞乐。

[53]适观:适合观赏。

[54]让:辞让,拒绝。

[55]择:舍弃,抛弃。细流:小水流。

[56]就:达到,形成。

[57]却:推却,拒绝。

[58]四时充美:一年四季富裕充足。充:充满。

[59]五帝:指黄帝、颛顼、帝喾、尧、舜。三王:指夏、商、周三代开国君主,即夏禹、商汤、周文王和周武王。

[60]黔首:无爵平民不能服冠,只能以黑巾裹头,故称黔首。此泛指百姓。秦始皇统一六国后正式称百姓为黔首。《史记·秦始皇本纪》载:二十六年,更名民曰"黔首"。资:资助,供给。

[61]业:从业,从事,事奉。

[62]赍(jī):赠送,送给。此句意为把武器粮食送给寇盗。

[63]益:增益,增多。仇:仇敌。减少本国的人口而增加敌国的人力。

[64]自虚:自取虚弱。外树怨于诸侯:指宾客被驱逐出外必投奔其他诸侯,从而构成新怨。

【译文】

我听说官吏在商议驱逐客卿这件事,私下里认为是错误的。

从前秦穆公寻求贤士,西边从西戎取得由余,东边从宛地得到百里奚,又从宋国迎来蹇叔,还从晋国招来邳豹、公孙支。这五位贤人,不生在秦国,而秦穆公重用他们,吞并国家二十多个,于是称霸西戎。秦孝公采用商鞅的新法,移风易俗,人民因此殷实,国家因此富强,百姓乐意为国效力,诸侯亲附归服,战胜楚国、魏国的军队,攻取土地上千里,至今政治安定,国力强盛。秦惠王采纳张仪的计策,攻下三川地区,西进兼并巴、蜀两国,北上收得上郡,南下攻取汉中,席卷九夷各部,控制鄢、郢之地,东面占据成皋天险,割取肥田沃土,于是拆散六国的合纵同盟,使他们朝西事奉秦国,功烈延续到今天。昭王得到范雎,废黜穰侯,驱逐华阳君,加强巩固了王室的权力,堵塞了权贵垄断政治的局面,蚕食诸侯领土,使秦国成就帝王大业。这四位君主,都依靠了客卿的功劳。由此看来,客卿哪有什么对不住秦国的地方呢!倘若四位君主拒绝远客而不予接纳,疏远贤士而不加任用,这就会使国家没有丰厚的实力,而让秦国没有强大的名声了。

陛下罗致昆山的美玉,宫中有随侯之珠,和氏之璧,衣饰上缀着光如明月的宝珠,身上佩带着太阿宝剑,乘坐的是名贵的纤离马,树立的是以翠凤羽毛为饰的旗子,陈设的是蒙着灵鼍之皮的好鼓。这些宝贵之物,没有一种是秦国产的,而陛下却很喜欢它们,这是为什么呢?如果一定要是秦国出产的才许可采用,那么这种夜光宝玉,绝不会成为秦廷的装饰;犀角、象牙雕成的器物,也不会成为陛下的玩好之物;郑、卫二地能歌善舞的女子,也不会填满陛下的后宫;北方的名骥良马,绝不会充实到陛下的马房;江南的金锡不会为陛下所用,西蜀的丹青也不会作为彩饰。用以装饰后宫、广充侍妾、爽心快意、悦人耳目的所有这些物品都要是秦国生长、生产的然后才可用的话,那么点缀有珠宝的簪子,耳上的玉坠,丝织的衣服,锦绣的装饰,就都不会进献到陛下面前;那些娴雅变化而能随俗推移的妖冶美好的佳丽,也不会立于陛下的身旁。那敲击瓦器,拍髀弹筝,呜呜呀呀地歌唱,能快人耳目的,确真是秦国的地道音乐了;那郑、卫桑间的歌声,韶、虞、武、象等乐曲,可算是外国的音乐了。如今陛下却抛弃了秦国地道的敲击瓦器的音乐,而取用郑、卫淫靡悦耳之音,不要秦筝而要韶、虞,这是为什么呢?难道不是因为外国音乐可以快意,可以满足耳目官能的需要么?可陛下对用人却不是这样,不问是否可用,不管是非曲直,凡不是秦国的就要离开,凡是客卿都要驱逐。这样做就说明,陛下所看重的,只在珠玉声色方面;而所轻视的,却是人民士众。这不是能用来驾驭天下,制服诸侯的方法啊!

我听说田地广就粮食多,国家大就人口众,武器精良将士就骁勇。因此,泰山不拒绝泥土,所以能成就它的高大;江河湖海不舍弃细流,所以能成就它的深邃;有志建立王业的人不嫌弃庶民,所以能彰明他的德行。因此,土地不分东西南北,百姓不论异国他邦,那样便会一年四季富裕美好,天地鬼神降赐福运,这就是五帝、三王无可匹敌的缘故。抛弃百姓使之去帮助敌国,拒绝宾客使之去事奉诸侯,使天下的贤士退却而不敢西进,裹足止步不入秦国,这就叫作"借武器给敌寇,送粮食给盗贼"啊。

物品中不出产在秦国,而宝贵的却很多;贤士中不出生于秦,愿意效忠的很多。如今驱逐宾客来资助敌国,减损百姓来充实对手,内部自己造成空虚而外部在诸侯中构筑怨恨,那要谋求国家没有危难,是不可能的啊。

【导读】

此文是李斯给秦始皇的一篇奏折,起篇开宗明义:逐客为过,劝谏秦王不要驱逐客卿,并在奏疏中明确论证逐客之非。他主张广开才路,求士用客,才能达到"跨海内、制诸侯"、助秦王成帝业的目的。

第一段"臣闻吏议逐客,窃以为过矣",开门见山,单刀直入,一开始就提出总的论点,显得鲜明有力。明明是秦王下了逐客令,却把逐客的过错归之于"吏",说明作者措词委婉,十分注意讽谏策略。第二段"援古以证今",举出历代秦王都重用客卿而致富变强的事例,说明重用客卿对秦国有利。列举史实,层层渲染,反复论证,把客卿对秦国的重要作用阐述得极为透彻。第三段从秦王爱好的色乐珠玉都不产于秦出发,反复推论,最后归结到重色乐珠玉而轻人民,非所以跨海内、制诸侯之术也。这段比喻丰富多样,写法灵活多变,运笔酣畅淋漓,为全文最精彩部分。宋代李涂说:"中间论物不出于秦而秦用之,独人才不出于秦而秦不用,反复议论,痛快,深得作文之法。"第四段论述驱逐客卿有利于敌国,而不利于秦国。先从正面说理,地广、人多、兵强,比喻只有胸襟博大开阔,才能仓举贤士,广罗人才。连类设喻,运用排比,显得铿锵有力。最后一段收束全文,进一步说明逐客关系到秦国的安危,和文章开头提出的总论点"窃以为过矣"相呼应,首尾相连,前后贯通。全文由五段组成,秦王一字一句地览读,为《谏逐客书》中雄辩的义理忠情深深折服。最后,《谏逐客书》消除了秦王嬴政对客卿的疑虑和愤懑,认识到客卿的重要性,收回逐客之成命。

鲁迅先生在《汉文学史纲要》中评议:"法家大抵少文采,惟李斯奏议,尚有华辞,如上书《谏逐客》云。"并言"秦之文章,李斯一人而已"。由此可见李斯《谏逐客书》这篇奏议的价值和意义。这篇文章在论证秦国驱逐客卿的错误和危害时没有在"逐客"这个问题上就事论事,也没有涉及自己利益的进退出处,而是站在"跨海内制诸侯",希望完成统一天下大业的高度,来分析阐明逐客的利害得失,这不仅反映了李斯的卓越见识,体现了他顺应历史潮流的进步政治主张和用人路线,也凸显出他过人的察人之术,每次立论都能紧紧把握住秦王的心理活动,从而让其放弃原来的主张,可见李斯的劝谏有多么强的说服力和感染力。文章中所表现的不分地域,任人唯贤的思想,在今天也有启发和借鉴作用。

【思考】

1. 试举例说明本文运用了哪些论证方法。
2. 举例分析本文语言的骈偶化特点。

上山采蘼芜[1]

《汉乐府》

"乐府",原为音乐机构的名称,"乐"即音乐,"府"即官府。初设于秦,为当时"少府"下辖的一个专门管理乐舞演唱教习的机构。汉初,乐府并没有保留下来。到了汉武帝时,在定郊祭礼乐时重建并扩大乐府机构,《汉书·艺文志》记载:"自孝武立乐府而采歌谣,于是有赵、代之讴,秦、楚之风,皆感于哀乐,缘事而发,亦可以观风俗,知薄厚云。"它的主要职责是采集民间歌谣或文人的诗歌来配乐演唱,以备朝廷祭祀或宴会时演奏之用。魏晋以后,人们将它所搜集整理的诗歌统称为"乐府诗",或简称"乐府"。它是继《诗经》《楚辞》而起的一种新诗体。后来有不入乐府的诗作也被称为乐府或拟乐府。

宋人郭茂倩所编的《乐府诗集》收集了自汉至唐的乐府诗十二类,其中保存的汉乐府有四十多篇,以"相和""鼓吹""杂曲"为多。汉乐府民歌不仅具有丰富的社会内容,而且具有高度的思想性,广泛反映了两汉的社会政治面貌和人民生活,语言朴素生动,形式自由多样,诗歌的故事性和戏剧性大大加强,汉乐府民歌标志着我国叙事诗的一个新的更趋成熟的发展阶段。

【原文】

上山采蘼芜,下山逢故夫。

长跪问故夫[2],新人复何如?

新人虽言好,未若故人姝[3]。

颜色类相似[4],手爪不相如[5]。

新人从门入,故人从閤去[6]。

新人工织缣[7],故人工织素[8]。

织缣日一匹[9],织素五丈余。

将缣来比素,新人不如故。

【注释】

[1] 本篇选自《玉台新咏》。蘼芜(mí wú):香草名,又名江离,叶子风干可以做香料。古人相信食蘼芜可使妇人多子。

[2] 长跪:伸直腰跪着。表示尊敬。

[3] 姝:美好。这里不仅指容貌,也泛指各方面的优点。当"新人从门入"的时候,故人是丈夫憎厌的对象,但新人入门之后,丈夫久而生厌,转又觉得故人比新人好了。这里把男子喜新厌旧的心理写得更深一层。

[4] 颜色:容貌。

[5]手爪:指纺织缝纫等技巧。

[6]阖(gé):旁门,小门。新妇从正面大门被迎进来,故妻从旁边小门被送出去。一荣一辱,一喜一悲,尖锐对照。这两句是弃妇的话,当故夫对她流露出一些念旧之情的时候,她忍不住重提旧事,诉一诉当时所受委屈。

[7]工:善于,精于。缣(jiān):黄色的丝绢。

[8]素:白色的细绢。素色洁白,缣色带黄,素贵缣贱。

[9]一匹:长四丈,宽二尺二寸。

【译文】

登上山中采蘼芜,下山偶遇前时夫。

故人长跪问故夫:"你的新妻怎么样?"

夫说:"新妻虽不错,却比不上你的好。

美貌虽然也相近,纺织技巧差得多。"

"新人正门娶回家,我从小门离开你。

"新人很会织黄绢,你却能够织白素。

黄绢日织只一匹,白素五丈更有余。

黄绢白素来相比,我的新人不如你。"

【导读】

这首诗写了一个弃妇与故夫偶遇时的一番简短对话。

诗中开篇两句交代了整个故事背景,并埋下伏笔,"上山采蘼芜,下山逢故夫"。由"故夫"一词,我们可知"采蘼芜"的主语是弃妇。蘼芜在古代人们认为妇人多食可以多子。在她满载而归的时候,碰巧和故夫重逢。在这种情况下,故人依然"长跪问故夫","跪"字形象地表现出故人对待故夫的恪守礼节。又问"新人复何如",看似闲话家常般信手拈来,充分体现了女主人公的自信。"新人虽言好",尚有客套之意,"未若故人姝",流露出懊悔之情。男子不断地称赞前妻的相貌、手工技艺都远远胜过"新人"。但"新人从门入,故人从阖去",故夫可还记得?流露出故人的无限委屈,故人虽然被弃,但依然鼓足勇气问出来,敢于面对男尊女卑的社会现实。故夫面对如此坚强的女子,心中油然敬佩。最后,男子在回答中,不顾自己大男人的情面,坦荡直言"新人不如故",毫无保留地抒发了男子对女主人公的无限怀念之情。从故夫的口中,我们知道弃妇是一位美丽勤劳的女子;从妇人的口中,我们能察觉出弃妇的隐痛和不平。久别重逢的偶遇,故夫与妇人的心中都很痛苦,是什么原因造成了这样的结局呢?反复咀嚼这首诗,原因颇耐人寻味。从故夫的回答中,可以得知妇人的容貌、手工都比"新人"好,但是依然无法在家中立足,仍然逃脱不了被遗弃的命运。

整首诗即问即答,语言质朴,情真意切,十分感人。诗中虽然出现了故夫、故人和新人三个人物,但新人从未出场,三人可以说都是封建制度、封建礼教的牺牲品。这首诗通过截取生活中的一个巧遇场面,采用对话的方式来揭示一对离异之后的夫妇的心理状态和各自的感受,从而鞭挞了喜新厌旧者的灵魂,批判了不合理的封建夫权。

【思考】

1.结合《诗经》中的弃妇诗谈谈本诗的思想意义。

2.谈谈汉乐府诗歌对《诗经》有哪些继承和发展。

迢迢牵牛星[1]

《古诗十九首》

《古诗十九首》,组诗名,五言诗,是乐府古诗文人化的显著标志。为南朝萧统从传世无名氏《古诗》中选录十九首编入《昭明文选》(又称《文选》)而成。《古诗十九首》深刻地再现了文人在汉末社会思想大转变时期,追求的幻灭与沉沦,心灵的觉醒与痛苦。艺术上语言朴素自然,描写生动真切,具有浑然天成的艺术风格。同时,《古诗十九首》所抒发的是人生最基本、最普遍的几种情感和思绪,令古往今来的读者常读常新。刘勰的《文心雕龙》称它为"五言之冠冕"。

【原文】

迢迢牵牛星[2],皎皎河汉女[3]。
纤纤擢素手[4],札札弄机杼[5]。
终日不成章[6],泣涕零如雨[7];
河汉清且浅,相去复几许[8]!
盈盈一水间[9],脉脉不得语[10]。

【注释】

[1]本篇选自南朝梁萧统《文选》卷二十九《古诗十九首》。该组诗作者不详,写作时间大约在东汉末年。

[2]迢迢(tiáo):遥远。牵牛星:隔银河和织女星相对,俗称"牛郎星",是天鹰星座的主星,在银河南。

[3]皎皎:明亮。河汉:即银河。河汉女:银河边上的那个女子,指织女星,是天琴星座的主星,在银河北。织女星与牵牛星隔河相对。

[4]擢(zhuó):摆动,伸出,拔出,抽出。素:白皙。此句意谓伸出细长而白皙的手。

[5]札(zhá)札弄机杼:正摆弄着织机(织着布),发出札札的织布声。弄:摆弄。杼(zhù):织机的梭子。

[6]终日不成章:沿用《诗经·大东》语意,意谓织女终日也织不成布。《诗经》原意是织女徒有虚名,不会织布,此处则是说织女因害相思,而无心织布。章:指布帛上的经纬纹理,这里指布帛。

[7]涕:眼泪。零:落。

[8]几许:多少。这两句意谓织女和牵牛二星彼此只隔着一条银河,相距没有多远!

[9]盈盈:清澈、晶莹的样子。间:相隔。

[10]脉脉(mò mò):目光相对,默默地用眼神或行动表达情意。

【译文】

看那遥远的牵牛星,明亮的织女星。
(织女)伸出细长而白皙的手,摆弄着织机(织着布),发出札札的织布声。
一整天也没织成一段布,哭泣的眼泪如同下雨般零落。
这银河看起米又清又浅,两岸相隔义有多远呢?
虽然只隔一条清澈的河流,但他们只能含情凝视,却无法用语言交谈。

【导读】

诗的首二句是诗人仰望星空所看到的景象。"迢迢"言其高远,"皎皎"状其皎洁,写出了夜空的浩瀚与星光的灿烂。这两句诗既是写实,又是诗人想象的源头。当诗人仰望星空,看到牵牛、织女这两颗明亮的星星时,他想到了牵牛和织女的爱情传说。"纤纤擢素手",写到了织女的外貌,她有一双美丽、纤细、白皙的手。"弄"字的使用,颇具匠心,它表明织女心不在焉,只是在随便地抚弄织机而已。正因为如此,她的工作才"终日不成章",象征着织女内心的烦闷和不安。"河汉清且浅,相去复几许",诗人知道织女的哭泣是由于她和牛郎的爱情为天河所阻断,可是在他看来,那天河却是十分清浅的。"相去复几许"实际上就是相去无几许,这是由于他在地上看,将银河的宽度和牛郎织女的距离都无限缩小了的缘故。"盈盈一水间,脉脉不得语","盈盈"形容地上人眼中的银河,应为水光轻盈、晶莹闪亮的意思。虽然牛郎、织女相距不远,但为天河所阻,因此只能相互凝望,无法交流,可谓咫尺天涯。这也是她"终日不成章,泣涕零如雨"的原因。诗人以天上写人间,通过写织女与牛郎的相思和爱情悲剧来写自己与意中人咫尺天涯的哀怨。这首诗虽然写牛郎、织女的相思之苦,但其主要篇幅集中在织女身上,描写了她的美丽、相思和哀怨,缠绵委曲,形象鲜明可感。

整首诗长于抒情,善用景物来烘托,寓情于景,情景交融;风格质朴率真,不事雕琢,颇具独特的审美意趣。作品不以写景为主,然情由景生,实为触景生情之作。作品的叙述和抒情都是由第三方即诗人完成的,其视角的变化是作品描写和抒情的线索。文中多用相对清冷的意象字,例如星(空)、天河、素手、机杼、水等,整个格调清冷幽美。全诗共十句,其中有六句用了叠字,并都用在句首,刻画细致、准确生动,使这首诗产生了鲜明的节奏感和音乐美。

【思考】

1.以本诗为例,总结《古诗十九首》的语言艺术特点。

2.本诗以牛郎织女的神话故事表现了怎样的思想感情?

燕歌行[1]

曹丕

曹丕(187—226),字子桓,三国时期著名的政治家、文学家,曹魏的开国皇帝,220—226 年在位。他在位期间,平定边患。击退鲜卑,和匈奴、氐、羌等外夷修好,恢复汉朝在西域的设置。除军政以外,曹丕自幼好文学,于诗、赋皆有成就,尤擅长五言诗,与其父曹操和弟曹植,并称"三曹",今存《魏文帝集》二卷。

曹丕诗歌形式多样,而以五、七言为长,主要是以男女爱情和游子思妇为题材,现存诗约四十首。其诗语言通俗,具有民歌精神;手法则委婉细致,回环往复,清绮动人,细腻清越,缠绵悱恻。其《燕歌行》则是中国文学史上第一首完整的七言诗。曹丕对建安文学的精神架构起到关键作用,由此形成的"建安风骨"对后世文学产生了深远影响。曹丕的《典论·论文》开创了文学批评的风气,为中国文学批评之祖。其主要贡献有:评价孔融、陈琳、王粲、徐干、阮瑀、应场、刘桢的文风和得失,"建安七子"的说法来源于此;提出"文以气为主,气之清浊有体,不可力强而致",认为作家的气质决定作品的风格;肯定文学的历史价值,"盖文章,经国之大业,不朽之盛事"。曹丕还命令刘劭、王象、缪袭等人编纂中国第一部类书《皇览》,开官方组织编纂类书的先河。

【原文】

秋风萧瑟天气凉,草木摇落露为霜[2],群燕辞归雁南翔[3]。

念君客游思断肠[4]，慊慊思归恋故乡[5]，何为淹留寄他方？

贱妾茕茕守空房[6]，忧来思君不敢忘，不觉泪下沾衣裳。

援琴鸣弦发清商[7]，短歌微吟不能长[8]。

明月皎皎照我床，星汉西流夜未央[9]。

牵牛织女遥相望，尔独何辜限河梁[10]？

【注释】

[1]本篇属《相和歌辞·平调曲》。燕是北方边地，征战不绝，时常发生战争，所以《燕歌行》多半写征人、思妇的离别之情。

[2]摇落：凋残。

[3]雁：一作"鹄"，天鹅。

[4]思断肠：《乐府诗集》作"多思肠"。

[5]慊慊(qiàn)：不满，不平。淹留：久留。上句是设想对方必然思归，本句是因其不归而生疑问。

[6]茕茕(qióng qióng)：孤独无依的样子。出自《楚辞·九章·思美人》："独茕茕而南行兮，思彭咸之故也。"

[7]援：执，持，取。清商：乐府曲调名，清商音节短促，以悲惋凄清为特色。

[8]微吟：低吟。不能长：意谓内心悲伤，不可能弹唱节奏舒缓的歌曲。

[9]夜未央：夜已深而未尽的时候。古人用观察星象的方法测定时间，此诗所描写的景色是初秋夜间，牛郎、织女星在银河两旁，初秋傍晚时正见于天顶，这时银河应该西南指向，此说"星汉西流"，即银河转西，表示夜已很深了。

[10]尔：指银河两边的牵牛星、织女星。何辜：何罪，亦作"何故"。河梁：河上的桥。此句意谓银河之上无桥可通，牛郎、织女为此所限，无法相见。

【译文】

秋风萧瑟，天气清冷，草木凋落，白露凝霜。

燕群辞归，天鹅南飞。思念出外远游的良人啊，我肝肠寸断。

思虑忡忡，怀念故乡。君为何故，淹留他方？

贱妾孤零零的空守闺房，忧愁的时候思念君子啊，我不能忘怀。不知不觉中珠泪下落，打湿了我的衣裳。

拿过古琴，拨弄琴弦却发出丝丝哀怨。短歌轻吟，似续还断。

那皎洁的月光啊照着我的空床，星河沉沉向西流，忧心不寐夜漫长。

牵牛织女啊远远地互相观望，你们究竟有什么罪过，被天河阻挡？

【导读】

《燕歌行》是一个乐府题目，属于《相和歌》中的《平调曲》，它和《齐讴行》《吴趋行》相类，都是反映各自地区的生活，具有各自地区音乐特点的曲调。《燕歌行》不见古辞，这个曲调可能就创始于曹丕。此作写妇人对丈夫的怀思，情词悱恻，情思委曲，深婉感人，"句句用韵，掩抑徘徊"（语出沈德潜《古诗源》），为叠韵歌行之祖，是我国现存的第一首成熟的七言诗。

"秋风萧瑟天气凉，草木摇落露为霜，群燕辞归雁南翔"，开头三句勾勒了一片深秋的肃杀、凋零情景，借写秋景以抒离别与怀远之情，烘托了思妇的形象和心情。运用通感的手法，形象逼真，视觉、听觉、感觉交织，给人以无限遐想的空间。"念君客游思断肠，慊慊思归恋故乡，何为淹留寄他方"，巧妙而细致地写出了思妇复杂的内心情感，对丈夫久留他乡的猜测，极言思念之深切，盼望夫君早日归来。借写被思念人的活动以突出思念者感情急切深沉,层层推进,深婉感人。"贱妾茕茕守空房,忧来思君不敢忘,不觉泪下沾衣裳"三句,描写了思妇的生活:她独守空房,整天以思夫为事,常常泪落沾衣。然而除此之外她却只能"援琴鸣弦发清商",微吟短歌以遥寄自己难以言表的衷情。《礼记·乐记》云"乐也者,情之不可变者也",可谓一语中的。"明月皎皎照我床,星汉西流夜未央。牵牛织女遥相望,尔独何辜限河梁"几句,以清冷的月色来渲染深闺的寂寞,极言女主人公伤心凄苦地怀念远人;以牵牛星与织女星的"限河梁"来控诉战乱造成自己与丈夫离别的悲剧。这样语涉双关,言有尽而意无穷,低回而又响亮的结尾,精彩至极。

作品表现的思想并不复杂,题材也属旧题,但作者在艺术上把抒情女主人公的感情、心理描绘得淋漓尽致,在描述思妇的内心活动时,笔法极尽曲折之妙,几经掩抑往复,写出了这位女子内心不绝如缕的柔情。作品把写景抒情、写人叙事,以及女主人公的自言自语自然巧妙地融为一体,构成了一种千回百转、凄凉哀怨的风格。无怪乎吴淇在其《六朝选诗定论》中评云:"风调极其苍凉。百二十字,首尾一笔不断,中间却具千曲百折,真杰构也。"

【思考】

1. 试比较本诗与后世成熟的七言诗形式特点之异同。
2. 该诗在写作上有何艺术特点?

洛神赋[1]

曹 植

曹植(192—232),字子建,沛国谯(今安徽省亳州市)人。三国时期著名文学家,建安文学代表人物。曹操之子,曹丕之弟,生前曾为陈王,去世后谥号"思",因此又称"陈思王"。建安二十五年,曹操病逝,曹丕继魏王位,不久又称帝,曹植的生活从此发生了变化。他从一个过着优游宴乐生活的贵族王子,变成处处受限制和打击的对象。公元226年,曹丕病逝,曹叡继位,即魏明帝,曹叡对他仍严加防范和限制。曹植在文、明二世的十二年中,曾多次被贬爵徙封,终至忧郁而死。在政治上,曹植是一位悲剧人物,然而政治上的悲剧客观上促成了他在诗歌创作上的卓越成就。

曹植现存诗歌九十余首,其中有六十多首是五言诗。他的诗歌,既体现了《诗经》"哀而不伤"的庄雅,又蕴含《楚辞》窈窕深邃的奇诡;既继承了汉乐府反映现实的笔力,又保留了《古诗十九首》温丽悲远的情调。曹植的诗有自己鲜明独特的风格,完成了乐府民歌向文人诗的转变。曹植是建安文学之集大成者,对后世影响很大。在两晋南北朝时期,他被推尊到文章典范的地位。南朝大诗人谢灵运更是赞许有佳:"天下才共一石,子建独得八斗,我得一斗,天下共分一斗。"王士禛尝论汉魏以来二千年间诗家堪称"仙才"者,曹植、李白、苏轼三人耳。

《洛神赋》原名《感甄赋》,一般认为是因曹植被封鄄城所作,亦作《感鄄赋》,"甄"通"鄄"。唐代李善则认为其为甄皇后所作,此说亦博得后世多人的认同。曹植此赋据序所言,系其于魏文帝黄初三年(222年)入朝京师洛阳后,在回封地鄄城途中经过洛水时,"感宋玉对楚王神女之事"而作。当时,曹丕刚即帝位不久,即杀了曹植的密友丁仪、丁廙二人。曹植本人在就国后也为监国谒者奏以"醉酒悖慢,劫胁使者",被贬安乡侯,后改封鄄城侯,再立为鄄城王(俱见《三国志·陈思王传》)。这些对决心"戮力上国,流惠下民,建永世之业,流金石之功"(《与杨德祖书》)的曹植来说,无疑是接二连三的沉重打击,其心情之抑郁与苦闷,是可想而知的。

【原文】

黄初三年[2]，余朝京师[3]，还济洛川[4]。古人有言，斯水之神[5]，名曰宓妃。感宋玉对楚王神女之事[6]，遂作斯赋。其辞曰：

余从京域[7]，言归东藩[8]，背伊阙[9]，越辕辕[10]，经通谷[11]，陵景山[12]。日既西倾，车殆马烦[13]。尔乃税驾乎蘅皋[14]，秣驷乎芝田[15]。容与乎阳林[16]，流眄乎洛川[17]。于是精移神骇[18]，忽焉思散[19]。俯则未察，仰以殊观[20]。睹一丽人，于岩之畔[21]。乃援御者而告之曰[22]："尔有觌于彼者乎[23]？彼何人斯，若此之艳也！"对曰："臣闻河洛之神，名曰宓妃。然则君王所见，无乃是乎？其状如何，臣愿闻之。"

余告之曰：其形也，翩若惊鸿，婉若游龙[24]，荣曜秋菊，华茂春松[25]。髣髴兮若轻云之蔽月，飘飖兮若流风之回雪[26]。远而望之，皎若太阳升朝霞[27]；迫而察之，灼若芙蕖出渌波[28]。秾纤得衷[29]，修短合度[30]。肩若削成，腰如约素[31]。延颈秀项[32]，皓质呈露[33]，芳泽无加，铅华弗御[34]。云髻峨峨[35]，修眉联娟[36]，丹唇外朗，皓齿内鲜[37]。明眸善睐[38]，靥辅承权[39]，瓌姿艳逸[40]，仪静体闲[41]。柔情绰态[42]，媚于语言。奇服旷世[43]，骨像应图[44]。披罗衣之璀粲兮[45]，珥瑶碧之华琚[46]。戴金翠之首饰[47]，缀明珠以耀躯。践远游之文履[48]，曳雾绡之轻裾[49]。微幽兰之芳蔼兮[50]，步踟蹰于山隅[51]。于是忽焉纵体，以遨以嬉[52]。左倚采旄[53]，右荫桂旗[54]。攘皓腕于神浒兮[55]，采湍濑之玄芝[56]。

余情悦其淑美兮，心振荡而不怡[57]。无良媒以接欢兮，托微波而通辞[58]。愿诚素之先达兮[59]，解玉佩以要之[60]。嗟佳人之信修[61]，羌习礼而明诗[62]。抗琼珶以和予兮[63]，指潜渊而为期[64]。执眷眷之款实兮[65]，惧斯灵之我欺[66]。感交甫之弃言兮[67]，怅犹豫而狐疑[68]。收和颜而静志兮[69]，申礼防以自持[70]。

于是洛灵感焉，徙倚[71]傍徨。神光离合，乍阴乍阳[72]。竦轻躯以鹤立[73]，若将飞而未翔。践椒涂之郁烈[74]，步蘅薄而流芳[75]。超长吟以永慕兮，声哀厉而弥长[76]。尔乃众灵杂遝[77]，命俦啸侣[78]。或戏清流，或翔神渚[79]。或采明珠，或拾翠羽[80]。从南湘之二妃[81]，携汉滨之游女[82]。叹匏瓜之无匹兮，咏牵牛之独处[83]。扬轻袿之猗靡兮[84]，翳修袖以延伫[85]。体迅飞凫[86]，飘忽若神。凌波微步，罗袜生尘[87]。动无常则，若危若安。进止难期[88]，若往若还。转眄流精[89]，光润玉颜。含辞未吐，气若幽兰[90]。华容婀娜，令我忘餐[91]。

于是屏翳收风，川后静波[92]。冯夷鸣鼓[93]，女娲清歌[94]。腾文鱼以警乘，鸣玉鸾以偕逝[95]。六龙俨其齐首[96]，载云车之容裔[97]。鲸鲵踊而夹毂[98]，水禽翔而为卫。于是越北沚[99]，过南冈，纡素领，回清阳[100]，动朱唇以徐言，陈交接之大纲[101]。恨人神之道殊兮，怨盛年之莫当[102]。抗罗袂以掩涕兮，泪流襟之浪浪[103]。悼良会之永绝兮，哀一逝而异乡[104]。无微情以效爱兮[105]，献江南之明珰[106]。虽潜处于太阴，长寄心于君王[107]。忽不悟其所舍，怅神宵而蔽光[108]。

于是背下陵高，足往神留[109]。遗情想像，顾望怀愁[110]。冀灵体之复形[111]，御轻舟而上溯[112]。浮长川而忘反[113]，思绵绵而增慕。夜耿耿而不寐[114]，沾繁霜而至曙。命仆夫而就驾，吾将归乎东路。揽騑辔以抗策，怅盘桓而不能去[115]。

【注释】

[1]本篇选自梁代《昭明文选》卷十九。洛神：传说古帝宓(fú)羲氏之女溺死洛水而为神，故名洛神，

又名宓妃。

[2]黄初:魏文帝曹丕年号,220—226 年。据李善注,此处"三年"当为"四年"。

[3]京师:京城,指魏都洛阳。

[4]济:渡。洛川:即洛水,源出陕西,东南入河南,流经洛阳。

[5]斯水:此水,指洛川。

[6]宋玉对楚王神女之事:传为宋玉所作的《高唐赋》和《神女赋》,都记载楚襄王梦遇巫山神女之事。

[7]京域:京都地区,指洛阳。

[8]言:语助词,无实际意义。东藩:东方藩国,指曹植的封地。黄初三年,曹植被立为鄄(juàn)城(即今山东鄄城县)王,城在洛阳东北方向,故称东藩。

[9]伊阙:山名,又称阙口、龙门山,在今河南洛阳市南。

[10]轘(huán)辕:山名,在今河南偃师县东南。

[11]通谷:山谷名。在洛阳市城南。

[12]陵:登。景山:山名,在今偃师县南。

[13]殆:通"怠",懈怠。一说指危险。烦:疲劳。

[14]尔乃:承接连词,于是就。税驾:停车。税:同"脱",舍、置。驾:车乘总称。蘅:杜蘅,香草名。皋:水边之地。

[15]秣驷:喂马。驷:一车四马,此泛指驾车之马。芝田:种着灵芝草的田地,此处指野草繁茂之地。一说为地名,指河南巩义市西南的芝田镇。

[16]容与:悠然安闲貌,一说从容游历。阳林:地名,一作"杨林"。

[17]流眄:纵目四望。眄:斜视。一作"流盼",目光流转顾盼。

[18]精移神骇:神情恍惚,思绪散漫。骇:散。

[19]忽焉:急速貌。思散:思绪分散,精神不集中。

[20]殊观:少见的异常现象。

[21]岩之畔:山岩边。

[22]援:以手牵引。御者:车夫。

[23]觌(dí):看见。

[24]"翩若"二句:翩然若惊飞的鸿雁,蜿蜒如游动的蛟龙。翩:鸟疾飞的样子,此处指飘忽摇曳的样子。惊鸿:惊飞的鸿雁。婉:蜿蜒曲折。这两句是写洛神的体态轻盈宛转。

[25]"荣曜(yào)"二句:容光焕发如秋日下的菊花,体态丰茂如春风中的松树。荣:丰盛。曜:日光照耀。华茂:华美茂盛。这两句是写洛神容光焕发充满生气。

[26]"髣髴"二句:时隐时现像轻云遮住月亮,浮动飘忽似似回风旋舞雪花。髣髴:若隐若现的样子。飘飖:飞翔的样子。回:回旋,旋转。这两句是写洛神的体态娴娜,行动飘忽。

[27]皎:洁白光亮。太阳升朝霞:太阳升起于朝霞之中。

[28]迫:靠近。灼:鲜明,鲜艳。芙蕖:一作"芙蓉",荷花。渌(lù):水清貌。以上两句是说不论远远凝望还是靠近观看,洛神都是姿容绝艳。

[29]秾:花木繁盛。此指人体丰腴。纤:细小。此指人体苗条。衷:中,恰到好处。

[30]修短:长短,高矮。以上两句是说洛神的高矮肥瘦都恰到好处。

[31]"肩若"二句:肩窄如削,腰细如束。削成:形容两肩瘦削下垂的样子。约素:卷而成束的白色丝绸。素:白细丝织品。这两句是写洛神的肩膀和腰肢线条圆美。

[32]延、秀:均指长。颈:脖子的前部。项:脖子的后部。此句形容脖颈之长而美。

[33]皓:洁白。呈露:显现,外露。

[34]"芳泽"二句:既不施脂,也不敷粉。泽:润肤的油脂。铅华:粉。古代烧铅成粉,故称铅华。

御:用。

[35]云髻:发髻如云。峨峨:高耸貌。

[36]联娟:微曲貌。

[37]"丹唇"二句:红唇鲜润,牙齿洁白。朗:明润。鲜:光洁。

[38]眸:目中瞳子。睐(lài):顾盼。

[39]靥(yè):酒窝。辅:面颊。权:同"颧",颧骨。承权:在颧骨之下。

[40]瓌:同"瑰",奇妙。艳逸:艳丽飘逸。

[41]仪:仪态。闲:娴雅。

[42]绰:绰约,美好。

[43]奇服:奇丽的服饰。旷世:举世唯有。旷:空。

[44]骨像:骨骼形貌。应图:与画中人相当。此句指体貌如同画册中人。

[45]璀粲:鲜明貌。一说为衣动的声音。

[46]珥:本为珠玉耳饰,此处用作动词,作佩戴解。瑶、碧:均为美玉。华琚:刻有花纹的佩玉。琚:佩玉名。

[47]翠:翡翠。首饰:指钗簪一类饰物。

[48]践:穿,着。远游:鞋名。文履:饰有花纹图案的鞋。

[49]曳:拖。雾绡:轻薄如雾的绡。绡:生丝织成的薄纱。裾:裙边。

[50]微:轻微。芳霭:香气。

[51]踟蹰:徘徊。隅:山角。

[52]"于是"二句:忽然又飘然轻举,且行且戏。纵体:身体轻举貌。遨:游。

[53]采旄(máo):彩旗。采:同"彩"。旄:旗杆上用旄牛尾做成的饰物,此处指旗子。

[54]桂旗:以桂木做旗竿的旗,形容旗的华美。

[55]攘:挽起衣袖。神浒:为神所游之水边地。浒:水边地。

[56]湍濑:石上急流。玄芝:黑色芝草,相传为神草,吃了可以长生不老。

[57]"余情"二句:我喜欢她的淑美,又担心不被接受,不觉心旌摇曳而不安。振荡:心情动荡不安。怡:悦。

[58]"无良媒"二句:没有合适的媒人去通接欢情,只能借助微波来传递话语。微波:一说指目光。

[59]诚素:真情。素:同"愫",情愫。

[60]要:同"邀",邀请。

[61]信修:确实美好。修:美好。

[62]羌:发语词。习礼:懂得礼法。明:善于言辞。此句意谓有很好的行为、语言教养。

[63]抗:举起。琼珶(dì):美玉。和:应答。

[64]"指潜渊"句:指深水发誓,约期相会。潜渊:深渊,一说指洛神所居之地。期:约会。

[65]眷眷:心情眷恋。款实:诚实的心意。

[66]斯灵:此神,指宓妃,洛神。我欺:即欺我。

[67]交甫:郑交甫。《文选》李善注引《神仙传》:"切仙一出,游于江滨,逢郑交甫。交甫不知何人也,目而挑之,女遂解佩与之。交甫行数步,空怀无佩,女亦不见。"弃言:背弃承诺。

[68]狐疑:疑虑不定。因为想到郑交甫曾经被仙女遗弃,故此内心产生了疑虑。

[69]收和颜:收起和悦的容颜。静志:镇定情志。

[70]申:施展。礼防:礼法,礼仪之边界,礼能防乱,故称礼防。自持:自我约束。

[71]徙倚:流连徘徊。

[72]"神光"二句:洛神身上放出的光彩忽聚忽散,忽明忽暗。

[73]竦(sǒng)：耸。鹤立：形容身躯轻盈飘举，如鹤之立。

[74]椒涂：涂有椒泥的道路，一说指长满香椒的道路。椒：花椒，有浓香。

[75]蘅薄：杜蘅丛生地。流芳：散发香气。

[76]"超长吟"二句：怅然长吟以表示深沉的思慕，声音哀婉而悠长。超：惆怅。永慕：长久思慕。厉：疾。弥：久。

[77]众灵：众仙。杂遝(tà)：众多，纷纭，多而乱的样子。

[78]命俦啸侣：招呼同伴。俦：伙伴、同类。

[79]渚：水中高地。

[80]翠羽：翠鸟的羽毛。

[81]南湘之二妃：指娥皇和女英。据刘向《列女传》载，尧以长女娥皇和次女女英嫁舜，后舜南巡，死于苍梧。二妃往寻，自投湘水而死，化为湘水之神。

[82]汉滨之游女：即前注中郑交甫所遇之汉水女神。

[83]"叹匏瓜"二句：为匏瓜星的无偶而叹息，为牵牛星的独处而哀咏。匏瓜：星名，又名天鸡，在河鼓星东。无匹：无偶。牵牛：星名，又名天鼓，与织女星各处天河之旁。古代神话以二星为夫妇，相传每年七月七日才得一会。

[84]袿(guī)：女子的上衣。猗(yī)靡：随风飘动貌。

[85]翳(yì)：遮蔽。延伫：久立等待。

[86]凫：野鸭。

[87]"凌波"二句：在水波上细步行走，溅起的水沫附在罗袜上如同尘埃。凌：踏。尘：指细微四散的水沫。

[88]难期：难以预料。

[89]"转眄"句：转眼顾盼之间流露出奕奕神采。流精：形容目光流转而有光彩。

[90]"气若"句：形容气息香馨如兰。

[91]婀娜：轻盈柔美的样子。飡："餐"的异体字。

[92]屏翳：传说中的众神之一，司职说法不一，或以为云师，或以为雷师，或以为雨师，在此篇中被曹植视作风神。川后：传说中的水神。后：王。

[93]冯(píng)夷：传说中的河神，一说为河伯之妻。

[94]女娲：传说中的女帝，相传笙簧是她所造，所以这里说"女娲清歌"。

[95]"腾文鱼"二句：飞腾的文鱼警卫着洛神的车乘，众神随着叮当作响的玉鸾一齐离去。腾：升。文鱼：神话中一种有翅膀的飞鱼。警乘：车乘的警卫。玉鸾：鸾鸟形的玉制车铃，动则发声。偕逝：俱往。

[96]六龙：相传神出游多驾六龙。俨：庄严的样子。齐首：六龙齐头并进。

[97]云车：相传神以云为车。容裔：即"容与"，起伏貌。

[98]鲸鲵(ní)：即鲸鱼。水栖哺乳动物，雄者称鲸，雌者称鲵。毂(gǔ)：车轮中用以贯轴的圆木，这里指车。

[99]沚：水中的小块陆地。

[100]"纡素领"二句：洛神不断回首顾盼。纡：回。素领：白皙的颈项。清阳：形容女性眉目清秀。

[101]交接：结交往来。交接之大纲：指男女交往的礼仪规范。

[102]盛年：少壮之年。莫当：无匹，无偶，即两人不能结合。当：相合。

[103]"抗罗袂"二句：举起罗袖掩面而泣，止不住泪水涟涟沾湿了衣襟。抗：举。罗：织有花纹的丝绸。袂：衣袖。浪浪：水流不断的样子。

[104]"悼良会"二句：痛惜这样美好的相会永不再有，哀叹长别从此身处两地。

[105]效爱：致爱慕之意。效：表示。

[106]明珰:以明月珠作的耳珰。珰:耳珠。

[107]"虽潜"二句:虽然幽居于神仙之所,但将永远怀念着君王。潜处:深处,幽居。太阴:众神所居之处,因其幽深遥远而名之。君王:指曹植。

[108]"忽不悟"二句:洛神说毕忽然不知去处,我为众灵一时消失隐去光彩而深感惆怅。不悟:不见,未察觉。所舍:停留、止息之处。宵:通"消",消失。蔽光:隐去光彩。

[109]背下:离开低地。陵高:登上高处。

[110]遗情:留情,情思流连。想像:指思念洛神的美好形象。

[111]灵体:指洛神。

[112]上溯:逆流而上。

[113]长川:指洛水。

[114]耿耿:心神不安的样子。

[115]"揽騑辔"二句:当手执马缰,举鞭欲策之时,却又怅然若失,徘徊依恋,无法离去。騑(fēi):古代驾车的四匹马,夹辕的两马叫作服,服旁之马叫作騑或骖,此泛指驾车之马。辔:马缰绳。抗策:犹举鞭。盘桓:徘徊不进的样子。

【译文】

黄初三年,我来到京都朝觐,归渡洛水。古人曾说此水之神名叫宓妃。因有感于宋玉对楚王所说的神女之事,于是作了这篇赋。赋文云:

我从京都洛阳出发,向东回归封地鄄城,背着伊阙,越过镮辕,途经通谷,登上景山。这时日已西下,车困马乏。于是就在长满杜蘅草的岸边卸了车,在生着芝草的地里喂马。自己则漫步于阳林,纵目眺望水波浩渺的洛川。这个时候感觉精神恍惚,思绪飘散。低头时还没有看见什么,一抬头,却发现了异常的景象,只见一个绝妙佳人,立于山岩之旁。我不禁拉着身边的车夫对他说:"你看见那个人了吗?那是什么人,竟如此艳丽!"车夫回答说:"臣听说河洛之神的名字叫宓妃,现在君王所看见的,莫非就是她!她的形貌怎样,臣倒很想听听。"

我告诉他说:她的形影,翩然若惊飞的鸿雁,婉约若游动的蛟龙。容光焕发如秋日下的菊花,体态丰茂如春风中的青松。她时隐时现像轻云笼月,浮动飘忽似回风旋雪。远而望之,明洁如朝霞中升起的旭日;近而视之,鲜丽如绿波间绽开的新荷。她体态适中,高矮合度,肩窄如削,腰细如束,秀美的颈项露出白皙的皮肤。既不施脂,也不敷粉,发髻高耸入云,长眉弯曲细长,红唇鲜润,牙齿洁白,一双善于顾盼的闪亮的眼睛,两个甜甜的酒窝。她姿态优雅妩媚,举止温文娴静,情态柔美和顺,语辞得体可人。洛神服饰奇艳绝世,风骨体貌与图上画的一样。她身披明丽的罗衣,戴着精美的佩玉。头戴金银翡翠首饰,缀以周身闪亮的明珠。她脚着饰有花纹的远游鞋,拖着薄雾般的裙裾,隐隐散发出幽兰的清香,在山边徘徊徜徉。忽然又飘然轻举,且行且戏,左面倚着彩旄,右面有桂旗庇荫,在河滩上伸出素手,采撷水流边的黑色芝草。

我钟情于她的淑美,不觉心旌摇曳而不安。因为没有合适的媒人去说情,只能借助微波来传递话语。但愿自己真诚的心意能先于别人陈达,我解下玉佩向她发出邀请。可叹佳人实在美好,既明礼义又善言辞,她举着琼玉向我作出回答,并指着深深的水流发誓,约期相会。我怀着眷眷之诚,又恐受这位神女的欺骗。因有感于郑交甫曾遇神女背弃诺言之事,心中不觉惆怅、犹豫和迟疑,于是敛容定神,以礼义自持。

这时洛神深受感动,流连徘徊,神光时离合,忽明忽暗。她像鹤立般地耸起轻盈的躯体,如将飞而未翔;又踏着充满花椒浓香的小道,走过杜蘅草丛而使芳气流动。忽又怅然长吟以表示深沉的思慕,声音哀婉而悠长。于是众神纷至杂沓,呼朋引类,有的嬉戏于清澈的水流,有的飞翔于神异的小渚,有的在采集明珠,有的在俯拾翠鸟的羽毛。洛神身旁跟着娥皇、女英南湘二妃,她手挽汉水之神,为瓠瓜星的无偶而叹息,为牵牛星的独处而哀咏。时而扬起随风飘动的上衣,用长袖蔽光远眺,久久伫立;时而又身体轻捷如飞凫,飘忽游移无定。她在水波上行走,罗袜溅起的水沫如同尘埃。她动止没有规律,像危急又像安闲;进退难以预知,像离开又像回返。她双目流转光亮,容颜焕发泽润,话未出口,却已气香如兰。她的体貌婀娜多姿,令我看了茶饭不思。

在这时风神屏翳收敛了晚风,水神川后止息了波涛,冯夷击响了神鼓,女娲发出清冷的歌声。飞腾的文鱼警卫着洛神的车乘,众神随着叮当作响的玉鸾一齐离去。六龙齐头并进,驾着云车从容前行。鲸鲵腾跃在车驾两旁,水禽绕翔护卫。车乘走过北面的沙洲,越过南面的山冈,洛神转动白洁的脖颈,回过清秀的眉目,朱唇微启,缓缓地陈诉着往来交接的纲要。只怨恨人神有别,彼此虽然都处在盛年而无法如愿以偿。说着不禁举起罗袖掩面而泣,止不住泪水涟涟沾湿了衣襟,哀念欢乐的相会就此永绝,如今一别身处两地,不曾以细微的柔情来表达爱慕之心,只能赠以明珰作为永久的纪念。自己虽然深处太阴,却时时怀念着君王。洛神说毕忽然不知去处,我为众灵一时消失隐去光彩而深感惆怅。

于是我舍低登高,脚步虽移,心神却仍留在原地。余情绻缱,不时想象着相会的情景和洛神的容貌;回首顾盼,更是愁绪萦怀。满心希望洛神能再次出现,就不顾一切地驾着轻舟逆流而上。行舟于悠长的洛水以至忘了回归,思恋之情却绵绵不断,越来越强,以至整夜心绪难平无法入睡,身上沾满了浓霜直至天明。我不得已命仆夫备马就车,踏上向东回返的道路,但当手执马缰,举鞭欲策之时,却又怅然若失,徘徊依恋,无法离去。

【导读】

此文为三国时期文学家曹植仿战国时期楚国宋玉《神女赋》创作的辞赋名篇,此赋虚构了作者与洛神的邂逅,通过梦幻的境界,描写人神之间的真挚爱情,但由于人神道殊无从结合而惆怅分离,全诗弥漫着哀伤的情调。另也有人猜测,此为作者寓意之作,借人神不能相通的故事来抒发自己因兄弟构怨,深受压抑、摧残而执意追求理想的痛苦。对洛神的追求与幻灭,寓意作者个人政治上的失意和理想的破灭。

全赋辞采华美,描写细腻,情思缱绻,若有寄托。最精彩之处在于对洛神体态、容貌、服饰和举止进行了细致的刻画,展现了作者内心的爱慕、矛盾、惆怅和痛苦。作者勾勒洛神的体形、五官、姿态等,使人仿佛能触摸到洛神的沉鱼之貌、落雁之容,感受到她"清水出芙蓉,天然去雕饰"的清新高洁的品格。这种由反复比喻造成的强烈艺术效果,有极强的画面感,给人一种如在目前的错觉。而作者的爱慕、矛盾、惆怅和痛苦给全文打上了悲凉的基调,形象地反映出他当时内心百转千回的情感纠葛,表现于文字则具有一种勾魂摄魄的力量。

此赋在继承两汉以来抒情小赋传统的基础上,又吸收了楚辞的浪漫主义精神,熔铸神话题材,写人神恋爱的悲剧,抒情意味、神话色彩浓厚,艺术感染力强。表现在以下三个方面:一、想象丰富,以排比和比喻的手法描写洛神的体态、形貌,使人物更加丰满多情;二、辞藻华丽而不浮华,讲究排偶、对仗,音律和谐流动,语言整饬、凝练;三、传神的描写刻画,兼之与比喻、烘托共用,错综变化、巧妙得宜,给人一种浩而不烦、美而不惊之感,使人就如在看一幅绝妙丹青,个中人物有血有肉。

【思考】

1.结合前人研究,分析该赋主旨所在。

2.该篇用了哪些艺术手法来塑造人物形象?

咏荆轲[1]

陶渊明

陶渊明(约365—427),晋世名渊明,入刘宋后改名潜,字元亮,号"五柳先生",谥号"靖节先生"(死后由朋友刘宋著名诗人颜延之所谥),唐人避唐高祖讳,称陶深明或陶泉明。出身于没落仕宦家庭,曾祖父陶侃,是东晋开国元勋,官至大司马,都督八州军事,荆、江二州刺史,封长沙郡公。祖父陶茂、父亲陶逸都做过太守。陶渊明少年时,家运已衰落。他二十九岁进入官场,曾任江州祭酒,建威参军,镇军参军,彭泽县令等,自做彭泽县令八十多天便弃职而去,从此归隐田园。他因"不为五斗米折腰"的高风亮节,成为中国后代有志之士的楷模。

他是我国第一位杰出的山水田园诗人,被称为"千古隐逸之宗"。两晋时盛行玄言诗,思想内容空虚狭隘,浮浅乏味。而陶诗异军突起,平淡自然,为当时沉闷的文坛吹进清新的春风,令人耳目一新。他的诗表现了淳朴的农村生活情趣,描写了恬静优美的农村风光,既表现出诗人对田园生活的热爱,又表现出坚决与污浊政治决裂的情操。他的诗或描写乡居生活,讴歌劳动和躬耕自给,如《归园田居》《庚戌岁九月中于西田获早稻》等;或咏怀、叙写时事,如《饮酒》《杂诗》《读山海经》《咏荆轲》等,表现了陶渊明归隐后对政治的关心。其部分诗作有"乐天知命","委任自然",消极避世的思想。陶渊明的诗文,重在抒情言志。他的语言,看似质朴,实则绮丽。在平淡醇美的诗句中,蕴含着炽热的感情和浓郁的生活气息。其诗的风格有三:其一是柔,其二是淡,其三是远。陶渊明的诗开创了田园诗的体系,从而使中国古典诗歌达到了一个新的境界。其固守寒庐、寄意田园、超凡脱俗的人生哲学和他淡薄邈远、恬静自然、无与伦比的艺术风格,对后世产生了深远的影响。

【原文】

燕丹善养士[2],志在报强嬴[3]。
招集百夫良[4],岁暮得荆卿。
君子死知己[5],提剑出燕京。
素骥鸣广陌[6],慷慨送我行。
雄发指危冠[7],猛气冲长缨[8]。
饮饯易水上[9],四座列群英。
渐离击悲筑[10],宋意唱高声[11]。
萧萧哀风逝,淡淡寒波生。
商音更流涕,羽奏壮士惊[12]。
心知去不归[13],且有后世名。
登车何时顾,飞盖入秦庭[14]。
凌厉越万里[15],逶迤过千城[16]。
图穷事自至,豪主正怔营[17]。
惜哉剑术疏,奇功遂不成[18]。
其人虽已没,千载有余情。

【注释】

[1]荆轲:战国时卫国人,至燕后称荆卿。本篇当为陶渊明晚年作品,详细描写了荆轲刺秦王的过程

以及对他的惋惜、赞叹之情。

[2]燕丹：战国时燕王喜的太子，名丹。士：战国时期诸侯的门客。

[3]报：报仇。强嬴：指秦国。

[4]百夫良：百夫中最优秀杰出的人。

[5]死知己：为知己而死。

[6]素骥：白色的马。广陌：广阔的大道。

[7]指：撑起。危冠：高冠。

[8]缨：系结冠的丝带。

[9]饮饯：置酒送别。易水：今河北省易县西。

[10]渐离：高渐离，战国时燕国人，荆轲好友，善击筑（古时的一种乐器）。

[11]宋意：燕国的勇士，亦在易水送行。

[12]商音、羽奏：商声和羽声。古代宫调名，商声凄凉，羽声较激昂，此句意谓筑声由商调提升到羽调，受其感染，人们的情绪也由悲哀转至震惊。

[13]心：原作"公"，据别本改。

[14]何时顾：何曾回头，即不回头之意。盖：车盖。飞盖：飞车驰去。

[15]凌厉：勇往直前的样子。

[16]逶迤：迂曲绵延的样子。

[17]"图穷"二句意谓荆轲献给秦王的燕国地图展开到尽头，谋刺之事就自然发生了，当时秦王非常惊恐。豪主：指秦王。怔营：受惊吓而发愣。

[18]"惜哉"二句：《史记·刺客列传》载：荆轲剑术不佳，曾与魏国剑客盖聂论剑，不称盖意。还曾与鲁勾践相遇。荆轲死后，勾践惋惜："嗟乎惜哉！其不讲于刺剑之术也。"疏：生疏，疏漏。

【译文】

燕国太子喜欢收养门客，目的是对秦国报仇雪恨。

他到处招集有本领的人，这一年年底募得了荆卿。

君子重义气愿为知己而死，荆轲仗剑就要辞别燕京。

白色骏马在大路上鸣叫，众人意气激昂为他送行。

个个同仇敌忾怒发冲冠，勇猛之气似要冲断帽缨。

易水边摆下盛大的别宴，在座的都是人中的精英。

渐离击筑筑声慷慨悲壮，宋意唱歌歌声响遍行云。

座席中吹过萧萧的哀风，水面上漾起淡淡的波纹。

唱到商音听者无不流泪，奏到羽音荆轲格外惊心。

他明知这一去不再回返，留下的姓名将万古长存。

登车而去何曾有所眷顾，飞车直驰那秦国的宫廷。

勇往直前行程超过万里，曲折行进所经何止千城。

翻完地图忽地现出匕首，秦王一见不由胆战心惊。

可惜呀！只可惜剑术欠佳，奇功伟绩终于未能完成。

荆轲其人虽然早已死去，他的精神却永远激励后人。

【导读】

《咏荆轲》是一首借史咏怀、托古言志的咏史诗。此诗以极大的热情歌颂了荆轲刺秦王的壮举，充分地表现了诗人对黑暗政治、强暴势力的憎恶和铲强除暴的愿望。

此诗按照事件的经过,描写了荆轲出燕京、易水送别、登程、刺秦几个场面,尤其着力于人物动作的刻画,塑造了一个大义凛然的除暴英雄形象。比如,"提剑出燕京",写出了荆轲仗剑行侠的英姿;"雄发指危冠,猛气充长缨",更以夸张的笔法写出荆轲义愤填膺、热血沸腾的神态。而"登车何时顾"四句排比而下,一气贯注,更写出了荆轲义无反顾、直捣秦庭的勇猛气概。其中"凌厉"二句运用丰富的想象,把情节推向高潮,扣人心弦。诗中以大量笔墨写荆轲出燕入秦,铺叙得高潮迭起,而写到正面行刺却是惜墨如金,只用了两句话——"图穷事自至,豪主正怔营"。前一句洗练地交代了荆轲与燕丹在地图中藏着利刃以要挟、刺杀秦王的计谋,后一句只写秦王慌张惊恐,反衬了荆轲的果敢与威慑。其倾向之鲜明,爱憎之强烈,自在不言之中。作者以有限的篇幅,再现了雄姿勃勃的荆轲形象,也表现了作者剪裁的功夫与创造的才能。诗的最后四句,便是直接的抒情和评述,诗人一面惋惜其"奇功"不成,一面肯定其精神犹在,在惋惜和赞叹之中,使这个勇于牺牲、不畏强暴的形象,获得了不灭的光辉、不朽的生命。可以看出诗人是以饱蘸感情的笔触,写下了这个精彩而又有分量的结尾。

陶渊明这首诗取材于《战国策·燕策》《史记·刺客列传》等史料,但并不是简单地复述荆轲刺秦的历史故事,而是有详有略。大部分篇幅都用来写荆轲之行,以此着力渲染荆轲不畏强暴、义无反顾的慷慨悲壮之举;而刺秦失败则一笔带过,表达作者对荆轲奇功未建的无限惋惜之情。这首诗还通过对环境气氛的渲染来烘托荆轲的精神面貌,最典型的是易水饮饯的场景,"悲筑""高声""哀风""寒波"相互激发,极其强烈地表达出"壮士一去兮不复还"的英雄主题,写得笔墨淋漓,慷慨悲壮,在以平淡著称的陶诗中别具一格。

【思考】

1.此诗可以看出陶渊明对荆轲寄托了怎样的思想感情?

2.此诗与陶渊明田园诗在艺术上有什么不同之处?

文心雕龙(情采篇)[1]

刘 勰

刘勰(约465—520),字彦和,生活于南北朝时期的南朝梁代,中国历史上的文学理论家、文学批评家。汉族,生于京口(今江苏镇江),祖籍山东莒县(今山东省莒县)东莞镇大沈庄(大沈刘庄)。他曾官县令、步兵校尉、宫中通事舍人,颇有清名。晚年在山东莒县浮来山创办(北)定林寺。刘勰虽任多种官职,但其名不以官显,却以文彰,一部《文心雕龙》奠定了他在中国文学批评史上的地位。

《文心雕龙》共十卷,五十篇。分上、下部,各二十五篇。刘勰能在距今一千五百余年之遥,提出许多至今难超其范围的精辟修辞理论实为难能可贵。其修辞之论,既有理性的阐释,又有言证、事证,既涉文章内容形式,又关作者思维、气质、涵养、才情。他能从美才、美德、美情与美辞、美文的关系方面,阐释情动而辞发、因内而符外的修辞美学观,他承认"物色之动,心亦摇焉","情以物兴,故义必明雅;物以情睹,故辞必巧丽",尽管当时还没有堂皇的辩证唯物主义之说,然而在今天看来,这完全符合这种观点。在这种观点指导之下,他从内容决定形式的认识出发,建立了系统的剖情析采理论;他从历史唯物主义和现实唯物主义的认识出发,提出了"时运交移,质文代变""文变染乎世情,兴废系乎时序"这种继承、据时创新的修辞观,这种服务于时代的"时文"修辞观,时至今日,也是必须遵循的一条修辞美学原理。

【原文】

圣贤书辞[2]，总称文章[3]，非采而何？夫水性虚而沦漪结[4]，木体实而花萼振，文附质也[5]。虎豹无文，则鞹同犬羊[6]；犀兕有皮，而色资丹漆[7]，质待文也。若乃综述性灵[8]，敷写器象[9]，镂心鸟迹之中[10]，织辞鱼网之上[11]，其为彪炳[12]，缛采名矣[13]。故立文之道[14]，其理有三：一曰形文[15]，五色是也[16]；二曰声文[17]，五音是也[18]；三曰情文[19]，五性是也[20]。五色杂而成黼黻[21]，五音比而成韶夏[22]，五情发而为辞章[23]，神理之数也[24]。

《孝经》垂典[25]，丧言不文[26]；故知君子常言，未尝质也[27]。老子疾伪，故称"美言不信"[28]，而五千精妙[29]，则非弃美矣。庄周云"辩雕万物"[30]，谓藻饰也[31]。韩非云"艳乎辩说"[32]，谓绮丽也[33]。绮丽以艳说，藻饰以辩雕[34]，文辞之变，于斯极矣。研味《孝》《老》[35]，则知文质附乎性情[36]；详览《庄》《韩》，则见华实过乎淫侈[37]。若择源于泾渭之流，按辔于邪正之路[38]，亦可以驭文采矣。夫铅黛所以饰容[39]，而盼倩生于淑姿[40]；文采所以饰言，而辩丽本于情性[41]。故情者，文之经，辞者，理之纬；经正而后纬成，理定而后辞畅，此立文之本源也。

昔诗人什篇[42]，为情而造文；辞人赋颂[43]，为文而造情。何以明其然？盖风雅之兴[44]，志思蓄愤[45]，而吟咏情性，以讽其上[46]，此为情而造文也；诸子之徒[47]，心非郁陶[48]，苟驰夸饰[49]，鬻声钓世[50]，此为文而造情也。故为情者要约而写真[51]，为文者淫丽而烦滥[52]。而后之作者，采滥忽真[53]，远弃风雅，近师辞赋；故体情之制日疏[54]，逐文之篇愈盛[55]。故有志深轩冕[56]，而泛咏皋壤[57]；心缠几务[58]，而虚述人外[59]。真宰弗存[60]，翩其反矣[61]。夫桃李不言而成蹊[62]，有实存也；男子树兰而不芳[63]，无其情也。夫以草木之微，依情待实；况乎文章，述志为本，言与志反，文岂足征[64]！

是以联辞结采，将欲明理[65]；采滥辞诡[66]，则心理愈翳[67]。固知翠纶桂饵[68]，反所以失鱼；言隐荣华[69]，殆谓此也。是以衣锦褧衣[70]，恶文太章[71]；贲象穷白[72]，贵乎反本。夫能设谟以位理[73]，拟地以置心[74]；心定而后结音[75]，理正而后摛藻[76]。使文不灭质，博不溺心[77]，正采耀乎朱蓝[78]，间色屏于红紫[79]，乃可谓雕琢其章[80]，彬彬君子矣[81]。

赞曰：言以文远[82]，诚哉斯验[83]。心术既形[84]，英华乃赡[85]。吴锦好渝[86]，舜英徒艳[87]。繁采寡情，味之必厌。

【注释】

[1]本篇选自《文心雕龙》第三十一篇，主要论述文学艺术内容和形式的关系。情：情理。采：文采。

[2]书辞：指著作。

[3]文章：原指绘画与刺绣上交错的色彩或花纹。这里指文彩显明，不是文章作品的意思。

[4]性：性质，特征。沦漪：即涟漪，水的波纹。结：产生。

[5]文：文采。附：依附。质：质地。这三句是说，水波有待于水性，花萼全靠树林，可见文采依附着质地。

[6]鞹(kuò)：去毛的皮革。

[7]犀兕(sì)：犀，雄犀牛。兕，雌犀牛。犀、兕的皮都很坚韧，古代用来做盔甲。资：凭借。丹：红色。古代用犀兕皮做的盔甲用丹漆漆上色彩。这二句是说犀牛皮坚韧可以制成兵甲，但需要涂上丹漆彩绘才有色彩之美。

[8]若乃:至于。综述:总述,此指抒写。性灵:性情,感情。综述性灵:即抒写情感。

[9]敷写器象:描绘事物的形象。敷写:描写。敷:铺陈。

[10]镂心:精细雕刻推敲。镂:雕刻。鸟迹:文字。据许慎《说文解字序》记载,苍颉因见鸟兽的足迹受到启发而创造了文字。

[11]织辞:组织文字,指写作。鱼网:纸。《后汉书·蔡伦传》记载蔡伦用渔网、树皮、麻头造纸,这里用渔网适纸。

[12]彪炳:文采焕发的样子。

[13]缛:繁盛。名:即"明"。

[14]文:指广义的文,即《原道》中"文之为德"的"文",包括颜色、声音、情理,即形文、声文、情文。立文:指写作。

[15]形文:指五色,颜色有文采。

[16]五色:指青、黄、赤、白、黑。

[17]声文:声音中的文采。音乐亦有文采。

[18]五音:宫、商、角、徵、羽。用于写作则为语言文辞的声律。

[19]情文:情中之文,情理构成的文章。

[20]五性:五种性情,指喜怒哀乐怨,一说指静、躁、力、坚、智。

[21]黼(fǔ)黻(fú):古代礼服上绣的花纹,白与黑相间为黼,黑与青相间为黻。

[22]比(bì):并列,调和,指配合。韶夏:古乐名,相传韶是舜时的音乐,夏是禹时的音乐。这里泛指美妙的音乐。

[23]五情:即五性。

[24]神理之数:自然的规律。数:规律。

[25]垂:流传。典:法度,法则。

[26]丧言不文:指为父母守丧时说话不加文采。语出《孝经·亲丧》。

[27]质:质朴。

[28]美言不信:见《老子》第八十一章。信:真实。

[29]五千:指老子的《道德经》,因其有五千多字,故以"五千言"代之。

[30]辩雕万物:用巧妙的言辞来描绘万事万物,见《庄子·天道》。辩:巧言。雕:雕饰,描绘。

[31]藻:辞藻。

[32]艳乎辩说:议论在于华美。见《韩非子·外储说左上》。

[33]绮:原为有花纹的丝织品,此指华丽,有文采。

[34]"绮丽"二句意谓用华美的文辞使辩说艳丽,用辞藻的修饰使万物刻画得更巧妙。

[35]《孝》《老》:即《孝经》《老子》。

[36]文质:指华美和质朴。

[37]华实:文采和实质,此指形式和内容。淫侈:过分。

[38]泾渭:二水名,一浊一清。按辔(pèi):扣紧马缰。此二句用选择清流和正路来比喻情与采不能偏废。

[39]铅:铅粉,古人用于化妆的材料。黛:古代女子画眉用的青黑色颜料。

[40]盼倩:形容女子妍媚之态。盼:动人的眼神。倩:美好的笑貌。淑:美好。

[41]情性:指作品中所表达的思想感情。

[42]诗人:指《诗经》的作者。什篇:篇什。《诗经》中的"雅诗"和"颂诗"一般以十篇为一什,后泛指诗篇。

[43]辞人:指辞赋家。

[44]风雅:此处指代《诗经》。

[45]志思蓄愤:《毛诗序》曰:"诗者,志之所之也,在心为志,发言为诗。"司马迁《报任安书》亦云:"诗三百篇,大抵圣贤发愤之所为作也。"即诗歌乃诗人发愤之作。志:记。

[46]讽:婉言劝诚。

[47]诸子:指上文所说的辞赋家。

[48]郁陶:忧思郁积的样子。

[49]苟:勉强。夸饰:夸张修饰。

[50]鬻声钓世:沽名钓誉。鬻:卖。钓:取。

[51]要约:扼要简约。

[52]淫丽:过分华丽。淫:过分。烦:多而杂。滥:失实,此处指没有真情实感。

[53]忽:忽略,轻视。

[54]体:体现。制:作品。

[55]逐文:指追求文采。

[56]轩冕:坐车和戴礼帽,大官的排场,此指官爵。轩:古代大夫以上所乘的车,有屏帷。冕:官帽、礼帽,古代大夫以上所戴的礼帽。

[57]皋壤:原指水边的原野,此处指代隐居。

[58]几务:机务,指政事。

[59]人外:尘世之外。

[60]宰:主宰,此处指内心情感。

[61]翩其反矣:适得其反。翩:即"偏"。

[62]"夫桃李"句:见《史记·李将军列传》:"桃李不言,下自成蹊。"蹊:小径,小路。

[63]"男子"句:见《淮南子·谬称》:"男子树兰,美而不劳。"

[64]征:证验,凭信。

[65]理:一作"经",指情感。

[66]诡:反常,怪异。

[67]心理:指内心感情。心:思想。理:道理。翳(yì):障蔽,隐蔽。

[68]翠纶:用翡翠羽毛装饰的钓鱼线。桂饵:用肉桂做成的鱼饵。

[69]言隐荣华:见《庄子·齐物论》"言隐于荣华",指言语的本意被文采所掩蔽了。隐:隐蔽。荣华:草本植物的花叫荣,木本植物的花叫华,这里指文采。

[70]衣锦褧(jiǒng)衣:见《诗经·卫风·硕人》:"硕人其颀,衣锦褧衣。"诗中原意是妇女出嫁穿上麻布罩衫遮灰尘,以保护锦衣。褧衣:麻布衣。

[71]恶:厌恶。章:同"彰",文采鲜明。此句是对"衣锦褧衣"的解释,用来说明其主张。

[72]贲(bì):见《周易·贲卦》,指文饰。象:《易经》的象辞。穷:探究到底。白:指本色。此处指最后一爻上九,象辞为"白贲无咎"。

[73]谟:当作"模",规范,指体裁。设模:即设置标准。

[74]地:底子。心:感情。

[75]结音:安排音律。

[76]摛(chī):铺陈。

[77]博:广博。溺:淹没。

[78]正采:正色。古代以青、赤、黄、白、黑为正色。朱:大红,属赤色。蓝:属青色。正色代表雅正的好的文采。

[79]间色:杂色。

[80]章:文辞。

[81]彬彬:形容文质兼美。见《论语·雍也》:"文质彬彬,然后君子。"

[82]言以文远:见《左传·襄公二十五年》:"言之无文,行而不远。"

[83]验:应验。

[84]心术既形:内心的情感已经通过文辞显露出来,即写出了情思,这就构成了文采。语见《礼记·乐记》:"应感起物而动,然后心术形焉。"心术:指内心情感活动。形:表现。

[85]英华:指文章的辞藻。赡:丰富,充足。

[86]好(hào)渝:容易变色。

[87]舜英:木槿花,朝开暮谢,有花无实,不长久。

【译文】

古代圣贤的著作,总称作"文章",这不是说文章要有文采又是什么呢?像水有虚柔的性质,所以才会起波纹;树木有充实的质体,所以开出鲜艳的花来,可见文采要依附于一定的质地。如果虎豹没有花纹色彩,那它们的皮毛就同去了皮的狗和羊的相似;犀和兕的皮虽然坚硬可做战甲,但还靠涂上丹红的漆来显示它们的色彩,可见质地还需要文采。至于抒写性情,描写万物的形象,在文字上用心琢磨,组织好文辞写在纸上,它们之所以光彩焕发,就是因为它们的文采丰富、光明显著啊!所以构成文采的方法,共有三种:一是形象的文采,这就是红、黄、蓝、白、黑五色构成;二是声音的文采,这就是宫、商、角、徵、羽五音构成;三是情感的文采,这就是喜、怒、哀、乐、怨五性构成。五色杂糅在一起就成为彩色的花纹,五音排列配合在一起就成为动听的音乐,五性抒发出来就成为美好的辞章。这些都是自然规律。

《孝经》留传下教训,要求居丧期间不说有文采的话,所以从这里可以知道士大夫平常说话,也不是朴质的。老子厌恶虚伪,所以说"漂亮的话不可靠",但是五千余言的《道德经》却文辞精巧,可见他也并不是厌弃文采的。庄周说"用巧妙的语言来细致地刻画万事万物",这是说用辞藻来修饰。韩非说"辩说在于艳丽",也说的是讲究华丽和文采。用绮丽的文辞来辩说,用巧妙的辞藻来描绘万物,文章辞采的变化在这里达到极点了。研究体味《孝经》《老子》,就可以知道文采的朴质依附于人的性情;详细阅览《庄子》《韩非子》,就可以看见文辞和内容重于浮夸。如果能从源头上分清泾水和渭水的清浊,在驾驶上辨别偏邪和正确道路的方向,那也就可以驾驭文采了。铅粉和黛色是用来美化容颜的,可是顾盼倩美却来自自己美好的风姿;辞藻是用来美化言辞的,而文章的巧妙华丽却本源于性情的真挚。所以情理是文章的经线,文辞是文章的纬线,经线要端直之后纬线才能织上去,情理要确定之后文辞才能畅达:这就是写作的根本。

从前诗人的诗篇是为了抒情而创作,汉代辞赋的作者写作赋颂,是为了创作而虚构感情。用什么来说明这点呢?我们知道《诗经》中国风和大雅、小雅的创作,有情志,有怨愤,于是把感情唱出来,用来婉言劝诫上位的人,这就是为抒情而创作。可是汉代辞赋的作者,心情精神并不郁结忧闷,只是随便运用夸张的言辞,沽名钓誉,这就是为了创作而虚构感情。所以为抒发感情而创作,语言简练,写出真实的感情;为了创作而虚构感情,文辞浮华,内容杂乱而虚夸。而后来的作者却学习讹滥的文风,忽略轻视写真实的感情,抛弃了远古时代国风、大小雅的作者的好传统,效法近代的辞赋,所以抒写真情的作品越来越少,追求辞藻的作品越来越多。所以有的人热衷于高官厚禄,却空泛地歌咏山林水泽的田园隐居生活,有的人一心牵挂着繁忙的政务,却虚假地叙述人世之外的情趣。这些文章中真实的思想感情都不存在了,全是和内心完全相反的东西啊!桃树和李树不会说话,但树下却形成了小路,那是因为它有香甜的果实;男子虽然种植了兰草,但并不芳香,那是因为他没有和花相应的情味。就是草木这样微小的东西,也要依靠美好真诚的感情,凭借香甜的果实,何况以抒情言志为根本的文章呢,说的话和情志相反,这样的文章难道可以相信吗?

所以组织文辞,织结藻采,是想要用来阐明道理抒发感情;如果文采泛滥,文辞诡异,那情和理就会受到掩蔽。像用装饰有翡翠的纶线垂钓、用肉桂做钓饵,反而钓不到鱼。庄子所说的"言语的真实含意被辞采隐蔽了"大概就是这种情况。因此"穿着漂亮的锦缎衣服再罩上件麻布衫",怕的是文采过于显耀,《贲卦·象辞》的卦象探索到本源是用白色来装饰的,这说明最可贵的在于保持原来的本色。要是能够建立规格像选择体裁那样来安顿思想,要能拟定一种基本的格调来抒发感情,感情确定之后才配合音律,思想端正之后才运用辞藻铺陈开去,使文章既有文采又不掩盖内容,材料虽然广博但并不淹没作者的感情,这样的文章就会闪耀发光,一切妖容冶态就会被扫除。这样才算是善于修饰文辞,成为文质彬彬的君子。

总结:靠文采语言才能流传久远,确实是啊,这话就是灵验。运用文思的方法既然明确,作品中的文采才会丰富新鲜。美丽鲜艳的锦绣容易变色,朝开暮谢的木槿空白华艳。文辞华丽缺少内容的作品,看起来必然令人讨厌。

【导读】

魏晋时期,中国的文学理论有了很大的发展。到南北朝,逐渐形成繁荣的局面。同时文坛盛行"体情之制日疏,逐文之篇愈盛"的创作风气,为纠正当时文风创作倾向,作者撰写《情采》篇,表明自己对文章文与质关系的理解,为文学创作提供导向。全篇分三个部分,第一部分论述情与采即内容和形式的相互关系,作者认为文章形式必须依附于一定的内容才有意义,内容也必须通过一定的形式才能表达出来。第二部分从文情关系的角度总结了两种不同的文学创作道路,一种是《诗经》以来"为情而造文"的优良传统,一种是后世"为文而造情"的不良倾向。刘勰批判了后世重文轻质的倾向之后,进一步提出了"述志为本"的文学主张。第三部分说明了"采滥辞诡"的危害,提出"情文并茂""为情而造文"的创作主张。

作为一篇理论文章,《情采》篇又不失文学性,体现了作者"述志为本"与"联辞结采"的文质并重的创作主张。说理透辟、主题鲜明,揭示了"为情而造文"的文学创作规律,强调情感在文学创作全过程中的作用,坚决反对片面追求形式主义的倾向;运用多种语言修辞手段,产生了强烈的艺术表达效果。本文善于化用《孝经》《老子》《庄子》《韩非子》《易经》《诗经》《左传》《史记》等典故,语典虽多,但不露痕迹。本文用南北朝盛行的骈体写成,注重了形式美,与作者的主张暗合。

【思考】

1.如何理解本文所提出的"情"与"采"的辩证关系?
2.结合《文心雕龙》其他篇章,谈谈其主要成就。

终南别业[1]

王 维

王维(701—761,一说699—761),字摩诘,汉族,河东蒲州(今山西运城)人,祖籍山西祁县。工诗,且笃信佛教,被誉为"诗佛"。同时他也是文人画的南山之宗,精音律,善书法,通篆刻,是少有的全才。开元九年(721年)中进士,任太乐丞,因伶人舞黄狮子受累,贬为济州司仓参军。开元二十三年,张九龄执政,擢为右拾遗,次年迁监察御史,后奉命出塞,为凉州河西节度幕判官。此后半官半隐居。安史之乱被捕后被迫出任伪职,战乱平息后下狱。因被俘时曾作《凝碧池》抒发亡国之痛和思念朝廷之情,又因其弟王缙平反有功请求削籍为兄赎罪,得宽宥,降为太子中允,后兼迁中书舍人,终尚书右丞,世称"王右丞"。

王维是盛唐诗人的代表,今存诗四百余首,与孟浩然合称"王孟"。王维在诗歌上的成就是多方面的,无论边塞诗、山水诗、律诗还是绝句等都有脍炙人口的佳篇。苏轼评价:"味摩诘之诗,诗中有画;观摩诘之画,画中有诗。"王维以清新淡远、自然脱俗的风格,创造出一种"诗中有画,画中有诗,诗中有禅"的意境,在诗坛树起了一面不倒的旗帜。王维的大多数诗都是山水田园之作,在描绘自然美景的同时,流露出闲居生活中闲逸萧散的情趣。王维的诗如同画卷,美不胜收,情景交融,浑然天成,诗渗禅意,流动空灵。他把绘画的精髓带进诗歌的天地,以灵性的语言,生花的妙笔为我们描绘出一幅幅或浪漫、或空灵、或淡远的传神之作。其诗语言含蓄,清新明快,淳朴深厚;句式、节奏富于变化,层次丰富,远近相宜,音韵响亮和谐,动静相兼,声色俱佳。王维的山水诗大都写于后期,与前人比较,他扩大了这类诗的内容,增添了它的艺术风采,使山水诗的成就达到前所未有的高度,这是他对中国古典诗歌的突出贡献。

【原文】

中岁颇好道[2],晚家南山陲[3]。

兴来每独往[4],胜事空自知[5]。

行到水穷处,坐看云起时。

偶然值林叟[6],谈笑无还期[7]。

【注释】

[1]终南别业即辋川别业,位于终南山辋川山谷。别业:即别墅,本宅外另建的园林游憩之所。此诗题虽为"终南别业",实写家居终南别业时的户外游憩活动。

[2]中岁:中年。好道:喜好道学。道:这里指佛学之道。

[3]家:用作动词,安家。南山:即终南山,也称"中南山"或"南山"。此山山脉绵长,西起今甘肃天水山,东至今河南陕县。陲(chuí):边缘,旁边,边境。南山陲:指辋川别墅所在地,即在终南山旁边。

[4]每:每每,时常。

[5]胜事:美好的事。空:一作"只"。

[6]值:遇见,逢着。叟(sǒu):老翁。

[7]无还期:没有回去的准确时间。

【译文】

中年以后存有较浓的好道之心,

直到晚年才安家于终南山边陲。

兴趣浓时常常独来独往去游玩,

有快乐的事自我欣赏自我陶醉。

间或走到水的尽头去寻求源流,

间或坐看上升的云雾千变万化。

偶然在林间遇见个把乡村父老,

偶与他谈笑聊天每每忘了还家。

【导读】

王维晚年醉心于佛学,以隐居为乐,本诗便是其晚年隐居终南山时的作品。全篇主要描写诗人晚年在辋川别墅悠闲恬淡的生活,表现出随遇而安、恬静自适的情怀。

首联交代诗人中年以后的生活情景和兴趣所在:与禅结缘,厌弃尘世俗事,过上了隐居的生活。"好道"两字统揽全篇,诗的余下部分均从这两字生发出去。领联主要写诗人隐居学道的生活情趣,常常独来独往,领悟禅宗至理的妙处,不可与人道。颈联堪称奇句,以禅理关照自然之景,是中国传统时空观念的诗意表达,也含绝处逢生、否极泰来之人生至理,读之使人豁然开朗。动静之间,禅意、神思、物象融为一体,寥寥数语含不尽之意,千载以来,引发读者无尽的思绪。尾联则具体地描绘任情闲适的悠然乐趣,偶然遇见山林老者,相与谈笑而忘归,表现出了诗人身心高度自由、无拘无束的状态。

本诗融诗情、画意、音韵之美、禅意哲思为一体,语言虽平白如口语,却极富禅意,韵味无穷,是一种经历了极致绚烂之后返璞归真的平淡。全诗四联对仗十分自然,毫无勉强黏凑之感,虽然句句写事,却句句含有无可解说之至理,非功力深厚者不能作,正如纪昀所评:"此种皆熔炼之至,渣滓俱融,涵养之熟,矜躁尽化,而后天机所到,自在流出,非可以模拟而得者。无其熔炼涵养之功,而以貌袭之,即为窠臼之陈言,敷衍之空调。"(《瀛奎律髓汇评》卷二十三)

【思考】

1.如何理解诗中所蕴含的禅意?

2.王维在此诗中表达了怎样的思想感情?

将进酒[1]

李 白

李白(701—762),字太白,号青莲居士,唐朝浪漫主义诗人,被后人誉为"诗仙"。祖籍陇西成纪(待考),出生于西域碎叶城,四岁随父迁至剑南道绵州。他的家庭可能是个富商,从小除儒家经籍外,还"观奇书""游神仙""好剑术",涉猎六甲和百家。二十岁后,"仗剑去国,辞亲远游",漫游蜀中,登峨眉、青城等名山,游洞庭、历襄汉,上庐山,东至金陵、扬州,后折回湖北,北游洛阳、龙门、嵩山、太原,至齐鲁,登泰山,南游安徽、江苏、浙江等地,游踪所及,几乎大半个中国。他不屑于参加科举考试,希望"一鸣惊人,一飞冲天",并且"隐不绝俗",隐居以求仕,走当时已成风气的"终南捷径"。四十二岁时,因吴筠推荐,唐玄宗下诏征赴长安,命供奉翰林。三年后,赐金放还,李白再次开始其漫游生活。安史之乱爆发后,为永王李璘幕府,后获罪下狱,流放夜郎。行至巫山,遇大赦,得放还。六十一岁时,闻李光弼率大军征讨史朝义,遂请缨杀敌,行至金陵,因病折回。次年,病死于其族叔李阳冰家。

李白被贺知章称为"谪仙人",与杜甫并称为"大李杜"(李商隐与杜牧并称为"小李杜")。李白存世诗文千余篇,有《李太白集》传世。李白最擅长的体裁是七言歌行和绝句。在盛唐诗人中,王维、孟浩然长于五绝,王昌龄七绝写得很好,兼长五绝与七绝而且同臻极境的,只有李白一人。李白的七言歌行完全打破诗歌创作的一切固有格式,常采用大开大合、跳跃跌宕的结构。李白的绝句自然明快,飘逸潇洒,能以简洁明快的语言表达出无尽的情思。

他的诗讴歌祖国山河与美丽的自然风光,风格雄奇奔放,俊逸清新,富有浪漫主义精神,达到了内容与艺术的完美统一。李白诗中常将想象、夸张、比喻、拟人等手法综合运用,从而造成神奇异彩、瑰丽动人的意境,这就是李白的浪漫主义诗作给人以豪迈奔放、飘逸若仙的原因所在。李白诗歌的语言,有的清新如同口语,有的豪放,不拘声律,近于散文,但都统一在"清水出芙蓉,天然去雕饰"的自然美之中。这和他自觉地追求自然美有关,也是他认真学习民歌明白通俗的特点的结果。他继承陈子昂的文学主张,以恢复诗骚传统为己任,曾说"梁陈以来,艳薄斯极,沈休文又尚以声律,将复古道,非我而谁欤?"(孟棨《本事诗·高逸》)他崇尚"清真",讽刺"雕虫丧天真"的丑女效颦和邯郸学步。

【原文】

君不见黄河之水天上来,奔流到海不复回[2]!

君不见高堂明镜悲白发,朝如青丝暮成雪[3]!

人生得意须尽欢[4]，莫使金樽空对月。

天生我材必有用，千金散尽还复来[5]。

烹羊宰牛且为乐[6]，会须一饮三百杯[7]。

岑夫子，丹丘生[8]，将进酒，杯莫停[9]。

与君歌一曲[10]，请君为我倾耳听[11]。

钟鼓馔玉不足贵[12]，但愿长醉不复醒[13]。

古来圣贤皆寂寞[14]，惟有饮者留其名。

陈王昔时宴平乐，斗酒十千恣欢谑[15]。

主人何为言少钱[16]，径须沽取对君酌[17]。

五花马，千金裘[18]，呼儿将出换美酒，与尔同销万古愁[19]！

【注释】

[1]将进酒：汉乐府旧题，属鼓吹铙歌十八曲之一。将(qiāng)：愿，请，希望，这里有劝饮之意。这首诗当作于被玄宗"赐金放还"之后。当时，他跟岑勋曾多次应邀到嵩山(在今河南登封市境内)元丹丘家里做客。

[2]君不见：你没有看见吗？乐府体诗中的常用语。君：你，此为泛指。天上来：黄河发源于青海，因那里地势极高，故称。此二句极言时光飞逝。

[3]高堂：在高堂上。一说指父母。朝：早晨。青丝：黑发。此句意谓在高堂上对明镜，深沉悲叹那一头白发，极言人生之短暂。

[4]得意：适意高兴的时候。须：应当。尽欢：纵情欢乐。

[5]千金：大量钱财。还复来：还会再来。

[6]且为乐：姑且作乐。

[7]会须：应当。三百杯：《世说新语·文学》注引《郑玄别传》记载：袁绍为郑玄饯行，三百余人向郑玄敬酒，郑玄自旦及暮，饮三百余杯，温克之容终日无怠。

[8]岑夫子：指岑勋，南阳人。丹丘生：即元丹丘。二人皆为李白好友。

[9]将进酒，杯莫停：原作"进酒杯莫停"，据别本改。

[10]与君：给你们，为你们。君：指岑、元二人。

[11]倾耳听：一作"侧耳听"。倾耳：表示注意去听。

[12]钟鼓馔玉：指豪门贵族宴会中奏乐使用的乐器和精美如玉的食物。馔：食物。玉：像玉一般美好。

[13]不复醒：一作"不用醒"或"不愿醒"。

[14]古来：一作"自古"。

[15]陈王：指曹植，受封为陈王。平乐：平乐观，宫殿名。在洛阳西门外，为汉代富豪显贵的娱乐场所。斗酒十千：一斗酒值十千钱，言美酒价高。恣欢谑：尽情娱乐欢饮。恣：放纵，无拘无束。谑：玩笑。此二句语出曹植《名都篇》："归来宴平乐，美酒斗十千。"

[16]言少钱：一作"言钱少"。

[17]径须：只管，尽管。沽(gū)：通"酤"，买或卖，这里指买。

[18]五花马：指名贵之马。一说毛色作五色花纹，一说颈上长毛修剪成五瓣。千金裘：价值千金的皮衣。此二句用司马相如以鹔鹴裘换酒之事。又《史记·孟尝君列传》："时孟尝君有一狐白裘，直千金，天下无双。"

[19]将出：拿出。尔：你们，指岑夫子和丹丘生。销：同"消"。万古愁：无穷无尽的愁闷。

【译文】

你难道看不见那黄河之水从天上奔腾而来，

波涛翻滚直奔东海，再也没有回来！

你没见那年迈的父母，对着明镜感叹自己的白发。

年轻时的满头青丝如今已是雪白一片！

（所以）人生得意之时就应当纵情欢乐，

不要让这金杯无酒空对明月。

每个人的出生都一定有自己的价值和意义，

黄金千两（就算）一挥而尽，它也还是能够再得来。

我们烹羊宰牛姑且作乐，

（今天）一次性痛快地饮三百杯也不为多。

岑夫子和丹丘生啊，

快喝酒吧，不要停下来。

让我来为你们高歌一曲，

请你们为我倾耳细听：

整天吃山珍海味的豪华生活有何珍贵，

只希望醉生梦死而不愿清醒。

自古以来圣贤无不是冷落寂寞的，

只有那会喝酒的人才能够留传美名。

陈王曹植当年宴设平乐观的事迹你可知道，

斗酒万千也豪饮，让宾主尽情欢乐。

主人呀，你为何说我的钱不多？

只管买酒来让我们一起痛饮。

那些什么名贵的五花良马，昂贵的千金狐裘，

把你的小儿喊出来，都让他拿去换美酒来吧。

让我们一起来消除这无穷无尽的万古长愁！

【导读】

　　《将进酒》为乐府旧题，属《鼓吹曲辞·汉铙歌》，内容多以饮酒放歌为言。此诗约作于天宝十一年（752年），是李白被唐玄宗赐金放还后，漫游梁、宋，和友人岑勋、丹丘生相会宴饮，于筵席间所成的劝酒之作。李白政治上遭受排挤，理想难以实现，便借诗歌抒发心中郁积的情绪。李白虽感人生苦短，不时流露出及时行乐的意向，但是内心蔑视利禄、鄙夷尘俗，积极肯定自我价值，有着旷达不羁、桀骜不驯的性格特质。他将之倾注于笔端，使全诗呈现出豪纵放达、磅礴阔大的气象。

　　诗篇以黄河起兴，"天上来"一词尽显黄河奔腾而来的雄浑之景，而面对"不复回"之象，李白又不禁感叹时不我与，但这种人生易逝感与黄河气象相融，因此并不低沉。"朝如青丝暮成雪"承接上文抒发感慨，以"朝""暮"的极度夸张表明年华流逝之迅捷。开篇两句排比长句，气势开阔、悲而能壮，既奠定了全文基调，也为下文劝友人痛饮尽欢作了铺垫。"人生得意须尽欢，莫使金樽空对月"，正因人生苦短，故而诗人劝友人得意之时要及时饮酒行乐。这"得意"不指功名利禄，而是指看开世情后暂时获得的释然。"莫""空"两词双重否定，大大加强了语气。"天生我材必有用，千金散尽还复来"是千古传诵的名句，诗人相信上天成就了自己的才华，就必然会有所施用，不必汲汲于权贵钱财。诗人并没有因为遇到挫折而颓靡沉沦，这句话充溢着自信、乐观、豪迈之情，饱含他积极入世、一展抱负的愿望理想。"烹羊宰牛""一饮三百杯"，置酒会友是如此酣畅淋漓，这亦是诗人豪纵性格的映射。"岑夫子，丹丘生，将进酒，杯莫

停",短句的插入使诗歌节奏顿时加快,也进一步推动狂放诗情的喷发。诗人劝酒放歌言道:给我钟鼓馔玉、权贵利禄,我宁愿长醉不醒;这是一个贤者不遇、寂寂无闻的时代,我还不如以饮酒放达留名。这些话流露出诗人对世俗的不屑与鄙夷、抗议和批判。诗人又以陈思王曹植自比,因为两人同样是才高八斗、嗜酒放达之人,却都怀才不遇,有志难伸。诗人想到昔日陈王"斗酒十千恣欢谑",那自己不如也痛饮尽欢,便唤店主人径须沽酒,甚至将五花马、千金裘换成美酒千斛以销万古之愁。"愁"称"万古",不仅极言愁之深,也熔铸了古往今来仁人志士共同的悲慨心声。

酒酣耳热之际,李白纵情挥毫,用他的人格与才情,造就了这篇千古名作。全诗语言畅达、感情豪放,如同奔腾的黄河之水迎面而来,夸张、想象等手法的运用也使诗作取得了动人的艺术效果。正如严羽所言:"一往豪情,使人不能句字赏摘。盖他人作诗用笔想,太白但用胸口一喷即是,此其所长。"(严羽评点《李太白诗集》)此外,诗作多次换韵,句型多变,时而短促,时而气势弘深,不仅使诗歌在变化中呈现节奏、韵律之美,也推动诗人内心情感的发展与表达。

【思考】

1.结合李白其他诗歌,谈谈其"酒"与"愁"的关系。

2.该诗表达了作者怎样的思想感情?

新婚别[1]

杜 甫

杜甫(712—770),字子美,自号少陵野老,世称"杜工部""杜少陵"等,汉族,河南府巩县(今河南省巩义市)人,唐代伟大的现实主义诗人,与李白合称"李杜"。杜甫生在一个"奉儒守官"的官僚家庭中,第十三世祖杜预是西晋名将,祖父是武则天时著名诗人杜审言,父亲杜闲曾为兖州司马和奉天县令。七岁学诗,十五岁扬名,但辗转漂泊,一生不得志,只做过一些左拾遗等小官。

杜甫之诗被称为世上疮痍,诗中圣哲。其风格沉郁顿挫,语言精练,格律严谨,穷绝工巧,感情真挚,平实雅淡,描写深刻,细腻感人,形象鲜明。他的诗具有丰富的社会内容、强烈的时代色彩和鲜明的政治倾向,真实深刻地反映了安史之乱前后政治时事和广阔的社会生活画面,记录了唐代由盛转衰的历史巨变,其诗多涉笔社会动荡、政治黑暗、人民疾苦,表达了崇高的儒家仁爱精神和强烈的忧患意识,因而被称为一代"诗史"。杜诗语言和篇章结构又富于变化,讲求炼字炼句。同时,其诗兼备众体,除五古、七古、五律、七律外,还写了不少排律、拗体。艺术手法也多种多样,积累了关于声律、对仗、炼字炼句等完整的艺术经验,是唐诗思想艺术的集大成者。杜甫还继承了汉魏乐府"感于哀乐,缘事而发"的精神,摆脱乐府古题的束缚,创作了不少"记事名篇,无复依傍"的新题乐府,如著名的"三吏""三别"等。死后受到樊晃、韩愈、元稹、白居易等人的大力揄扬。杜诗对元白"新乐府运动"的文艺思想及李商隐的近体讽喻时事诗影响甚深。但杜诗受到广泛重视,是在宋以后。王禹偁、王安石、苏轼、黄庭坚等人对杜甫推崇备至,文天祥则更以杜诗为坚守民族气节的精神力量。杜甫被世人尊为"诗圣",其影响从古到今,早已超出文艺的范围。

【原文】

兔丝附蓬麻[2],引蔓故不长[3]。

嫁女与征夫,不如弃路旁。

结发为君妻[4]，席不暖君床[5]。
暮婚晨告别[6]，无乃太匆忙[7]。
君行虽不远，守边赴河阳[8]。
妾身未分明[9]，何以拜姑嫜[10]？
父母养我时[11]，日夜令我藏[12]。
生女有所归[13]，鸡狗亦得将[14]。
君今往死地[15]，沉痛迫中肠[16]。
誓欲随君去，形势反苍黄[17]。
勿为新婚念，努力事戎行[18]。
妇人在军中，兵气恐不扬[19]。
自嗟贫家女，久致罗襦裳[20]。
罗襦不复施[21]，对君洗红妆[22]。
仰视百鸟飞，大小必双翔[23]。
人事多错迕[24]，与君永相望[25]！

【注释】

[1]此诗写于唐肃宗乾元二年(759年)春，为组诗"三别"中的一篇。

[2]菟丝：即菟丝子，一种蔓生草，依附在其他植物枝干上生长。

[3]引：牵引。蔓：草藤。

[4]结发：古代男子二十岁行冠礼，女子十五岁及笄，表示成年。这里指结婚。君妻：一作"妻子"。

[5]"席不暖"句：极言时间短促。

[6]暮婚：古代礼节规定黄昏时行礼，曰"婚"。暮婚晨别是说新郎、新娘分别之快。

[7]无乃：岂不是。

[8]河阳：孟津，今河南孟州市，在黄河北岸，当时唐军与叛军在此对峙。

[9]身：身份，指在新家中的名份地位。古代婚礼习俗，女子嫁后三日，始上坟告庙，才算成婚。诗中新妇与新郎暮婚晨别，仅宿一夜，还来不及完成一系列礼仪，故新妇对自己身份不明确的处境感到难堪。

[10]姑嫜：指公婆。

[11]"父母"句：指新妇在娘家还未出嫁时。

[12]藏：躲藏，指深居闺阁。

[13]归：古代女子出嫁称"归"。

[14]将：带领，跟随。这两句即俗语所说"嫁鸡随鸡，嫁狗随狗""嫁鸡与之飞，嫁狗与之走"之意。

[15]往死地：指"守边赴河阳"。死地：冒死之地。

[16]迫：煎熬、压抑。中肠：内心。

[17]苍黄：指青色和黄色，此处同"仓皇"，匆促、慌张，比喻极大的变化。

[18]事戎行：从军打仗。戎行：军队。

[19]"妇人"两句：意谓妇女随军，会影响士气。扬：高昂。

[20]久致：许久才制成。襦：短袄。裳：下衣。

[21]不复施：不再穿。

[22]洗红妆：洗去脂粉，不再打扮。

[23]双翔：成双成对地一起飞翔。此句写女子的寂寞和对那些能够成双成对的鸟儿的羡慕。

[24]错迕：错杂抵触，难如人意。

[25]永相望:永远盼望重聚。相望:相思。

【译文】

菟丝把低矮的蓬草和大麻缠绕,它的蔓儿怎么能爬得远。

把女儿嫁给就要从军的人哪,倒不如早先就丢在大路旁边。

我和你做了结发夫妻,连床席一次也没能睡暖。

昨天晚上草草成亲,今天早晨便匆匆告别,这婚期岂不是太短,太短!

你到河阳去作战,离家虽然不远,可已经是边防前线。

我们还没有举行拜祭祖先的大礼呀,叫人怎么好去把公婆拜见?

我做女儿的时光,不论黑夜还是白天,爹妈从不让我抛头露面。

有道是"嫁鸡随鸡,嫁狗随狗",如今我嫁到你家,爹妈盼的是平平安安!

你今天就要上战场,我只得把痛苦埋藏在心间。

多想跟你一块儿去呀,只怕是形势紧急,军情多变。

你不用为新婚离别难过啊,要在战争中为国家多多出力。

我不能随你去,妇女跟着军队,恐怕会影响士气。

唉!我本是穷人家女儿,好不容易才制办了这套丝绸的嫁衣。

可从现在起我就把它脱掉,再洗掉脂粉,一心一意等着你!

你看,天上的鸟儿都自由自在地飞翔,不论大的小的,全是成对成双。

可人世间不如意的事儿本来就多啊,但愿你和我两地同心,永不相忘!

【导读】

此诗作于唐肃宗乾元二年(759年)。天宝十四年(755年)安史之乱爆发。乾元二年春,郭子仪、李光弼等九节度使率六十万大军围攻邺城,因缺乏统一指挥,唐军溃败而终。国家局势危殆,唐王朝为迅速补充兵力,强行大量征兵,人民苦不堪言。杜甫此时正好从洛阳回华州任所,将途中所见所闻写成著名组诗"三吏""三别",《新婚别》即为其一。这首诗通过被迫暮婚晨别的新妇对即将守边离家的丈夫的倾诉,塑造了一个虽内心悲苦,但深明大义并对爱情忠贞不渝的女子形象,反映了安史之乱给人民带来的深重苦难,同时也寄寓了杜甫忧国忧民的情怀。

全诗在内容上可分为连贯递进的三个部分。第一部分从"兔丝附蓬麻"至"何以拜姑嫜",表达了新妇对"暮婚晨别"不幸命运的悲怨。首句以"兔丝附蓬麻"起兴,菟丝子常攀附在其他植物上生长,而蓬、麻矮小,菟丝子附诸其上,必然"引蔓故不长"。古代女子依附丈夫,而新妇所嫁的是"征夫",长相厮守也只能是奢望了。现在结婚才一晚,床席还没睡暖,丈夫就要离家守边;又未及告庙,无以拜见公婆,这字字句句诉说着新妇心中的悲怨。第二部分从"父母养我时"至"形势反苍黄"。想到丈夫要前往死地,新妇心中沉痛,恨不得能相随左右,但又恐形势更加紧张,只得作罢。第三部分从"勿为新婚念"到"与君永相望"。写新妇强忍个人伤悲,勉励丈夫从戎杀敌,又自明心迹,许下对爱情忠贞不渝的诺言。离家不远的河阳就已是边疆,危急的战事使新妇明白夫妻分离必不可免,卫国才能保家,所以她虽然内心挣扎,依旧深情劝勉丈夫"勿为新婚念,努力事戎行",这也从侧面体现了处在战乱惨痛心境中人们的爱国精神。丈夫即将离家,新妇收起费了许多心血准备的美丽嫁衣,洗去脸上的脂粉,正如《诗经》所言"岂无膏沐,谁适为容"。她真心希望彼此相望相守,等待成双成对的团圆之日,而这也是对丈夫最大的安慰与支持。

杜甫不可能亲耳听到新妇对丈夫的这番倾诉,却以虚构想象的浪漫主义笔法描绘了这感人肺腑的篇章。诗作以"兔丝附蓬麻""百鸟双翔"的比兴手法起篇和作结,前后呼应,富有民间韵味。全诗以新妇口吻自吐心迹,层层推进,细腻地表达了她曲折的情思,深刻地展示了她复杂的内心世界,使得人物形象丰满、文章意蕴深厚。而新妇的"怨"与"劝",不仅是其悲痛心境和深明大义的体现,也寄寓了杜甫对战乱中人民的同情,以及支持这场平叛战争的思想。

【思考】

1.结合该诗写作背景,谈谈其写作特点。
2.结合其他诗歌,简略分析杜甫诗歌的现实主义特点。

张中丞传后叙[1]

韩 愈

【原文】

元和二年四月十三日夜[2],愈与吴郡张籍阅家中旧书[3],得李翰所为《张巡传》[4]。翰以文章自名[5],为此传颇详密,然尚恨有阙者[6]:不为许远立传[7],又不载雷万春事首尾[8]。

远虽材若不及巡者,开门纳巡[9];位本在巡上,授之柄而处其下[10],无所疑忌,竟与巡俱守死,成功名[11];城陷而虏[12],与巡死先后异耳[13]。两家子弟材智下[14],不能通知二父志[15],以为巡死而远就虏,疑畏死而辞服于贼[16]。远诚畏死[17],何苦守尺寸之地[18],食其所爱之肉[19],以与贼抗而不降乎?当其围守时,外无蚍蜉蚁子之援[20],所欲忠者,国与主耳[21]。而贼语以国亡主灭[22],远见救援不至,而贼来益众[23],必以其言为信[24]。外无待而犹死守[25],人相食且尽[26],虽愚人亦能数日而知死处矣[27],远之不畏死亦明矣[28]!乌有城坏,其徒俱死[29],独蒙愧耻求活[30]?虽至愚者不忍为,呜呼!而谓远之贤而为之邪[31]!

说者又谓远与巡分城而守[32],城之陷自远所分始[33],以此诟远[34]。此又与儿童之见无异。人之将死,其脏腑必有先受其病者[35];引绳而绝之,其绝必有处[36]。观者见其然,从而尤之[37],其亦不达于理矣[38]。小人之好议论,不乐成人之美如是哉[39]!如巡、远之所成就,如此卓卓[40],犹不得免[41],其他则又何说!

当二公之初守也,宁能知人之卒不救[42],弃城而逆遁[43]?苟此不能守,虽避之他处何益[44]?及其无救而且穷也[45],将其创残饿羸之余[46],虽欲去,必不达[47]。二公之贤,其讲之精矣[48]。守一城,捍天下[49],以千百就尽之卒[50],战百万日滋之师[51],蔽遮江淮,沮遏其势[52],天下之不亡,其谁之功也[53]!当是时,弃城而图存者,不可一二数[54];擅强兵坐而观者,相环也[55]。不追议此[56],而责二公以死守,亦见其自比于逆乱[57],设淫辞而助之攻也[58]。

愈尝从事于汴、徐二府[59],屡道于两府间[60],亲祭于其所谓双庙者[61],其老人往往说巡、远时事云[62]。

南霁云之乞救于贺兰也[63],贺兰嫉巡、远之声威功绩出己上,不肯出师救。爱霁云之勇且壮[64],不听其语,强留之[65],具食与乐[66],延霁云坐[67]。霁云慷慨语曰:"云来时,睢阳之人不食月余日矣,云虽欲独食,义不忍[68]!虽食,且不下咽[69]!"因拔所佩刀断一指^[70]，血淋漓以示贺兰。一座大惊^[71]，皆感激为云泣下^[72]。云知贺兰终无为云出师意，即驰去^[73]。将出城，抽矢射佛寺浮图^[74]，矢着其上砖半箭^[75]，曰："吾归破贼，必灭贺兰，此矢所以志也^[76]！"愈贞元中过泗州^[77]，船上人犹指以相语^[78]。城陷，贼以刃胁降巡^[79]，巡不屈，即牵去，将斩之。又降霁云，云未应，巡呼云曰："南八^[80]，男儿死耳，不可为不义屈^[81]！"云笑曰："欲将以有为也^[82]。公有言，云敢不死^[83]！"即不屈。

张籍曰："有于嵩者^[84]，少依于巡^[85]。及巡起事^[86]，嵩尝在围中^[87]。籍大历中于和州乌江县见嵩^[88]，嵩时年六十余矣。以巡初尝得临涣县尉^[89]，好学无所不读。籍时尚小，粗问巡、远事，不能细也^[90]。云巡长七尺余^[91]，须髯若神^[92]。尝见嵩读《汉书》，谓嵩曰：'何为久读此？'嵩曰：'未熟也。'巡曰：'吾于书读不过三遍，终身不忘也。'因诵嵩所读书，尽卷不错一字。嵩惊，以为巡偶熟此卷，因乱抽他帙以试^[93]，无不尽然^[94]。嵩又取架上诸书试以问巡，巡应口诵无疑^[95]。嵩从巡久，亦不见巡常读书也。为文章，操纸笔立书^[96]，未尝起草。初守睢阳时，士卒仅万人^[97]，城中居人，户亦且数万^[98]，巡因一见问姓名，其后无不识者。巡怒，须髯辄张^[99]。及城陷，贼缚巡等数十人坐，且将戮，巡起旋^[100]，其众见巡起，或起或泣。巡曰：'汝勿怖！死，命也！'众泣不能仰视。巡就戮时，颜色不乱^[101]，阳阳如平常^[102]。远宽厚长者，貌如其心，与巡同年生，月日后于巡，呼巡为兄，死时年四十九。嵩贞元初死于亳、宋间^[103]。或传嵩有田在亳、宋间，武人夺而有之^[104]，嵩将诣州讼理^[105]，为所杀。嵩无子。"张籍云。

【注释】

[1]张中丞：即张巡（709—757），邓州南阳人（今河南南阳）。唐玄宗开元末进士。由太子通事舍人出任清河县令，调真源县令。755年安禄山叛变，张巡在雍丘一带起兵抗击，后与许远同守睢阳城（今河南商丘南）。被围近一年，兵尽粮绝，城破被俘，与部将三十六人一同殉难。乱平以后，朝廷小人竭力散布张许降贼有罪的流言，为割据势力张目。韩愈感愤于此，遂于元和二年（807年）继李翰撰《张巡传》之后，写了这篇后叙。中丞：朝廷加封张巡的官衔。《张中丞传》即《张巡传》，唐李翰著，今佚。叙：古代一种应用文体，放在书的前面或者后面，叙述与书相关的情况。

[2]元和二年：公元807年。元和：唐宪宗李纯的年号（806—820）。

[3]吴郡：今江苏苏州。张籍（约767—约830）：字文昌，吴郡人，唐代著名诗人，是韩愈的学生兼朋友。

[4]李翰：字子羽，赵州赞皇（今河北省元氏县）人，官至翰林学士。与张巡友善，客居睢阳时，曾亲见张巡战守事迹。张巡死后，有人诬其降贼，因撰《张巡传》上肃宗，并有《进张中丞传表》（见《全唐文》卷四三〇）。

[5]以文章自名：《旧唐书·文苑传》：翰"为文精密，用思苦涩"。自名：自负，自许。

[6]阙：缺漏，不足。

[7]许远（709—757）：字令威，杭州盐官（今浙江省海宁）人。安史之乱时，任睢阳太守，后与张巡合守孤城，城陷被掳往洛阳，至偃师被害。事见两唐书本传。

[8]雷万春：张巡部下男将，与张巡同时被杀。后文补叙南霁云事而不及雷，清代有人怀疑此当是"南霁云"之误，如此方与后文相应。

[9]开门纳巡：打开城门，接纳张巡。肃宗至德二载（757年）正月，叛军安庆绪部将尹子奇带兵十三万围睢阳，许远向张巡告急，张巡自宁陵率军入睢阳城（见《资治通鉴》卷二一九）。

[10]柄：权柄。

[11]成功名:成就功业名节。

[12]城陷而虏:至德二年(757年)十月,睢阳陷落,张巡、许远被虏。张巡与部将被斩,许远被送往洛阳邀功,后被害于偃师。

[13]死先后异耳:二人就义的时间前后不同罢了。

[14]两家句:据《新唐书·许远传》载,安史之乱平定后,大历年间,张巡之子张去疾轻信小人挑拨,上书代宗,谓城破后张巡等被害,惟许远独存,是屈降叛军,请追夺许远官爵。诏令去疾与许远之子许岘及百官议此事。两家子弟:即指张去疾、许岘。下:低下。

[15]通知:通晓,完全了解。

[16]辞服:请降。

[17]诚:确实,果真。

[18]尺寸之地:指睢阳城。

[19]此句意谓尹子奇围困睢阳时,城中粮尽,军民以雀鼠为食,最后只得以妇女与老弱男子充饥。当时,张巡曾杀爱妾、许远曾杀奴仆以充军粮。

[20]蚍(pí)蜉(fú):黑色大蚁。蚁子:幼蚁。

[21]国与主:指唐王朝和皇帝。

[22]语:告诉。安史之乱后,唐玄宗逃往西蜀,长安、洛阳二京陷落。叛军曾以"国亡主灭"诱降张巡等人。

[23]益众:更加众多。

[24]信:真实。

[25]外无待:外面没有援兵依靠。睢阳被围后,河南节度使贺兰进明等皆拥兵观望,不来相救。

[26]且尽:将完。

[27]数(shǔ):计算。

[28]明:清楚。

[29]乌有:哪里有。城坏:城破。

[30]此句意谓独自蒙受惭愧与耻辱而求活。

[31]为之:做出这种事。

[32]说者:发议论的人,指张去疾等人。

[33]此句意谓张巡和许远分兵守城,张守东北,许守西南。城破时叛军先从西南处攻入,故有此说。

[34]诟(gòu):污蔑,诽谤。

[35]病:害。

[36]引绳:拉紧绳子。绝:断开。处:这里指绳子断开的地方。

[37]尤:责怪。此处指责怪先受侵害的脏腑和绳子先断的地方。

[38]不达于理:不通达事理。

[39]成人之美:成全别人的好事。《论语·颜渊》:"君子成人之美,不成人之恶,小人反是。"

[40]卓卓:卓越出众。

[41]犹不得免:还不能免于被小人所议论。

[42]宁:哪里。卒:最终。

[43]逆遁:事先逃跑。逆:预先。

[44]苟:假设。虽:即使。

[45]且穷:将要陷入困境。

[46]将:率领。创残:受伤而致残。羸(léi):因饿而瘦弱。

[47]不达:办不到。

[48]"二公"二句:二公功绩前人已有精当的评价。李翰《进张中丞传表》云:"巡退军睢阳,扼其咽领,前后拒守,自春徂冬,大战数十,小战数百,以少击众,以弱击强,出奇无穷,制胜如神,杀其凶丑九十余万。贼所以不敢越睢阳而取江淮,江淮所以保全者,巡之力也。"讲:筹谋、考虑。精:周密,精当。

[49]捍天下:捍卫天下。睢阳城是江淮咽喉之地,战略地位重要。

[50]就尽:濒临死亡。卒:士兵。

[51]日滋:每天增多。师:军队。

[52]沮(jǔ)遏:阻止。

[53]也:语气词,表反问。

[54]不可一二数:不能用一个两个来计算,形容不在少数。

[55]相环:四周都是。

[56]追议:追究。

[57]比:比附,亲附。

[58]设淫辞:捏造荒谬的言辞。助之攻:帮助敌人攻击。

[59]此句意谓韩愈曾先后在汴州(治所在今河南省开封市)、徐州(治所在今江苏省徐州市)任推官之职。唐称节度使、观察使的幕僚为从事。

[60]屡道:屡次经过。

[61]双庙:张巡、许远死后,后人在睢阳立庙祭祀,称为双庙。

[62]时事:当时的事情。云:句末语助词。

[63]南霁云(?—757):魏州顿丘(今河南省清丰县西南)人。安禄山反叛,被遣至睢阳与张巡议事,为张所感,遂留为部将。贺兰:复姓,指贺兰进明。时为御史大夫、河南节度使,驻节于临淮(今安徽凤阳东北)一带。

[64]且:而且。

[65]强(qiǎng):勉强,强迫。

[66]具食与乐:准备了酒食与音乐。

[67]延:请。

[68]义:道义。

[69]且:将

[70]因:于是。

[71]一座:满座。

[72]感激:感动。

[73]驰去:骑马离去。

[74]浮图:佛塔。

[75]着:射中。半箭:箭身一半射入佛塔的砖中。

[76]所以志:用来作为标志。

[77]贞元:唐德宗李适年号(785—805)。泗州:唐属河南道,州治在临淮(今江苏省泗洪县东南),当年贺兰屯兵于此。

[78]相语:互相讲述。

[79]胁降巡:威胁张巡投降。

[80]南八:南霁云排行第八,故称。

[81]不可:不应该。

[82]有为:暂时隐忍以图报仇。

[83]敢:岂敢。

[84]于嵩:人名,生平不详。

[85]少依于巡:年轻时投靠张巡。

[86]起事:起兵抗击叛军。

[87]尝:曾经。围中:围城之中。

[88]大历:唐代宗李豫年号(766—780)。和州乌江县:在今安徽省和县东北。

[89]此句意谓于嵩因张巡的缘故曾经做过临涣县尉。张巡死后,朝廷封赏他的亲戚、部下,于嵩因此得官。以:因。临涣:故城在今安徽省宿县西南。

[90]细:具体。

[91]七尺:相当于现在五尺多。

[92]须髯(rán):下巴上的胡子叫须,两颊上的胡子叫髯。这里泛指胡须。

[93]帙(zhì):书套,这里指书本。

[94]尽然:都是如此。

[95]无疑:毫不迟疑。

[96]立书:立即书写。

[97]仅:几乎,接近。

[98]且:将近。

[99]张:指胡须因发怒而自然张开。

[100]起旋:起身环视四周。一说起身小便。《左传·宣公三年》杜预注:"旋,小便也。"

[101]颜色不乱:脸色不变。

[102]阴阳如平常:安详镇定、神态自若的样子。

[103]亳(bó):亳州,治所在今安徽省亳县。宋:宋州,治所在睢阳。

[104]武人:军人。

[105]诣:到,往。讼理:打官司。

【译文】

元和二年四月十三日晚上,我和吴郡张籍翻阅家中的旧书,发现了李翰所写的《张巡传》。李翰因文章而自负,写这篇传记十分详密,但遗憾的是还有缺陷:没有为许远立传,又没有记载雷万春事迹的始末。

许远才能似乎比不上张巡,打开城门迎接张巡;但其地位本在张巡之上,他把指挥权交给张巡,甘居于其下,毫无猜疑妒忌,最终和张巡一起守城而死,成就了功名;城破后被俘,不过和张巡死的时间有先后的不同罢了。张、许两家的子弟才智低下,不能了解其父辈的志向,认为张巡战死而许远被俘,怀疑许远是怕死而投降了叛军。如果许远真的怕死,何苦守住这尺寸大小的地盘,以他所爱之人的肉充饥,来和叛军对垒而不投降呢?当他在包围中守城时,外面没有一点哪怕极为微弱的援助,所要效忠的,就是国家和皇上。而叛军会拿国家和皇上已被消灭的情况欺骗他,许远见救兵不来,而叛军越来越多,一定会相信他们的话。外面毫无希望却仍然死守,军民相食,人越来越少,即使是傻瓜也会计算日期而知道自己的死期了,许远不怕死也可以清楚了!哪有城破而自己的部下都已战死,他却偏偏蒙受耻辱苟且偷生?即使再笨的人也不愿这样做,唉!难道说像许远如此贤明的人会这样做吗?

议论的人又认为许远和张巡分守城门,城陷落是从许远分守的西南方开始的,拿这个理由来诽谤许远,这又和小孩的见识没有两样。人将要死的时候,他的内脏必定有一个先受到侵害的地方;扯紧绳子,把它拉断,绳断必定有一个先裂的地方。有人看到这种情况,就来责怪这个先受侵害和先裂的地步,他也太不通达事理了。小人喜欢议论,不愿成人之美,竟到了这样的地方!像张巡、许远所造成的功业,如此杰出,尚且躲不掉小人的诽谤,其他人还有什么可说呢!

当张、许二位刚守城的时候,哪能知道别人终不相救,从而预先弃城逃走呢?如果睢阳城守不住,即使逃到其他地方又有什么用处？等到没有救兵而且走投无路的时候,率领着那些受伤残废、饥饿瘦弱的残兵,即使想逃走,也一定无法到达要去的地方。张、许二位的功绩,前人已有十分精当的评价了。守住孤城,捍卫天下,仅凭千百个濒临灭亡的士兵,来对付近百万天天增加的敌军,保护着江淮地区,挡住了叛军的攻势,天下能够不亡,这是谁的功劳啊!在那个时候,丢掉城池而只想保全生命的人,不在少数;拥有强兵却安坐观望的人,一个接着一个。不追究讨论这些,却拿死守睢阳来责备张、许二位,也可见这些人把自己放在与逆乱者同类的地位,捏造谎言来帮他们一起攻击有功之人了。

我曾经在汴州、徐州任职,多次经过两州之间,亲自在那叫作双庙的地方祭祀张巡和许远。那里的老人常常说起张巡、许远时候的事情。

南霁云向贺兰进明求救的时候,贺兰进明妒忌张巡、许远的威望和功劳超过自己,不肯派兵相救。但看中了南霁云的勇敢和壮伟,不采纳他的话,却勉力挽留他,还准备了酒食和音乐,请南霁云入座。南霁云慷慨陈词说:"我来的时候,睢阳军民已经一个多月没有东西吃了,我即使想一个人享受,道义不能允许!即使吃了,我也难以下咽!"于是拔出自己的佩刀,砍断一个手指,鲜血淋漓,拿给贺兰进明看。在座的人大吃一惊,都感动得为南霁云流下了眼泪。南霁云知道贺兰进明终究没有为自己出兵的意思,立即骑马离去。将出城时,他抽出箭射寺庙的佛塔,那支箭射进佛塔砖面半箭之深,说:"我回去打败叛军后,一定要消灭贺兰进明,就用这支箭来作为标记!"我于贞元年间经过泗州,船上的人还指点着说给我听。城破后,叛军拿刀逼张巡投降,张巡坚贞不屈,马上被绑走,准备杀掉。叛军又叫南霁云投降,南霁云没有吱声。张巡叫南霁云道:"南八,男子汉一死而已,不能向不义之人屈服!"南霁云笑道:"我本想有所作为,您既然这样说,我哪敢不死!"于是誓不投降。

张籍说:"有一个人叫嵩,年轻时跟随张巡。等到张巡起兵抗击叛军,于嵩曾在围城之中。我大历年间在和州乌江县见到过于嵩,那时他已六十多岁了。因为张巡的缘故起先曾得到临涣县尉的官职,学习努力,无所不读。我那时还小,简单地询问过张巡、许远的事迹,不太详细。他说:张巡身长七尺有余,一口胡须活像神灵。他曾经看见于嵩在读《汉书》,就对于嵩说:'你怎么老是在读这本书?'于嵩说:'没有读熟呀。'张巡说:'我读书不超过三遍,一辈子不会忘记。'就背诵于嵩所读的书,一卷背完不错一个字。于嵩很惊奇,以为张巡是碰巧熟悉这一卷,就随便抽出一卷来试他,他都像刚才那样能背诵出来。于嵩又拿书架上其他书来试问张巡,张巡随口应声都背得一字不错。于嵩跟张巡时间较久,也不见张巡经常读书。写起文章来,拿起纸笔一挥而就,从来不打草稿。起先守睢阳时,士兵将近万把人,城里居住的人家,也将近几万,张巡只要见一次问过姓名,以后没有不认识的。张巡发起怒来,胡须就会竖起。等到城破后,叛军绑住张巡等几十人让他们坐着,立即就要处死。张巡起身去小便,他的部下见他起身,有的跟着站起,有的哭了起来。张巡说:'你们不要害怕!死,是命中注定的!'大家都哭得不忍抬头看他。张巡被杀时,脸色毫不慌张,神态安详,就和平日一样。许远是个宽厚的长者,相貌也和他的内心一样,和张巡同年出生,但时间比张巡稍晚,称张巡为兄,死时四十九岁。于嵩在贞元初年死在亳宋一带。有人传说他在那里有块田地,武人把它强夺霸占了,于嵩打算到州里提出诉讼,却被武人杀死。于嵩没有后代。"这些都是张籍告诉我的。

【导读】

此篇散文作于唐宪宗元和二年(807年)。肃宗至德二年(757年),张巡与睢阳太守许远等抵抗安史叛军,坚守危城睢阳,后食尽矢穷、城破身死。乱平后,朝中有人诬其降贼,李翰遂作《张巡传》以明其忠义。时隔五十年,张巡、许远等人的忠烈事迹仍未完全廓清,韩愈读《张巡传》感于"有阙者",便补叙许远、张巡、南霁云事迹,进一步为其辩诬。其时虽距安史之乱已近半个世纪,但藩镇割据现象依然严峻,宪宗上台后开始制裁藩镇,在此背景下,韩愈作此文不仅是为驳斥小人造谣中伤的谬论,彰显张巡、许远等人的忠贞英烈,给予他们公正的历史评价,也是对当时主张姑息政策者的有力回击,表达他维护中央集权、反对藩镇割据的政治主张。

文章第一段介绍作文的缘由,其主体可分为议论和叙事两部分。前半部分重在议论,针对小人污蔑张巡、许远的三个主要理由进行一一批驳。作者先以事实驳斥许远"畏死"之说;又以人死和绳断作类比,说明将"陷城"归罪于许远是"不达于理";此外,还结合客观情况论证张巡、许远选择"死守"睢阳的合理性,并高度赞誉其"守一城,捍天下"的功绩。文章的后半部分以叙事为主,结合韩愈、张籍所闻,补叙南霁云的乞师贺兰、不屈就义,张巡的博闻强识、操笔立书、城陷就戮,许远的为人、外貌、出生年月等轶事。虽然前后写作方式有所不同,但同以弘扬正义和斥退小人为主题,前者为后者张本,后者又进一步印证前者,因此文章在叙写的气韵上一以贯之。正如清代方苞所言:"截然五段,不用钩连,而神气流注,章法浑成。"(高步瀛《唐宋文举要》引)

此文气势充沛,运笔劲健,汪武曹评其"笔力如蛟龙之翔,如虎凤之跃,此正昌黎本色。"(高步瀛《唐宋文举要》引)文章在叙写人物时也颇有特色,一方面注重细节,如南霁云不忍独食、拔刀断指、抽矢射塔等,张巡诵书不错一字、就戮而颜色不乱等,细节的刻画使人物形象更加鲜明生动。另一方面,文章注重人物各自的性格特征,如张巡的从容镇静、许远的宽厚让贤、南霁云的勇武刚烈,这使英雄人物各具面貌。此外,作者还常以反衬手法刻画人物,如以弃城而图存者、擅强兵坐而观者衬托张巡和许远死守睢阳,以贺兰进明因嫉妒而不出兵相救,又企图强留南霁云,衬托南霁云的忠贞不屈、壮怀激烈。如此描写,更凸显了张巡等人的英雄气概。韩愈是唐代"古文运动"的倡导者,这篇文章不拘泥于格式,行句自由,运笔自如,也是其文学观的体现。

【思考】

1. 韩愈古文在语言上有哪些特点?
2. 韩愈的叙事文对司马迁史传传统有哪些继承和发扬?

长恨歌

白居易

白居易(772—846),字乐天,晚年号"香山居士",又号"醉吟先生"。唐代伟大的现实主义诗人,有"诗魔"和"诗王"之称。祖籍太原(今属山西),生于河南新郑,后迁居下邽(今陕西渭南县)。早年家境贫困,对社会生活及人民疾苦,有较多地接触和了解。唐德宗贞元十六年(800年)中进士,授秘书省校书郎。唐宪宗元和年间任左拾遗及左赞善大夫。元和十年(815年),宰相武元衡被平卢节度使李师道派人刺死,白居易因上表急请严缉凶手,得罪权贵,贬为江州司马,后移忠州刺史。唐穆宗长庆初年任杭州刺史,曾积极兴修水利,筑堤防洪,泄引湖水,灌溉田亩千顷,成绩卓著。唐敬宗宝历元年(825年)改任苏州刺史,后官至刑部尚书。唐武宗会昌六年(846年)卒于洛阳,终年七十五岁。

白居易的思想综合儒、佛、道三家,以儒家思想为主导。孟子说的"达则兼济天下,穷则独善其身"是他终生遵循的信条。其"兼济"之志,以儒家仁政为主,也包括黄老之说、管萧之术和申韩之法;其"独善"之心,则吸取了老庄的知足、齐物、逍遥观念和佛家的"解脱"思想,二者大致以白氏被贬江州司马为界。白居易不仅留下近三千首诗,还提出一整套诗歌创作理论。在《与元九书》中他提出了著名的"文章合为时而著,歌诗合为事而作"的现实主义创作原则。他的这种诗歌理论对于促使诗人正视现实,关心民生疾苦,是有进步意义的。对大历(766—779)以来逐渐偏重形式的诗风,亦有针砭作用。但过分强调诗歌创作服从于现实政治的需要,则势必束缚诗歌的艺术创造和风格的多样化。

白居易最大的贡献在于掀起了一场声势浩大的新乐府运动,并形成一个"浅切通俗"的诗派——元

DAXUE YUWEN

白诗派,影响远及朝鲜和日本等国。白居易认为诗歌语言须质朴通俗,议论须直白显露,写事须绝假纯真,形式须流利畅达,具有歌谣色彩。但白诗的诗意并不浅显,他常以浅白之句寄托讽喻之意,取得惊人的艺术效果。白居易的闲适诗在后代有很大影响,其浅切平易的语言风格、淡泊悠闲的意绪情调,都曾屡屡为人称道,但相比之下,这些诗中所表现的那种退避政治、知足保和的"闲适"思想,以及归趋佛老、效法陶渊明的生活态度,因与后世文人的心理较为吻合,所以影响更为深远。

【原文】

汉皇重色思倾国[1],御宇多年求不得[2]。杨家有女初长成,养在深闺人未识[3]。天生丽质难自弃[4],一朝选在君王侧。回眸一笑百媚生,六宫粉黛无颜色[5]。春寒赐浴华清池[6],温泉水滑洗凝脂[7]。侍儿扶起娇无力[8],始是新承恩泽时[9]。云鬓花颜金步摇[10],芙蓉帐暖度春宵[11]。春宵苦短日高起[12],从此君王不早朝。承欢侍宴无闲暇,春从春游夜专夜。后宫佳丽三千人[13],三千宠爱在一身。金屋妆成娇侍夜[14],玉楼宴罢醉和春。姊妹弟兄皆列土[15],可怜光彩生门户[16]。遂令天下父母心,不重生男重生女[17]。骊宫高处入青云[18],仙乐风飘处处闻。缓歌慢舞凝丝竹[19],尽日君王看不足[20]。渔阳鼙鼓动地来[21],惊破霓裳羽衣曲[22]。九重城阙烟尘生[23],千乘万骑西南行[24]。翠华摇摇行复止[25],西出都门百余里[26]。六军不发无奈何[27],宛转蛾眉马前死[28]。花钿委地无人收[29],翠翘金雀玉搔头[30]。君王掩面救不得,回看血泪相和流。黄埃散漫风萧索,云栈萦纡登剑阁[31]。峨嵋山下少人行[32],旌旗无光日色薄[33]。蜀江水碧蜀山青,圣主朝朝暮暮情。行宫见月伤心色[34],夜雨闻铃肠断声[35]。天旋日转回龙驭[36],到此踌躇不能去。马嵬坡下泥土中,不见玉颜空死处[37]。君臣相顾尽沾衣,东望都门信马归[38]。归来池苑皆依旧,太液芙蓉未央柳[39]。芙蓉如面柳如眉,对此如何不泪垂?春风桃李花开日[40],秋雨梧桐叶落时。西宫南内多秋草[41],落叶满阶红不扫。梨园弟子白发新[42],椒房阿监青娥老[43]。夕殿萤飞思悄然,孤灯挑尽未成眠[44]。迟迟钟鼓初长夜[45],耿耿星河欲曙天[46]。鸳鸯瓦冷霜华重[47],翡翠衾寒谁与共[48]。悠悠生死别经年,魂魄不曾来入梦。临邛道士鸿都客[49],能以精诚致魂魄[50]。为感君王辗转思,遂教方士殷勤觅[51]。排空驭气奔如电[52],升天入地求之遍。上穷碧落下黄泉[53],两处茫茫皆不见。忽闻海上有仙山[54],山在虚无缥缈间。楼阁玲珑五云起[55],其中绰约多仙子[56]。中有一人字太真[57],雪肤花貌参差是[58]。金阙西厢叩玉扃[59],转教小玉报双成[60]。闻道汉家天子使,九华帐里梦魂惊[61]。揽衣推枕起徘徊,珠箔银屏迤逦开[62];云鬓半偏新睡觉[63],花冠不整下堂来。风吹仙袂飘飖举[64],犹似霓裳羽衣舞。玉容寂寞泪阑干[65],梨花一枝春带雨。含情凝睇谢君王[66],一别音容两渺茫。昭阳殿里恩爱绝[67],蓬莱宫中日月长[68]。回头下望人寰处[69],不见长安见尘雾。惟将旧物表深情[70],钿合金钗寄将去[71]。钗留一股合一扇,钗擘黄金合分钿[72]。但教心似金钿坚,天上人间会相见。临别殷勤重寄词[73],词中有誓两心知[74]。七月七日长生殿[75],夜半无人私语时。在天愿作比翼鸟[76],在地愿为连理枝[77]。天长地久有时尽,此恨绵绵无绝期[78]。

【注释】

[1]汉皇:原指汉武帝刘彻,此处借指唐玄宗李隆基。唐朝文人常以汉称唐。重色:爱好女色。倾国:绝色女子。汉代李延年在汉武帝面前歌唱其妹之美:"北方有佳人,绝世而独立。一顾倾人城,再顾倾人国。宁不知倾国与倾城,佳人难再得。"故"倾国倾城"就成为美女的代称。

[2]御宇:驾御宇内,即统治天下。汉贾谊《过秦论》:"振长策而御宇内。"

[3]"杨家"二句:杨玉环乃蜀州司户杨玄琰之女,自幼由叔父杨玄珪抚养,十七岁(开元二十三年)被册封为玄宗之子寿王李瑁之妃。二十七岁被玄宗册封为贵妃。白居易此谓"养在深闺人未识",是有意为帝王避讳的说法。

[4]丽质:美丽的姿质。

[5]六宫粉黛:指宫中所有嫔妃。古代皇帝设六宫,正寝(日常处理政务之地)一,燕寝(休息之地)五,合称六宫。粉黛:本为女性化妆用品,粉以抹脸,黛以描眉。此代指六宫中的女子。无颜色:意谓在杨玉环的美色映照之下,六宫美女都不值一顾。颜色:指女子容貌。

[6]华清池:即骊山温泉,在今西安市临潼区东南的骊山下。唐贞观十八年(644年)建汤泉宫,咸亨二年(671年)改名温泉宫,天宝六载(747年)扩建后改名华清宫。唐玄宗每年冬、春季都到此居住。

[7]凝脂:形容皮肤白嫩润滑,犹如凝固的脂肪。《诗经·卫风·硕人》:"肤如凝脂。"

[8]侍儿:宫女,侍女。

[9]新承恩泽:刚得到皇帝的宠幸。

[10]云鬓:形容女子鬓发盛美如云。《木兰诗》:"当窗理云鬓,对镜贴花黄。"步摇:一种首饰,用金银丝盘成花之形状,上面缀着垂珠之类,插于发鬓,随人步行而摇动,故名。

[11]芙蓉帐:绣着莲花的帐子,形容帏帐之精美。萧纲《戏作谢惠连体十三韵》:"珠绳翡翠帷,绮幕芙蓉帐。"

[12]春宵:新婚之夜。

[13]佳丽三千:言后宫女子之多。《后汉书·皇后纪》:"自武元之后,世增淫费,乃至掖庭三千。"据《旧唐书·宦官传》等记载,开元、天宝年间,长安大内、大明、兴庆三宫,皇子十宅院,皇孙百孙院,东都大内、上阳两宫,大率宫女四万人。

[14]金屋:借用汉武帝金屋藏娇典故。《汉武故事》记载,武帝幼时,他姑妈将他抱在膝上,问他要不要她的女儿阿娇作妻子?他笑着回答说:"若得阿娇,当以金屋藏之。"

[15]列土:分封土地。据《旧唐书·后妃传》等记载,杨贵妃有姊三人,玄宗并封国夫人之号。长曰大姨,封韩国夫人。三姨,封虢国夫人。八姨,封秦国夫人。父玄琰,累赠太尉、齐国公。母封凉国夫人。叔玄珪,为光禄卿。再从兄铦,为鸿胪卿。锜,为侍御史,尚武惠妃女太华公主。从祖兄国忠,为右丞相。姊妹:姐妹。

[16]可怜:可爱,值得羡慕。

[17]不重生男重生女:陈鸿《长恨歌传》云,当时民谣有"生女勿悲酸,生男勿喜欢""男不封侯女作妃,看女却为门上楣"等。

[18]骊宫:骊山华清宫。骊山在今陕西临潼。

[19]凝丝竹:管弦之声聚而不散。

[20]看不足:看不厌。

[21]渔阳:郡名,辖今北京市平谷区和天津市蓟州区等地,当时属于平卢、范阳、河东三镇节度使安禄山的辖区。天宝十四载(755年)冬,安禄山在范阳起兵叛乱。鼙鼓:古代骑兵用的小鼓,此借指战争。

[22]霓(ní)裳羽衣曲:舞曲名,据说为唐开元年间西凉节度使杨敬述所献,经唐玄宗润色并制作歌词,改用此名。乐曲着意表现虚无缥缈的仙境和仙女形象,舞时舞者身着五彩翠鸟羽毛编织成的轻薄衣衫。

[23]九重城阙:九重门的京城,此指长安。烟尘生:指发生战事。阙:古代宫殿门前两边的楼,泛指宫殿或帝王的住所。《楚辞·九辩》:"君之门以九重。"

[24]此句意谓天宝十五载(756年)六月,安禄山破潼关,逼近长安。玄宗带领杨贵妃等出延秋门向西南方向逃走。当时随行护卫并不多,"千乘万骑"是夸大之词。乘:一人一骑为一乘。

[25]此句意谓李隆基西奔至距长安百余里的马嵬驿,扈从禁卫军发难,不再前行,请诛杨国忠、杨玉环兄妹以平民怨。玄宗为自保,只得照办。翠华:皇帝仪仗中用翠鸟羽毛装饰的旗帜。司马相如《上林赋》:"建翠华之旗,树灵鼍之鼓。"

[26]百余里:指到距长安一百多里的马嵬坡,故址在今陕西省兴平市。

[27]六军:保护皇帝的羽林军。《周礼·夏官·司马》:王六军。

[28]宛转:形容美人临死前哀怨缠绵的样子。蛾眉:古代美女的代称,此处指杨贵妃。《诗经·卫风·硕人》:"螓首蛾眉。"

[29]花钿:用金翠珠宝等制成的花朵形首饰。委地:丢弃在地上。

[30]翠翘:首饰,形如翡翠鸟尾。金雀:金雀钗,钗形似凤(古称朱雀)。玉搔头:玉簪。《西京杂记》卷二:"武帝过李夫人,就取玉簪搔头。自此后宫人搔头皆用玉。"

[31]云栈:高入云霄的栈道。萦纡(yíng yū):萦回盘绕。剑阁:又称剑门关,在今四川剑阁县北,是由秦入蜀的要道。此地群山如剑,峭壁中断处,两山对峙如门。诸葛亮相蜀时,凿石驾凌空栈道以通行。

[32]峨嵋山:在今四川峨眉山市。玄宗奔蜀途中,并未经过峨嵋山,这里泛指蜀中高山。

[33]日色薄:日光黯淡。

[34]行宫:皇帝离京出行在外的临时住所。

[35]夜雨闻铃:郑处海《明皇杂录·补遗》:"明皇既幸蜀,西南行。初入斜谷,霖雨涉旬,于栈道雨中闻铃音与山相应。上既悼念贵妃,采其声为《雨霖铃曲》以寄恨焉。"这里暗指此事。后《雨霖铃》成为宋词词牌名。

[36]天旋日转:指平定叛乱,国家大局转变。肃宗至德二年(757年),郭子仪军收复长安。回龙驭:皇帝的车驾归来。

[37]空死处:空见死处。据《旧唐书·后妃传》载:玄宗自蜀还,令中使祭奠杨贵妃,密令改葬于他所。初瘗时,以紫褥裹之,肌肤已坏,而香囊仍在,内官以献,上皇视之凄婉,乃令图其形于别殿,朝夕视焉。

[38]信马:无心鞭马,任马由缰,懒散前行。

[39]太液:汉宫中有太液池。未央:汉有未央宫。这里泛指唐时宫廷、池苑。

[40]日:原作"夜"。

[41]此句意谓皇宫之内称为大内。西宫即西内太极宫,南内为兴庆宫。玄宗返京后,初居南内。上元元年(760年),权宦李辅国假借肃宗义,胁迫玄宗迁往西内,并流贬玄宗亲信高力士、陈玄礼等人,使其与世人隔绝,防其复辟。

[42]梨园弟子:指玄宗当年训练的乐工舞女。梨园:据《新唐书·礼乐志》:唐玄宗时宫中教习音乐的机构,曾选"坐部伎"三百人教练歌舞,随时应诏表演,号称"皇帝梨园弟子"。

[43]椒房:后妃居住之所,因以花椒和泥抹墙,故称。阿监:宫中的侍从女官。青娥:年轻的宫女。据《新唐书·百官志》,内官官正有阿监、副监,视七品。

[44]孤灯挑尽:古时用灯草油灯照明,为使灯火明亮,过了一会儿就要把浸在油中的灯草往前挑一点。"挑尽"说明夜已深。按:唐时宫廷夜间燃烛而不点油灯,此处旨在形容玄宗晚年生活环境的凄苦。

[45]迟迟:迟缓。报更钟鼓声起止原有定时,这里用以形容玄宗长夜难眠时的心情。

[46]耿耿:清朗微明的样子。欲曙天:长夜将晓之时。

[47]鸳鸯瓦:屋顶上俯仰相对合在一起的瓦。《三国志·魏书·方技传》载:"文帝梦殿屋两瓦堕地,化为双鸳鸯。"房瓦一俯一仰相合,称阴阳瓦,亦称鸳鸯瓦。霜华:霜花。

[48]翡翠衾:布面绣有翡翠鸟的被子,言其珍贵。《楚辞·招魂》:"翡翠珠被,烂齐光些。"谁与共:与谁共。

[49]临邛:今四川邛崃市。鸿都:东汉都城洛阳的宫门名,这里借指长安。《后汉书·灵帝纪》:"光

和元年二月,始置鸿都门学士。"

[50]致魂魄:招来杨贵妃的亡魂。

[51]方士:有法术的人,这里指道士。殷勤:尽力。

[52]排空驭气:即腾云驾雾。

[53]穷:穷尽,找遍。碧落:即天空。黄泉:指地下。

[54]海上仙山:《史记·封禅书》:自威、宣、燕昭使人入海求蓬莱、方丈、瀛洲,此三神山者,其传在渤海中。

[55]玲珑:华美精巧。五云:五彩云霞。

[56]绰约:体态轻盈柔美,妩媚的样子。《庄子·逍遥游》:"藐姑射之山,有神人居焉,肌肤若冰雪,绰约如处子。"

[57]太真:杨贵妃道号太真。

[58]参差:仿佛,差不多。

[59]金阙:金碧辉煌的宫阙。《太平御览》卷六六引《大洞玉经》:"上清宫门中有两阙,左金阙,右玉阙。"西厢:《尔雅·释宫》:"室有东西厢曰庙。西厢在右。"玉扃(jiōng):玉门。扃:门户。

[60]此句意谓仙府庭院重重,须经辗转通报。小玉:吴王夫差女。双成:传说中西王母的侍女。这里指杨贵妃在仙山的侍女。

[61]九华帐:绣饰华美的帐子。九华:重重花饰的图案。言帐之精美。《宋书·后妃传》:"自汉氏昭阳之轮奂,魏室九华之照耀。"

[62]珠箔:珍珠穿成的帘箔。银屏:饰银的屏风。逦迤:接连不断地,一个接一个。

[63]新睡觉:刚睡醒。觉:醒。

[64]袂(mèi):衣袖。

[65]玉容寂寞:此指神色黯淡凄楚。阑干:纵横交错的样子,这里形容泪痕满面。

[66]凝睇(dì):凝视。

[67]昭阳殿:汉成帝宠妃赵飞燕的寝宫。此借指杨贵妃住过的宫殿。

[68]蓬莱宫:传说中的海上仙山。这里指贵妃在仙山的居所。

[69]人寰(huán):人间。

[70]旧物:指贵妃生前与玄宗定情的信物。

[71]寄将去:托道士带回。

[72]"钗留"二句:把金钗、钿盒分成两半,自留一半。擘(bò):分开。合分钿:将钿盒上的图案分成两部分。合:通"盒",钿盒即镶嵌珠宝的金盒。

[73]重寄词:重新又托他捎话。

[74]两心知:只有玄宗、贵妃二人心里明白。

[75]长生殿:在骊山华清宫内,天宝元年(742年)造。按"七月"以下六句为作者虚拟之词。陈寅恪在《元白诗笺证稿·长恨歌》中云:"长生殿七夕私誓之为后来增饰之物语,并非当时真确之事实"。"玄宗临幸温汤必在冬季、春初寒冷之时节。今详检两唐书玄宗记无一次于夏日炎暑时幸骊山。"而所谓长生殿者,亦非华清宫之长生殿,而是长安皇宫寝殿之习称。

[76]比翼鸟:传说中的鸟名,据说只有一目一翼,雌雄并在一起才能飞。

[77]连理枝:异本草木,枝或干连生并列相抱。古人常用此二物比喻情侣相爱、永不分离。

[78]恨:遗憾。绵绵:连绵不断。

【译文】

唐明皇偏好美色,当上皇帝后多年来一直在寻找美女,却都是一无所获。杨家有个女儿刚刚长大,十分娇艳,养在深闺中,外人不知她美丽绝伦。天生丽质、倾国倾城让她很难埋没世间,果然没多久便成了唐明皇身边的一个妃嫔。她回眸一笑时,千姿百态、娇媚横生;六宫妃嫔,一个个都黯然失色。春寒料峭时,皇上赐她到华清池沐浴,温润的泉水洗涤着凝脂一般的肌肤。侍女搀扶她,如出水芙蓉软弱娉婷,由此开始得到皇帝恩宠。鬓发如云颜脸似花,头戴着金步摇。温暖的芙蓉帐里,与皇上共度春宵。情深只恨春宵短,一觉睡到太阳高高升起。君王深恋儿女情温柔乡,从此再也不早朝。承受君欢侍君饮,忙得没有闲暇。春日陪皇上一起出游,晚上夜夜侍寝。后宫中妃嫔不下三千人,却只有她独享皇帝的恩宠。金屋中梳妆打扮,夜夜撒娇不离君王;玉楼上酒酣宴罢,醉意更添几许风韵。兄弟姐妹都因她列土封侯,杨家门楣光耀令人羡慕。于是使得天下的父母都改变了心意,变成重女轻男。骊山上华清宫内玉宇琼楼高耸入云,清风过处仙乐飘向四面八方。轻歌曼舞多合拍,管弦旋律尽传神,君王终日观看,却百看不厌。渔阳叛乱的战鼓震耳欲聋,宫中停奏霓裳羽衣曲。九重宫殿霎时尘土飞扬,君王带着大批臣工美眷向西南逃亡。车队走走停停,西出长安才百余里。六军停滞不前,要求赐死杨玉环。君王无可奈何,只得在马嵬坡下缢杀杨玉环。贵妃头上的饰品,抛撒满地无人收拾。翠翘金雀玉搔头,珍贵头饰一根根。君王欲救不能,掩面而泣,回头看贵妃惨死的场景,血泪止不住地流。秋风萧索扫落叶,黄土尘埃已消逝,回环曲折穿栈道,车队踏上了剑阁古道。峨眉山下行人稀少,旌旗无色,日月无光。蜀地山清水秀,引得君王相思情。行宫里望月满目凄然,雨夜听曲声声带悲。叛乱平息后,君王重返长安,路过马嵬坡,睹物思人,徘徊不前。萋萋马嵬坡下,荒凉黄冢中,佳人容颜再不见,唯有坟茔躺山间。君臣相顾,泪湿衣衫,东望京都心伤悲,信马由缰归朝堂。回来一看,池苑依旧,太液池边芙蓉仍在,未央宫中垂柳未改。芙蓉开得像玉环的脸,柳叶儿好似她的眉,此情此景如何不心生悲戚?春风吹开桃李花,物是人非不胜悲,秋雨滴落梧桐叶,场面寂寞更惨凄。兴庆宫和甘露殿,处处萧条,秋草丛生。宫内落叶满台阶,长久不见有人扫。戏子头已雪白,宫女红颜尽褪。晚上宫殿中流萤飞舞,孤灯油尽君王仍难以入睡。细数迟迟钟鼓声,愈数愈觉夜漫长。遥望耿耿星河天,直到东方吐曙光。鸳鸯瓦上霜花重生,冰冷的翡翠被里谁与君王同眠?阴阳相隔已一年,为何你从未在我梦里来过?临邛道士正客居长安,据说他能以法术招来贵妃魂魄。君王思念贵妃的情意令他感动,他接受皇命,不敢怠慢,殷勤地寻找,八面御风。驾驭云气入空中,横来直去如闪电,升天入地遍寻天堂地府,都毫无结果。忽然听说海上有一座被白云围绕的仙山,玲珑剔透楼台阁,五彩祥云承托起。天仙神女数之不尽,个个风姿绰约。当中有一人字太真,肌肤如雪貌似花,好像就是君王要找的杨贵妃。道士来到金阙西边,叩响玉石雕做的院门轻声呼唤,让小玉叫侍女双成去通报。太真听说君王的使者到了,从帐中惊醒。穿上衣服推开枕头出了睡帐,逐次地打开屏风放下珠帘;半梳着云鬓刚刚睡醒,来不及梳妆就走下坛来,还歪带着花冠。轻柔的仙风吹拂着衣袖微微飘动,就像霓裳羽衣的舞姿,袅袅婷婷。寂寞忧愁颜,面上泪水长流,犹如春天带雨的梨花。含情凝视天子使,托他深深谢君王,马嵬坡上生别后,音讯颜容两渺茫。昭阳殿里的姻缘早已隔断,蓬莱宫中的孤寂,时间还很漫长。回头俯视人间,长安已隐,只剩尘雾。只有用当年的信物表达我的深情,钿盒金钗你带去给君王做纪念。金钗留下一部分,钿盒留下一半边,金钗劈开黄金,钿盒分了宝钿。但愿我们相爱的心,就像黄金宝钿一样忠贞坚硬,天上人间总有机会再见。临别殷勤托方士,寄语君王表情思,语中誓言只有君王与我知。当年七月七日长生殿中,夜半无人,我们共起山盟海誓。在天愿为比翼双飞鸟,在地愿为并生连理枝。即使是天长地久,也总会有尽头,但这生死遗恨,却永远没有尽期。

【导读】

唐宪宗元和元年(806年),时任盩厔县(今陕西周至县)县尉的白居易,与友人陈鸿、王质夫等同游仙游寺,因偶然间谈及唐明皇和杨贵妃之事,大为感叹,遂作《长恨歌》,友人陈鸿作《长恨歌传》。此诗与《琵琶行》是白居易最为出名的两篇叙事长诗,以至宣宗李忱《吊白居易》中也提及"童子解吟长恨曲,胡儿能唱琵琶篇。"诗作结合历史事实与民间传说,并加以想象发挥,向世人描绘了一出感人至深的爱情悲剧,通过唐玄宗和杨贵妃生死相思的形象塑造,表达了对李、杨遭遇的深深同情。但同时,它也在一定程度上对统治者的纵情声色、荒淫误国进行了批判。

全诗紧扣李、杨爱情故事,以"恨"为主线进行叙述,因果相系,情节跌宕起伏、曲折离奇。前篇写"恨"之因。首句"汉皇重色思倾国"点出了长恨的根本缘由,玄宗专宠杨贵妃,从此不早朝,引发安史之乱,也最终导致了李、杨的爱情悲剧。这也寄寓了作者对唐明皇因寄情声色而荒殆国政的批判。后篇写"恨"之果。诗人先叙安史之乱爆发后,玄宗仓皇出逃,马嵬坡军队哗变,爱妃香消玉殒,而作为君王的唐明皇却只能掩面而泣。随后写玄宗陷入了深深的思念,见月伤心、闻铃断肠,面对物是人非,漫漫长夜辗转难眠。情深如此,不禁令读者动容。最后,诗人笔锋一转,以浪漫主义的想象笔法写玄宗不得已请道士于仙山寻得佳人,贵妃虽身死,然而心念君王情犹在,故托物寄词,重申当年七夕时的海誓山盟。末句"天长地久有时尽,此恨绵绵无绝期",收束点题,进一步渲染了李、杨二人思之深、恨之长。

此诗脍炙人口、流传甚广,不仅因为情节内容的扣人心弦,也因为其纯熟的艺术表达。一方面,诗作以人物为中心,将叙事、写景、抒情巧妙结合,叙事融景,景中有情,情以塑人,使情感表现细腻缠绵、人物形象有血有肉。如文中写唐玄宗对杨贵妃的思念往往借助触景生情的手法;再如描写杨贵妃听闻汉家使来,先"梦魂惊",再"起徘徊",最后"花冠不整下堂来",她的惊喜、疑惑、迫不及待都表现得淋漓尽致,这是以抒情的笔法写人。另一方面,这首七言歌行形式优长而语言流美、音韵宛转,诗作风格通俗平易,这种诗风有助于长篇叙事的明晰流畅和抒情表达的自然圆融。此诗虽浅近平易,但也因比喻、夸张、叠词等手法的巧妙运用透露出婉美动人的词采,如"回眸一笑百媚生,六宫粉黛无颜色""玉容寂寞泪阑干,梨花一枝春带雨"等句写活了杨贵妃的娇美情态。

《长恨歌》不仅以自身极高的艺术成就受到历代读者的推崇,而且对后世文学创作的影响也不容忽视,如白朴的《梧桐雨》、洪昇的《长生殿》等剧作就是据此敷演,这些都是《长恨歌》文学地位与不朽价值的体现。

【思考】

1.如何理解作者对历史事件所作的艺术变通?

2.此诗寄托了作者怎样的思想感情?

种树郭橐驼传

柳宗元

【原文】

郭橐驼[1],不知始何名[2]。病偻[3],隆然伏行[4],有类橐驼者[5],故乡人号之"驼"[6]。驼闻之,曰:"甚善,名我固当[7]。"因舍其名,亦自谓"橐驼"云。其乡曰丰乐乡,在长安西[8]。驼业种树[9],凡长安豪富人为观游[10]及卖果者,皆争迎取养[11]。视驼所种树,或迁徙,无不活,且硕茂,蚤实以蕃[12]。他植者虽窥伺效慕[13],莫能如也[14]。

有问之,对曰:"橐驼非能使木寿且孳也[15],能顺木之天以致其性焉尔[16]。凡植木之性[17],其本欲舒[18],其培欲平[19],其土欲故[20],其筑欲密[21]。既然已[22],勿动勿虑[23],去不复顾[24]。其莳也若子[25],其置也若弃[26],则其天者全而其性得矣[27]。故吾不害其长而已[28],非有能硕茂之也;不抑耗其实而已[29],非有能蚤而蕃之也。他植者则不然,根拳而土易[30],其培之也,若不过焉则不及[31]。苟有能反是者[32],则又爱之太恩,忧之太勤,旦视而暮抚,已去而复顾,甚者爪其肤以验其生枯[33],摇其本以观其疏密,而木之性日以离矣[34]。虽曰爱之,其实害之;虽曰忧之,其实仇之,故不我若也[35]。吾又何能为矣哉?"

问者曰:"以子之道[36],移之官理[37],可乎?"驼曰:"我知种树而已,理非吾业也。然吾居乡,见长人者[38]好烦其令[39],若甚怜焉,而卒以祸[40]。旦暮吏来而呼曰:'官命促尔耕,勖尔植[41],督尔获[42]。蚤缫而绪[43],蚤织而缕[44],字而幼孩[45],遂而鸡豚[46]。'鸣鼓而聚之,击木而召之[47]。吾小人辍飧饔以劳吏,且不得暇[48],又何以蕃吾生而安吾性耶[49]?故病且怠[50]。若是,则与吾业者其亦有类乎[51]?"

问者曰[52]:"嘻,不亦善夫!吾问养树,得养人术[53]。"传其事,以为官戒也。

【注释】

[1]橐(tuó)驼:骆驼。这里指驼背。

[2]始:最初。

[3]病瘘(lóu):脊背弯曲,背隆起。

[4]隆然:脊背突起而弯腰行走。

[5]类:像。

[6]号:起外号。

[7]名我固当:这样称呼我确实恰当。名:称呼,作动词。固:确实。当:恰当。

[8]长安:今西安市,唐都城。

[9]业:以……为业,作动词。

[10]为观游:经营园林游览。为:从事,经营。

[11]争迎取养:争着迎接雇用(郭橐驼)。取养:雇用。

[12]硕茂:高大茂盛。蚤:通"早"。蕃:多。

[13]窥伺:偷偷察看。效慕:仿效。窥伺效慕:暗中观察,羡慕效仿。

[14]如:比得上。

[15]寿且孳(zī):活得长久而且繁殖茂盛。孳:孳生,繁殖。

[16]天:指自然生长规律。致其性:使它按照自己的本性成长。致:使达到。

[17]植木之性:按树木的本性种植。性:指树木固有的特点。

[18]本:树根。欲:要。舒:舒展。

[19]培:培土。

[20]故:旧。

[21]筑:捣土。密:结实。

[22]既然:已经这样。已:(做)完了。

[23]勿动:不要再动它。勿虑:不要再担心它。

[24]去:离开。顾:回头看。

[25]莳(shì):移植花草树木。若子:像对待子女一样细心。

[26]置:放在一边。若弃:像丢弃了一样不管。

[27]此句意谓那么树木的生长规律可以保全而它的本性可以保持了。

[28]害:妨碍。

[29]不抑耗其实:不抑制、损耗它的果实(的成熟过程)。

[30]根拳:树根拳曲。土易:更换新土。

[31]若不过焉则不及:如果不是过多就是不够。

[32]苟:如果。反是者:与此相反的人。

[33]爪其肤:掐破树皮。爪:掐。验:检验,观察。生枯:活着还是枯死。

[34]日以离:一天天地失去。

[35]不我若者:即不若我,比不上我。若:及,赶得上。

[36]道:指种树的经验。

[37]官理:为官治民。理:治理,唐人避高宗李治名讳,改"治"为"理"。

[38]长(zhǎng)人者:为人之长者,此处指管理民众的官长。大县的长官称"令",小县的长官称"长"。

[39]烦其令:不断发号施令。烦:使繁多。

[40]卒以祸:以祸卒,以祸(民)结束。卒:结束。

[41]勖(xù):勉励。植:栽种。

[42]督:督促。获:收割。

[43]缫(sāo):缫丝,煮茧抽丝。而:通"尔",你。下三句"而"字义同。绪:丝头。早缫而绪:早点缫好你们的丝。

[44]缕:线。

[45]字:抚养,养育。

[46]遂:顺利地成长。豚(tún):小猪。此句意谓喂养好你们的鸡和猪。

[47]木:木梆子。

[48]小人:老百姓。辍飧(sūn)饔(yōng):不吃饭。辍:停止。飧:晚饭。饔:早饭。暇:空暇。

[49]何以:以何,靠什么。蕃吾生:繁衍我们的生命,使我们的人口兴旺。安吾性:安定我们的生活。蕃:繁,兴旺。性:生命。

[50]病:困苦。怠:疲乏。病且怠:困苦又疲劳。

[51]与吾业者:与我同行业的人,指"他植者"。类:相似,类同。

[52]嘻:感叹词,表示高兴。

[53]养人:养民,唐人避唐太宗李世民名讳,改"民"为"人"。

【译文】

郭橐驼,不知道他起初叫什么名字。他患了脊背弯曲的病,脊背突起而弯腰行走,就像骆驼一样,所以乡里人称呼他叫"橐驼"。橐驼听说后,说:"这个名字很好啊,这样称呼我确实恰当。"于是他舍弃了他原来的名字,也自称起"橐驼"来。他的家乡叫丰乐乡,在长安城西边。

郭橐驼以种树为职业,凡是长安城里经营园林游览和做水果买卖的富豪人,都争着把他接到家里奉养。观察橐驼种的树,有的是移植来的,没有不成活的,而且长得高大茂盛,结果实早且多。其他种树的人即使暗中观察、羡慕效仿,也没有谁能比得上。

有人问他种树种得好的原因,他回答说:"我郭橐驼不是能够使树木活得长久而且长得很快,只不过能够顺应树木的天性,来实现其自身的习性罢了。但凡种树的方法,它的树根要舒展,它的培土要平均,它根下的土要用原来培育树苗的土,它捣土要结实。已经这样做了,就不要再动,不要再忧虑它,离开它不再回顾。栽种时像对待子女一样细心,栽好后要像丢弃它一样放在一边,那么树木的天性就得以保全,它的习性就得以实现。所以我只不过不妨碍它的生长罢了,并不是有能使它长得高大茂盛的办法;只不过不抑制、减少它的结果罢了,也不是有能使它果实结得早又多的办法。别的种树人却不是这样,树根拳曲又换了生土,他培土的时候,不是过紧就是太松。如果有能够和这种做法相反的人,就又太过于吝惜它们了,担心它太过分了,早晨去看了,晚上又去摸摸,已经离开了,又回头去看看,更严重的,甚至掐破树皮来观察它是死是活,摇晃树干来看它是否栽结实了,这样树木的天性就一天天远去了。虽然说是喜爱它,这实际上是害了它,虽说是担心它,这实际上是仇视它,所以他们都不如我。我又能做什么呢?"

问的人说:"把你种树的方法,转用到做官治民上,可行吗?"橐驼说:"我只知道种树罢了,做官治民,不是我的职业。但是我住在乡里,看见那些官吏喜欢不断地发号施令,好像是很怜爱(百姓)啊,但百姓最终反因此受到祸害。在早上在晚上那些小吏跑来大喊:'长官命令:催促你们耕地,勉励你们种植,督促你们收获。早些煮茧抽丝,早些织你们的布,养育你们的小孩,喂大你们的鸡和猪。'一会儿打鼓招聚大家,一会儿鼓梆召集大家。我们这些小百姓停止吃早、晚饭去慰劳那些小吏尚且不得空暇,又怎能使我们繁衍生息,使我们民心安定呢? 所以我们既困苦又疲乏。像这样(治民反而扰民),它与我种树的行当大概也有相似的地方吧?"

问的人说:"不也是很好吗! 我问种树的方法,得到了治民的方法。"我为这件事作传把它作为官吏们的鉴戒。

【导读】

安史之乱后,百姓急需休养生息、恢复元气,但当时的官吏往往以繁政扰民,使百姓疲于奔命、不得安生。贞元十九年至贞元二十一年(803—805)柳宗元在长安担任监察御史里行,对社会弊病深有感触,此后又积极参与永贞革新,改善国家治理。本文应该就是柳宗元早年在长安任职期间,面对时弊写下的作品。文章从老庄顺其自然的思想出发,结合寓言、政论、传记的体式,借郭橐驼种树之道申论养民之理,说明为官治民应当"顺天致性",不可过分驱使百姓。表达了柳宗元改革弊政,使民安居乐业的愿望。

文章内容可分为三部分,第一部分介绍郭橐驼形貌、名字、籍贯及职业。郭橐驼因"病偻,隆然伏行",乡人嘲讽他为"驼"而得名,他以种树为业,技艺精湛。"他植者虽窥伺效慕,莫能如也"一句自然地引出下部分郭橐驼与他植者之间的比较。第二部分借郭橐驼之口说明种树的关键在于"顺木之天,以致其性",并对比了善种树与不善种树之人的不同。一方面,郭橐驼了解并按照"植木之性"种树,但是他者种树"根拳而土易,其培之也,若不过焉则不及"。另一方面,当树已植,郭橐驼"勿动勿虑,去不复顾",而他植者"旦视而暮抚,已去而复顾。甚者爪其肤以验其生枯,摇其本以观其疏密",以致"虽曰爱之,其实害之"。所以郭橐驼植树,使"其天者全而其性得",而他植者令"木之性日以离",这就是两者的根本区别。最后一部分,将植树之理类比为官治民之道,这也是文章的主旨所在。说明官吏"好烦其令",似爱实祸。又用铺陈的手法,连用七个驱使短语,生动描绘了官吏呼喝百姓的情景,也道出百姓应接无暇、困苦疲乏的心酸。最后,作者点明官吏"养人"应与"养树"一样,也即"顺乎民性",不要以繁政扰民,使之安于其性。

文章在艺术表现上也颇具特色。一方面,笔法生动有趣,如作者以形象的"橐驼"介绍主人公形貌和名字的来由,生动展现了他与众不同的长相以及对嘲讽和名字不甚在乎的平和心态。文中种树道理的叙述也十分朴素直接,这切合老百姓朴实的话语风貌,故而作者笔下的郭橐驼形象生动而真实。另一方面,文章娴熟运用了对比和类比的手法。作者不仅用对比将植树的善与不善剖析清楚,其实郭橐驼的身体畸形与植树能"顺木之天",在内理上也构成了对比;文章又以植树类比养民,使得为官治民之法的论述深入浅出。此外,本文在语言使用上整句与散句巧妙结合,错落有致,让人读之有味。

【思考】

1.从种树和治民两个角度,谈谈应该如何"顺天致性"。

2.作者是如何将"寓言"和"政论"熔为一炉的?

过华清宫绝句(其一)^[1]

杜　牧

　　杜牧(803—约852),字牧之,号樊川居士,汉族,京兆万年(今陕西西安)人。人称之为"小杜",以别于杜甫。与李商隐并称"小李杜"。因晚年居长安南樊川别墅,故后世称"杜樊川"。是宰相杜佑之孙,杜从郁之子,唐文宗大和二年二十六岁中进士,授弘文馆校书郎。因秉性刚直,多被人排挤,后赴江西观察使幕,转淮南节度使幕,又入观察使幕,史馆修撰,膳部、比部、司勋员外郎,黄州、池州、睦州刺史等职,最终官至中书舍人。

　　杜牧的文学创作有多方面的成就,诗、赋、古文都身趁名家。他主张凡为文"以意为主,以气为辅,以辞采章句为之兵卫",对作品内容与形式的关系有比较正确的理解。并能吸收、融入前人的长处,以形成自己特殊的风貌。晚唐诗多柔靡,牧之以峻峭矫之。其七绝尤有逸韵远神,晚唐诸家让渠独步。他的古体诗受杜甫、韩愈的影响,题材广阔,笔力峭健。他的近体诗则以文词清丽、情韵跌宕见长。七律《早雁》用比兴托物的手法,对遭受回纥侵扰而流离失所的北方边塞人民表示怀念,婉曲而有余味。《九日齐山登高》却是以豪放的笔调写自己旷达的胸怀,而又寓有深沉的悲慨。这些诗词采清丽,画面鲜明,风调悠扬,可以看出他才气的俊爽与思致的活泼。晚唐诗歌的总趋向是藻绘绮密,杜牧受时代风气影响,也有注重辞采的一面。这种重辞采的共同倾向和他个人"雄姿英发"的特色相结合,风华流美而又神韵疏朗,气势豪宕而又精致婉约。他还擅长文赋,如《阿房宫赋》为后世传诵。

　　杜牧有抱负,好言兵,以济世之才自诩。工行、草书。《宣和书谱》云:"牧作行、草,气格雄健,与其文章相表里。"董其昌《容台集》称:"余所见颜、柳以后,若温飞卿与(杜)牧之亦名家也",谓其书"大有六朝风韵"。传世墨迹有《张好好诗》。杜牧由于以诗称著,故其书名为诗名所掩盖。此书刻入《秋碧堂法帖》。他还写下了不少军事论文,曾注释《孙子》。

【原文】

　　长安回望绣成堆^[2],山顶千门次第开^[3]。

　　一骑红尘妃子笑^[4],无人知是荔枝来^[5]。

【注释】

　　[1]华清宫:故址在今陕西临潼区东南骊山之上。《元和郡县志》:"华清宫在骊山上,开元十一年初置温泉宫。天宝六年改为华清宫。又造长生殿,名为集灵台,以祀神也。"

　　[2]绣成堆:骊山右侧有东绣岭,左侧有西绣岭。唐玄宗在岭上广种林木花卉,郁郁葱葱,望去宛如锦绣。

　　[3]千门:形容山顶宫殿壮丽,门户众多。次第:依次。

　　[4]红尘:这里指飞扬的尘土。妃子:指杨贵妃。乐史《杨太真外传》:"上曰:赏名花,对妃子,焉用旧乐词!"《新唐书·李贵妃传》:"妃嗜荔枝,必欲生致之,乃置骑传送,走数千里,味未变已至京师。"《唐国史补》:"杨贵妃生于蜀,好食荔枝,南海所生,尤胜蜀者,故每岁飞驰以进。然方暑而熟,经宿则败,后人皆不知。"按:此诗或为写意之作,意在讽刺玄宗宠妃之事,不可一一求诸史实。在唐代,岭南荔枝无法运到长安一带,故自苏轼即言"此时荔枝自涪州致之,非岭南也"(《通鉴唐纪》注)。而荔枝成熟的季节,玄宗和贵妃必不在骊山。玄宗每年冬十月进驻华清宫,次年春即回长安。《程氏考古编》亦辨其谬,近人陈寅恪亦复考证之。

[5]知是:一作"知道"。

【译文】

在长安回头远望骊山宛如一堆堆锦绣,山顶上华清宫千重门依次打开。

一骑驰来烟尘滚滚妃子欢心一笑,无人知道是南方送了荔枝鲜果来。

【导读】

杜牧经过骊山华清宫时有感而发,写下过华清宫绝句三首。华清宫是唐代行宫,唐玄宗常携杨贵妃和官员宠臣来此游玩。唐玄宗执政初期励精图治,史称"开元之治",后期却耽于声色、昏庸不明,致使安史之乱爆发,王朝由盛转衰。杜牧这三首组诗咏史以鉴今,以含蓄的笔法讽刺了唐玄宗的荒淫误国,表达了作者的愤慨之情,也为晚唐统治者敲响了警钟。

此诗是三首组诗中的第一首,诗作以唐玄宗不惜劳民伤财,快马千里送荔枝为博杨贵妃欢心这一典型题材,以微见著,有力地讽刺了统治者的淫逸误国。

诗作前两句以"回望"的视角,描写了骊山花木葱茏、华清宫殿奢华无比的景象。"长安回望绣成堆","绣成堆"既指东绣岭、西绣岭,也比喻骊山、华清宫繁华美丽如锦绣。"山顶千门次第开",以视觉推进的形式描绘了华清宫众多宫门依次打开的景象,同时也使读者不禁思索千门洞开是因何人何事。紧接着,诗人以"一骑红尘妃子笑"进一步引发悬念,为何妃子面对飞奔而来的快马露出会心的笑意?最后,诗作以"无人知是荔枝来"点出"妃子笑"的原委,解开了读者心中的疑惑。"无人知"三字极妙,千门洞开、一骑红尘,让人想到紧急传送军政消息,然而人们没有想到,快马加鞭传送的不过是宠妃爱食的荔枝,两者对比强烈,也不禁让人联想至周幽王烽火戏诸侯只为褒姒一笑的史事,而这种"致远物以悦妇人,穷人之力,绝人之命"的荒淫行为,最终只会带来国家的灭亡。

全诗在结构上以悬念吸引读者,且语言自然、不事雕琢,讽刺含蓄却又一针见血,功力深厚。

【思考】

1.本诗"送荔枝"这一典型事件意在说明什么?达到了怎样的艺术效果?

2.本诗在写作上有何特点?

锦 瑟[1]

李商隐

李商隐(813—858),字义山,号玉溪生、樊南生。祖籍河内(今河南省焦作市)沁阳,出生于郑州荥阳。李商隐出生于一个小官宦之家。少年丧父,他协助母亲千里迢迢带着父亲的灵柩归里。弱小孤男,撑持门面,佣书贩春,备尝艰辛。家境困厄,不费学业,十六岁即以文章知名于文士之间,先得白居易赏识,再得令狐楚知遇,对其培植奖掖。然科场不公,五考方得一第;官场污浊,十年不离青袍。就婚王氏,夫妻恩爱情笃,却给仕途带来厄运,终生处在牛李党争的夹缝之中,两方猜疑,屡遭排斥,大志难伸,致使他"虚负凌云万丈才,一生襟抱未曾开",一生不得志。死后葬于家乡沁阳(今河南焦作市沁阳与博爱县交界之处)。

李商隐擅作七律和五言排律,骈文文学价值也很高,是晚唐最出色的诗人之一,和杜牧合称"小李杜",与温庭筠合称"温李",因诗文与同时期的段成式、温庭筠风格相近,且三人都在家族里排行第十六,故并称"三十六体"。从题材上看,李商隐的政治咏史诗指陈时局,借用历史题材反映对当代社会的意见,语气严厉悲愤,又含有自我期许的意味,很能反映他早期的心态。其抒怀咏物诗大多抒发仕途坎坷、壮志难酬之感,充满忧郁感伤的调子。最富特色、传诵最广的要数他的爱情诗和无题诗,辞藻华丽、缠绵悱恻,优美动人,善于描写和表现细微的感情。总的来说,李诗具有鲜明独特的艺术风格,文辞清丽,意韵深微,构思新奇,风格秾丽。他广纳前人所长,承杜甫七律的沉郁顿挫,融齐梁诗的华丽浓艳,学李贺诗的诡异幻想,形成了他深情、缠绵、绮丽、精巧的风格。李诗还善于用典,借助恰当的历史类比,使隐秘难言的意思得以表达。他在用典上有所独创,喜用各种象征、比兴手法,有时读了整首诗也不清楚目的为何,而典故本身的意义,常常不是李商隐在诗中所要表达的意义。也正是他好用典故的习惯,形成了他作诗的独特风格。但因用典相对较多,过于隐晦迷离,难于索解,至有"诗家总爱西昆好,独恨无人作郑笺"之说。

【原文】

锦瑟无端五十弦[2],一弦一柱思华年[3]。

庄生晓梦迷蝴蝶[4],望帝春心托杜鹃[5]。

沧海月明珠有泪[6],蓝田日暖玉生烟[7]。

此情可待成追忆,只是当时已惘然[8]。

【注释】

[1]此诗当作于唐宣宗大中十二年(858年)。其题旨众说纷纭,或为咏物,或为爱情,或为悼亡,或为晚年回顾平生遭际,自伤身世之作。锦瑟:装饰华美的瑟。瑟:拨弦乐器,通常二十五弦。

[2]此句意谓《周礼·乐器图》:"雅瑟二十三弦,颂瑟二十五弦,饰以宝玉者曰宝瑟,绘文如锦者曰锦瑟。"《汉书·郊祀志上》:"秦帝使素女鼓五十弦瑟,悲,帝禁不止,故破其瑟为二十五弦。"古瑟大小不等,弦数亦不同。义山《回中牡丹为雨所败》诗有"锦瑟惊弦破梦频";《七月二十八日夜与王郑二秀才听雨后梦作》诗有"雨打湘灵五十弦"。无端:没来由地,无缘无故。此为怨怪之词。此隐隐有悲伤之感,乃全诗之情感基调。历代解义山诗者,多以此诗为晚年之作。李商隐妻子故去,所以二十五根弦断后变为五十弦。

思:依声律应变读去声 sì,且律诗中不许有三平调。五十弦:这里是托古之词。作者的原意,当也是说锦瑟本应是二十五弦。

[3]华年:青春年华。

[4]庄生:即庄周。《庄子·齐物论》:"昔者庄周梦为蝴蝶,栩栩然蝴蝶也;自喻适志与!不知周也。俄然觉,则蘧蘧然周也。不知周之梦为蝴蝶与?蝴蝶之梦为周与?"此处引庄周梦蝶故事,以言人生如梦,往事如烟之意。佳人锦瑟,一曲繁弦,惊醒了诗人的梦境,不复成寐。这里面隐约包含着美好的情境,却又是虚缈的梦境。也有着人生如梦的惆怅和迷惘。

[5]望帝:《华阳国志·蜀志》:"杜宇称帝,号曰望帝。……其相开明,决玉垒山以除水害,帝遂委以政事,法尧舜禅授之义,遂禅位于开明。帝升西山隐焉。时适二月,子鹃鸟鸣,故蜀人悲子鹃鸟鸣也。"子鹃即杜鹃,又名子规。蔡梦弼《杜工部草堂诗笺》一九《杜鹃》诗注引《成都记》:"望帝死,其魂化为鸟,名曰杜鹃,亦曰子规。"传说蜀国的杜宇帝因水灾让位于自己的臣子,而自己则隐归山林,死后化为杜鹃日夜悲鸣直至啼出血来。

[6]此句意谓《大戴礼记》:"蚌、蛤、龟珠,与月盛虚。"古人认为海中蚌珠的圆缺和月的盈亏相应,故将"月明"和"珠"联系起来。《博物志·异人》:"南海外有鲛人,水居如鱼,不废织绩,其眼泣则能出珠。"《新唐书·狄仁杰传》:"仁杰举明经,调汴州参军,为吏诬诉黜陟,使闫立本如讯,异其才,谢曰:'仲尼称观过知仁,君可谓沧海遗珠矣。'"

[7]蓝田:山名,又名玉山,是著名的产玉地。《元和郡县志》:"关内道京兆府蓝田县:蓝田山,一名玉

山,在县东二十八里。"《文选》陆机《文赋》:"石韫玉而山辉,水怀珠而川媚。"《困学纪闻》卷十八司空表圣云:"戴容州谓诗家之景,如蓝田日暖,良玉生烟,可望而不可置于眉睫之前也。李义山玉生烟之句盖本于此。"

[8]"此情"二句:挽束全篇,明白提出"此情"二字,与开端的"华年"相为呼应。二句意谓:如此情怀,岂待今朝回忆始感无穷怅恨,即在当时早已是令人不胜惘然惆怅了,那么今朝追忆,其为怅恨,又当如何!诗人用这两句诗表达出了几层曲折,而几层曲折又只是为了说明那种怅惘的苦痛心情。可待:岂待。

【译文】

锦瑟呀,你为何竟有五十条弦?每弦每节,都令人怀思黄金华年。

我心如庄子,为蝴蝶晓梦而迷惘;又如望帝化杜鹃,寄托春心哀怨。

沧海明月高照,鲛人泣泪皆成珠。蓝田红日和暖,可看到良玉生烟。

悲欢离合之情,岂待今日来追忆,只是当年却漫不经心,早已惘然。

【导读】

李商隐此诗取起句前两字为题,实为"无题"。此诗主旨隐晦深曲,以致有"一篇锦瑟解人难"之叹。旧说有认为是写给令狐楚家名为"锦瑟"的侍女的爱情诗;有以适、怨、清、和解颔联和颈联,将之作为描写音乐之作;也有人认为是感国祚兴衰的政治诗;更多人认为此诗是悼念亡妻或者自伤平生之作。虽然主旨未有确解,但人们可以确感,全篇的情感线索还是可以把握的。

首联以"锦瑟"起兴,奠定了全诗的基调。诗人听到锦瑟繁弦、曲声哀怨,正是"弦弦掩抑声声思",不禁令人回忆起逝去的岁月。中间四句紧承上文"思年华",流露出迷惘、悲怨、寂寥、无奈等丰富的情感意蕴。"庄生晓梦迷蝴蝶",以庄周化蝶叹浮生若梦,往事美好却又迷离,一个"迷"字既形容庄周在蝴蝶梦中的迷蒙、沉迷之态,也含有梦醒之后虚幻迷惘的怅然意绪。"望帝春心托杜鹃","春心"代表着对爱情、理想等美好事物的追求,可望帝托"春心"却终不能得,化为杜鹃、悲啼不止,使"春心"带有了哀恨之感。"沧海月明珠有泪",用沧海鲛人泣泪成珠之典为诗篇增加了些许寂寥与清怨,苍茫大海、辽阔邈远,明月映照、清冷寂静,在这样清阔寂寥的背景下,鲛人流下颗颗晶莹的珠泪,透露出无言的落寞与感伤。"蓝田日暖玉生烟",蓝田之地,红日生暖、良玉升烟本是美好温润的景象,却又缥缈虚无,可望而不可即,这里蕴含着深深的无奈。尾联回应"思年华",收束全篇。无奈"此情"已成过往,思之不胜惘然,使全诗笼罩在一层渺茫、虚惘的意蕴之下。此诗情感浓郁真挚,蕴藉深沉,层次丰富,不禁令人唏嘘慨叹。

《锦瑟》在艺术呈现方面也十分出色。在表达方式上,诗篇多以比兴、象征、用典的手法。首句以"锦瑟"起兴,用瑟声引发情思,妥帖高妙;中间四句接连化用典故,将自己的意绪寄寓其中而不着痕迹,使得情感表达幽曲深挚,意境朦胧迷离,文辞优美婉丽。此外,"锦瑟繁弦"与"望帝啼鹃"属于听觉,"沧海鲛泪"和"良玉生烟"是视觉,"庄生梦蝶"依靠心灵想象,在体味李商隐"此情"所感之时,读者的各类感觉都被调动起来,也因此读者能够透过朦胧的意境走进诗人的内心深处,与其交流、共感。

【思考】

1.关于该诗主旨众说纷纭,你是如何看待的?

2.总结李商隐诗歌的艺术特点。

踏莎行

欧阳修

欧阳修(1007—1072),字永叔,号醉翁,晚号"六一居士"。汉族,吉州永丰(今江西省永丰县)人,因吉州原属庐陵郡,以"庐陵欧阳修"自居。谥号文忠,世称欧阳文忠公。北宋政治家、文学家、史学家,与韩愈、柳宗元、王安石、苏洵、苏轼、苏辙、曾巩合称"唐宋八大家"。后人又将其与韩愈、柳宗元和苏轼合称"千古文章四大家"。

欧阳修曾与宋祁合修《新唐书》,并独撰《新五代史》。且又喜收集金石文字,编为《集古录》。有《欧阳文忠公文集》《欧阳文忠公近体乐府》(词集名)三卷,南宋罗泌编次,收入《欧阳文忠公文集》,又有影宋刻单行本。明毛晋《宋六十名家词》本改题《六一词》,仅一卷,据前本而有所删节。另有影宋本《醉翁琴趣外编》六卷,多有《近体乐府》未收之词。公集三代以来金石刻为一千卷。代表作有《醉翁亭记》。

欧阳修一生著述繁富,成绩斐然。除文学外,经学研究《诗》《易》《春秋》,不拘守前人之说,有独到见解;金石学为开辟之功,编辑和整理了周代至隋唐的金石器物、铭文碑刻上千,并撰写成《集古录跋尾》十卷四百多篇,简称《集古录》,是今存最早的金石学著作;史学成就尤伟,除了参加修订《新唐书》二百五十卷外,又自撰《五代史记》(《新五代史》),总结五代的历史经验,意在引为鉴戒。

【原文】

候馆[1]梅残,溪桥柳细,草熏风暖摇征辔[2]。离愁渐远渐无穷,迢迢[3]不断如春水。

寸寸柔肠[4],盈盈粉泪[5],楼高莫近危阑[6]倚。平芜[7]尽处是春山,行人更在春山外。

【注释】

[1]候馆:迎候宾客的馆舍。

[2]草熏:小草散发出的清香。征:远行。辔:缰绳,这里指坐骑。

[3]迢迢:形容路遥远而绵长。

[4]寸寸柔肠:柔肠寸断,形容愁苦到极点。

[5]盈盈:泪水充盈眼眶之状。粉泪:泪水流到脸上,与粉妆和在一起。

[6]危阑:高楼上的栏杆。

[7]平芜:平坦地向前延伸的草地。芜,草地。

【译文】

客舍前的梅花已经凋残,溪桥旁新生细柳轻垂,春风踏芳草远行人跃马扬鞭。走得越远离愁越没有穷尽,像那迢迢不断的春江之水。寸寸柔肠痛断,行行盈淌粉泪,不要登高楼望远把栏杆凭倚。平坦的草地尽头就是重重春山,行人还在那重重春山之外。

【导读】

这是一首抒写离情别愁的词作。它以对句开头。候馆、溪桥,点明征途;梅残、柳细,点明时节,是一番初春的景色。就在这明媚的春色之中,出现了远行的旅人。他坐在马上,拉着缰绳,有点行色匆匆的样子。迎面吹来的风是暖和的,地面初长的嫩草散发出的芬芳令人清爽。这第三句,承上启下,由春景过渡到离愁。"离愁渐远渐无穷,迢迢不断如春水。"可是这明媚的春景并没有给旅人增添一点快乐,相反,他离家越来越远,就越来越感到那一片离愁的沉重,他似乎在逐渐地扩散开来,变成了一片无穷无尽、看不到头尾的绵绵不断的春水。抽象的感情，在词人的笔下，变成了具体的形象，使人容易感受，容易亲切。"离愁渐远渐无穷"这七字，构思巧妙，着意在"远"与"无穷"的关系上。离愁可以说轻重，而这里却说它无穷，而且是越远越无穷。这就把旅人在路上走着的感觉，形象而又生动地表现了出来。

上片行文，一扬一抑。先是将春色饱满地描写一番，让人觉得春光实在明媚可爱，然后笔锋一转，折入旅人的怀乡之情，把离情浓愁加以夸张，加以渲染，形成强烈的激射。

下片写行者自己感到离愁之无穷无尽，于是推想到楼上的思妇了。她一定也有同样的感觉。她必然会痛心流泪，伤心时，只能登上小楼，眺望远方。可是，能望到的只不过是一望无际的草原，那尽头，又有春山挡住了视线，而她牵肠挂肚的人儿，又在春山之外，如何能看得见呢？词人由自己的离愁，推想到了家里的她的"寸寸柔肠""盈盈粉泪"的离愁，又由离愁而想到了她临高倚栏远眺，想到了她登高远望而又不见的愁更愁，行文上层层深入，有如剥蕉。

【思考】

1.该词运用了哪几种艺术表现手法？
2.本文是不是送别词？试举例分析说明。

鹤冲天[1]

柳 永

柳永(987—1053)，北宋著名词人，婉约派创始人。汉族，崇安(今福建武夷山)人，原名三变，字景庄，后改名永，字耆卿，排行第七，又称柳七。官至屯田员外郎，故世称柳屯田。他自称"奉旨填词柳三变"，以毕生精力作词，并以"白衣卿相"自诩。其词多描绘城市风光和歌妓生活，尤长于抒写羁旅行役之情，创作慢词独多。铺叙刻画，情景交融，语言通俗，音律谐婉，在当时流传极其广泛，人称"凡有井水饮处，皆能歌柳词"，婉约派最具代表性的人物之一，对宋词的发展有重大影响，代表作有《雨霖铃》《八声甘州》。这首词是柳永早期的作品，是他初次参与进士科考落第之后，抒发牢骚感慨之作，它表现了作者的思想性格，也关系到作者的生活道路，是一篇重要的作品。南宋人吴曾的《能改斋漫录》卷十六里有一则记载，与这首词的关系最为直接，略云:(宋)仁宗留意儒雅，而柳永好为淫冶讴歌之曲，传播四方，尝有《鹤冲天》词云:"忍把浮名，换了浅斟低唱。"及皇帝临轩放榜，特落之，曰:"且去浅斟低唱，何要浮名!"其写作背景大致是:初考进士落第，填《鹤冲天》词以抒不平，为仁宗闻知;后再次应试，本已中式，于临发榜时，仁宗故意将其黜落，并说了那番话，于是柳永便自称"奉旨填词柳三变"而长期地流连于坊曲之间，在花柳丛中寻找生活的方向、精神的寄托。

【原文】

黄金榜上[2]，偶失龙头[3]望。明代[4]暂遗贤[5]，如何向[6]？未遂风云[7]便，争不恣[8]游狂荡。何须论得丧[9]。才子词人，自是白衣卿相[10]。

烟花[11]巷陌，依约丹青屏障[12]。幸有意中人，堪[13]寻访。且恁[14]偎红倚翠[15]，风流事，平生[16]畅。青春都一饷[17]。忍把浮名，换了浅斟低唱!

【注释】

[1]鹤冲天:词牌名。柳永大作，调见柳永《乐章集》。双调八十四字，仄韵格。另有词牌《喜迁莺》

《风光好》的别名也叫鹤冲天,"黄金榜上"词注"正官"。

[2]黄金榜:指录取进士的金字题名榜。

[3]龙头:旧时称状元为龙头。

[4]明代:圣明的时代。一作"千古"。遗贤:抛弃了贤能之士,指自己为仕途所弃。

[5]遗贤:抛弃了贤能之士,指自己为仕途所弃。

[6]如何向:向何处。

[7]风云:际会风云,指得到好的遭遇。

[8]争不:怎不。恣:放纵,随心所欲。

[9]得丧:得失。

[10]白衣卿相:指自己才华出众,虽不入仕途,也有卿相一般尊贵。白衣:平民之服,此处指身无功名。

[11]烟花:指妓女。

[12]丹青屏障:彩绘的屏风。丹青:绘画的颜料,这里借指画。

[13]堪:能,可以。

[14]恁:如此。

[15]偎红倚翠:指狎妓。宋陶谷《清异录·释族》载,南唐后主李煜微行娼家,自题为"浅斟低唱,偎红倚翠大师,鸳鸯寺主。"

[16]平生:一生。

[17]饷:片刻,极言青年时期的短暂。

【译文】

在金字题名的榜上,我只不过是偶然失去取得状元的机会。即使在政治清明的时代,君王也会一时错失贤能之才,我今后该怎么办呢?既然没有得到好的机遇,为什么不随心所欲地游乐呢!何必为功名患得患失?做一个风流才子为歌姬谱写辞章,即使身无功名,也不亚于公卿将相。

在歌姬居住的街巷里,有摆放着丹青画屏的绣房。幸运的是那里住着我的意中人,值得我细细地追求寻访。与她们依偎,享受这风流的生活,才是我平生最大的欢乐。青春不过是片刻时间,我宁愿把功名,换成手中浅浅的一杯酒和耳畔低回婉转的歌唱。

【导读】

这是一首直抒胸臆的名篇。它与一般即景言情,融情入景的词作有所不同,但它仍能深深打动读者,是因为它抒发了作者强烈而又真实的思想感情,表现出一种傲视公卿、轻蔑名利的思想。

在整个封建社会,哪怕是所谓"圣明"的历史时期,科举考试也不可能没有营私舞弊、遗落贤才的通病。"明代暂遗贤""未遂风云便"等句,蕴含着作者的无限辛酸和对统治集团的讥讽揶揄,它道出了封建社会中许多失意知识分子的内心感受,获得了广泛的共鸣。这首词的社会意义也正表现在这里。正因为这首词刺痛了统治阶级,所以作者终生失意,备受压抑排摈。

"黄金榜上,偶失龙头望。"开头便说出了落第的事实。"失龙头望"而冠以一个"偶"字,"偶"字意指出乎意料,表明作者对自己的才能并没有失去信心;和下句的"暂"字遥相呼应,说明这次落第只不过是偶然的、暂时的,非战之罪,实受种种客观原因制约而已。然而落第毕竟又是眼前的现实,今后一段时间如何安排自己的生活,是不得不考虑的。接下去的两句,就提出了这个问题。"明代暂遗贤",说得何等委婉!表面上,既没有唐突了时代(其代表人物就是当代的"圣君贤相"),也没有贬抑了自己;但骨子里其实包含着讽刺,蕴藏着愿望的。既然是政治清明的时代,就应该"野无遗贤"才对呀!这句话的重点,是把自己说成一个有才能的"贤"者,被有眼无珠的当道者所"遗弃"了。"如何向?"既然他们不要我,我应该怎么办？问题提得相当尖锐。

"未遂风云便，争不恣游狂荡"二句，用斩钉截铁、明白无误的语言，说出了今后生活的行动指向：恣意狂荡。"恣"字已有放纵的意思；"争"字领头造成的反问语气，双重否定构成肯定意思的行文法，都加重了"恣游狂荡"一语的力量，给人的印象是深刻的。"何须论得丧"三句，进一步申述走这一条恣意狂荡之路的得失，这是顺理成章的事。因为这是一条违反应举出仕的封建规范的道路，一般读书人都不愿意走的道路。但是作者却认为：走这条路，做个"才子词人"，与仕宦而至公卿宰相，是没有什么两样的，谈不上什么损失。"才子词人，自是白衣卿相。"这两句话充满了自豪，十分警策。就作者的本意而言，是以为"教坊乐工"写作歌词来对抗朝廷草诰制策，即以为市民阶层服务来代替为统治集团服务；客观上提高了词人的地位。

上片到此结束，在表意上已自成段落，相当完整。然而长调讲究铺叙，讲究舒展，柳永的这首词，是适应长调的要求而构思、下语的，因此句子不大讲究含蓄，余蕴不多。上片形象的描写尤其不够，偏于平实的叙述和抽象的议论，如果没有更多一些景语和情语，是会显得干瘪的。而"恣游狂荡"生活的具体内容，"才子词人"的真正含义，还有待于进一步展开，才能成为"意""象"兼胜的作品——这也正是词人下笔时有意的布局，为下片的描写留下余地的。故过片以后，即展开了"依红偎翠"生活的具体描写。

"烟花巷陌"四句，勾画出绮丽的环境和可意的佳人：一条歌妓聚居的深巷里，摆列着丹青画屏的绣房中，住着那些值得词人时时来寻访的"意中人"。在这里，"意中人"没有明标数目，也没有描写外貌，但是不难推知，它一定是复数的，一定是美丽的。这有词人其他作品为证。柳永词中出现过的歌妓，有名字的就有心娘、佳娘、虫娘、酥娘、秀香、英英、瑶卿等；那些没有标名的，更是不计其数。文艺创作有时不得不把丰富的生活内容压缩在短小的篇幅里，读者就需要展开想象的翅膀，才能充分领略其中所包含的意象；而要做到这一点，又必须了解作者的生平行事。理解柳永的这首词，也是这样。

"且恁偎红倚翠"三句，紧承上文，意谓对着这些聪明美丽的烟花伴侣，应该尽情地享受美满风流的生活，以求达到平生的快意。这种境界，其他词作中也多有："暗想当初，有多少幽欢佳会"（《曲玉管》）；"未名未禄，绮陌红楼，往往经岁迁延"（《戚氏》），"追思往昔年少，继日恁，把酒听歌，量金买笑"（《古倾杯》），他是沉浸在"偎红倚翠"的生活了。

一结三句，又把词的思想推向更高一层。作者直接拈出"浮名"来和"浅斟低唱"对比，认为青春易逝，与其去博取功名，还不如酒边花下，浅斟低唱。这固然有沉湎于寻欢作乐的一面，然而联系柳永为举子时专为乐工新腔作辞（见叶梦得《避暑录话》）、他自己亦善创调（《乐章集》中颇多自创新声）二事，联系上片结句"才子词人"两句，则"浅斟低唱"一语，实不徒为单方面的把酒听歌，还包括为歌妓们谱写新曲新词，换言之，即进行新兴词曲的创作活动。他有一首《玉蝴蝶》词写道："迁延，珊瑚筵上，亲持犀管，旋叠香笺。要索新词，嗓人含笑立尊前。"就是绝好的印证。他不愿意把这种生活和"浮名"对换，这就不能不是"狂怪"的论调。因为在封建社会里，蔑视功名，就等于不愿为君所用，这是有悖于"忠君"之道的，无怪乎仁宗读后要不高兴，把他黜落了。当然，话又说回来，既然柳永愿把"浮名""换了浅斟低唱"，为什么他又一再去参加科举考试呢？这就是柳永思想的矛盾。封建时代的知识分子，走和下层人民结合的道路，一般都是被迫的，并非出于自愿，应举求仕的观念，在他们的头脑中藕断丝连，一旦时机到来，就会重作冯妇，再返故垒，所谓"身在曹营心在汉"者，比比皆是。这牵涉到思想意识根本改变的条件问题，在此不暇细述。总之，时代的局限，阶级的局限，柳永也不能跨越这一历史的制约。词作至此，已极道"恣游狂荡"的内容，意象的容量得到了极大丰富。

【思考】

1.本文抒发了作者怎样的情感？试结合原文进行分析。

2.本文用了哪几种修辞手法？

鹊桥仙

秦 观

　　秦观(1049—1100)，字少游，一字太虚，号淮海居士，别号邗沟居士，"苏门四学士"之一。汉族，扬州高邮(今属江苏)人。北宋文学家，北宋词人。熙宁十一年(1078年)作《黄楼赋》，苏轼赞他"有屈、宋之才"。元丰七年(1084年)秦观自编诗文集十卷后，苏轼为之作书向王安石推荐，王安石称他"有鲍、谢清新之致"。因秦观屡得名师指点，又常与同道切磋，兼之天赋才情，所以他的文学成就就灿然可观。后于元丰八年(1085年)考中进士，初为定海主簿、蔡州教授，元祐二年(1087年)苏轼引荐为太学博士，后迁秘书省正字，兼国史院编修官。哲宗于绍圣元年亲政后(1094年)"新党"执政，"旧党"多人遭罢黜。秦观出杭州通判，道贬处州，任监酒税之职，后徙郴州，编管横州，又徙雷州。徽宗即位后秦观被任命为宣德郎，之后在放还北归途中卒于滕州。其散文长于议论，《宋史》评其散文"文丽而思深"。其诗长于抒情，敖陶孙《诗评》说："秦少游如时女游春，终伤婉弱。"他是北宋后期著名婉约派词人，其词大多描写男女情爱和抒发仕途失意的哀怨，文字工巧精细，音律谐美，情韵兼胜，历来词誉甚高。然而其词缘情婉转，语多凄黯故其作品终究气格纤弱。代表作为《鹊桥仙·纤云弄巧》《望海潮·梅英疏淡》《满庭芳·山抹微云》等。

　　《鹊桥仙》原是为咏牛郎、织女的爱情故事而创作的乐曲。本词的内容也正是咏此神话。借牛郎织女的故事，以超人间的方式表现人间的悲欢离合，古已有之，如《古诗十九首》中的"迢迢牵牛星"，曹丕的《燕歌行》，李商隐的《辛未七夕》等。宋代的欧阳修、柳永、苏轼、张先等人也曾吟咏这一题材，虽然遣词造句各异，却都因袭了"欢娱苦短"的传统主题，格调哀婉、凄楚。相形之下，秦观此词堪称独出机杼，立意高远。

【原文】

　　纤云[1]弄巧，飞星[2]传恨，银汉[3]迢迢暗度。金风玉露[4]一相逢，便胜却人间无数。

　　柔情似水，佳期如梦，忍顾[5]鹊桥归路。两情若是久长时，又岂在朝朝暮暮[6]。

【注释】

　　[1]纤云:轻盈的云彩。弄巧:指云彩在空中幻化成各种巧妙的花样。

　　[2]飞星:流星。一说指牵牛、织女二星。

　　[3]银汉:银河。迢迢:遥远的样子。暗度:悄悄渡过。

　　[4]金风玉露:指秋风白露。李商隐《辛未七夕》:"由来碧落银河畔，可要金风玉露时"。

　　[5]忍顾:怎忍回视。

　　[6]朝朝暮暮:指朝夕相聚。语出宋玉《高唐赋》。

【译文】

　　彩云显露着自己的乖巧，流星传递着牛女的愁恨，纵然那迢迢银河宽又阔,鹊桥上牛郎织女喜相逢。
团圆在金风习习霜降日,胜过了人间多少凡俗情。
莫说这含情脉脉似流水,莫遗憾美好时光恍如梦,
莫感慨牛郎织女七夕会,莫悲伤人生长恨水长东。
只要是真情久长心相印,又何必朝夕相聚度此生。

【导读】

这是一首咏七夕的节序词,起句展示七夕独有的抒情氛围,"巧"与"恨",则将七夕人间"乞巧"的主题及"牛郎、织女"故事的悲剧性特征点明,练达而凄美。借牛郎织女悲欢离合的故事,歌颂坚贞诚挚的爱情。结句"两情若是久长时,又岂在朝朝暮暮"最有境界,这两句既指牛郎、织女的爱情模式的特点,又表述了作者的爱情观,是高度凝练的名言佳句。这首词因而也就具有了跨时代、跨国度的审美价值和艺术品位。

此词熔写景、抒情与议论于一炉,叙写牵牛、织女二星相爱的神话故事,赋予这对仙侣浓郁的人情味,讴歌了真挚、细腻、纯洁、坚贞的爱情。词中明写天上双星,暗写人间情侣;其抒情,以乐景写哀,以哀景写乐,倍增其哀乐,读来荡气回肠,感人肺腑。

词一开始即写"纤云弄巧",轻柔多姿的云彩,变化出许多优美巧妙的图案,显示了织女的手艺何其精巧绝伦。可是,这样美好的人儿,却不能与自己心爱的人共同过美好的生活。"飞星传恨",那些闪亮的星星仿佛都传递着他们的离愁别恨,正飞驰长空。

"盈盈一水间",近ът尺,似乎连对方的神情语态都宛然在目。这里,秦观却写道:"银汉迢迢暗度",以"迢迢"二字形容银河的辽阔,牛郎、织女相距之遥远。这样一改,感情深沉了,突出了相思之苦。迢迢银河水,把两个相爱的人隔开,相见多么不容易!"暗渡"二字既点"七夕"题意,同时紧扣一个"恨"字,他们踽踽宵行,千里迢迢来相会。

接下来词人宕开笔墨,以富有感情色彩的议论赞叹道:"金风玉露一相逢,便胜却人间无数!"一对久别的情侣金风玉露之夜,碧落银河之畔相会了,这美好的一刻,就抵得上人间千遍万遍的相会。词人热情歌颂了一种理想的圣洁而永恒的爱情。"金风玉露"引用自李商隐的《辛未七夕》诗:"恐是仙家好别离,故教迢递作佳期。由来碧落银河畔,可要金风玉露时。"用以描写七夕相会的时节风光,同时还另有深意,词人把这次珍贵的相会,映衬于金风玉露、冰清玉洁的背景之下,显示出这种爱情的高尚纯洁和超凡脱俗。

"柔情似水",那两情相会的情意啊,就像悠悠无声的流水,是那样的温柔缠绵。"柔情似水"的"似水"照应"银汉迢迢",即景设喻,十分自然。一夕佳期竟然像梦幻一般倏然而逝,才相见又分离,怎不令人心碎!"佳期如梦"除言相会时间之短,还写出爱侣相会时的复杂心情。"忍顾鹊桥归路"转写分离,刚刚借以相会的鹊桥,转瞬间又成了和爱人分别的归路。不说不忍离去,却说怎忍看鹊桥归路,婉转语意中,含有无限惜别之情,含有无限辛酸泪。回顾佳期幽会,疑真疑假,似梦似幻,及至鹊桥言别,恋恋之情,已至于极。词笔至此忽又空际转身,爆发出高亢的音响:"两情若是久长时,又岂在朝朝暮暮!"秦观这两句词揭示了爱情的真谛:爱情要经得起长久分离的考验,只要能彼此真诚相爱,即使终年天各一方,也比朝夕相伴的庸俗情趣可贵得多。这两句感情色彩很浓的议论,与上片的议论遥相呼应,这样上、下片同样结构,叙事和议论相间,从而形成全篇连绵起伏的情致。这种正确的恋爱观,这种高尚的精神境界,远远超过了古代同类作品,是十分难能可贵的。

这首词的议论,自由流畅,通俗易懂,却又显得婉约蕴藉,余味无穷。作者将画龙点睛的议论与散文句法与优美的形象、深沉的情感结合起来,起伏跌宕地讴歌了人间美好的爱情,取得了极好的艺术效果。

此词的结尾两句,是爱情颂歌当中的千古绝唱。

【思考】

1.分析这首词的修辞特点。

2.分析这首词的思想主题。

凌虚台记

苏 轼

苏轼(1037—1101),字子瞻,又字和仲,号东坡居士,眉州眉山(今四川眉山市)人。北宋文豪,"三苏"家族成员之一,"唐宋八大家"之一。

苏轼仕途坎坷。嘉祐元年(1056 年),虚岁二十一的苏轼首次出川赴京,参加朝廷的科举考试。翌年,他参加了礼部的考试,以一篇《刑赏忠厚之至论》获得主考官欧阳修的赏识,却因欧阳修误认为是自己的弟子曾巩所作,为了避嫌,使他只得第二。嘉祐六年(1061 年),苏轼应中制科考试,即通常所谓的"三年京察",入第三等(第一、二等虚设,故第三等为最高等),为"百年第一",授大理评事、签书凤翔府判官。元丰二年(1079 年),苏轼到任湖州还不到三个月,就以"文字毁谤君相"的罪名入狱,史称"乌台诗案"。幸亏北宋时期在太祖赵匡胤年间既定下不杀士大夫的国策,苏轼才算躲过一劫。元丰七年(1084 年),苏轼离开黄州,奉诏赴汝州就任。由于汝州路途遥远,且路费已尽,再加上丧子之痛,苏轼便上书朝廷,请求暂时不去汝州,先到常州居住,后被批准。当他准备要南返常州时,神宗驾崩。哲宗即位,高太后以哲宗年幼为名,临朝听政,苏轼复为朝奉郎知登州(蓬莱)。四个月后,以礼部郎中被召还朝。在朝半月,升起居舍人,三个月后,升中书舍人,不久又升翰林学士知制诰(为皇帝起草诏书的秘书,三品),知礼部贡举。

文学方面,苏轼的诗、词、赋、散文成就都极高,且善书法和绘画,是中国文学艺术史上罕见的全才,也是中国数千年历史上被公认文学艺术造诣最杰出的大家之一。其散文与欧阳修并称欧苏;诗与黄庭坚并称苏黄,又与陆游并称苏陆;词与辛弃疾并称苏辛;其画则开创了湖州画派。

《凌虚台记》是苏轼创作的一篇散文。嘉祐六年(1061 年),苏轼出仕,任风翔签判。嘉祐八年(1063 年),凤翔太守陈希亮在后圃筑台,名为"凌虚",求记苏轼,于是苏轼便作此篇。这篇文章在记叙土台修建的经过,联系到古往今来的废兴成毁的历史,感叹人事万物的变化无常,指出不能稍有所得就"夸世而自足",而应该去探求真正可以永久依靠的东西。反映了苏轼思想中对生活积极乐观和对理想执着追求的一面。

【原文】

国[1]于南山[2]之下,宜若起居饮食与山接也。四方之山,莫高于[3]终南;而[4]都邑之丽[5]山者,莫近于扶风[6]。以至近求最高,其势必得。而太守[7]之居,未尝知有山焉。虽非事之所以[8]损益,而物理有不当然者。此凌虚之所为筑[9]也。

方其未筑也,太守陈公[10]杖屦[11]逍遥于其下。见山之出于林木之上者,累累[12]如人之旅行[13]于墙外而见其髻也。曰:"是必有异。"使工凿其前为方池,以其土筑台,高出于屋之檐而止。然后人之至于其上者,恍然[14]不知台之高,而以为山之踊跃奋迅而出也。公曰:"是宜名凌虚。"以告其从事[15]苏轼,而求文以为记。

轼复于公曰:"物之废兴成毁,不可得而知[16]也。昔者[17]荒草野田,霜露之所蒙翳[18]，狐虺[19]之所窜伏[20]。方是时，岂知有凌虚台耶？废兴成毁，相寻[21]于无穷，则台之复为荒草野田，皆不可知也。尝试与公登台而望，其东则秦穆[22]之祈年、橐泉也，其南则汉武之长杨，五柞，而其北则隋之仁寿，唐之九成也。计其一时之盛，宏杰诡丽，坚固而不可动者，岂特[23]百倍于台而已哉？然而数世之后，欲求其仿佛，而破瓦颓垣，无复存者，既已化为禾黍荆棘丘墟陇亩矣，而况于此台欤！夫台犹不足恃以长久，而况于人事之得丧，忽往而忽来者欤！而或者欲以夸世而[24]自足，则过矣。盖世有足恃者，而不在乎台之存亡也。"既[25]以言于公，退而为之记。

【注释】

[1]国：指都市，城邑。这里用作动词，建城。起居：起来和休息。

[2]南山：终南山的简称。主峰在今陕西西安市南。

[3]于：比。

[4]而：连接两个句子，表示并列关系。

[5]丽：附着，靠近。

[6]扶风：宋称凤翔府，治所在今陕西凤翔县。这里沿用旧称。

[7]太守：官名。宋称知州或知府，这里沿用旧称。

[8]所以："……"的原因。

[9]所为筑：所以要建筑的原因。所为：同"所以"。

[10]陈公：当时的知府陈希亮，字公弼，青神（今四川青神县）人。宋仁宗（赵祯）天圣年间进士。公：对人的尊称。

[11]杖履：指老人出游。

[12]累累：多而重叠貌，连贯成串的样子。

[13]旅行：成群结队地行走。

[14]恍然：仿佛，好像。

[15]从事：宋以前的官名，这里指属员。作者当时在凤翔府任签书判官，是陈希亮的下属。

[16]知：事先知道，预知。

[17]昔者：以往，过去。者：起凑足一个音节的作用。

[18]蒙翳：掩蔽，遮盖。

[19]虺：毒虫，毒蛇。

[20]窜伏：潜藏，伏匿。

[21]相寻：相互循环。寻：通"循"。

[22]秦穆：即秦穆公，春秋时秦国的君主，曾称霸西戎。祈年、橐泉：据《汉书·地理志·雍》颜师古注，祈年官是秦惠公所建，橐泉官是秦孝公所建，与本文不同。传说秦穆公墓在橐泉宫下。汉武：即汉武帝刘彻。长杨、五柞：长杨宫，旧址在今陕西周至县东南。本秦旧宫，汉时修葺。宫中有垂杨数亩，故名。五柞宫：旧址也在周至县东南，汉朝的离宫，有五柞树，故名。仁寿：宫名，隋文帝（杨坚）开皇十三年建。故址在今陕西麟游县境内。九成：宫名，本隋仁寿宫。唐太宗（李世民）贞观五年重修，为避暑之所，因山有九重，改名九成。

[23]特：只，仅。

[24]夸世：即"夸于世"，省去介词"于"，在。而：表示顺承关系。

[25]既：已经，译成现代汉语时也可以用"……以后"或"了"来表示。

【译文】

居住在南山脚下，自然饮食起居都与山接近。四面的山，没有比终南山更高的；而城市当中靠近山的，没有比扶风城更近的了。在离山最近的地方要看到最高的山（即终南山），应该是必然能做到的事。但太守的住处，（开始）还不知道（附近）有山，虽然这对事情的好坏没有什么影响，但是按事物的常理却不该这样的，这就是凌虚台修筑的原因（用以观山）。

就在它还没有修建之前，陈太守拄着拐杖穿着布鞋在山下闲游。见到山峰高出树林之上，（山峰）重重叠叠的样子正如有人在墙外行走而看见的那人发髻的形状一样。（陈太守）说："这必然有不同之处。"（于是）派工匠在山前开凿出一个方池，用挖出的土建造一个高台，修到高出屋檐才停。这之后有人到了台上的，都恍恍惚惚不知道台的高度，而以为是山突然活动起伏冒出来的。陈公说：这（台）叫凌虚台很合适。把这件事告诉他的下属苏轼，让他写篇文章来记叙（这件事）。

苏轼回复陈公说："事物的兴盛和衰败，是无法预料的。（这里）从前是长满荒草的野地，被霜露覆盖的地方，狐狸和毒蛇出没的所在。在那时，哪里知道（今天这里）会有凌虚台呢？兴盛和衰败交替无穷无尽，那么高台（会不会）又变成长满荒草的野地，都是不能预料的。我曾试着和陈公一起登台而望，（看到）其东面就是当年秦穆公的祈年、橐泉两座宫殿（遗址），其南面就是汉武帝的长杨、五柞两座宫殿（遗址），其北面就是隋朝的仁寿宫也就是唐朝的九成宫（遗址）。回想它们一时的兴盛，宏伟奇丽，坚固而不可动摇，何止百倍于区区一座高台而已呢？然而几百年之后，想要寻找它们的样子，却连破瓦断墙都不复存在，已经变成了种庄稼的田亩和长满荆棘的废墟了，相比之下这座高台又怎样呢！一座高台尚且不足以长久依靠，更何况人世的得失，本就来去匆匆（岂不更难持久）？如果有人想要以（高台）夸耀于世而自我满足，那就错了。世上确实有足以依凭的东西，但是与台的存在与否是没有关系的。"我将这些话告诉陈公后，下来为他写了这篇记。

【导读】

扶风太守为登高远望建筑了一座土台，并请苏轼为他写了这篇记文。文章先写筑台缘起，接着便叙太守择地、凿池、筑台、求作者写记事。至此，似乎难以为继了，然而作者却笔锋一转，从物之兴废成败谈起，进行说理，另开一片新境界来。最后由台之虚转到人事之虚，点出世有足恃者，却不在乎台之存亡，表现了作者历史的沧桑感和旷达的人生态度。这与作者一贯的思想是合拍的，若说此文仅为讽刺一人一事，则显得过于狭隘了。

本文就题发挥，重在说理，议论深沉，文笔含蓄，风格苍凉，耐人寻味。作者思绪纷纭而出，下笔亦有凌虚之概。全文共分三段。前两段重在叙事，后一段议论说理。叙事议论前后相应，在自然平易、曲折变化之中尽吐茹物，鲜明地突出了文章的主旨。

第一段，文章点破了台的缘起。太守筑台意旨本在观山，苏轼行文也正缘山而起，由山而台。州府地处终南山下，饮食起居皆应与山相伴，更何况终南为四方之大山，扶风为依山之近邑。作者连用四个"山"字，极写山之高，隐含景色之美；极言城邑距山之近，暗藏观山之易。高山美景迫在眼前，只需举手投足便可秀色饱餐，以致近求最高岂不美哉。下面作者却笔锋一转，说太守居住终南下还不知山之峻美，由此而引出了几丝遗憾，也为由山而台作了巧妙的过渡。但颇有深意的是，苏轼并不承上直写出"此凌虚之所为筑也"，偏偏要加入"虽非事之所以损益。而物理有不当然者"两句，近山而不知山虽于人事无所损益，但终非情理之事，于是乎便筑台观山以尽情理。这种讥刺的笔调既吐露出了年轻苏轼的政治主张，在艺术上也使文章挥洒自如，姿态横生，同时还为后面的议论定下了基调。

第二段叙写筑台的经过，由太守杖履而游，游而见山，见山而思异，思异而凿池筑台。句句紧扣，只寥寥几笔便清楚明了地叙写出了筑台的始末。同时，叙述还具有生动形象的特征。"杖履逍遥"活画出了太守悠然自得的神情；"累累如人之旅行于墙外而见其髻也"一句，又化静为动，把静态的山峦赋予了动态的活力。给人以清新自然、流动变化的美的享受。与柳宗元《钴鉧潭西小丘记》中的"其嵌然相累而下者,若牛马之饮于溪,其冲然角列而上者,若熊黑之登于山"有同工之妙,接着,"然后"三句,又承上叙写台成之后登台观山的情景。这里作者笔墨极为简省,但却突出了台之高和山之奇。前面太守逍遥其下,看见的山宛如旅行人的发髻;这里登台极目,山则踊跃奋迅而出,从而借所见山景的不同衬托了台的高,为下段台取名为"凌虚"埋下了伏笔。

第三段是全文的重心。作者议论纵横,把兴废成毁的自然之理说得鞭辟入里。太守求文原希望得几句吉利的话,苏轼却借此大讲兴废之理,不能不说含有讽刺的意味。"物之兴废成毁,不可得而知也",是立论的基础,作者用它启开议论的笔端,把凌虚台的兴成推广至茫茫时间,以变化流动的眼光来关照它,从而把有化为无,把实变为虚。昔日的荒草野田,今日的凌虚台,这是由无生有;今日的凌虚台,明日的荒草野田,又这是化有为无。兴废成毁交相回旋,无穷无尽,谁都不能知晓。行文至此,理已尽、意已完,但作者却并不辍笔,他还由近及远,从眼前的凌虚台延伸到漫长的历史。把秦穆公祈年宫、橐泉宫、汉武帝长杨宫、五柞宫、隋仁寿宫、唐九成宫的兴盛与荒废赫然放置在凌虚台的面前。两相对比,百倍于凌虚台的宫殿如今求其破瓦颓垣犹不可得,凌虚台的未来也就自不待言了。下面,作者又进一步由台及人,"夫台犹不足恃议长久,而况于人事之得丧",凌虚台尚且不可长久,又何况人事上的得与丧。得丧来去无定,借得台而夸世,则是大错。这几句委婉曲折。逐句深入,最后,把凌虚台的意义和价值化为子虚乌有,由此从根本上否定了台的修筑。这种写作方法古人称为"化有为无"。

【思考】

1.这篇文章所用的描写手法有哪些?试举例说明。
2.试分析该文的创作背景。

声声慢

李清照

李清照(1084—1155),号易安居士,汉族,山东省济南章丘人。宋代(南北宋之交)女词人,婉约词派代表,有"千古第一才女"之称。其词,前期多写其悠闲生活,后期多悲叹身世,情调感伤。形式上善用白描手法,自辟途径,语言清丽。论词强调协律,崇尚典雅,提出词"别是一家"之说,反对以作诗文之法作词。能诗,留存不多,部分篇章感时咏史,情辞慷慨,与其词风不同。有《易安居士文集》《易安词》,已散佚,后人有《漱玉词》辑本。今有《李清照集校注》。

《声声慢·寻寻觅觅》通过描写残秋所见、所闻、所感,抒发自己因国破家亡、天涯沦落而产生的孤寂落寞、悲凉愁苦的心绪,具有浓厚的时代色彩。此词在结构上打破了上下片的局限,一气贯注,着意渲染愁情,如泣如诉,感人至深。开头连下十四个叠字,形象地抒写了作者的心情;下文"点点滴滴"又前后照应,表现了作者孤独寂寞的忧郁情绪和动荡不安的心境。全词一字一泪,风格深沉凝重,哀婉凄苦,极富艺术感染力。

【原文】

寻寻觅觅[1],冷冷清清,凄凄惨惨戚戚[2]。乍暖还寒[3]时候,最难将息[4]。三杯两盏淡酒,怎敌他[5]、晚来风急[6]!雁过也,正伤心,却是旧时相识。

满地黄花堆积,憔悴损[7],如今有谁堪摘?守着窗儿,独自怎生[8]得黑?梧桐更兼细雨,到黄昏、点点滴滴。这次第[9],怎一个愁字了得!

【注释】

[1]寻寻觅觅:意谓想把失去的一切都找回来,表现非常空虚怅惘、迷茫失落的心态。

[2]凄凄惨惨戚戚:忧愁苦闷的样子。

[3]乍暖还寒:指秋天的天气。忽然变暖,一下子又转寒冷。

[4]将息:调养休息,保养安宁。

[5]怎敌他:对付,抵挡。

[6]晚来风急:"晚"本作"晓"。

[7]损:表示程度极高。

[8]怎生:怎样的。生,语助词。

[9]次第:光景、情境。

【译文】

苦苦地寻寻觅觅,却只见冷冷清清,怎不让人凄惨悲戚。乍暖还寒的时节,最难保养休息。喝三杯两盏淡酒,怎么能抵得住早晨的寒风急袭?一行大雁从眼前飞过,更让人伤心,因为都是旧日的相识。

园中菊花堆积满地,都已经憔悴不堪,如今还有谁来采摘?冷清清地守着窗子,独自一个人怎么熬到天黑?梧桐叶上细雨淋漓,到黄昏时分,还是点点滴滴。这般情景,怎么能用一个"愁"字了结!

【导读】

这首词起句便不寻常,一连用七组叠词,回溯她一整天的愁苦心情。"寻寻觅觅",是说一起床便百无聊赖,若有所失,于是东张西望,想找点什么来寄托自己的空虚寂寞。而"冷冷清清"是"寻寻觅觅"的结果,不但一无所获,反被孤独寂欢的气氛所包围,感到"凄凄惨惨戚戚"。像这样使用叠字,不但在填词方面,即使在诗赋曲也绝无仅有。但好处不仅在此,这七组叠词还极富音乐美。宋词是用来演唱的,因此音调和谐是一个很重要的内容。李清照对音律有极深造诣,所以这七组叠词朗读起来,便有一种大珠小珠落玉盘的感觉。只觉齿舌音来回反复吟唱,徘徊低迷,婉转凄楚,有如听到一个伤心至极的人在低声倾诉,然而她还未开口觉得已能使听众感觉到她的忧伤,而等她说完了,那种伤感的情绪还是没有散去。一种莫名其妙的愁绪在心头和空气中弥漫开来,久久不散,余味无穷。后世都赞赏她这样创造性地使用叠字。

接下来一句"乍暖还寒时候,最难将息","乍暖还寒"说的是什么季节?一般人习惯用这句话来形容早春天气,李清照在这里写得却是秋天的早晨。朝阳初出,故曰"乍暖";晓寒犹重,故曰"还寒"。"最难将息"是"最难调养、休息"的意思。此句与上文"寻寻觅觅"呼应,说明自己从一清早就不知如何是好。心情不好,再加上这种乍暖还寒天气,词人连觉也睡不着了。如果能沉沉睡去,那么还能在短暂的时间内逃离痛苦,可是越想入眠就越难以入眠,于是词人就很自然地想起亡夫来。

李清照的这首《声声慢》是一篇言愁绝唱,凝聚着词人对北宋亡国、丈夫壮逝的幽愁暗恨和破碎心声,它的血泪交迸、感人至深之处,令注家甚至指认它是作者晚期的"悼亡之词"。它表现了一个女词人言必己出、多含妙悟的极其敏锐精致的语言感觉,简直可以看成一种深度生命体验和鲜活的语言学相融合的标本。

【思考】

1."寻寻觅觅,冷冷清清,凄凄惨惨戚戚",这几组叠词抒发了女词人什么样的思想感情?它们彼此之间有什么内在联系?用叠词开头有什么好处?

2.结合本文描述的"意象"谈谈"情景交融"的特点。

水龙吟[1]

辛弃疾

辛弃疾(1140—1207),字幼安,号稼轩,历城(今山东济南)人。21岁参加抗金义军,不久归南宋。历任湖北、江西、湖南、福建、浙东安抚使等职。一生力主抗金。一生以恢复为志。工于词,为豪放派词人代表,风格沉郁顿挫,悲壮激烈,人称"词中之龙",与苏轼并称"苏辛"。

这首词作于乾道四至六年(1168—1170)间建康通判任上。这时作者南归已八、九年了,却投闲置散,作一个建康通判,不得一遂报国之愿。偶有登临周览之际,一抒郁结心头的悲愤之情。

【原文】

楚天千里清秋,水随天去秋无际。遥岑[2]远目,献愁供恨,玉簪螺髻[3]。落日楼头,断鸿[4]声里,江南游子。把吴钩[5]看了,栏杆拍遍,无人会,登临意。

休说鲈鱼堪脍,尽西风,季鹰归未[6]?求田问舍,怕应羞见,刘郎才气[7]。可惜流年[8],忧愁风雨[9],树犹如此[10]!倩[11]何人唤取,红巾翠袖[12],揾[13]英雄泪!

【注释】

[1]建康:今江苏南京。赏心亭(《景定建康志》):"赏心亭在(城西)下水门城上,下临秦淮,尽观赏之胜。"

[2]遥岑:远山。

[3]玉簪螺髻:玉簪、螺髻:玉做的簪子,像海螺形状的发髻,这里比喻高矮和形状各不相同的山岭。

[4]断鸿:失群的孤雁。

[5]吴钩:李贺《南园》:"男儿何不带吴钩,收取关山五十州。"吴钩,古代吴地制造的一种宝刀。这里是以吴钩自喻,空有一身才华,但是得不到重用。

[6]"鲈鱼堪脍"三句:典出《晋书·张翰传》。另外,《世说新语·识鉴篇》也有记载:张翰在洛阳做官,在秋季西风起时,想到家乡莼菜羹和鲈鱼脍的美味,便立即辞官回乡。后来的文人将思念家乡称为莼鲈之思。季鹰:张翰,字季鹰。

[7]"求田问舍"三句:典出《三国志·魏书·陈登传》,东汉末年,有个人叫许汜,去拜访陈登。陈登胸怀豪气,喜欢交结英雄。许汜见面时,谈的却都是"求田问舍"(买地买房子)的琐屑小事。陈登看不起他,晚上睡觉时,自己睡在大床上,叫许汜睡在下床。许汜很不满,后来他把这件事告诉了刘备。刘备听了后说:"当今天下大乱的时候,你应该忧国忧民,以天下大事为己任,而你却求田问舍。要是碰上我,我将睡在百尺高楼上,叫你睡在地下。"求田问舍:置地买房。刘郎:刘备。才气:胸怀、气魄。

[8]流年:流逝的时光。

[9]忧愁风雨:风雨,比喻飘摇的国势。化用宋苏轼《满庭芳》:"百年里,浑教是醉,三万六千场。思量,能几许,忧愁风雨,一半相妨"。

[10]树犹如此:出自北周诗人庾信《枯树赋》:"树犹如此,人何以堪!"又典出《世说新语·言语》:"桓公北征经金城,见前为琅琊时种柳,皆已十围,慨然曰:'木犹如此,人何以堪!'攀枝执条,泫然流泪。"此处以"树"代"木",抒发自己不能抗击敌人、收复失地,虚度时光的感慨。

[11]倩:请托。

[12]红巾翠袖:女子装饰,代指女子。

[13]揾:擦拭。

【译文】

辽阔的南国秋空千里冷落凄凉,江水随天空流去,秋色更无边无际。极目遥望远处的山岭,只引起我对国土沦落的忧愁和愤恨,还有那群山像女人头上的玉簪和螺髻。西下的太阳斜照着这楼头,在长空那远飞离群孤雁的悲鸣声里,还有我这流落江南的思乡游子。我看着这宝刀,狠狠地把楼上的栏杆都拍遍了,也没有人领会我现在登楼的心境。

别说鲈鱼切碎了能烹成佳肴美味,西风吹遍了,不知张季鹰已经回来了没?像只为自己购置田地房产的许汜,应怕惭愧去见才气双全的刘备。可惜时光如流水一般过去,我真担心这风雨飘荡中的国家,真像桓温所说树也已经长得这么大了!叫谁去请那些披红着绿的歌女,来为我擦掉英雄失意的眼泪!

【导读】

此词的创作时间,一说为淳熙元年(1174年),辛弃疾南归后的第十二年,时任江东安抚使参议官。稼轩不仅仅是一位词人,他更是一位英雄,文韬武略,胸襟阔大,胆识超群,一生以收复失地为抱负,然报国之志始终得不到实现,故词中常常洋溢着一种气壮山河之豪情与理想落空、壮志难酬之慷慨悲凉。郭沫若为其纪念馆题词称:"铁板铜琶,继东坡高唱大江东去;美芹悲黍,冀南宋莫随鸿雁南飞。"这首《水龙吟》,有人称之为稼轩最痛切之抒情力作之一,倾吐英雄失志之悲,沉切苍凉。

词之上阕情景交融,沉郁感人。首句"楚天千里清秋,水随天去秋无际。"从大处着笔,起句浩荡,两个"秋"字着力渲染出一种清冷而又无边的秋色,笼罩天地而造成一种山空水阔之大境界。为何要极力渲染秋色呢?日本学者松浦友久说:"中国文化有一种四季中偏重春秋的倾向。这主要是中国文化有一种基于历史感的时间意识,春秋二季最能使人感受到时间的变化。"(《古典文学知识》)诚然,秋天之时万物都走向凋零,走向衰亡,是一个周期中生命的结束期,敏感之诗人、词人自然也会从自然的盛衰肃杀中产生一种生命体所共有的悲哀感,从而念及自身年华之消逝与功业未建、家国未复之焦灼与无奈,从而奠定全篇之基调。

"遥岑远目,献愁供恨,玉簪螺髻。"放眼瞭望,远山层叠,连绵秀丽,恰如美人秀发中之玉簪与螺髻,这是多么明丽绚烂之景啊!然而这里"以乐景写哀情",故国沦陷,词人触目所及满目苍凉,遂"以我之眼观物,故物皆着我之色"(王国维《人间词话》),似乎这山也有了愁与恨。接下来七个短句一气呵成,既写景,又抒情,在如血的残阳中,有零落的孤雁哀鸣,而我这个漂泊江南的游子,空有满腹经纶与一腔热血,也只能徒然地在这里"把吴钩看了,栏杆拍遍",我这种悲愤而凄怆的心情,又有谁能够领会呢?

词之下阕以典代事,自明心迹。紧承上阕情景合一后,下阕专注人事,激愤之余,以淋漓酣畅的笔墨直指残酷无情的现实人生。前三句句句用典,三个典故,层层曲折地将词人强烈而曲折的生命意识推向了顶峰,也进一步对全词之主旨做了具体而深刻的补充,"登临"之意层层铺展。"倩何人唤取,红巾翠袖,揾英雄泪!"虽未用典,却是同样的委婉而沉痛,英雄落泪,该是何等的痛楚、何等的伤心。然天下之大,却没有一个知己能明了、抚慰词人心灵创伤,而只能寄托于"红巾翠袖",这是对南宋天下何等失望之至、何等悲哀之至的一种希望、一种寄托、一种逃避!然而,"倩何人",也意味着根本没有人,找不到人,隐含其后是一种巨大的孤独、悲怆、愤慨,委婉而伤感,亦如唐先生所言:"'倩何人'两句,十三字,应'无人会'句作结,豪气浓情,一时并集,如闻垓下之歌。"下阕之抒情深至凄婉,一唱三叹,千百年后读之,依然令人想见其当日情怀,不禁泪下沾襟、义愤填膺。

【思考】

1."可惜流年,忧愁风雨,树犹如此"三句,在全词中有何作用?

2."遥岑"三句是写山,采用了什么手法?"愁""恨"缘何而发?

窦娥冤（节选）

关汉卿

关汉卿（1220—1300），金末元初杂剧作家，是中国古代戏曲创作的代表人物。号已斋（一作一斋）、已斋叟。汉族，解州人（今山西省运城），关于他的籍贯，还有祁州（今河北省安国市）伍仁村、大都（今北京市）几种不同说法。与马致远、郑光祖、白朴并称为"元曲四大家"，关汉卿位于"元曲四大家"之首。其中以杂剧的成就最大，一生写了60多种，今存18种，最著名的是《窦娥冤》；关汉卿也写了不少历史剧，如《单刀会》《单鞭夺槊》《西蜀梦》等；散曲今在小令40多首、套数10多首。关汉卿塑造的"我却是蒸不烂、煮不熟、捶不匾、炒不爆、响珰珰一粒铜豌豆"的形象也广为人称，被誉"曲家圣人"。

《窦娥冤》是关汉卿的代表作，也是我国古代悲剧戏曲的代表作。它的故事渊源于《列女传》中的《东海孝妇》。本文紧紧扣住当时的社会现实，用这段故事，真实而深刻地反映了元蒙统治下中国社会极端黑暗、极端残酷、极端混乱的悲剧时代，表现了中国人民坚强不屈的斗争精神和争取独立生存的强烈要求。它成功地塑造了"窦娥"这个悲剧主人公形象，使其成为元代被压迫、被剥削、被损害的妇女的代表，成为元代社会底层善良、坚强而走向反抗的妇女的典型。

【原文节选】

第三折

（外扮监斩官上，云）下官监斩官是也。今日处决犯人，着做公的把住巷口，休放往来人闲走。（净扮公人、鼓三通、锣三下科）（刽子磨旗、提刀，押正旦带枷上）（刽子云）行动些，行动些，监斩官去法场上多时了。（正旦唱）

【正宫·端正好】没来由犯王法，不提防遭刑宪，叫声屈动地惊天。顷刻间游魂先赴森罗殿，怎不将天地也生埋怨。

【滚绣球】有日月朝暮悬，有鬼神掌着生死权。天地也，只合把清浊分辨，可怎生糊突了盗跖、颜渊[1]：为善的受贫穷更命短，造恶的享富贵又寿延[2]。天地也，做得个怕硬欺软，却原来也这般顺水推船。地也，你不分好歹何为地？天也，你错勘[3]贤愚枉做天！哎，只落得两泪涟涟。

（刽子云）快行动些，误了时辰也。（正旦唱）

【倘秀才】则被这枷纽[4]的我左侧右偏，人拥的我前合后偃[5]。我窦娥向哥哥行[6]有句言。

（刽子云）你有甚么话说？

（正旦唱）前街里去心怀恨，后街里去死无冤，休推辞路远。

（刽子云）你如今到法场上面，有什么亲眷要见的，可教他过来，见你一面也好。

（正旦唱）

【叨叨令】可怜我孤身只影无亲眷，则落的吞声忍气空嗟怨。

（刽子云）难道你爷娘家也没的？

（正旦云）只有个爹爹，十三年前上朝取应去了，至今杳无音信。（唱）早已是十年多不睹爹爹面。

（刽子云）你适才要我往后街里去，是甚么主意？

（正旦唱）怕则怕前街里被我婆婆见。

（刽子云）你的性命也顾不得，怕他见怎的？

（正旦云）俺婆婆若见我披枷带锁赴法场餐刀[7]去呵，（唱）枉将他气杀也么哥，枉将他气杀也么哥。告哥哥，临危好与人行方便。

（卜儿哭上科，云）天那，兀的不是我媳妇儿！

（刽子云）婆子靠后。

（正旦云）既是俺婆婆来了，叫他来，待我嘱咐他几句话咱。

（刽子云）那婆子，近前来，你媳妇要嘱咐你话哩。

（卜儿云）孩儿，痛杀我也。

（正旦云）婆婆，那张驴儿把毒药放在羊肚儿汤里，实指望药死了你，要霸占我为妻。不想婆婆让与他老子吃，倒把他老子药死了。我怕连累婆婆，屈招了药死公公，今日赴法场典刑。婆婆，此后遇着冬时年节[8]，月一十五，有澉[9]不了的浆水饭，澉半碗儿与我吃；烧不了的纸钱，与窦娥烧一陌儿[10]。则是[11]看你死的孩儿面上。（唱）

【快活三】念窦娥葫芦提当罪愆[12]，念窦娥身首不完全，念窦娥从前已往干家缘[13]，婆婆也，你只看窦娥少爷无娘面。

【鲍老儿】念窦娥伏侍这几年，遇时节将碗凉浆奠；你去那受刑法尸骸上烈[14]些纸钱，只当把你亡化的孩儿荐[15]。（卜儿哭科，云）孩儿放心，这个老身都记得。天那，兀的不痛杀我也。（正旦唱）婆婆也，再也不要啼啼哭哭，烦烦恼恼，怨气冲天。这都是我做窦娥的没时没运，不明不暗[16]，负屈衔冤。

（刽子做喝科，云）兀那婆子靠后，时辰到了也。

（正旦跪科）（刽子开枷科）（正旦云）窦娥告监斩大人，有一事肯依窦娥，便死而无怨。

（监斩官云）你有什么事？你说。

（正旦云）要一领净席，等我窦娥站立，又要丈二白练，挂在旗枪上。若是我窦娥委实冤枉，刀过处头落，一腔热血休半点儿沾在地下，都飞在白练上者。

（监斩官云）这个就依你，打什么不紧。

（刽子做取席站科，又取白练挂旗上科）（正旦唱）

【耍孩儿】不是我窦娥罚下这等无头愿，委实的冤情不浅。若没些儿灵圣与世人传，也不见得湛湛青天。我不要半星热血红尘洒，都只在八尺旗枪素练悬。等他四下里皆瞧见，这就是咱苌弘化碧[17]，望帝啼鹃[18]。

（刽子云）你还有甚的说话，此时不对监斩大人说，几时说那？

（正旦再跪科，云）大人，如今是三伏天道[19]，若窦娥委实冤枉，身死之后，天降三尺瑞雪，遮掩了窦娥尸首。

（监斩官云）这等三伏天道，你便有冲天的怨气，也召不得一片雪来，可不胡说！（正旦唱）

【二煞】你道是暑气暄，不是那下雪天；岂不闻飞霜六月因邹衍？若果有一腔怨气喷如火，定要感的六出冰花滚似绵，免着我尸骸现；要什么素车白马，断送出古陌荒阡！

（正旦再跪科，云）大人，我窦娥死得委实冤枉，从今以后，着这楚州亢旱三年。

（监斩官云）打嘴！那有这等说话！（正旦唱）

【一煞】你道是天公不可期，人心不可怜，不知皇天也肯从人愿。做甚么三年不见甘霖降，也只为东海曾经孝妇冤。如今轮到你山阳县，这都是官吏每无心正法，使百姓有口难言。

（刽子做磨旗科，云）怎么这一会儿天色阴了也？

（内做风科，刽子云）好冷风也！（正旦唱）

【煞尾】浮云为我阴，悲风为我旋，三桩儿誓愿明题遍。

（做哭科，云）婆婆也，直等待雪飞六月，亢旱三年呵，（唱）那其间才把你个屈死的冤魂这窦娥显。

【注释】

[1]盗跖、颜渊：盗跖本来是春秋时期的一个农民起义的领袖，可能在当时文化背景的影响下，盗跖便被比喻为邪恶的势力，就好像起义领袖张献忠被称为"流贼"，而颜渊是孔子的徒弟，是他的弟子中最贤惠的一个，所以用他来比喻善良。

[2]寿延：寿命长。

[3]错勘：错误地判断。

[4]纽：通"扭"，这里是"拘束"的意思。

[5]前合后偃：意思是跌跌撞撞，站不稳。

[6]哥哥行：哥哥那边。哥哥：对一般男子的客气称呼。行：宋代和元代口语里自称或者称呼别人的词的后边，有时加"行"字，如"我行""他行"等。这样用的"行"，意思大致相当于"这边""那边"或者"这里""那里"。

[7]餐刀：吃刀，挨刀。

[8]冬时年节，月一十五：冬至和过年，初一和十五。

[9]滥：泼，倒。

[10]一陌儿：一叠。陌：量词，用于祭奠所烧的纸钱，相当于"叠"。

[11]则是：只当是。

[12]念窦娥葫芦提当罪愆：可怜我窦娥被官府糊里糊涂地判了死罪。葫芦提：当时的口语，糊涂的意思。愆：罪过。

[13]干家缘：操劳家务。

[14]烈：烧。

[15]荐：祭，超度亡灵。

[16]不明不暗：糊里糊涂。

[17]苌弘化碧：苌弘是周朝的贤臣。传说他无罪被杀，他的血被蜀人藏起来，三年后变成了碧玉。碧：青绿色的美玉。

[18]望帝啼鹃：望帝，古代神话中蜀王杜宇的称号。相传他因水灾让位给他的臣子，自己隐居山中，死后化为杜鹃，日夜悲啼，直到吐血。

[19]三伏天道：三伏天气。

【导读】

《窦娥冤》全名为《感天动地窦娥冤》，是中国古典戏曲中悲剧的典范之作，王国维评曰"列之于世界大悲剧中亦无愧色"（《宋元戏曲考》），也是关汉卿艺术成就最高、历来受关注最多的杰出之作。通过女主角窦娥的悲惨命运折射出元代社会无处不在的黑暗现实：高利贷的残酷剥削，流氓无赖的恣意横行；社会秩序的极端混乱,凶残成性、谋财害命随处可见;官场暗无天日,污吏昏庸贪暴草菅人命;底层知识分子地位卑微、穷困潦倒,善良人民饱受凌辱、横遭杀虐。此处所选第三折"押赴刑场"是全剧的高潮,其中精湛的人物刻画、激烈的戏剧冲突、鲜明的道德指向、深刻的批判锋芒,无不赋予其强烈的恒久的生命力与感染力。

窦娥人物形象的塑造,可谓是聚集了元代黑暗社会一个底层女性所有可能遭遇的不幸于一身:三岁丧母,七岁因父亲无力偿还高利贷而被抵作童养媳,从此别父,婚后不久丈夫因病去世,十七岁的她成为寡妇。纵然经历这么多的不幸,她依然善良地努力地生活着,逆来顺受、安分守己,默默承受着命运和生活的苦难煎熬,并且当她被张驴儿栽赃嫁祸以杀人之罪时,她犹寄希望于官府之"明如镜,清似水"(第二折),然而残酷的现实粉碎了她的幻想:

"没来由犯王法,不提防遭刑宪,叫声屈动地惊天!顷刻间游魂先赴森罗殿,怎不将天地也生埋怨?"

"没来由""不提防"揭示窦娥难以置信地面对这现实的一幕幕,她开始彻底清醒了,从而对这所谓至高无上的神圣日月、鬼神、天命提出了大胆的怀疑,并痛斥其不公:"欺软怕硬""错勘贤愚",这指斥天地分别是对黑暗社会发出一个柔弱女子最强烈的控诉和抗议,是千千万万被压迫者无处可诉的对封建统治秩序的批判和责难的心声,至此,窦娥大胆反抗与不畏强权的性格得到了惊心动魄的表现。这里尤其体现关汉卿剧本创作之"曲尽人情,字字本色",关氏以其如椽大笔与惊世才情将窦娥之血泪控诉渲染至一种震撼天地的境地,如此,窦娥悲剧的意义也深化到了一个新的高度,具有了直击当代与后世亿万读者心灵的普世性意义。

一曲《窦娥冤》,感天动地,荡气回肠,是整个元代黑暗社会欺压善良人民的真实缩影,而最终窦娥的三桩誓愿(血溅白练、六月飞雪、三年大旱)一一应验,关汉卿用现实主义与浪漫主义相结合的手法,营造出浓郁的悲剧氛围,谱写了一出正义最终战胜邪恶的慷慨悲歌。当然,任何一个作家的思想都是其时代发展的产物,即使那些最杰出、最超前、最有天赋的作家也不例外。最终窦娥的沉冤昭雪是依靠其父亲在京城为官的权利而实现,这本身也带着复杂而深刻的含义,显示出作者无法超脱的时代局限。

【思考】

1.窦娥的反抗精神体现在哪里? 窦娥还有哪些性格特点?

2.窦娥临刑前发下的三桩誓言表现了窦娥什么要求?

西厢记(长亭送别)[1]

王实甫

王实甫(1260—1336),名德信,大都(今北京市)人,祖籍河北省保定市定兴(今定兴县)。元代著名戏曲作家,王实甫早年曾经为官,宦途坎坷,他常在演出杂剧及歌舞的游艺场所出入,是个不为封建礼法所拘、与倡优(当时的演员)有密切交往的文人。晚年弃官归隐,过着吟风弄月、纵游园林的生活。著有杂剧十四种,主要创作活动大约在元成宗元贞、大德年间(1295—1307),这正是元杂剧的鼎盛时期。现存《西厢记》《丽春堂》《破窑记》三种。《破窑记》写刘月娥和吕蒙正悲欢离合的故事,有人怀疑不是王实甫的手笔。另有《贩茶船》《芙蓉亭》二种,各传有曲文一折。王实甫与关汉卿齐名,其作品全面地继承了唐诗宋词精美的语言艺术,又吸收了元代民间生动活泼的口头语言,并将它们完美地融合在一起,创造了文采璀璨的元曲词汇,成为中国戏曲史上"文采派"最杰出的代表。其作品在元代和明代就被人推崇,被称为杂剧之冠。

《西厢记(长亭送别)》的戏剧冲突的焦点,集中在对科举功名的态度上。该选篇用元杂剧的形式讲述了崔莺莺十里长亭送张生进京赶考的别离场景,而张生和崔莺莺这对冲破世俗相爱的恋人,短暂的欢愉后即将饱尝长久的别离相思。反映了自由爱情与封建礼教的尖锐矛盾,表现了对封建礼教严重束缚和压制人性、人情的控诉。

【原文节选】

(夫人长老上云)今日送张生赴京,十里长亭,安排下筵席。我和长老先行,不见张生小姐来到。

(旦、末、红同上)(旦云)今日送张生上朝取应,早是离人伤感,况值那暮秋天气,好烦恼人也呵!"悲欢聚散一杯酒,南北东西万里程。"(旦唱)

【正宫】(端正好)碧云天,黄花地[2],西风紧。北雁南飞。晓来谁染霜林醉?总是离人泪[3]。

【滚绣球】恨相见得迟,怨归去得疾。柳丝长玉骢难系[4],恨不倩[5]疏林挂住斜晖。马儿迍迍[6]的行,车儿快快的随,却告了相思回避,破题儿又早别离[7]。听得道一声去也,松了金钏[8];遥望见十里长亭,减了玉肌。此恨[9]谁知!

(红云)姐姐今日怎么不打扮?(旦云)你那知我的心里呵!(旦唱)

【叨叨令】见安排着车儿、马儿,不由人熬熬煎煎的气。有甚么心情将花儿、靥儿[10],打扮得娇娇滴滴的媚。准备着被儿、枕儿,则索昏昏沉沉的睡。从今后衫儿、袖儿,都揾湿做重重叠叠的泪。兀的不闷杀人也么哥!兀的不闷杀人也么哥,久已后书儿、信儿,索与我凄凄惶惶的寄。

(做到了科,见夫人了)(夫人云)张生和长老坐,小姐这壁坐,红娘将酒来。张生,你向前来,是自家亲眷,不要回避。俺今日将莺莺与你,到京师休辱没了俺孩儿,挣揣[11]一个状元回来者。(末云)小生托夫人余荫,凭着胸中之才,视官如拾芥耳[12]。(洁云)夫人主见不差,张生不是落后的人。(把酒了,坐)(旦长吁科)

【脱布衫】下西风黄叶纷飞,染寒烟衰草萋迷。酒席上斜签着坐[13]的,蹙愁眉死临侵地[14]。

【小梁州】我见他阁泪汪汪不敢垂[15],恐怕人知。猛然见了把头低,长吁气,推整素罗衣[16]。

【幺篇】虽然久后成佳配,奈时间[17]怎不悲啼。意似痴,心如醉[18],昨宵今日,清减了小腰围。

(夫人云)小姐把盏者!(红递酒,旦把盏长吁科,云)请吃酒!

【上小楼】合欢未已,离愁相继。想着俺前暮私情,昨夜成亲,今日别离。我谂知这几日相思滋味,却原来此别离情更增十倍[19]。

【幺篇】年少呵轻远别,情薄呵易弃掷[20]。全不想腿儿相挨,脸儿相偎,手儿相携。你与俺崔相国做女婿,妻荣夫贵[21],但得个并头莲,煞强如状元及第。

(夫人云)红娘把盏者!(红把酒科)(旦唱)

【满庭芳】供食太急,须史对面,顷刻别离。若不是酒席间子母每当回避,有心待与他举案齐眉。虽然是厮守得一时半刻,也合着俺夫妻每共桌而食。眼底空留意[22],寻思起就里,险化做望夫石。

（红云）姐姐不曾吃早饭，饮一口儿汤水。（旦云）红娘，甚么汤水咽得下！

【快活三】将来的酒共食，尝着似土和泥。假若便是土和泥，也有些土气息、泥滋味。

【朝天子】暖溶溶玉醅[23]，白泠泠似水，多半是相思泪。眼面前茶饭怕不待要[24]吃，恨塞满愁肠胃。"蜗角虚名[25]，蝇头微利"，拆鸳鸯在两下里。一个这壁，一个那壁，一递一声长吁气。

（夫人云）辆[26]起车儿，俺先回去，小姐随后和红娘来。（下）（末辞洁科）（洁云）此一行别无话儿，贫僧准备买登科录[27]看，做亲的茶饭少不得贫僧的。先生在意，鞍马上保重者！从今经忏无心礼，专听春雷第一声[28]。（下）（旦唱）

【四边静】霎时间杯盘狼籍，车儿投东，马儿向西，两意徘徊，落日山横翠。知他今宵宿在那里？在梦也难寻觅。

（旦云）张生，此一行得官不得官，疾便回来。（末云）小生这一去白夺一个状元，正是"青霄有路终须到，金榜无名誓不归"[29]。（旦云）君行别无所谓，口占一绝[30]，为君送行："弃掷今何在，当时且自亲。还将旧来意，怜取眼前人。"（末云）小姐之意差矣，张珙更敢怜谁？谨赓[31]一绝，以剖寸心："人生长远别，孰与最关亲？不遇知音者，谁怜长叹人？"（旦唱）

【耍孩儿】淋漓襟袖啼红泪，比司马青衫更湿。伯劳东去燕西飞，未登程先问归期。虽然眼底人千里，且尽樽前酒一杯。未饮心先醉，眼中流血，心内成灰。

【五煞】到京师服水土，趁程途节饮食[32]，顺时自保揣身体[33]。荒村雨露宜眠早，野店风霜要起迟！鞍马秋风里，最难调护，最要扶持。

【四煞】这忧愁诉与谁？相思只自知，老天不管人憔悴。泪添九曲黄河溢，恨压三峰华岳低[34]。到晚来闷把西楼倚，见了些夕阳古道，衰柳长堤。

【三煞】笑吟吟一处来，哭啼啼独自归。归家若到罗帏里，昨宵个绣衾香暖留春住，今夜个翠被生寒有梦知。留恋你应无计，见据鞍[35]上马，阁不住泪眼愁眉。

（末云）有甚言语嘱咐小生咱？（旦唱）

【二煞】你休忧"文齐福不齐[36]"，我则怕你"停妻再娶妻"。你休要"一春鱼雁无消息"！我这里青鸾有信频须寄，你却休"金榜无名誓不归"。此一节君须记：若见了那异乡花草，再休似此处栖迟[37]。

（末云）再谁似小姐？小生又生此念。小姐放心，小生就此身辞。（旦唱）

【一煞】青山隔送行，疏林不做美，淡烟暮霭相遮蔽。夕阳古道无人语，禾黍秋风听马嘶。我为甚么懒上车儿内，来时甚急，去后何迟[38]？

（红云）夫人去好一会，姐姐，咱家去！（旦唱）

【收尾】四围山色中，一鞭残照里。遍人间烦恼填胸臆，量这些大小车儿如何载得起？

（旦、红下）仆童赶早行一程儿，早寻个宿处。泪随[39]流水急，愁逐野云飞。

（下）

【注释】

[1]《长亭送别》是《西厢记》中第四本第三折。

[2]"碧云天，黄花地"出自范仲淹《苏幕遮》词："碧云天，黄叶地，秋色连波，波上寒烟翠。"黄花：指菊花，菊花秋天开放。

[3]"晓来"二句:意谓是离人带血的泪,把深秋早晨的枫林染红了。霜林醉:深秋的枫林经霜变红,就像人喝醉酒脸色红晕一样。

[4]"柳丝长"句:玉骢:马名,一种青白色的骏马。此指张生赴试所乘之马。古人有折柳送别之习惯,故写别情多借助于柳,此言柳丝虽长却系不住玉骢,犹言情虽长却留不住张生。

[5]倩:请人代己做事之谓。

[6]迤:行动缓慢,留连不进的样子。

[7]"却告"二句:却:犹恰;破题:唐宋诗赋多于开头几句点破题意,元曲中用于比喻开端、起始或第一次。

[8]钏:古代称臂环为钏,今谓之手镯。

[9]恨:遗憾,不满意。与今天"仇恨""怨恨"的恨相别。

[10]花儿、靥儿:即花钿。

[11]争揣:争取、夺得。

[12]视官如拾芥:把取得官职看得像从地上拾取一根草棍那样容易。

[13]斜签着坐:侧身半坐,封建时代晚辈在长辈面前不能实坐。

[14]死临侵地:呆呆地,没精打采的样子。

[15]阁泪汪汪不敢垂:强忍泪水而不敢任其流出。阁泪,含泪。

[16]推整素罗衣:意谓装作整理衣裳。推:借口,这里有"假装"的意思。

[17]时间:目下,眼前。

[18]意似痴心如醉:《乐府新声》无名氏《骂玉郎带感皇恩采茶歌》:"心似烧,意似痴,情如醉。"

[19]"我谂知"二句:意谓这几天我已经深深知道了相思滋味的苦痛难堪,原来这离别比相思更苦十倍。谂:知道。

[20]弃掷:本指抛弃,此指撇下莺莺而远离。

[21]妻荣夫贵:本指妻子可以依靠丈夫的爵位而尊贵,这里反其义用之,意谓说你与崔相国家做女婿,本已因妻而贵,大可不必再去求取功名了。

[22]眼底空留意:意谓母亲在座,有所避忌,不得与张生同桌共食以诉衷曲,只能以眉眼传情表达心意。

[23]玉醅:美酒。

[24]怕不待要:难道不想、何尝不想之意。

[25]蜗角虚名:蜗角极细极微,喻微小之浮名。

[26]辆:动词,驾好,套好。

[27]登科录:登载录取进士姓名的名册。

[28]春雷第一声:进士试于春正、二月举行,故称中第消息为春雷第一声。

[29]"青霄"二句:此为当时成语,青霄路即致身青云之路。

[30]口占一绝:随口吟出一首绝句诗。不打草稿,随口成文叫口占。

[31]赓:续作。

[32]趁程途节饮食:意谓路途中要节制饮食。趁:赶;趁程途,赶路。

[33]顺时自保揣身体:估量自己的身体情况,适应季节变化,自己保重。

[34]"泪添"二句:上句以水喻愁之多,下句以山喻愁之重。华岳三峰,即西岳华山的莲花峰、仙人掌、落雁峰。

[35]据鞍:跨鞍。

[36]文齐福不齐:意谓有文才而缺少福分,不能考中。

[37]栖迟:留连,逗留。

[38]来时甚急去后何迟:时与后,都为语气词,相当于"呵"或"啊"。

[39]"泪随"二句:互文见义,谓睹秋云、见流水都引起对莺莺的思念而愁生泪落。

【导读】

《西厢记》全名《崔莺莺待月西厢记》,源自唐元稹所著传奇《莺莺传》(亦名《会真记》),剧本自金董解元《西厢记诸宫调》改编而成,全剧五本二十一折,描写了少女崔莺莺与张生缠绵悱恻的爱情故事,尤其歌颂了二者为争取婚姻自由而大胆反抗礼教的斗争精神,剧中着重刻画了美丽聪颖、温柔多情,为爱而顽强无畏、逾越种种封建思想樊篱的大家闺秀崔莺莺这一形象和热情无私、英勇机智、处处为他人考虑的丫头红娘形象,在红娘的帮助之下,崔张最终历经坎坷,有情人终成眷属。《西厢记》内容上的进步,加之艺术成就的卓越,自书成之日即家传户诵、广受欢迎,几百年来曲苑文坛依旧传唱不息、论说不已。

《长亭送别》是全剧中最为脍炙人口的部分,主要写莺莺、红娘和老夫人到十里长亭送别张生进京赶考之事。这折戏中没有复杂的戏剧情节,仅仅是一幅幅以时间为序的画面,长亭赴宴、长亭别宴、长亭话别与肃杀伤感秋色暮景图的完美融合,通过景物渲染、内心独白等方式勾画出莺莺内心深细而复杂的心态。莺莺内心对与恋人分离的巨大痛苦与对逼迫二人别离之封建礼教的强烈不满是这折戏的激烈冲突所在,作者对人物心灵的深层探讨、触觉之细腻深刻生动感人,揭示了封建势力对纯真爱情、美好人性的摧残。

第一部分,长亭赴宴。围绕途中的景物而展开人物的心绪,莺莺一上场首先便将"离人伤感"之情绪融入"暮秋天气"之中,故此有"好烦恼人也"一叹。对这送别的环境有哪些特定的描写呢:碧云、黄花、西风、北雁、霜林,一幅幅色彩斑斓的图景中渗入了主人翁的情感便有了"霜林"之红,乃离人泪染这样凄婉迷离的印象,瞬间天地之间尽着我色,莺莺之伤感悲哀得以渲染,同时又精致而生动。由送别之愁,怨相见之迟、别离之急,从而生出"柳丝长玉骢难系,恨不倩疏林挂住斜晖"这样以柳丝系住玉骢马、以疏林挽住那即将西落之斜阳,从而能留住一刻与爱人相处的时光,这样无理而又无奈的举动,将莺莺心底之煎熬与痛楚淋漓尽致地宣泄而出。

第二部分,长亭别宴。紧扣宴席上之杯盘把盏、供食写崔张同席而彼此各怀心事、泪眼长吁的情景,莺莺食不甘味、茶饭无思,更愤怒呐喊控诉封建礼教之为了些"蜗角虚名,蝇头微利,拆鸳鸯在两下里。"这种对封建思想和势力的怨恨是有力而迫切的,莺莺的愿望"得个并头莲"是不带任何功利色彩、名利思想的,是纯粹建立在爱情的基础上的。《红楼梦》中林黛玉与贾宝玉之心灵共通,相互爱慕,也都建立在他们共同的对封建礼教丑恶与虚伪本质的认识与反感上,故较之薛宝钗时时以仕途经济之言相对,宝玉自然选择了与之灵魂契合的黛玉。

第三部分,长亭话别。在与张生单独相处之时,莺莺系列叮嘱"得官不得官,疾便回来""青鸾有信频须寄""休似此处栖迟",均再次深化了莺莺淡泊名利、一往情深的纯真个性。而对别后莺莺之孤寂、忧愁的描写,再次通过景物之渲染烘托"青山隔送行,疏林不作美,淡烟暮霭相遮蔽",并在"四围山色中,一鞭残照里"的暮色苍然中结束此折,离人渐行渐远,而莺莺犹遥目望断,这浓重的愁闷便填胸臆,便是这些大小车儿也载不动,情景之高度融合,戏剧语言艺术的抒情性与感染力得到了高度的扩张。

《长亭送别》作为《西厢记》中曲辞最优美的一节,充分展现了中国古典戏曲的抒情诗剧特色,情景交融境界的创设,精湛优美、雅俗共赏的曲词所流露的浓郁抒情性,以及多种艺术手法所创造的鲜明形象所铸就的情意缠绵、辞章华美的卓著成就。明王骥德称"今无来者,后掩来哲,虽擅千古绝调。"(《新校注股本西厢记》),又有明贾仲明评曰:"作词章,风韵美,士林中等辈伏低。新杂剧,旧传奇,《西厢记》天下夺魁。"(《凌波仙》)

【思考】

> 1.试分析"崔莺莺"的性格。
> 2.本文用了哪几种修辞手法来表现人物的情感和心理?

牡丹亭(游园惊梦)[1]

汤显祖

汤显祖(1550—1616),中国明代戏曲家、文学家。字义仍,号海若、若士、清远道人。汉族,江西临川人。汤氏祖籍临川县云山乡,后迁居汤家山(今抚州市)。

在汤显祖多方面的成就中(包括古文诗词、天文地理、医药卜筮诸书等),以戏曲创作为最,其戏剧作品《还魂记》《紫钗记》《南柯记》和《邯郸记》合称"临川四梦",其中《牡丹亭》是他的代表作。汤显祖曾说:"一生四梦,得意处惟在牡丹。"《牡丹亭》即《还魂记》,也称《还魂梦》)。

汤显祖生活在黑暗的明代晚期,政治上同情东林党人。在哲学上他受到王学左派、泰州学派的影响,认为程朱理学是错误的,不应"存天理,灭人欲"而是"情有者理必无,理有者情必无"。认为男女生活之私,都是属于自然本性的要求,毫不掩饰自己对道学的强烈不满。

《牡丹亭》是汤显祖的代表作,也是我国戏曲史上浪漫主义的杰作。作品通过杜丽娘和柳梦梅生死离合的爱情故事,热情歌颂了反对封建礼教、追求自由幸福的爱情和强烈要求个性解放的精神。

【原文节选】

【绕池游】(旦上)梦回莺啭[2],乱煞年光遍。人立小庭深院。(贴)炷尽沉烟[3],抛残绣线,恁今春关情似去年[4]?(乌夜啼)"(旦)晓来望断梅关[5],宿妆残。(贴)[6]你侧着宜春髻子恰凭阑。(旦)剪不断,理还乱,闷无端。(贴)已分付催花莺燕借春看。"(旦)春香,可曾叫人扫除花径?(贴)分付了。(旦)取镜台衣服来。(贴取镜台衣服上)"云髻罢梳还对镜,罗衣欲换更添香。"镜台衣服在此。

【步步娇】(旦)袅晴丝吹来闲庭院[7],摇漾春如线。停半晌,整花钿。没揣菱花,偷人半面,迤逗的彩云偏。(行介)步香闺怎便把全身现!(贴)今日穿插的好。

【醉扶归】(旦)你道翠生生出落的裙衫儿茜[8],艳晶晶花簪八宝填,可知我常一生儿爱好是天然[9]。恰三春好处无人见[10]。不堤防沉鱼落雁鸟惊喧[11],则怕的羞花闭月花愁颤。(贴)早茶时了,请行。(行介)你看:"画廊金粉半零星,池馆苍苔一片青。踏草怕泥新绣袜[12],惜花疼煞小金铃[13]。"(旦)不到园林,怎知春色如许!

【皂罗袍】原来姹紫嫣红开遍,似这般都付与断井颓垣[14]。良辰美景奈何天,赏心乐事谁家院!恁般景致,我老爷和奶奶再不提起。(合)朝飞暮卷[15],云霞翠轩;雨丝风片,烟波画船——锦屏人忒看的这韶光贱!(贴)是花都放了,那牡丹还早。

【好姐姐】(旦)遍青山啼红了杜鹃,荼蘼外烟丝醉软[16]。春香啊,牡丹虽好,他春归怎占的先!(贴)成对儿莺燕啊。(合)闲凝眄[17],生生燕语明如剪,呖呖莺歌溜的圆。(旦)去罢。(贴)这园子委是观之不足也。(旦)提他怎的!(行介)

【隔尾】观之不足由他缱,便赏遍了十二亭台是枉然。到不如兴尽回家闲过遣。(作到介)(贴)"开我西阁门,展我东阁床。瓶插映山紫[18],炉添沉水香[19]。"小姐,你歇息片时,俺瞧老夫人去也。(下)(旦叹介)"默地游春转,小试宜春面。"春啊,得和你两留连,春去如何遣?咳,恁般天气,好困人也。春香那里?(作左右瞧介)(又低首沉吟介)天呵,春色恼人,信有之乎!常观诗词乐府,古之女子,因春感情,遇秋成恨,诚不谬矣。吾今年已二八,未逢折桂之夫[20];忽慕春情,怎得蟾宫之客?昔日韩夫人得遇于郎[21],张生偶逢崔氏,曾有《题红记》《崔徽传》二书。此佳人才子,前以密约偷期,后皆得成秦晋。(长叹介)吾生于宦族,长在名门。年已及笄,不得早成佳配,诚为虚度青春,光阴如过隙耳。(泪介)可惜妾身颜色如花,岂料命如一叶乎!

【山坡羊】没乱里春情难遣,蓦地里怀人幽怨。则为俺生小婵娟,拣名门一例、一例里神仙眷。甚良缘,把青春抛的远!俺的睡情谁见?则索因循腼腆。想幽梦谁边,和春光暗流传?迁延,这衷怀那处言!淹煎,泼残生,除问天[22]!身子困乏了,且自隐几而眠。(睡介)(梦生介)(生持柳枝上)"莺逢日暖歌声消,人遇风情笑口开。一径落花随水入,今朝阮肇到天台[23]。"小生顺路儿跟着杜小姐回来,怎生不见?(回看介)呀!小姐,小姐!(旦作惊起介)(相见介)(生)小生那一处不寻访小姐来,却在这里!(旦作斜视不语介)(生)恰好花园内,折取垂柳半枝。姐姐,你既淹通书史,可作诗以赏此柳枝乎?(旦作惊喜,欲言又止介)(背想)这生素昧平生,何因到此?(生笑介)小姐,咱爱杀你哩!

【山桃红】则为你如花美眷,似水流年,是答儿闲寻遍[24]。在幽闺自怜。小姐,和你那答儿讲话去。(旦作含笑不行)(生作牵衣介)(旦低问)那边去?(生)转过这芍药栏前,紧靠着湖山石边。(旦低问)秀才,去怎的?(生低答)和你把领扣松,衣带宽,袖梢儿揾着牙儿苫也,则待你忍耐温存一晌眠。(旦作羞)(生前抱)(旦推介)(合)是那处曾相见,相看俨然,早难道这好处相逢无一言?(生强抱旦下)(末扮花神束发冠,红衣插花上)"催花御史惜花天,检点春工又一年。蘸客伤心红雨下,勾人悬梦彩云边。"吾乃掌管南安府后花园花神是也。因杜知府小姐丽娘,与柳梦梅秀才,后日有姻缘之分。杜小姐游春感伤,致使柳秀才入梦。咱花神专掌惜玉怜香,竟来保护他,要他云雨十分欢幸也。

【鲍老催】(末)单则是混阳蒸变,看他似虫儿般蠢动把风情扇。一般儿娇凝翠绽魂儿颤。这是景上缘,想内成,因中见。呀,淫邪展污了花台殿。咱待拈片落花儿惊醒他。(向鬼门丢花介)他梦酣春透了怎留连?拈花闪碎的红如片。秀才才到的半梦儿,梦毕之时,好送杜小姐仍归香阁。吾神去也。(下)

【山桃红】(生、旦携手上)(生)这一霎天留人便,草借花眠。小姐可好?(旦低头介)(生)则把云鬟点,红松翠偏。小姐休忘了啊,见了你紧相偎,慢厮连,恨不得肉儿般团成片也,逗的个日下胭脂雨上鲜。(旦)秀才,你可去啊?(合)是那处曾相见,相看俨然,早难道这好处相逢无一言?(生)姐姐,你身子乏了,将息,将息。(送旦依前作睡介)(轻拍旦介)姐姐,俺去了。(作回顾介)姐姐,你可十分将息,我再来瞧你那。"行来春色三分雨,睡去巫山一片云。"(下)(旦作惊醒,低叫介)秀才,秀才,你去了也?(又作痴睡介)(老旦上)"夫婿坐黄堂,娇娃立绣窗。怪他裙衩上,花鸟绣双双。"孩儿,孩儿,你为甚瞌睡在此?(旦作醒,叫秀才介)咳也。(老旦)孩儿怎的来?(旦作惊起介)奶奶到此!(老旦)我儿,何不做些针指,或观玩书史,舒展情怀?因何昼寝于此?(旦)孩儿适在花园中闲玩,忽值春暄恼人,故此回房。无可消遣,不觉困倦少息。有失迎接,望母亲恕儿之罪。(老旦)孩儿,这后花园中冷静,少去闲行。(旦)领母亲严命。(老旦)孩儿,学堂看书去。(旦)先生不在,且自消停。(老旦叹介)女孩儿长成,自有许多情态,且自由他。正是:"宛转随儿女,辛勤做老娘。"(下)(旦长叹介)(看老旦下介)哎也,天那,今日杜丽娘有些侥幸也。偶到后花园中,百花开遍,睹景伤情。没兴而回,昼眠香阁。忽见一生,年可弱冠,丰姿俊妍。于园中折得柳丝一枝,笑对奴家说:"姐姐既淹通书史,何不将柳枝题赏一篇?"那时待要应他一声,心中自忖,素昧平生,不知名姓,何得轻与交言。正如此想间,只见那生向前说了几句伤心话儿,将奴搂抱去牡丹亭畔,芍药阑边,共成云雨之欢。两情和合,真个是千般爱惜,万种温存。欢毕之时,又送我睡眠,几声"将息"。正待自送那生出门,忽值母亲来到,唤醒将来。我一身冷汗,乃是南柯一梦。忙身参礼母亲,又被母亲絮了许多闲话。奴家口虽无言答应,心内思想梦中之事,何曾放怀。行坐不宁,自觉如有所失。娘呵,你教我学堂看书去,知他看那一种书消闷也。(作掩泪介)

【绵搭絮】雨香云片,才到梦儿边。无奈高堂,唤醒纱窗睡不便。泼新鲜冷汗粘煎,闪的俺心悠步軃[25],意软鬟偏。不争多费尽神情,坐起谁忺? 则待去眠[26]。(贴上)"晚妆销粉印,春润费香篝。"小姐,薰了被窝睡罢。

【尾声】(旦)困春心游赏倦,也不索香薰绣被眠。天呵,有心情那梦儿还去不远。

【注释】

[1]《游园惊梦》:选自《牡丹亭》第十出。

[2]啭:鸟儿婉转动听的声音。

[3]炷尽:烧完。沉烟:沉水香燃起的香。

[4]恁:怎么,为什么。关情:牵动人的情怀。

[5]梅关:即是江西和广东交界的大庾岭,宋代在此设有梅关。

[6]贴:角色名,扮春香。

[7]袅:轻柔飘荡的样子。晴丝:即游丝,春天虫类吐的丝。

[8]翠生生:色彩鲜艳。茜:红色。

[9]爱好:爱美。天然:即天性。

[10]三春好处:晚春季节的美好景致。此用春景比喻自己的美貌。

[11]沉鱼落雁:与下句的"闭月羞花"都是形容女子的容貌异常美丽。

[12]泥:玷污,此为动词。

[13]惜花疼煞小金铃:见《天元开宝遗事》,此处是因为爱惜花,把绳子拉多了,使得金铃也感到疼痛。

[14]断井:废井。颓垣:坍塌的墙。

[15]朝飞暮卷:借用唐代王勃《滕王阁序》"画栋朝飞南浦云,珠帘暮卷西山雨"诗意形容楼阁壮丽,视野开阔。

[16]荼蘼:一种晚春开的花。烟丝:柳丝。醉软:形容游丝柔弱多姿。

[17]凝眄:斜着眼凝视。

[18]映映紫:即映山红,杜鹃花的一种。

[19]沉水香:即沉香。

[20]折桂:喻指科举及第。

[21]韩夫人得遇于郎:见宋张子京《流红记》传奇故事。

[22]泼残生:自谈苦命之词。

[23]阮肇到天台:意指见到佳人。相传刘晨和阮肇入天台采药,在桃源洞遇见二仙女,后结为夫妇。见《太平广记》卷六十一《天台二女》。

[24]是答儿:到处。

[25]步嚲:脚步偏斜。

[26]恢:高兴,适意。

【导读】

《牡丹亭》又名《杜丽娘慕色还魂记》,通过描写杜丽娘感春成梦、由梦而死、死而复生的离奇曲折的爱情故事,热情歌颂了反对封建礼教、追求自由幸福的爱情需求和强烈要求求个性解放的精神。《游园惊梦》是《牡丹亭》中的第十出戏,主要描写游园感春忧愁伤感而于睡梦中与柳梦梅相会之事。其中"游园"一节对花园春色的描写对杜丽娘青春觉醒的启发生动细腻,深细感人。

"梦回莺啭,乱煞年光遍"即使幽禁于深深的庭院,那热烈浓郁、无处不在的春天的气息仍是扑面而来。"袅晴丝吹来闲庭院,摇漾春如线"若有若无的游丝随风飘漾,摇曳着人的心也随之微波荡漾。杜丽娘就这样怀着情窦初开少女的柔情开始梳妆,并第一次发现自己的美丽,所以当春香赞叹"今日穿插的好"时,她脱口而出"可知我常一生儿爱好是天然"。这正是杜丽娘对生命、对青春、对爱情的一种大胆宣誓!然而,这沉鱼落雁之容、闭月羞花之色恰如这"三春好处无人见",杜丽娘的感叹和照镜又止、顾影自怜等神态动作,侧面刻画一个春思萌动的少女。

"不到园林,怎知春色如许!"这是她第一次看见真正的春天,也是她生命中的第一个春天。你看,"朝飞暮卷,云霞翠轩;雨丝风片,烟波画船"大自然的绚丽春光让她为之惊叹,为之动容——也是在这美丽的自然春光中,她惊觉了自己的美丽。即使在压抑沉闷的闺阁之门,杜丽娘仍是浸受了《诗经》的熏染,萌动的意识早已有之,只是在严酷的封建礼教环境下得不到生长的土壤。而此刻,大自然的美丽在她内心唤起了强烈的共鸣。"原来姹紫嫣红开遍,似这般都付与断井颓垣!"迷人春色与荒废景象形成了鲜明的对比,她惊觉自己的美丽亦如这满园春色,"断井颓垣"暗喻着那被礼教束缚的生活环境,如此明媚的春光竟被辜负!"原来","似这般""都付与"这几个词都带有强烈的感情色彩,带有无限的感叹和惋惜,更凸显了春色引起的心灵震撼。流光易逝,三月暮春,花事已残,美好的一切也终将凋零,一如青春。"良辰美景奈何天,赏心乐事谁家院。""奈何天""谁家院"六个字里凝聚着杜丽娘对命运的感伤。

"朝飞暮卷,云霞翠轩,雨丝风片,烟波画船"这些实虚结合的景象十分开阔,雕梁画栋,飞阁流丹,碧瓦亭台,如云霞一般灿烂绚丽,和煦的春风带着蒙蒙细雨,烟波浩渺的春水中浮动着画船。春天是这样美好,这样不受拘束,这景色中包含了追求也融入了惆怅,杜丽娘对春天的惋惜,对自己的怜惜更加强烈,使之指责道——"锦屏人忒看的这韶光贱!"这里有对自然和青春的热爱,有对春色惊叹,也有对礼教的不满和无可奈何的苦闷哀伤。

"游园惊梦"是杜丽娘冲破礼教牢笼的实际行动启蒙,也是杜丽娘由生到死的关键所在。《牡丹亭》中"情不知所起,一往而深,生者可以死,死者可以生。"为爱而死,又因爱而生,杜丽娘无疑是千百年来女性的光辉典范,上穷碧落下黄泉在这场艰辛的爱情跋涉中,她感动了天地,超越了生死、轮回与种种现实的桎梏、枷锁;她的爱,亦如她对美、对青春的怜惜与捍卫,是勇敢的、炽热的、令人敬畏与荡气回肠的。

【思考】

1.[皂罗袍]这支曲词历来被誉为"惊才艳绝之作",抒发了杜丽娘怎样的复杂心情?

2.该篇中游园一段是如何刻画杜丽娘心理的?

聊斋志异(婴宁)[1]

蒲松龄

蒲松龄(1640—1715),清代文学家。字留仙,一字剑臣,别号柳泉居士,世称聊斋先生,山东淄川(今淄博)人。早岁即有文名,深为施闰章、王士禛所重。屡应省试,皆落第,年七十一岁始成贡生。除中年一度作幕于宝应,居乡以塾师终老。家境贫困,接触底层人民生活。能诗文,善作俚曲。牢骚满腹,便在聊斋写他的志异。最终用数十年时间写成短篇小说集《聊斋志异》,并不断修改增补。大致从中年开始,他一边教书一边写作《聊斋志异》,一直写到晚年。书未脱稿,便在朋辈中传阅,并受到当时诗坛领袖王士禛的赏识。除《聊斋志异》外,他还存有相当数量的诗、词、文、俚曲等,今人编为《蒲松龄集》。

《聊斋志异》运用唐传奇小说文体,通过谈狐说鬼方式,对当时的社会、政治进行批判。所著又有《聊斋文集》《聊斋诗集》《聊斋俚曲》及关于农业、医药等通俗读物多种。《聊斋志异》近500篇,继承了六朝志怪小说、唐传奇和《史记》传记文学的传统,把花妖狐媚人格化,幽冥世界现实化,曲折地批判社会,表达理想,是中国古代短篇文言小说的顶峰之作。

【原文】

王子服,莒之罗店人[2]。早孤,绝慧,十四入泮[3]。母最爱之,寻常不令游郊野。聘萧氏,未嫁而夭,故求凰[4]未就也。会上元[5],有舅氏子吴生邀同眺瞩。方至村外,舅家有仆来,招吴去。生见游女如云,乘兴独遨。有女郎携婢,拈梅花一枝,容华绝代,笑容可掬。生注目不移,竟忘顾忌。女过去数武[6],顾婢曰:"个儿郎目灼灼似贼!"遗花地上,笑语自去。生拾花怅然,神魂丧失,怏怏遂返。至家,藏花枕底,垂头而睡,不语亦不食。母忧之。醮禳[7]益剧,肌革锐减。医师诊视,投剂发表[8],忽忽若迷。母抚问所由,默然不答。

适吴生来,嘱秘诘之。吴至榻前,生见之泪下。吴就榻慰解,渐致研诘。生具吐其实,且求谋画。吴笑曰:"君意亦复痴,此愿有何难遂?当代访之。徒步于野,必非世家。如其未字[9],事固谐矣;不然,拼以重赂,计必允遂。但得痊瘳,成事在我。"生闻之,不觉解颐[10]。吴出告母,物色女子居里[11],而探访既穷,并无踪绪。母大忧,无所为计。然自吴去后,颜顿开,食亦略进。数日,吴复来。生问所谋。吴绐[12]之曰:"已得之矣。我以为谁何人,乃我姑氏女,即君姨妹,今尚待聘。虽内戚有婚姻之嫌,实告之,无不谐者。"生喜溢眉宇,问:"居何里?"吴诡曰:"西南山中,去此可三十余里。"生又付嘱再四,吴锐身自任[13]而去。

生由是饮食渐加,日就平复。探视枕底,花虽枯,未便凋落,凝思把玩,如见其人。怪吴不至,折柬[14]招之。吴支托不肯赴招。生恚怒,悒悒不欢。母虑其复病,急为议姻。略与商榷,辄摇首不愿。惟日盼吴。吴迄无耗,益怨恨之。转思三十里非遥,何必仰息他人?怀梅袖中,负气自往,而家人不知也。伶仃独步,无可问程,但望南山行去。约三十余里,乱山合沓,空翠爽肌,寂无人行,止有鸟道。遥望谷底,丛花乱树中,隐隐有小里落。下山入村,见舍宇无多,皆茅屋,而意甚修雅[15]。北向一家,门前皆丝柳,墙内桃杏尤繁,间以修竹,野鸟格磔[16]其中。意其园亭,不敢遽入。回顾对户,有巨石滑洁,因据坐少憩。

俄闻墙内有女子长呼"小荣",其声娇细。方伫听间,一女郎由东而西,执杏花一朵,俯首自簪;举头见生,遂不复簪,含笑拈花而入。审视之,即上元途中所遇也。心骤喜,但念无以阶进[17]。欲呼姨氏,而顾从无还往,惧有讹误,门内无人可问。坐卧徘徊,自朝至于日昃[18],盈盈望断,并忘饥渴。时见女子露半面来窥,似讶其不去者。忽一老媪扶杖出,顾生曰:"何处郎君,闻自辰刻便来,以至于今,意将何为?得勿饥耶?"生急起揖之,答云:"将以盼亲。"媪聋聩不闻。又大言之。乃问:"贵戚何姓?"生不能答。媪笑曰:"奇哉!姓名尚自不知,何亲可探?我视郎君,亦书痴耳。不如从我来,啖以粗粝,家有短榻可卧。待明朝归,询知姓氏,再来探访,不晚也。"生方腹馁思啖,又从此渐近丽人,大喜,从媪入,见门内白石砌路,夹道红花,片片堕阶上;曲折而西,又启一关[19],豆棚花架满庭中。肃客[20]入舍,粉壁光如明镜;窗外海棠枝朵探入室内,裀藉[21]几榻,罔不洁泽。甫坐,即有人自窗外隐约相窥。媪唤:"小荣!可速作黍。"外有婢子嗷声而应。坐次,具展宗阀[22]。媪曰:"郎君外祖,莫姓吴否?"曰:"然。"媪惊曰:"是吾甥也!尊堂[23],我妹子。年来以家窭贫,又无三尺之男,遂至音问梗塞。甥长成如许,尚不相识。"生曰:"此来即为姨也,匆遽遂忘姓氏。"媪曰:"老身秦姓,并无诞育,弱息[24]仅存,亦为庶产[25]。渠[26]母改醮,遗我鞠养。颇亦不钝,但少教训,嬉不知愁。少顷,使来拜识。"

未几,婢子具饭,雏尾盈握[27]。媪劝餐已,婢来敛具。媪曰:"唤宁姑来。"婢应去。良久,闻户外隐有笑声。媪又唤曰:"婴宁!汝姨兄在此。"户外嗤嗤笑不已。婢推之以入,犹掩其口,笑不可遏。媪嗔目曰:"有客在,咤咤叱叱,是何景象!"女忍笑而立,生揖之。媪曰:"此王郎,汝姨子。一家尚不相识,可笑人也。"生问:"妹子年几何矣?"媪未能解;生又言之。女复笑,不可仰视。媪谓生曰:"我言少教诲,此可见矣。年已十六,呆痴才如婴儿。"生曰:"小于甥一岁。"曰:"阿甥已十七矣,得非庚午属马者耶?"生首应之。又问:"甥妇阿谁?"答曰:"无之。"曰:"如甥才貌,何十七岁犹未聘耶?婴宁亦无姑家,极相匹敌。惜有内亲之嫌。"生无语,目注婴宁,不遑他瞬[28]。婢向女小语云:"目灼灼,贼腔未改。"女又大笑,顾婢曰:"视碧桃开未?"遽起,以袖掩口,细碎连步而出。至门外,笑声始纵。媪亦起,唤婢襆被,为生安置。曰:"阿甥来不易,宜留三五日,迟迟送汝归。如嫌幽闷,舍后有小园,可供消遣,有书可读。"

次日,至舍后,果有园半亩,细草铺毡,杨花糁径。有草舍三楹,花木四合其所。穿花小步,闻树头苏苏有声,仰视,则婴宁在上。见生,狂笑欲堕。生曰:"勿尔,堕矣。"女且下且笑,不能自止。方将及地,失手而堕,笑乃止。生扶之,阴捘[29]其腕。女笑又作,倚树不能行,良久乃罢。生俟其笑歇,乃出袖中花示之。女接之,曰:"枯矣。何留之?"曰:"此上元妹子所遗,故存之。"问:"存之何意?"曰:"以示相爱不忘也。自上元相遇,凝思成疾,自分化为异物[30],不图得见颜色,幸垂怜悯!"女曰:"此大细事[31],至戚何所靳惜?待兄行时,园中花,当唤老奴来,折一巨捆负送之。"生曰:"妹子痴耶?"女曰:"何便是痴?"生曰:"我非爱花,爱拈花之人耳。"女曰:"葭莩[32]之情,爱何待言?"生曰:"我所谓爱,非瓜葛之爱,乃夫妻之爱。"女曰:"有以异乎?"曰:"夜共枕席耳。"女俯首思良久,曰:"我不惯与生人睡。"语未已,婢潜至,生惶恐遁去。

少时,会母所。母问:"何往?"女答以园中共话。媪曰:"饭熟已久,有何长言,周遮[33]乃尔。"女曰:"大哥欲我共寝。"言未已,生大窘,急目瞪之,女微笑而止。幸媪不闻,犹絮絮究诘。生急以他词掩之,因小语责女。女曰:"适此语不应说耶?"生曰:"此背人语。"女曰:

"背他人,岂得背老母?且寝处亦常事,何讳之?"生恨其痴,无术可以悟之。食方竟,家中人捉双卫[34]来寻生。

先是,母待生久不归,始疑。村中搜觅已遍,竟无踪兆。因往询吴。吴忆囊言,因教于西南山村行觅。凡历数村,始至于此。生出门,适相值。便入告媪,且请偕女同归。媪喜曰:"我有志,匪伊朝夕[35]。但残躯不能远涉。得甥携妹子去,识认阿姨,大好。"呼婴宁,宁笑至。媪曰:"有何喜,笑辄不辍?若不笑,当为全人。"因怒之以目。乃曰[36]:"大哥欲同汝去,可便装束。"又饷家人酒食,始送之出,曰:"姨家田产充裕,能养冗人。到彼且勿归,小学诗礼,亦好事翁姑。即烦阿姨为汝择一良匹。"二人遂发。至山坳回顾,犹依稀见媪倚门北望也。

抵家,母睹妹丽,惊问为谁。生以姨女对。母曰:"前吴郎与儿言者,诈也。我未有姊,何以得甥?"问女,女曰:"我非母出。父为秦氏,没时,儿在襁中,不能记忆。"母曰:"我一姊适秦氏,良确。然姐谢已久,那得复存?"因审诘面庞、志赘[37],一一符合。又疑曰:"是矣。然亡已多年,何得复存?"疑虑间,吴生至,女避入室。吴询得故,悯然久之。忽曰:"此女名婴宁耶?"生然之。吴极称怪。问所自知,吴曰:"秦家姑去世后,姑丈鳏居,祟于狐,病瘵死。狐生女名婴宁,绷卧床上,家人皆见之。姑丈没,狐犹时来。后求天师符粘壁上,狐遂携女去。将勿此耶?"彼此疑参。但闻室中吃吃,皆婴宁笑声。母曰:"此女亦太憨生。"吴生请面之。母入室,女犹浓笑不顾。母促令出,始极力忍笑,又面壁移时,方出。才一展拜,翻然遽入,放声大笑。满室妇女,为之粲然。吴请往觇其异[38],就便执柯[39]。寻至村所,庐舍全无,山花零落而已。吴忆姑葬处,仿佛不远,然坟垅湮没,莫可辨识,诧叹而返。母疑其为鬼。入告吴言,女略无骇意;又吊其无家,亦殊无悲意,孜孜憨笑而已。众莫之测,母令与少女同寝止,昧爽[40]即来省问。操女红,精巧绝伦。但善笑,禁之亦不可止。然笑处嫣然,狂而不损其媚,人皆乐之。邻女少妇,争承迎之。母择吉为合卺[41],而终恐为鬼物。窃于[42]日中窥之,形影殊无少异。至日,使华装行新妇礼,女笑极不能俯仰[43],遂罢。生以其憨痴,恐泄漏房中隐事,而女殊秘密,不肯道一语。每值母忧怒,女至一笑即解。奴婢小过,恐遭鞭楚,辄求诣母共话;罪婢投见,恒得免。而爱花成癖,物色遍戚党;窃典金钗,购佳种,数月,阶砌藩溷[44],无非花者。

庭后有木香一架,故邻西家。女每攀登其上,摘供簪玩。母时遇见,辄诃之,女卒不改。一日,西人子见之,凝注倾倒,女不避而笑。西邻子谓女意已属,心益荡。女指墙底,笑而下。西人子谓示约处,大悦。及昏而往,女果在焉。就而淫之,则阴如锥刺,痛彻于心,大号而踣。细视非女,则一枯木卧墙边,所接乃水淋窍也。邻父闻声,急奔研问,呻而不言。妻来,始以实告。爇[45]火烛窍,见中有巨蝎,如小蟹然。翁碎木,捉杀之。负子至家,半夜寻卒。邻人讼生,讦发婴宁妖异。邑宰素仰生才,稔知其笃行士,谓邻翁讼诬,将杖责之,生为乞免,遂释而出。母谓女曰:"憨狂尔尔,早知过喜而伏忧也。邑令神明,幸不牵累;设[46]鹘突官宰,必逮妇女质公堂,我儿何颜见戚里?"女正色,矢[47]不复笑。母曰:"人罔不笑,但须有时。"而女由是竟不复笑,虽故逗之,亦终不笑,然竟日未尝有戚容[48]。

一夕,对生零涕。异之。女哽咽曰:"曩以相从日浅,言之恐致骇怪;今日察姑及郎,皆过爱无有异心,直告或无妨乎?妾本狐产。母临去,以妾托鬼母,相依十余年,始有今日。妾又无兄弟,所恃者惟君。老母岑寂山阿,无人怜而合厝[49]之,九泉辄为悼恨。君倘不惜烦费,使地下人消此怨恫,庶养女者不忍溺弃[50]。"生诺之,然虑坟冢迷于荒草,女但言:"无虑。"刻日,夫妻舆椟[51]而往。女于荒烟错楚中,指示墓处,果得媪尸,肤革犹存。女抚哭哀痛。舁归,寻秦氏墓合葬焉。是夜生梦媪来称谢,寤而述之。女曰:"妾夜见之,嘱勿惊郎君耳。"生恨不邀留。女曰:"彼鬼也。生人多,阳气胜,何能久居?"生问小荣,曰:"是亦狐,最黠。狐母留以视妾,每摄果饵相哺,故德之常不去心[52];昨问母,云已嫁之。"由是岁值寒食[53],夫妇登秦墓,拜扫无缺。女逾年生一子,在怀抱中,不畏生人,见人辄笑,亦大有母风云。

异史氏[54]曰:"其孜孜憨笑,似全无心肝者。而墙下恶作剧,其黠孰甚焉!至凄恋鬼母,反笑为哭,我婴宁殆隐于笑者矣[55]。窃闻山中有草,名'笑矣乎'。嗅之,则笑不可止。房中植此一种,则合欢、忘忧[56],并无颜色矣;若解语花[57],正嫌其作态耳!"

【注释】

[1]婴宁:似出于《庄子·大宗师》,其中有所谓"撄宁",指"撄而后宁",即经困扰而后达成合乎天道、保持自然本色的人生。此处只是人名,形容父母希望婴孩平平安宁静地度过一生的样子。

[2]莒罗店:莒县,今属山东日照市。罗店:今莒县洛河镇罗米庄。

[3]入泮:古代学宫有泮池,成绩优异者才可进学宫学习,故称学童入学宫为入泮。

[4]求凰:犹言求妻。相传司马相如以"凤求凰"琴曲向卓文君求婚。

[5]上元:也称元宵节。

[6]数武:泛指几步。武:半步。

[7]醮禳:请僧道祈祷做法事,常特指道士。

[8]发表:中医的一种治疗方法,即通过让患者出汗使其体内邪毒发散出来。

[9]未字:还没有订婚。古代女子订婚称"字"。

[10]解颐:舒展容颜,开怀欢笑。

[11]居里:居住的地方。

[12]绐:哄骗。

[13]锐身自任:挺身担起责任。锐身:挺身。

[14]折柬:裁纸写信。柬:原指竹简,代指书信。

[15]修雅:整齐雅致。

[16]格磔:形容鸟鸣声。

[17]无以阶进:找不到进去的理由。阶:台阶,这里喻指借口、理由。

[18]日昃:午后。昃:日头偏斜。

[19]启一关:开了一道门。关:古代指门。

[20]肃客:尊敬的迎客。肃:引导、迎接。

[21]裀藉:坐垫,坐褥。

[22]具展宗阀:王子服详细叙述说家世。宗阀:家世。阀:本指官宦人家门前记录功业的柱子,后泛指功业或家世。

[23]尊堂:对别人母亲的敬称,也就是你母亲的意思。

[24]弱息:幼弱的子女,特指女儿。

[25]庶产:不是正妻所生。

[26]渠:他。

[27]乌尾盈握:(摆上桌来的)鸡才刚刚长好。也就是较小的鸡的尾巴刚能抓满一把。

[28]不遑他瞬:顾不上看别处。遑:闲暇。不遑:没有空闲。

[29]阴挼:暗地里捏弄。

[30]自分化为异物:自以为要死了。自分:自以为,自料。异物,死亡的代称,《庄子》称人死亡后"或化为鼠肝,或化为虫臂"。

[31]细事:很小的事情。

[32]葭莩:芦苇内壁里的一层薄膜。代指疏远的亲戚,也泛指一般的亲戚。

[33]周遮:形容话很多的样子。

[34]捉双卫:牵着两头驴子。卫:驴的别名。

[35]匪伊朝夕:也不止一天了,匪:通假字,通非。

[36]有何喜,笑辄不辍? 若不笑,当为全人。因怒之以目,乃曰:抄本原没有这句,但后来根据考证,这句话是存在的,故加上去了。

[37]志赘:就是痣、赘疣及胎记等,代指人身上的特征。志:同痣。赘:赘疣。

[38]觇其异:在婴宁不注意的时候察看她的异常。觇:观察,窥探。

[39]执柯:做媒的意思。

[40]昧爽:天刚刚亮。省问:看望问候,请安。

[41]合卺:完婚,圆房。

[42]窈于:旧时迷信说鬼在阳光下是没有影子的。

[43]不能俯仰:就是说笑得直不起腰来,形容笑得很厉害。

[44]阶砌藩溷:台阶、厕所等。这里形容多、无所不在。

[45]爇:燃烧,点燃。

[46]设:假如。

[47]矢:立誓。

[48]戚容:悲伤的面容。

[49]合厝:合葬。厝:埋葬。

[50]庶养女者:古代的一种落后习俗,认为女儿不能延续续香火,父母死后不能办理后事,所以常把女婴放进水里淹死。

[51]舆梓:用车子运载棺材。舆:车子,指用车子运载。梓:棺材。

[52]德之常不去心:感激她,常常心中惦念。德:名词动化。不去心:心中惦念。

[53]寒食:清明节的前两天为寒食节,旧俗这天不烧火吃熟食。

[54]异史氏:作者蒲松龄的自称。

[55]殆隐于笑者矣:抄本作"何尝菴也",比较生僻,不利于传播,经专家慎重考证,改用现在的形式。

[56]合欢、忘忧:合欢花、忘忧草。因为这两种花草的名字带有开怀之意,它们的香气也有这样的作用,所以拿来和文中的"笑矣乎"来相比较。

[57]若解语花:解语花:意像花一样美丽而又善解人意。典出王仁裕《开元天宝遗事》:……太液池有千叶白莲数枝盛开……帝指贵妃示于左右曰:"争如我解语花?"作态:做作,别扭不自然的意思。

【导读】

小说《聊斋志异》在中国古代文学艺术上有至高的地位,而《婴宁》则是《聊斋志异》中最著名的篇章之一。这篇小说描述了婴宁与王子服的爱情故事,描写了婴宁从"孜孜憨笑"到"矢不复笑",最后"反笑为哭"的变化,塑造了婴宁这个不平凡的女性形象。在"婴宁"身上折射了作者对世态的深切感受,也寄寓着他美好的社会理想。

小说前半部分以浓墨重彩描写了婴宁从恋爱到成婚的过程中手不离花、口不离笑、天真憨痴的性格特征。婴宁爱笑爱花、娇憨的性格是由于她受到生活所处的自然环境的影响——婴宁从小生活在一个与世隔绝的山谷之中,这里没有任何礼教的束缚,也是作者美好的憧憬和理想。文中婴宁的笑比比皆是:她坐也笑,站也笑,走也笑,倚树狂笑,掩口犹笑……笑得千姿百态。

故事的转折点是婴宁的恶作剧,恶作剧引起了官司,婴宁出于家庭名誉的考虑,慑于封建礼法,"由是竟不复笑,虽故逗之,亦终不笑",它显示了婴宁对社会礼法的屈服,这才是最让人深思的。其后"对生零涕",婴宁的"哭"第一次在文中出现,以至于婴宁"女抚哭哀痛",思恋鬼母,怀念山林。要求王生安葬母亲的行为表现了她对社会伦理的认同。至此,婴宁已完全融入封建社会的礼法习俗中,爱笑爱花、天真烂漫的婴宁已不复存在。婴宁性格的突变,体现了作者深深的愤怒,借婴宁形象批判了封建礼教的残忍。

《聊斋志异·婴宁》,写出了婴宁由笑到哭的变化,被迫由娇憨、天真的个性回归封建妇德的束缚,这是婴宁个人的悲剧,也是封建社会所有女性的悲剧,更是时代的悲哀。

【思考】

1.试分析婴宁的主要个性特点。

2.《婴宁》中,促使婴宁"矢不复笑"的事件是什么?

红楼梦(节选)

曹雪芹

曹雪芹(1715—1763),名霑,字芹圃,号芹溪,梦阮,清代著名小说家,祖籍辽阳。曹雪芹是内务府汉军旗人,出身"百年望族"的大官僚地主家庭。曹雪芹的曾祖母孙氏做过康熙的乳母,祖父曹寅做过康熙的侍读。从康熙二年至雍正五年,曾祖曹玺、祖父曹寅、父亲曹頫、叔父曹頫,相继担任江宁织造六十多年。织造专为宫廷采办丝织品和各种日用品,官阶虽不高,但却是肥缺,一般而言非皇帝亲信万不能充任。但"忽喇喇似大厦倾",在先后几次宦海风波中(其中最后一次甚至查不出原因),曹家衰落,曹雪芹饱尝人世间的辛酸。曹雪芹素性放达,爱好广泛,对金石、诗书、绘画、园林、中医、织补、工艺、饮食等均有所研究。他以坚韧不拔的毅力,历经多年艰辛,终于创作出极具思想性、艺术性的伟大作品——《红楼梦》。

宝玉挨打这一情节在《红楼梦》中占有重要地位,有人认为是全书的第一个高潮,它在情节结构的安排、人物形象的塑造以及思想倾向的表达等方面都达到了相当的高度。

【原文节选】

原来宝玉会过雨村回来听见了,便知金钏儿含羞赌气自尽,心中早又五内摧伤,进来被王夫人数落教训,也无可回说。见宝钗进来,方得便出来,茫然不知何往,背着手,低头一面感叹,一面慢慢的走着,信步来至厅上。刚转过屏门,不想对面来了一人正往里走,可巧儿撞了个满怀。只听那人喝了一声"站住!"宝玉唬了一跳,抬头一看,不是别人,却是他父亲,不觉的倒抽了一口气,只得垂手一旁站了。贾政道:"好端端的,你垂头丧气嗐些什么?方才雨村来了要见你,叫你那半天你才出来;既出来了,全无一点慷慨挥洒谈吐,仍是葳葳蕤蕤。我看你脸上一团思欲愁闷气色,这会子又咳声叹气。你那些还不足,还不自在?无故这样,却是为何?"宝玉素日虽是口角伶俐,只是此时一心总为金钏儿感伤,恨不得此时也身亡命殒,跟了金钏儿去。如今见了他父亲说这些话,究竟不曾听见,只是怔呵呵的站着。

贾政见他惶悚[1]，应对不似往日，原本无气的，这一三分气。方欲说话，忽有回事人来回："忠顺亲王府里有人来，要见老爷。"贾政听了，心下疑惑，暗暗思忖道："素日并不和忠顺府来往，为什么今日打发人来？"一面想，一面令"快请"，急走出来看时，却是忠顺府长史官[2]，忙接进厅上坐了献茶。未及叙谈，那长史官先就说道："下官此来，并非擅造潭府[3]，皆因奉王命而来，有一件事相求。看王爷面上，敢烦老大人作主，不但王爷知情，且连下官辈亦感谢不尽。"贾政听了这话，抓不住头脑，忙陪笑起身问道："大人既奉王命而来，不知有何见谕，望大人宣明，学生好遵谕承办。"那长史官便冷笑道："也不必承办，只用大人一句话就完了。我们府里有一个做小旦的琪官，一向好好在府里，如今竟三五日不见回去，各处去找，又摸不着他的道路，因此各处访察。这一城内，十停[4]人倒有八停人都说，他近日和衔玉的那位令郎相与甚厚。下官辈等听了，尊府不比别家，可以擅入索取，因此启明王爷。王爷亦云：'若是别的戏子呢，一百个也罢了，只是这琪官随机应答，谨慎老诚，甚合我老人家的心，竟断断少不得此人。'故此求老大人转谕令郎，请将琪官放回，一则可慰王爷谆谆奉恩，二则下官辈也可免操劳求觅之苦。"说毕，忙打一躬。

贾政听了这话，又惊又气，即命唤宝玉来。宝玉也不知是何原故，忙赶来时，贾政便问："该死的奴才！你在家不读书也罢了，怎么又做出这些无法无天的事来！那琪官现是忠顺王爷驾前承奉的人，你是何等草芥，无故引逗他出来，如今祸及于我。"宝玉听了唬了一跳，忙回道："实在不知此事。究竟连'琪官'两个字不知为何物，岂更又加'引逗'二字！"说着便哭了。贾政未及开言，只见那长史官冷笑道："公子也不必掩饰。或隐藏在家，或知其下落，早说了出来，我们也少受些辛苦，岂不念公子之德？"宝玉连说不知，"恐是讹传，也未见得"。那长史官冷笑道："现有据证，何必还赖？必定当着老大人说了出来，公子岂不吃亏？既云不知此人，那红汗巾子[5]怎么到了公子腰里？"宝玉听了这话，不觉轰去魂魄，目瞪口呆，心下自思："这话他如何得知！他既连这样机密事都知道了，大约别的瞒他不过，不如打发他去了，免的再说出别的事来。"因说道："大人既知他的底细，如何连他置买房舍这样大事倒不晓得了？听得说他如今在东郊离城二十里有个什么紫檀堡，他在那里置了几亩田地几间房舍。想是在那里也未可知。"那长史官听了，笑道："这样说，一定是在那里。我且去找一回，若有了便罢，若没有，还要来请教。"说着，便忙忙的走了。

贾政此时气的目瞪口歪，一面送那长史官，一面回头命宝玉"不许动！回来有话问你！"一直送那官员去了。才回身，忽见贾环带着几个小厮一阵乱跑。贾政喝令小厮"快打，快打！"贾环见了他父亲，唬的骨软筋酥，忙低头站住。贾政便问："你跑什么？带着你的那些人都不管你，不知往那里逛去，由你野马一般！"喝令叫跟上学的人来。贾环见他父亲盛怒，便乘机说道："方才原不曾跑，只因从那井边一过，那井里淹死了一个丫头，我看见人头这样大，身子这样粗，泡的实在可怕，所以才赶着跑了过来。"贾政听了惊疑，问道："好端端的，谁去跳井？我家从无这样事情，自祖宗以来，皆是宽柔以待下人。——大约我近年于家务疏懒，自然执事人[6]，致使生出这暴殄轻生[7]的祸患。若外人知道，祖宗颜面何在！"喝令快叫贾琏、赖大、来兴。小厮们答应了一声，方欲叫去，贾环忙上前拉住贾政的袍襟，贴膝跪下道："父亲不用生气。此事除太太房里的人，别人一点也不知道。我听见我母亲说……"说到这里，便回头四顾一看。贾政知意，将眼一看众小厮，小厮们明白，都往两边后面退去。贾环便悄悄说道："我母亲告诉我说，宝玉哥哥前日在太太屋里，拉着太太的丫头金钏儿强奸不遂，打了一顿。那金钏儿便赌气投井死了。"

话未说完，把个贾政气的面如金纸，大喝"快拿宝玉来！"一面说，一面便往里边书房里去，喝令"今日再有人劝我，我把这冠带家私[8]一应交与他与宝玉过去！我免不得做个罪人，把这几根烦恼鬓毛剃去，寻个干净去处自了，也免得上辱先人下生逆子之罪。"众门客仆从见贾政这个形景，便知又是为宝玉了，一个个都是咬指咬舌，连忙退出。那贾政喘吁吁直挺挺坐在椅子上，满面泪痕，一叠声"拿宝玉！拿大棍！拿索子捆上！把各门都关上！有人传信往里头去，立刻打死！"众小厮们只得齐声答应，有几个来找宝玉。

那宝玉听见贾政吩咐他"不许动"，早知多凶少吉，那里承望贾环又添了许多的话。正在厅上干转，怎得个人来往里头去捎信，偏生没个人，连焙茗也不知在那里。正盼望时，只见一个老姆姆出来。宝玉如得了珍宝，便赶上来拉他，说道："快进去告诉：老爷要打我呢！快去，快去！要紧，要紧！"宝玉一则急了，说话不明白；二则老婆子偏生又聋，竟不曾听见是什么话，把"要紧"二字只听作"跳井"二字，便笑道："跳井让他跳去，二爷怕什么？"宝玉见是个聋子，便着急道："你出去叫我的小厮来罢。"那婆子道："有什么不了的事？老早的完了。太太又赏了衣服，又赏了银子，怎么不了事的！"

宝玉急的跺脚，正没抓寻处，只见贾政的小厮走来，逼着他出去了。贾政一见，眼都红紫了，也不暇问他在外流荡优伶，表赠私物，在家荒疏学业，淫辱母婢等语，只喝令"堵起嘴来，着实打死！"小厮们不敢违拗，只得将宝玉按在凳上，举起大板打了十来下。贾政犹嫌打轻了，一脚踢开掌板的，自己夺过来，咬着牙狠命盖了三四十下。众门客见打的不祥了，忙上前夺劝。贾政那里肯听，说道："你们问问他干的勾当可饶不可饶！素日皆是你们这些人把他酿[9]坏了，到这步田地还来解劝。明日酿到他弑君杀父，你们才不劝不成！"

众人听这话不好听，知道气急了，忙又退出，只得觅人进去给信。王夫人不敢先回贾母，只得忙穿衣出来，也不顾有人没人，忙忙赶往书房中来，慌的众门客小厮等避之不及。王夫人一进房来，贾政更如火上浇油一般，那板子越发下去的又狠又快。按宝玉的两个小厮忙松了手走开，宝玉早已动弹不得了。贾政还欲打时，早被王夫人抱住板子。贾政道："罢了，罢了！今日必定要气死我才罢！"王夫人哭道："宝玉虽然该打，老爷也要自重。况且炎天暑日的，老太太身上也不大好，打死宝玉事小，倘或老太太一时不自在了，岂不事大！"贾政冷笑道："倒休提这话。我养了这不肖的孽障，已不孝；教训他一番，又有众人护持；不如趁今日一发勒死了，以绝将来之患！"说着，便要绳索来勒死。

王夫人连忙抱住哭道："老爷虽然应当管教儿子，也要看夫妻分上。我如今已将五十岁的人，只有这个孽障，必定苦苦的以他为法，我也不敢深劝。今日越发要他死，岂不是有意绝我。既要勒死他，快拿绳子来先勒死我，再勒死他。我们娘儿们不敢含怨，到底在阴司里得个依靠。"说毕，爬在宝玉身上大哭起来。贾政听了此话，不觉长叹一声，向椅上坐了，泪如雨下。王夫人抱着宝玉，只见他面白气弱，底下穿着一条绿纱小衣皆是血渍，禁不住解下汗巾看，由臀至胫，或青或紫，或整或破，竟无一点好处，不觉失声大哭起来，"苦命的儿吓！"因哭出"苦命儿"来，忽又想起贾珠来，便叫着贾珠哭道："若有你活着，便死一百个我也不管了。"此时里面的人闻得王夫人出来，那李宫裁王熙凤与迎春姊妹早已出来了。王夫人哭着贾珠的名字，别人还可，惟有宫裁禁不住也放声哭了。贾政听了，那泪珠更似滚瓜一般滚了下来。

正没开交处,忽听丫鬟来说:"老太太来了。"一句话未了,只听窗外颤巍巍的声气说道:"先打死我,再打死他,岂不干净了!"贾政见他母亲来了,又急又痛,连忙迎接出来,只见贾母扶着丫头,喘吁吁的走来。

贾政上前躬身陪笑道:"大暑热天,母亲有何生气亲自走来?有话只该叫了儿子进去吩咐。"贾母听说,便止住步喘息一回,厉声说道:"你原来是和我说话!我倒有话吩咐,只是可怜我一生没养个好儿子,却教我和谁说去!"贾政听这话不像,忙跪下含泪说道:"为儿的教训儿子,也为的是光宗耀祖。母亲这话,我做儿的如何禁得起?"贾母听说,便啐了一口,说道:"我说一句话,你就禁不起,你那样下死手的板子,难道宝玉就禁得起了?你说教训儿子是光宗耀祖,当初你父亲怎么教训你来!"说着,不觉就滚下泪来。

贾政又陪笑道:"母亲也不必伤感,皆是作儿的一时性起,从此以后再不打他了。"贾母便冷笑道:"你也不必和我使性子赌气的。你的儿子,我也不该管你打不打。我猜着你也厌烦我们娘儿们。不如我们赶早儿离了你,大家干净!"说着便令人去看轿马,"我和你太太宝玉立刻回南京去!"家下人只得干答应着。贾母又叫王夫人道:"你也不必哭了。如今宝玉年纪小,你疼他,他将来长大成人,为官作宰的,也未必想着你是他母亲了。你如今倒不要疼他,只怕将来还少生一口气呢。"贾政听说,忙叩头哭道:"母亲如此说,贾政无立足之地。"贾母冷笑道:"你分明使我无立足之地,你反说起你来!只是我们回去了,你心里干净,看有谁来许你打。"一面说,一面只令快打点行李车轿回去。贾政苦苦叩求认罪。

贾母一面说话,一面又记挂宝玉,忙进来看时,只见今日这顿打不比往日,又是心疼,又是生气,也抱着哭个不了。王夫人与凤姐等解劝了一会,方渐渐的止住。早有丫鬟媳妇等上来,要换宝玉,凤姐便骂道:"糊涂东西,也不睁开眼瞧瞧!打的这么个样儿,还要换着走!还不快进去把那藤屉子春凳[10]抬出来呢。"众人听说连忙进去,果然抬出春凳来,将宝玉抬放凳上,随着贾母王夫人等进去,送至贾母房中。

彼时贾政见贾母气未全消,不敢自便,也跟了进去。看看宝玉,果然打重了。再看看王夫人,"儿"一声,"肉"一声,"你替珠儿早死了,留着珠儿,免你父亲生气,我也不白操这半世的心了。这会子你倘或有个好歹,丢下我,叫我靠那一个!"数落一场,又哭"不争气的儿"。贾政听了,也就灰心,自悔不该下毒手打到如此地步。先劝贾母,贾母含泪说道:"你不出去,还在这里做什么!难道于心不足,还要眼看着他死了才去不成!"贾政听说,方退了出来。

此时薛姨妈同宝钗、香菱、袭人、史湘云也都在这里。袭人满心委屈,只不好十分使出来,见众人围着,灌水的灌水,打扇的打扇,自己插不下手去,便越性走出来到二门前,令小厮们找了焙茗来细问:"方才好端端的,为什么打起来?你也不早来透个信儿!"焙茗急的说:"偏生我没在跟前,打到半中间我才听见了。忙打听原故,却是为琪官金钏姐姐的事。"袭人道:"老爷怎么得知道的?"焙茗道:"那琪官的事,多半是薛大爷素日吃醋,没法儿出气,不知在外头唆挑了谁来,在老爷跟前下的火[11]。那金钏儿的事是三爷说的,我也是听见老爷的人说的。"袭人听了这两件事都对景[12],心中也就信了八九分。然后回来,只见众人都替宝玉疗治。调停完备,贾母令"好生抬到他房内去"。众人答应,七手八脚,忙把宝玉送入怡红院内自己床上卧好。又乱了半日,众人渐渐散去,袭人方进前来经心服侍,问他端的。且听下回分解。

话说袭人见贾母王夫人等去后，便走来宝玉身边坐下，含泪问他："怎么就打到这步田地？"宝玉叹气说道："不过为那些事，问他做什么！只是下半截疼的很，你瞧瞧打坏了那里。"袭人听说，便轻轻的伸手进去，将中衣褪下。宝玉略动一动，便咬着牙叫"嗳哟"，袭人连忙停住手，如此三四次才褪了下来。袭人看时，只见腿上半段青紫，都有四指宽的僵痕高了起来。袭人咬着牙说道："我的娘，怎么下这般的狠手！你但凡听我一句话，也不得到这步地位。幸而没动筋骨，倘或打出个残疾来，可叫人怎么样呢！"

正说着，只听丫鬟们说："宝姑娘来了。"袭人听见，知道穿不及中衣，便拿了一床袷纱被[13]替宝玉盖了。只见宝钗手里托着一丸药走进来，向袭人说道："晚上把这药用酒研开，替他敷上，把那淤血的热毒散开，可以就好了。"说毕，递与袭人，又问道："这会子可好些？"宝玉一面道谢说："好了。"又让坐。宝钗见他睁开眼说话，不像先时，心中也宽慰了好些，便点头叹道："早听人一句话，也不至今日。别说老太太、太太心疼，就是我们看着，心里也疼。"刚说了半句又忙咽住，自悔说的话急了，不觉的就红了脸，低下头来。宝玉听得这话如此亲切稠密，大有深意，忽见他又咽住不往下说，红了脸，低下头只管弄衣带，那一种娇羞怯怯，非可形容得出者，不觉心中大畅，将疼痛早丢在九霄云外，心中自思："我不过挨了几下打，他们一个个就有这些怜惜悲感之态露出，令人可玩可观，可怜可敬。假若我一时竟遭殃横死，他们还不知是何等悲感呢！既是他们这样，我便一时死了，得他们如此，一生事业纵然尽付东流，亦无足叹惜，冥冥之中若不怡然自得，亦可谓糊涂鬼祟矣。"想着，只听宝钗问袭人道："怎么好好的动了气，就打起来了？"袭人便把焙茗的话说了出来。

宝玉原来还不知道贾环的话，见袭人说出方才知道。因又拉上薛蟠，惟恐宝钗沉心[14]，忙又止住袭人道："薛大哥哥从来不这样的，你们不可混猜度。"宝钗听说，便知道是怕他多心，用话相拦袭人，因心中暗暗想道："打的这个形象，疼还顾不过来，还是这样细心，怕得罪了人，可见在我们身上也算是用心了。你既这样用心，何不在外头大事上做工夫，老爷也欢喜了，也不能吃这样亏。但你固然怕我沉心，所以拦袭人的话，难道我就不知我的哥哥素日恣心纵欲，毫无防范的那种心性。当日为一个秦钟，还闹的天翻地覆，自然如今比先又更利害了。"想毕，因笑道："你们也不必怨这个，怨那个。据我想，到底宝兄弟素日不正，肯和那些人来往，老爷才生气。就是我哥哥说话不防头[15]，一时说出宝兄弟来，也不是有心调唆：一则也是本来的实话，二则他原不理论[16]这些防嫌小事。袭姑娘从小儿只见宝兄弟这么样细心的人，你何尝见过天不怕地不怕、心里有什么口里就说什么的人。"袭人因说出薛蟠来，见宝玉拦他的话，早已明白自己说造次了，恐宝钗没意思，听宝钗如此说，更觉羞愧无言。宝玉又听宝钗这番话，一半是堂皇正大，一半是去己疑心，更觉比先畅快了。方欲说话时，只见宝钗起身说道："明儿再来看你，你好生养着罢。方才我拿了药来交给袭人，晚上敷上管就好了。"说着便走出门去。袭人赶着送出院外，说："姑娘倒费心了。改日宝二爷好了，亲自来谢。"宝钗回头笑道："有什么谢处。你只劝他好生静养，别胡思乱想的就好了。不必惊动老太太、太太众人，倘或吹到老爷耳朵里，虽然彼时不怎么样，将来对景，终是要吃亏的。"说着，一面去了。

袭人抽身回来，心内着实感激宝钗。进来见宝玉沉思默默似睡非睡的模样，因而退出房外，自去栉沐[17]。宝玉默默的躺在床上，无奈臀上作痛，如针挑刀挖一般，更又热如火炙,略展转时,禁不住"嗳哟"之声。那时天色将晚,因见袭人去了,却有两三个丫鬟伺候,此时并无呼唤之事,因说道:"你们且去梳洗,等我叫时再来。"众人听了,也都退出。

这里宝玉昏昏默默,只见蒋玉菡走了进来,诉说忠顺府拿他之事,又见金钏儿进来哭说为他投井之情。宝玉半梦半醒,都不在意。忽又觉有人推他,恍恍忽忽听得有人悲戚之声。宝玉从梦中惊醒,睁眼一看,不是别人,却是林黛玉。宝玉犹恐是梦,忙又将身子欠起来,向脸上细细一认,只见两个眼睛肿的桃儿一般,满面泪光,不是黛玉,却是那个? 宝玉还欲看时,怎奈下半截疼痛难忍,支持不住,便"嗳哟"一声,仍就倒下,叹了一声,说道:"你又做什么跑来! 虽说太阳落下去,那地上的余热未散,走两趟又要受了暑。我虽然挨了打,并不觉疼痛。我这个样儿,只装出来哄他们,好在外头布散与老爷听,其实是假的。你不可认真。"此时林黛玉虽不是嚎啕大哭,然越是这等无声之泣,气噎喉堵,更觉得利害。听了宝玉这番话,心中虽然有万句言词,只是不能说得,半日,方抽抽噎噎的说道:"你从此可都改了罢!"宝玉听说,便长叹一声,道:"你放心,别说这样话。就便为这些人死了,也是情愿的!"

一句话未了,只见院外人说:"二奶奶来了。"林黛玉便知是凤姐来了,连忙立起身说道:"我从后院子去罢,回来再来。"宝玉一把拉住道:"这可奇了,好好的怎么怕起他来。"林黛玉急的跺脚,悄悄的说道:"你瞧瞧我的眼睛,又该他取笑开心呢。"宝玉听说赶忙的放手。黛玉三步两步转过床后,出后院而去。

【注释】

[1]惶悚:惶恐。悚:害怕,恐惧。

[2]长史官:总管王府内事务的官吏。从南朝起始设,以后各代王府都沿设。

[3]潭府:深宅大院。常用作对他人住宅的尊称。潭:深邃的样子。

[4]停:总数分成几份,其中一份叫一停。

[5]汗巾子:系内裤用的腰巾,因近身受汗,故名。

[6]执事人:具体操办某件事务的人。

[7]暴殄轻生:暴殄:恣意糟蹋;殄:灭绝;轻生:不爱惜生命。

[8]冠带家私:冠带:帽子和束带,是官服的代称,这里代指官爵;家私:财产,代指家业。

[9]酿:惯,纵容。

[10]藤屈子春凳:春凳:一种面较宽的可坐可卧的长凳;藤屈子:凳面用藤皮编成。

[11]下的火:使坏进谗的意思。

[12]对景:对得上号,情况符合。

[13]裌纱被:表里两层的纱被。裌:同"夹"。

[14]沉心:多指言者无意而听者有心,陡生不快。也叫"吃心"或"嗔心"。

[15]不防头:不留神,不经意。

[16]不理论:不注意,不在意。

[17]栉沐:梳洗。

【导读】

此篇节选描写的是宝玉挨打的故事,是《红楼梦》中的著名事件之一,突出表现了贾政与宝玉父子两代的思想冲突,明确展示了男主人公的叛逆性格。这一情节,是作者曹雪芹现实生活挨打的艺术升华,也浸透着曹雪芹的眼泪。

第一部分,主要描述宝玉挨打的起因。一是宝玉会见贾雨村时"葳葳蕤蕤萎靡不振",并为投井自杀的丫头金钏儿"五内摧伤""垂头丧气",令贾政不悦;二是由于宝玉与戏子蒋玉菡(琪官)交往,惹恼了忠顺王爷,王爷派长府官向贾政告状索要琪官,贾政被宝玉"做出这些无法无天的事"的行为气得目瞪口歪;三是贾环搬弄是非,污蔑宝玉"拉着太太的丫头金钏儿强奸不遂,打了一顿。那金钏儿便赌气投井死了"。这一下使"贾政气的面如金纸",贾政便决意下狠心要痛打宝玉这不肖子孙。

第二部分,主要描述宝玉挨打的经过。宝玉挨打的前奏,作者逐层递进,气氛愈来愈紧张。先写贾政不满于宝玉精神萎靡,再写忠顺府索琪官,接写贾环进谗言,终于激怒贾政。紧急情况下,宝玉却找不到人向内报信。遇到一个老婆子,偏偏耳聋,使气氛紧张到了极点。写贾政打宝玉,也是层层递进:先是小厮打,"只得将宝玉按在凳上,举起大板打了十来下";再是贾政亲自打,"一脚踢开掌板的,自己夺过来,咬着牙狠命盖了三四十下",接着是在王夫人到来后"板子越发下去的又狠又快",终至于要"绳索来勒死",冲突发展到顶点。直至老太太来了,贾政才停止痛打宝玉。贾政之所以怒斥宝玉会到"酿到弑君杀父"的地步,即与宗法社会对立,字字都有深意。宝玉的思想和行为不被当时社会容忍,迟早会酿成大祸。

第三部分,主要写宝玉挨打后,贾府上下来探望宝玉的情景。"宝玉挨打"这个事件表面上是写父亲教训儿子这样一件普通小事,实际上体现了父子俩尖锐的思想冲突。贾政几乎要把儿子打死,反映出正统思想对叛逆意识的极端仇恨。我们可以看到在封建社会里,生活中比较美好的、进步的一面,在艰难地抗拒着强大的反动腐朽势力。这正是那一时代生活的本质反映,曹雪芹以生动的描写,深刻地表现了这一历史本质。《红楼梦》在思想上和艺术上都达到很高的成就,而成为一部有世界意义的文学杰作。

【思考】

1.作者写宝玉挨打的过程很有层次感,层层递进,气氛越来越紧张。请分点概括宝玉挨打的过程。

2."若有你活着,便死一百个我也不管了"王夫人这句话的含义是什么?

伤逝——涓生的手记

鲁 迅

鲁迅(1881—1936),浙江绍兴人,本名周樟寿,后改名周树人,字豫才、豫亭。鲁迅在没落的封建官僚家庭成长,深深体会到封建家庭的悲哀。1902年,鲁迅奔赴日本留学,开始在东京弘文学院补习日语学习日语,后来为了医学强民,鲁迅进入仙台医学专门学校学医。在日本留学后期,从事文学创作,希望借笔唤醒麻木的国民。鲁迅是其运用最为广泛,影响最大的笔名,最开始在1918年发表的《狂人日记》中使用。

《伤逝》选自鲁迅小说集《彷徨》,是鲁迅唯一的以青年恋爱和婚姻为题材的作品。本文的写作时间是1925年10月21日,五四运动之后。当时,五四的新思想已经在广大知识青年中产生影响,他们追求妇女解放,反对包办婚姻,追求婚姻自由,反对旧道德,提倡新道德。爱情历来是一个永恒的话题,特别在新思想的洗礼下,人们对爱情的追求已大不相同,鲁迅作为一个有创作激情的文学家,必然创作这样的题材。

【原文】

如果我能够,我要写下我的悔恨和悲哀,为子君,为自己。

会馆里的被遗忘在偏僻里的破屋是这样地寂静和空虚。时光过得真快,我爱子君,仗着她逃出这寂静和空虚,已经满一年了。事情又这么不凑巧,我重来时,偏偏空着的又只有这一间屋。依然是这样的破窗,这样的窗外的半枯的槐树和老紫藤,这样的窗前的方桌,这样的败壁,这样的靠壁的板床。深夜中独自躺在床上,就如我未曾和子君同居以前一般,过去一年中的时光全被消灭,全未有过,我并没有曾经从这破屋子搬出,在吉兆胡同创立了满怀希望的小小的家庭。

不但如此。在一年之前,这寂静和空虚是并不这样的,常常含着期待;期待子君的到来。在久待的焦躁中,一听到皮鞋的高底尖触着砖路的清响,是怎样地使我骤然生动起来呵!于是就看见带着笑涡的苍白的圆脸,苍白的瘦的臂膊,布的有条纹的衫子,玄色的裙。她又带了窗外的半枯的槐树的新叶来,使我看见,还有挂在铁似的老干上的一房一房的紫白的藤花。

然而现在呢,只有寂静和空虚依旧,子君却决不再来了,而且永远,永远地!……

子君不在我这破屋里时,我什么也看不见。在百无聊赖中,顺手抓过一本书来,科学也好,文学也好,横竖什么都一样;看下去,看下去,忽而自己觉得,已经翻了十多页了,但是毫不记得书上所说的事。只是耳朵却分外地灵,仿佛听到大门外一切往来的履声,从中便有子君的,而且橐橐地逐渐临近——但是,往往又逐渐渺茫,终于消失在别的步声的杂沓中了。我憎恶那不像子君鞋声的穿布底鞋的长班的儿子,我憎恶那太像子君鞋声的常常穿着新皮鞋的邻院的搽雪花膏的小东西!

莫非她翻了车么?莫非她被电车撞伤了么?……

我便要取了帽子去看她,然而她的胞叔就曾经当面骂过我。

蓦然,她的鞋声近来了,一步响于一步,迎出去时,却已经走过紫藤棚下,脸上带着微笑的酒涡。她在她叔子的家里大约并未受气;我的心宁帖了,默默地相视片时之后,破屋里便渐渐充满了我的语声,谈家庭专制,谈打破旧习惯,谈男女平等,谈伊孛生[1],谈泰戈尔,谈雪莱……。她总是微笑点头,两眼里弥漫着稚气的好奇的光泽。壁上就钉着一张铜板的雪莱半身像,是从杂志上裁下来的,是他的最美的一张像。当我指给她看时,她却只草草一看,便低了头,似乎不好意思了。这些地方,子君就大概还未脱尽旧思想的束缚,——我后来也想,倒不如换一张雪莱淹死在海里的记念像或是伊孛生的罢;但也终于没有换,现在是连这一张也不知那里去了。

"我是我自己的,他们谁也没有干涉我的权利!"

这是我们交际了半年,又谈起她在这里的胞叔和在家的父亲时,她默想了一会之后,分明地,坚决地,沉静地说了出来的话。其时是我已经说尽了我的意见,我的身世,我的缺点,很少隐瞒;她也完全了解的了。这几句话很震动了我的灵魂,此后许多天还在耳中发响,而且说不出的狂喜,知道中国女性,并不如厌世家所说那样的无法可施,在不远的将来,便要看见辉煌的曙色的。

送她出门,照例是相离十多步远;照例是那鲇鱼须的老东西的脸又紧帖在脏的窗玻璃上了,连鼻尖都挤成一个小平面;到外院,照例又是明晃晃的玻璃窗里的那小东西的脸,加厚的雪花膏。她目不邪视地骄傲地走了,没有看见;我骄傲地回来。

"我是我自己的,他们谁也没有干涉我的权利!"这彻底的思想就在她的脑里,比我还透澈,坚强得多。半瓶雪花膏和鼻尖的小平面,于她能算什么东西呢?

我已经记不清那时怎样地将我的纯真热烈的爱表示给她。岂但现在,那时的事后便已模糊,夜间回想,早只剩了一些断片;同居以后一两月,便连这些断片也化作无可追踪的梦影。我只记得那时以前的十几天,曾经很仔细地研究过表示的态度,排列过措辞的先后,以及倘或遭了拒绝以后的情形。可是临时似乎都无用,在慌张中,身不由己地竟用了在电影上见过的方法了。后来一想到,就使我很愧恧,但在记忆上却偏只有这一点永远留遗,至今还如暗室的孤灯一般,照见我含泪握着她的手,一条腿跪了下去……

不但我自己的,便是子君的言语举动,我那时就没有看得分明;仅知道她已经允许我了。但也还仿佛记得她脸色变成青白,后来又渐渐转作绯红,——没有见过,也没有再见的绯红;孩子似的眼里射出悲喜,但是夹着惊疑的光,虽然力避我的视线,张皇地似乎要破窗飞去。然而我知道她已经允许我了,没有知道她怎样说或是没有说。

她却是什么都记得:我的言辞,竟至于读熟了的一般,能够滔滔背诵;我的举动,就如有一张我所看不见的影片挂在眼下,叙述得如生,很细微,自然连那使我不愿再想的浅薄的电影的一闪。夜阑人静,是相对温习的时候了,我常是被质问,被考验,并且被命复述当时的言语,然而常须由她补足,由她纠正,像一个丁等的学生。

这温习后来也渐渐稀疏起来。但我只要看见她两眼注视空中,出神似的凝想着,于是神色越加柔和,笑窝也深下去,便知道她又在自修旧课了,只是我很怕她看到我那可笑的电影的一闪。但我又知道,她一定要看见,而且也非看不可的。

然而她并不觉得可笑。即使我自己以为可笑,甚而至于可鄙的,她也毫不以为可笑。这事我知道得很清楚,因为她爱我,是这样地热烈,这样地纯真。

去年的暮春是最为幸福,也是最为忙碌的时光。我的心平静下去了,但又有别一部分和身体一同忙碌起来。我们这时才在路上同行,也到过几回公园,最多的是寻住所。我觉得在路上时时遇到探索,讥笑,猥亵和轻蔑的眼光,一不小心,便使我的全身有些瑟缩,只得即刻提起我的骄傲和反抗来支持。她却是大无畏的,对于这些全不关心,只是镇静地缓缓前行,坦然如入无人之境。

寻住所实在不是容易事,大半是被托辞拒绝,小半是我们以为不相宜。起先我们选择得很苛酷——也非苛酷,因为看去大抵不像是我们的安身之所;后来,便只要他们能相容了。看了二十多处,这才得到可以暂且敷衍的处所,是吉兆胡同一所小屋里的两间南屋;主人是一个小官,然而倒是明白人,自住着正屋和厢房。他只有夫人和一个不到周岁的女孩子,雇一个乡下的女工,只要孩子不啼哭,是极其安闲幽静的。

我们的家具很简单,但已经用去了我的筹来的款子的大半;子君还卖掉了她唯一的金戒指和耳环。我拦阻她,还是定要卖,我也就不再坚持下去了:我知道不给她加入一点股分去,她是住不舒服的。

和她的叔子,她早经闹开,至于使他气愤到不再认她做侄女;我也陆续和几个自以为忠告,其实是替我胆怯,或者竟是嫉妒的朋友绝了交。然而这倒很清静。每日办公散后,虽然已近黄昏,车夫又一定走得这样慢,但究竟还有二人相对的时候。我们先是沉默的相视,接着是放怀而亲密的交谈,后来又是沉默。大家低头沉思着,却并未想着什么事。我也渐渐清醒地读遍了她的身体,她的灵魂,不过三星期,我似乎于她已经更加了解,揭去许多先前以为了解而现在看来却是隔膜,即所谓真的隔膜了。

子君也逐日活泼起来。但她并不爱花,我在庙会时买来的两盆小草花,四天不浇,枯死在壁角了,我又没有照顾一切的闲暇。然而她爱动物,也许是从官太太那里传染的罢,不一月,我们的眷属便骤然加得很多,四只小油鸡,在小院子里和房主人的十多只在一同走。但她们却认识鸡的相貌,各知道那一只是自家的。还有一只花白的叭儿狗,从庙会买来,记得似乎原有名字,子君却给它另起了一个,叫作阿随。我就叫它阿随,但我不喜欢这名字。

这是真的,爱情必须时时更新,生长,创造。我和子君说起这,她也领会地点点头。

唉唉,那是怎样的宁静而幸福的夜呵!

安宁和幸福是要凝固的,永久是这样的安宁和幸福。我们在会馆里时,还偶有议论的冲突和意思的误会,自从到吉兆胡同以来,连这一点也没有了;我们只在灯下对坐的怀旧谭中,回味那时冲突以后的和解的重生一般的乐趣。

子君竟胖了起来,脸色也红活了;可惜的是忙。管了家务便连谈天的工夫也没有,何况读书和散步。我们常说,我们总还得雇一个女工。

这就使我也一样地不快活,傍晚回来,常见她包藏着不快活的颜色,尤其使我不乐的是她要装作勉强的笑容。幸而探听出来了,也还是和那小官太太的暗斗,导火线便是两家的小油鸡。但又何必硬不告诉我呢? 人总该有一个独立的家庭。这样的处所,是不能居住的。

我的路也铸定了,每星期中的六天,是由家到局,又由局到家。在局里便坐在办公桌前钞,钞,钞些公文和信件;在家里是和她相对或帮她生白炉子,煮饭,蒸馒头。我的学会了煮饭,就在这时候。

但我的食品却比在会馆里时好得多了。做菜虽不是子君的特长,然而她于此却倾注着全力;对于她的日夜的操心,使我也不能不一同操心,来算作分甘共苦。况且她又这样地终日汗流满面,短发都粘在脑额上;两只手又只是这样地粗糙起来。

况且还要饲阿随,饲油鸡,……都是非她不可的工作。

我曾经忠告她:我不吃,倒也罢了;却万不可这样地操劳。她只看了我一眼,不开口,神色却似乎有点凄然;我也只好不开口。然而她还是这样地操劳。

我所豫期的打击果然到来。双十节的前一晚,我呆坐着,她在洗碗。听到打门声,我去开门时,是局里的信差,交给我一张油印的纸条。我就有些料到了,到灯下去一看,果然,印着的就是:

```
奉
局长谕史涓生着毋庸到局办事
            秘书处启   十月九号
```

这在会馆里时，我就早已料到了；那雪花膏便是局长的儿子的赌友，一定要去添些谣言，设法报告的。到现在才发生效验，已经要算是很晚的了。其实这在我不能算是一个打击，因为我早就决定，可以给别人去钞（抄）写，或者教读，或者虽然费力，也还可以译点书，况且《自由之友》的总编辑便是见过几次的熟人，两月前还通过信。但我的心却跳跃着。那么一个无畏的子君也变了色，尤其使我痛心；她近来似乎也较为怯弱了。

"那算什么。哼，我们干新的。我们……"她说。

她的话没有说完；不知怎地，那声音在我听去却只是浮浮的；灯光也觉得格外黯（暗）淡。人们真是可笑的动物，一点极微末的小事情，便会受着很深的影响。我们先是默默地相视，逐渐商量起来，终于决定将现有的钱竭力节省，一面登"小广告"去寻求钞（抄）写和教读，一面写信给《自由之友》的总编辑，说明我目下的遭遇，请他收用我的译本，给我帮一点艰辛时候的忙。

"说做，就做罢！来开一条新的路！"

我立刻转身向了书案，推开盛香油的瓶子和醋碟，子君便送过那黯淡的灯来。我先拟广告；其次是选定可译的书，迁移以来未曾翻阅过，每本的头上都满漫着灰尘；最后才写信。

我很费踌蹰，不知道怎样措辞好，当停笔凝思的时候，转眼去一瞥她的脸，在昏暗的灯光下，又很见得凄然。我真不料这样微细的小事情，竟会给坚决的，无畏的子君以这么显著的变化。她近来实在变得很怯弱了，但也并不是今夜才开始的。我的心因此更缭乱，忽然有安宁的生活的影像——会馆里的破屋的寂静，在眼前一闪，刚刚想定睛凝视，却又见了昏暗的灯光。

许久之后，信也写成了，是一封颇长的信；很觉得疲劳，仿佛近来自己也较为怯弱了。于是我们决定，广告和发信，就在明日一同实行。大家不约而同地伸直了腰肢，在无言中，似乎又都感到彼此的坚忍崛（倔）强的精神，还看见从（重）新萌芽起来的将来的希望。

外来的打击其实倒是振作了我们的新精神。局里的生活，原如鸟贩子手里的禽鸟一般，仅有一点小米维系残生，决不会肥胖；日子一久，只落得麻痹了翅子，即使放出笼外，早已不能奋飞。现在总算脱出这牢笼了，我从此要在新的开阔的天空中翱翔，趁我还未忘却了我的翅子的扇动。

小广告是一时自然不会发生效力的；但译书也不是容易事，先前看过，以为已经懂得的，一动手，却疑难百出了，进行得很慢。然而我决计努力地做，一本半新的字典，不到半月，边上便有了一大片乌黑的指痕，这就证明着我的工作的切实。《自由之友》的总编辑曾经说过，他的刊物是决不会埋没好稿子的。

可惜的是我没有一间静室，子君又没有先前那么幽静，善于体帖了，屋子里总是散乱着碗碟，弥漫着煤烟，使人不能安心做事，但是这自然还只能怨我自己无力置一间书斋。然而又加以阿随，加以油鸡们。加以油鸡们又大起来了，更容易成为两家争吵的引线。

加以每日的"川流不息"的吃饭；子君的功业，仿佛就完全建立在这吃饭中。吃了筹钱，筹来吃饭，还要喂阿随，饲油鸡；她似乎将先前所知道的全都忘掉了，也不想到我的构思就常常为了这催促吃饭而打断。即使在坐中给看一点怒色,她总是不改变,仍然毫无感触似的大嚼起来。

使她明白了我的作工不能受规定的吃饭的束缚,就费去五星期。她明白之后,大约很不高兴罢,可是没有说。我的工作果然从此较为迅速地进行,不久就共译了五万言,只要润色一回,便可以和做好的两篇小品,一同寄给《自由之友》去。只是吃饭却依然给我苦恼。菜冷,是无妨的,然而竟不够;有时连饭也不够,虽然我因为终日坐在家里用脑,饭量已经比先前要减少得多。这是先去喂了阿随了,有时还并那近来连自己也轻易不吃的羊肉。她说,阿随实在瘦得太可怜,房东太太还因此嗤笑我们了,她受不住这样的奚落。

于是吃我残饭的便只有油鸡们。这是我积久才看出来的,但同时也如赫胥黎的论定"人类在宇宙间的位置"一般,自觉了我在这里的位置:不过是叭儿狗和油鸡之间。

后来,经多次的抗争和催逼,油鸡们也逐渐成为肴馔,我们和阿随都享用了十多日的鲜肥;可是其实都很瘦,因为它们早已每日只能得到几粒高粱了。从此便清静得多。只有子君很颓唐,似乎常觉得凄苦和无聊,至于不大愿意开口。我想,人是多么容易改变呵!

但是阿随也将留不住了。我们已经不能再希望从什么地方会有来信,子君也早没有一点食物可以引它打拱或直立起来。冬季又逼近得这么快,火炉就要成为很大的问题;它的食量,在我们其实早是一个极易觉得的很重的负担。于是连它也留不住了。

倘使插了草标到庙市去出卖,也许能得几文钱罢,然而我们都不能,也不愿这样做。终于是用包袱蒙着头,由我带到西郊去放掉了,还要追上来,便推在一个并不很深的土坑里。

我一回寓,觉得又清静得多多了;但子君的凄惨的神色,却使我很吃惊。那是没有见过的神色,自然是为阿随。但又何至于此呢? 我还没有说起推在土坑里的事。

到夜间,在她的凄惨的神色中,加上冰冷的分子了。

"奇怪。——子君,你怎么今天这样儿了?"我忍不住问。

"什么?"她连看也不看我。

"你的脸色……"

"没有什么,——什么也没有。"

我终于从她言动上看出,她大概已经认定我是一个忍心的人。其实,我一个人,是容易生活的,虽然因为骄傲,向来不与世交来往,迁居以后,也疏远了所有旧识的人,然而只要能远走高飞,生路还宽广得很。现在忍受着这生活压迫的苦痛,大半倒是为她,便是放掉阿随,也何尝不如此。但子君的识见却似乎只是浅薄起来,竟至于连这一点也想不到了。

我拣了一个机会,将这些道理暗示她;她领会似的点头。然而看她后来的情形,她是没有懂,或者是并不相信的。

天气的冷和神情的冷,逼迫我不能在家庭中安身。但是,往那里去呢? 大道上,公园里,虽然没有冰冷的神情,冷风究竟也刺得人皮肤欲裂。我终于在通俗图书馆里觅得了我的天堂。

那里无须买票;阅书室里又装着两个铁火炉。纵使不过是烧着不死不活的煤的火炉,但单是看见装着它,精神上也就总觉得有些温暖。书却无可看:旧的陈腐,新的是几乎没有的。

好在我到那里去也并非为看书。另外时常还有几个人,多则十余人,都是单薄衣裳,正如我,各人看各人的书,作为取暖的口实。这于我尤为合适。道路上容易遇见熟人,得到轻蔑的一瞥,但此地却决无那样的横祸,因为他们是永远围在别的铁炉旁,或者靠在自家的白炉边的。

那里虽然没有书给我看,却还有安闲容得我想。待到孤身枯坐,回忆从前,这才觉得大半年来,只为了爱,——盲目的爱,——而将别的人生的要义全盘疏忽了。第一,便是生活。人必生活着,爱才有所附丽。世界上并非没有为了奋斗者而开的活路;我也还未忘却翅子的扇动,虽然比先前已经颓唐得多……

屋子和读者渐渐消失了,我看见怒涛中的渔夫,战壕中的兵士,摩托车[2]中的贵人,洋场上的投机家,深山密林中的豪杰,讲台上的教授,昏夜的运动者和深夜的偷儿……子君,——不在近旁。她的勇气都失掉了,只为着阿随悲愤,为着做饭出神;然而奇怪的是倒也并不怎样瘦损……

冷了起来,火炉里的不死不活的几片硬煤,也终于烧尽了,已是闭馆的时候。又须回到吉兆胡同,领略冰冷的颜色去了。近来也间或遇到温暖的神情,但这却反而增加我的苦痛。记得有一夜,子君的眼里忽而又发出久已不见的稚气的光来,笑着和我谈到还在会馆时候的情形,时时又很带些恐怖的神色。我知道我近来的超过她的冷漠,已经引起她的忧疑来,只得也勉力谈笑,想给她一点慰藉。然而我的笑貌一上脸,我的话一出口,却即刻变为空虚,这空虚又即刻发生反响,回向我的耳目里,给我一个难堪的恶毒的冷嘲。

子君似乎也觉得的,从此便失掉了她往常的麻木似的镇静,虽然竭力掩饰,总还是时时露出忧疑的神色来,但对我却温和得多了。

我要明告她,但我还没有敢,当决心要说的时候,看见她孩子一般的眼色,就使我只得暂且改作勉强的欢容。但是这又即刻来冷嘲我,并使我失却那冷漠的镇静。

她从此又开始了往事的温习和新的考验,逼我做出许多虚伪的温存的答案来,将温存示给她,虚伪的草稿便写在自己的心上。我的心渐被这些草稿填满了,常觉得难于呼吸。我在苦恼中常常想,说真实自然须有极大的勇气的;假如没有这勇气,而苟安于虚伪,那也便是不能开辟新的生路的人。不独不是这个,连这人也未尝有!

子君有怨色,在早晨,极冷的早晨,这是从未见过的,但也许是从我看来的怨色。我那时冷冷地气愤和暗笑了;她所磨练的思想和豁达无畏的言论,到底也还是一个空虚,而对于这空虚却并未自觉。她早已什么书也不看,已不知道人的生活的第一着是求生,向着这求生的道路,是必须携手同行,或奋身孤往的了,倘使只知道捶着一个人的衣角,那便是虽战士也难于战斗,只得一同灭亡。

我觉得新的希望就只在我们的分离;她应该决然舍去,——我也突然想到她的死,然而立刻自责,忏悔了。幸而是早晨,时间正多,我可以说我的真实。我们的新的道路的开辟,便在这一遭。

我和她闲谈,故意地引起我们的往事,提到文艺,于是涉及外国的文人,文人的作品:《诺拉》[3]《海的女人》。称扬诺拉的果决……。也还是去年在会馆的破屋里讲过的那些话,但现在已经变成空虚,从我的嘴传入自己的耳中,时时疑心有一个隐形的坏孩子,在背后恶意地刻毒地学舌。

她还是点头答应着倾听,后来沉默了。我也就断续地说完了我的话,连余音都消失在虚空中了。

"是的。"她又沉默了一会儿,说,"但是,……涓生,我觉得你近来很两样了。可是的?你,——你老实告诉我。"

我觉得这似乎给了我当头一击,但也立即定了神,说出我的意见和主张来:新的路的开辟,新的生活的再造,为的是免得一同灭亡。

临末,我用了十分的决心,加上这几句话:

"……况且你已经可以无须顾虑,勇往直前了。你要我老实说;是的,人是不该虚伪的。我老实说罢:因为,因为我已经不爱你了! 但这于你倒好得多,因为你更可以毫无挂念地做事……"

我同时豫期着大的变故的到来,然而只有沉默。她脸色陡然变成灰黄,死了似的;瞬间便又苏生,眼里也发了稚气的闪闪的光泽。这眼光射向四处,正如孩子在饥渴中寻求着慈爱的母亲,但只在空中寻求,恐怖地回避着我的眼。

我不能看下去了,幸而是早晨,我冒着寒风径奔通俗图书馆。

在那里看见《自由之友》,我的小品文都登出了。这使我一惊,仿佛得了一点生气。我想,生活的路还很多,——但是,现在这样也还是不行的。

我开始去访问久已不相闻问的熟人,但这也不过一两次;他们的屋子自然是暖和的,我在骨髓中却觉得寒冽。夜间,便蜷伏在比冰还冷的冷屋中。

冰的针刺着我的灵魂,使我永远苦于麻木的疼痛。生活的路还很多,我也还没有忘却翅子的扇动,我想。——我突然想到她的死,然而立刻自责,忏悔了。

在通俗图书馆里往往瞥见一闪的光明,新的生路横在前面。她勇猛地觉悟了,毅然走出这冰冷的家,而且,——毫无怨恨的神色。我便轻如行云,漂浮空际,上有蔚蓝的天,下是深山大海,广厦高楼,战场,摩托车,洋场,公馆,晴明的闹市,黑暗的夜……

而且,真的,我预感得这新生面便要来到了。

我们总算度过了极难忍受的冬天,这北京的冬天;就如蜻蜓落在恶作剧的坏孩子的手里一般,被系着细线,尽情玩弄,虐待,虽然幸而没有送掉性命,结果也还是躺在地上,只争着一个迟早之间。

写给《自由之友》的总编辑已经有三封信,这才得到回信,信封里只有两张书券:两角的和三角的。我却单是催,就用了九分的邮票,一天的饥饿,又都白挨给于己一无所得的空虚了。

然而觉得要来的事,却终于来到了。

这是冬春之交的事,风已没有这么冷,我也更久地在外面徘徊;待到回家,大概已经昏黑。就在这样一个昏黑的晚上,我照常没精打采地回来,一看见寓所的门,也照常更加丧气,使脚步放得更缓。但终于走进自己的屋子里了,没有灯火;摸火柴点起来时,是异样的寂寞和空虚!

正在错愕中,官太太便到窗外来叫我出去。

"今天子君的父亲来到这里,将她接回去了。"她很简单地说。

这似乎又不是意料中的事,我便如脑后受了一击,无言地站着。

"她去了么?"过了些时,我只问出这样一句话。

"她去了。"

"她,——她可说什么?"

"没说什么。单是托我见你回来时告诉你,说她去了。"

我不信;但是屋子里是异样的寂寞和空虚。我遍看各处,寻觅子君;只见几件破旧而黯淡的家具,都显得极其清疏,在证明着它们毫无隐匿一人一物的能力。我转念寻信或她留下的字迹,也没有;只是盐和干辣椒,面粉,半株白菜,却聚集在一处了,旁边还有几十枚铜元。这是我们两人生活材料的全副,现在她就郑重地将这留给我一个人,在不言中,教我借此去维持较久的生活。

我似乎被周围所排挤,奔到院子中间,有昏黑在我的周围;正屋的纸窗上映出明亮的灯光,他们正在逗着孩子推笑。我的心也沉静下来,觉得在沉重的迫压中,渐渐隐约地现出脱走的路径:深山大泽,洋场,电灯下的盛筵,壕沟,最黑最黑的深夜,利刃的一击,毫无声响的脚步……

心地有些轻松,舒展了,想到旅费,并且嘘一口气。

躺着,在合着的眼前经过的豫想的前途,不到半夜已经现尽;暗中忽然仿佛看见一堆食物,这之后,便浮出一个子君的灰黄的脸来,睁了孩子气的眼睛,恳托似的看着我。我一定神,什么也没有了。

但我的心却又觉得沉重。我为什么偏不忍耐几天,要这样急急地告诉她真话的呢?现在她知道,她以后所有的只是她父亲——儿女的债主——的烈日一般的严威和旁人的赛过冰霜的冷眼。此外便是虚空。负着虚空的重担,在严威和冷眼中走着所谓人生的路,这是怎么可怕的事呵!而况这路的尽头,又不过是——连墓碑也没有的坟墓。

我不应该将真实说给子君,我们相爱过,我应该永久奉献她我的说谎。如果真实可以宝贵,这在子君就不该是一个沉重的空虚。谎语当然也是一个空虚,然而临末,至多也不过这样地沉重。

我以为将真实说给子君,她便可以毫无顾虑,坚决地毅然前行,一如我们将要同居时那样。但这恐怕是我错误了。她当时的勇敢和无畏是因为爱。

我没有负着虚伪的重担的勇气,却将真实的重担卸给她了。她爱我之后,就要负了这重担,在严威和冷眼中走着所谓人生的路。

我想到她的死……我看见我是一个卑怯者,应该被摈于强有力的人们,无论是真实者,虚伪者。然而她却自始至终,还希望我维持较久的生活……

我要离开吉兆胡同,在这里是异样的空虚和寂寞。我想,只要离开这里,子君便如还在我的身边;至少,也如还在城中,有一天,将要出乎意表地访我,像住在会馆时候似的。

然而一切请托和书信,都是一无反响;我不得已,只好访问一个久不问候的世交去了。他是我伯父的幼年的同窗,以正经出名的拔贡[4],寓京很久,交游也广阔的。

大概因为衣服的破旧罢,一登门便很遭门房的白眼。好容易才相见,也还相识,但是很冷落。我们的往事,他全都知道了。

"自然,你也不能在这里了,"他听了我托他在别处觅事之后,冷冷地说,"但那里去呢?很难。——你那,什么呢,你的朋友罢,子君,你可知道,她死了。"

我惊得没有话。

"真的?"我终于不自觉地问。

"哈哈。自然真的。我家的王升的家,就和她家同村。"

"但是,——不知道是怎么死的?"

"谁知道呢。总之是死了就是了。"

我已经忘却了怎样辞别他,回到自己的寓所。我知道他是不说谎话的;子君总不会再来的了,像去年那样。她虽是想在严威和冷眼中负着虚空的重担来走所谓人生的路,也已经不能。她的命运,已经决定她在我所给与的真实——无爱的人间死灭了!

自然,我不能在这里了;但是,"那里去呢?"

四围是广大的空虚,还有死的寂静。死于无爱的人们的眼前的黑暗,我仿佛一一看见,还听得一切苦闷和绝望的挣扎的声音。

我还期待着新的东西到来,无名的,意外的。但一天一天,无非是死的寂静。

我比先前已经不大出门,只坐卧在广大的空虚里,一任这死的寂静侵蚀着我的灵魂。死的寂静有时也自己战栗,自己退藏,于是在这绝续之交,便闪出无名的,意外的,新的期待。

一天是阴沉的上午,太阳还不能从云里面挣扎出来;连空气都疲乏着。耳中听到细碎的步声和咻咻的鼻息,使我睁开眼。大致一看,屋子里还是空虚;但偶然看到地面,却盘旋着一匹小小的动物,瘦弱的,半死的,满身灰土的……

我一细看,我的心就一停,接着便直跳起来。

那是阿随。它回来了。

我的离开吉兆胡同,也不单是为了房主人们和他家女工的冷眼,大半就为着这阿随。但是,"那里去呢?"新的生路自然还很多,我约略知道,也间或依稀看见,觉得就在我面前,然而我还没有知道跨进那里去的第一步的方法。

经过许多回的思量和比较,也还只有会馆是还能相容的地方。依然是这样的破屋,这样的板床,这样的半枯的槐树和紫藤,但那时使我希望,欢欣,爱,生活的,却全都逝去了,只有一个虚空,我用真实去换来的虚空存在。

新的生路还很多,我必须跨进去,因为我还活着。但我还不知道怎样跨出那第一步。有时,仿佛看见那生路就像一条灰白的长蛇,自己蜿蜒地向我奔来,我等着,等着,看看临近,但忽然便消失在黑暗里了。

初春的夜,还是那么长。长久的枯坐中记起上午在街头所见的葬式,前面是纸人纸马,后面是唱歌一般的哭声。我现在已经知道他们的聪明了,这是多么轻松简截的事。

然而子君的葬式却又在我的眼前,是独自负着虚空的重担,在灰白的长路上前行,而又即刻消失在周围的严威和冷眼里了。

我愿意真有所谓鬼魂,真有所谓地狱,那么,即使在孽风怒吼之中,我也将寻觅子君,当面说出我的悔恨和悲哀,祈求她的饶恕;否则,地狱的毒焰将围绕我,猛烈地烧尽我的悔恨和悲哀。

我将在孽风和毒焰中拥抱子君,乞她宽容,或者使她快意……

但是,这却更虚空于新的生路;现在所有的只是初春的夜,竟还是那么长。我活着,我总得向着新的生路跨出去,那第一步,——却不过是写下我的悔恨和悲哀,为子君,为自己。

我仍然只有唱歌一般的哭声,给子君送葬,葬在遗忘中。

我要遗忘;我为自己,并且要不再想到这用了遗忘给子君送葬。

我要向着新的生路跨进第一步去,我要将真实深深地藏在心的创伤中,默默地前行,用遗忘和说谎做我的前导……

一九二五年十月二十一日毕

【注释】

[1]伊孛生:通译易卜生,挪威剧作家。

[2]摩托车:音译词,指小汽车。

[3]《诺拉》:通译《娜拉》,也译作《玩偶之家》。

[4]拔贡:清代科举制度中,在规定的年限(原定六年,后改为十二年)选拔"文行兼优"的秀才,保送到京师,贡入国子监。

【导读】

《伤逝》描写的是两个觉醒的青年知识分子涓生与子君的恋爱与婚姻故事。涓生和子君最初的追求是成功的,他们冲破一切阻碍同居了,他们得到了爱情,但自主的婚姻最终还是破灭了。他们的爱情童话终究失败了,究其原因仍旧是封建社会的迫害。但作者并没有着力刻画封建社会如何迫害涓生与子君,而是从涓生与子君的角度去表现他们如何面对这样的社会矛盾与迫害。读者可以从作者的笔墨中深刻地体会到新青年是孤立无援的,爱情是他们最能为之斗争的,也是最容易得到的,但冷漠的现实环境仍旧让他们的追求最终走向虚无。在当时黑暗的社会中,没有社会的解放,仅靠个性的解放,是无法得到真正的胜利的,因为爱情和婚姻是社会的一个部分,绝不是一个孤立的问题。

当然,涓生与子君的性格弱点也是造成他们爱情悲剧的原因。他们最开始为爱情奋斗时是勇敢与决绝的,骄傲地宣布"我是我自己的,他们谁也没有干涉我的权利!"这样英勇无畏的反抗精神是作者肯定与赞扬的。但当他们建立起小家庭后,他们的性格也慢慢地发生了变化。由于生活的现实、生计的窘境,涓生已经没有了当初的勇气,其自私、懦弱、胆怯的性格弱点慢慢暴露。而子君也忘却了自己的人生追求,慢慢表现出旧时代贤妻良母的秉性,把自己的全部精力放在家务与伺候丈夫上面,其思想与眼界已经在慢慢落后,变得平庸与短浅,子君是一个新时代的勇敢无畏的女性,最终自己沦落为一个家庭的附属品,就像油鸡和阿随一样。因此,他们的爱情也无法获得最终的胜利,在生活中慢慢地变淡,慢慢地变质,最终只能走向死亡。

作品以主人公涓生的切身体会入手,回忆这一年恋爱到失败的点点滴滴,从开始激情澎湃的爱情到深刻切实的痛楚,最终留下终生的懊悔,具有浓烈的感情,将读者深深带入其中。

【思考】

1.简单分析《伤逝》的艺术特色。

2.涓生与子君爱情悲剧的社会意义是什么? 对当代的我们又有怎样的启迪?

断魂枪

老 舍

老舍(1899—1966),原名舒庆春,字舍予。老舍出生于北京一个满族正红旗家庭。八国联军进攻北京时,其父身为护军舍生殉国。后老舍只能与母亲相依为命,生活潦倒。九岁时,得到私人救助得以入私塾读书。老舍曾担任过教员、校长。于1924年远赴英国任华语讲师,教导英国人学习中国的官话和中国古典文学,并在此期间开始从事文学创作。1926年,在小说月报上发表了第一部长篇小说《老张的哲学》。1936年写出长篇小说文学代表作品《骆驼祥子》。1937年,抗日战争爆发,老舍离别家小奔赴救国之路,担任中华全国文艺界抗敌协会的常务理事和总务部主任,期间,创作长篇小说《四世同堂》。抗战结束后,受美国国务院邀请,赴美讲学。1949年,应周恩来委托文艺界之邀回到北京。担任多项职务。但"文化大革命"期间受到迫害,1966年8月24日深夜,老舍含冤自沉于北京西北的太平湖畔,终年67岁。老舍一生醉心于文学创作,共写了八百余万字的作品,被称为"人民的艺术家"。

《断魂枪》是老舍1935年创作的短篇小说,小说所处的时代背景是清朝末年,辛亥革命的前夕。那时帝国主义迅速扩张,用尖船利炮将中国封闭的大门冲开了,曾经风光无限、闭关锁国、盲目自大的中国成为帝国主义瓜分的主要对象,广阔的中国沦为半殖民地半封建国家,这时资本主义风气也传入中国,传统的中国文化受到强烈的冲击,"东方的大梦没法子不醒了"。

【原文】

"生命是闹着玩,事事显出如此,从前我这么想过,现在我懂得了。"

沙子龙的镖局已改成客栈。

东方的大梦没法子不醒了。炮声压下去马来与印度野林中的虎啸。半醒的人们,揉着眼,祷告着祖先与神灵;不大会儿,失去了国土、自由与主权。门外立着不同面色的人,枪口还热着。他们的长矛毒弩,花蛇斑彩的厚盾,都有什么用呢;连祖先与祖先所信的神明全不灵了啊! 龙旗的中国也不再神秘,有了火车呀,穿坟过墓破坏着风水。枣红色多穗的镖旗,绿鲨皮鞘的钢刀,响着串铃的口马,江湖上的智慧与黑话,义气与声名,连沙子龙,他的武艺,事业,都梦似的变成昨夜的。今天是火车、快枪,通商与恐怖。听说,有人还要杀下皇帝的头呢!

这是走镖已没有饭吃,而国术还没被革命党与教育家提倡起来的时候。

谁不晓得沙子龙是短瘦、利落、硬棒、两眼明得象霜夜的大星? 可是,现在他身上放了肉。镖局改了客栈,他自己在后小院占着三间北房,大枪立在墙角,院子里有几只楼鸽。

只是在夜间,他把小院的门关好,熟习熟习他的"五虎断魂枪"。这条枪与这套枪,二十年的工夫,在西北一带,给他创出来:"神枪沙子龙"五个字,没遇见过敌手。现在,这条枪与这套枪不会再替他增光显胜了;只是摸摸这凉,滑,硬而发颤的杆子,使他心中少难过一些而已。只有在夜间独自拿起枪来,才能相信自己还是"神枪沙"。在白天,他不大谈武艺与往事;他的世界已被狂风吹了走。

在他手下创练起来的少年们还时常来找他。他们大多数是没落子的,都有点武艺,可是没地方去用。有的在庙会上去卖艺:踢两趟腿,练套家伙,翻几个跟头,附带着卖点大力丸,混个三吊两吊的。有的实在闲不起了,去弄筐果子,或挑些毛豆角,赶早儿在街上论斤吆喝出去。那时候,米贱肉贱,肯卖膀子力气本来可以混个肚儿圆;他们可是不成:肚量既大,而且得吃口管事儿的;干饽饽、辣饼子咽不下去。况且他们还时常去走会:五虎棍,开路,太狮少狮……虽然算不了什么——比起走镖来——可是到底有个机会活动活动,露露脸。是的,走会捧场是买脸的事,他们打扮得像个样儿,至少得有条青洋绉裤子,新漂白细市布的小褂和一双鱼鳞洒鞋——顶好是青缎子抓地虎靴子。他们是神枪沙子龙的徒弟——虽然沙子龙并不承认——得到处露脸,走会得赔上俩钱,说不定还得打场架。没钱,上沙老师那里去求。沙老师不含糊,多少不拘,不让他们空着手儿走。可是,为打架或献技去讨教一个招数,或是请给说个"对子"——什么空手夺刀,或虎头钩进枪——沙老师有时说句笑话,马虎过去:"教什么? 拿开水浇吧!"有时直接把他们赶出去。他们不大明白沙老师是怎么了,心中也有点不乐意。

可是,他们到处为沙老师吹腾,一来是愿意使人知道他们的武艺有真传授,受过高人的指教;二来是为激动沙老师:万一有人不服气而找上老师来,老师难道还不露一两手真的么? 所以:沙老师一拳就砸倒了个牛! 沙老师一脚把人踢到房上去,并没使多大的劲! 他们谁也没见过这种事,但是说着说着,他们相信这是真的了,有年月,有地方,千真万确,敢起誓!

王三胜——沙子龙的大伙计——在土地庙拉开了场子,摆好了家伙。抹了一鼻子茶叶末色的鼻烟,他抢了几下竹节钢鞭,把场子打大一些。放下鞭,没向四围作揖,叉着腰念了两句:"脚踢天下好汉,拳打五路英雄!"向四围扫了一眼:"乡亲们,王三胜不是卖艺的;玩艺儿会几套,西北路上走过镖,会过绿林中的朋友。现在闲着没事,拉个场子陪诸位玩玩。有爱练的尽管下来,王三胜以武会友,有赏脸的,我陪着。神枪沙子龙是我的师傅;玩艺地道! 诸位,有愿下来的没有?"他看着,准知道没人敢下来,他的话硬,可是那条钢鞭更硬,十八斤重。

王三胜,大个子,一脸横肉,努着对大黑眼珠,看着四围。大家不出声。他脱了小褂,紧了紧深月白色的"腰里硬",把肚子杀进去。给手心一口唾沫,抄起大刀来:

"诸位,王三胜先练趟瞧瞧。不白练,练完了,带着的扔几个;没钱,给喊个好,助助威。这儿没生意口。好,上眼!"

大刀靠了身,眼珠努出多高,脸上绷紧,胸脯子鼓出,象两块老桦木根子。一跺脚,刀横起,大红缨子在肩前摆动。削砍劈拨,蹲越闪转,手起风生,忽忽直响。忽然刀在右手心上旋转,身弯下去,四围鸦雀无声,只有缨铃轻叫。刀顺过来,猛的一个"踩泥",身子直挺,比众人高着一头,黑塔似的。收了势:"诸位!"一手持刀,一手叉腰,看着四围。稀稀的扔下几个铜钱,他点点头。"诸位!"他等着,等着,地上依旧是那几个亮而削薄的铜钱,外层的人偷偷散去。他咽了口气:"没人懂!"他低声的说,可是大家全听见了。

"有功夫!"西北角上一个黄胡子老头儿答了话。

"啊?"王三胜好似没听明白。

"我说:你——有——功——夫!"老头子的语气很不得人心。

放下大刀,王三胜随着大家的头往西北看。谁也没看重这个老人:小干巴个儿,披着件粗蓝布大衫,脸上窝窝瘪瘪,眼陷进去很深,嘴上几根细黄胡,肩上扛着条小黄草辫子,有筷子那么细,而绝对不象筷子那么直顺。王三胜可是看出这老家伙有功夫,脑门亮,眼睛亮——眼眶虽深,眼珠可黑得像两口小井,深深的闪着黑光。王三胜不怕:他看得出别人有功夫没有,可更相信自己的本事,他是沙子龙手下的大将。

"下来玩玩,大叔!"王三胜说得很得体。

点点头,老头儿往里走。这一走,四外全笑了。他的胳臂不大动;左脚往前迈,右脚随着拉上来,一步步的往前拉扯,身子整着,像是患过瘫痪病。蹭到场中,把大衫扔在地上,一点没理会四围怎样笑他。

"神枪沙子龙的徒弟,你说? 好,让你使枪吧;我呢?"老头子非常的干脆,很像久想动手。

人们全回来了,邻场耍狗熊的无论怎么敲锣也不中用了。

"三截棍进枪吧?"王三胜要看老头子一手,三截棍不是随便就拿得起来的家伙。

老头子又点点头,拾起家伙来。

王三胜努着眼,抖着枪,脸上十分难看。

老头子的黑眼珠更深更小了,像两个香火头,随着面前的枪尖儿转,王三胜忽然觉得不舒服,那俩黑眼珠似乎要把枪尖吸进去! 四外已围得风雨不透,大家都觉出老头子确是有威。为躲那对眼睛,王三胜耍了个枪花。老头子的黄胡子一动:"请!"王三胜一扣枪,向前躬步,枪尖奔了老头子的喉头去,枪缨打了一个红旋。老人的身子忽然活展了,将身微偏,让过枪尖,前把一挂,后把撩王三胜的手。拍,拍,两响,王三胜的枪撒了手。场外叫了好。王三胜连脸带胸口全紫了;抄起枪来,一个花子,连枪带人滚了过来,枪尖奔了老人的中部。老头子的眼亮得发着黑光;腿轻轻一屈,下把掩裆,上把打着刚要抽回的枪杆;拍,枪又落在地上。

场外又是一片彩声。王三胜流了汗,不再去拾枪,努着眼,木在那里。老头子扔下家伙,拾起大衫,还是拉拉着腿,可是走得很快了。大衫搭在臂上,他过来拍了王三胜一下:

"还得练哪,伙计!"

"别走!"王三胜擦着汗,"你不离,姓王的服了! 可有一样,你敢会会沙老师?"

"就是为会他才来的!"老头子的干巴脸上皱起点来,似乎是笑呢。"走;收了吧;晚饭我请!"

王三胜把兵器拢在一处,寄放在变戏法二麻子那里,陪着老头子往庙外走。后面跟着不少人,他把他们骂散了。

"你老贵姓?"他问。

"姓孙哪,"老头子的话与人一样,都那么干巴,"爱练;久想会会沙子龙。"

沙子龙不把你打扁了！王三胜心里说。他脚底下加了劲，可是没把孙老头落下。他看出来，老头子的腿是老走着查拳门中的连跳步；交起手来，必定很快。但是，无论他怎么快，沙子龙是没对手的。准知道孙老头要吃亏，他心中痛快了些，放慢了些脚步。

"孙大叔贵处？"

"河间的，小地方。"孙老者也和气了些："月棍年刀一辈子枪，不容易见功夫！说真的，你那两手就不坏！"

王三胜头上的汗又回来了，没言语。

到了客栈，他心中直跳，唯恐沙老师不在家，他急于报仇。他知道老师不爱管这种事，师弟们已碰过不少回钉子，可是他相信这回必定行，他是大伙计，不比那些毛孩子；再说，人家在庙会上点名叫阵，沙老师还能丢这个脸么？

"三胜，"沙子龙正在床上看着本《封神榜》，"有事吗？"

三胜的脸又紫了，嘴唇动着，说不出话来。

沙子龙坐起来，"怎么了，三胜？"

"栽了跟头！"

只打了个不甚长的哈欠，沙老师没别的表示。

王三胜心中不平，但是不敢发作；他得激动老师："姓孙的一个老头儿，门外等着老师呢；把我的枪，枪，打掉了两次！"他知道"枪"字在老师心中有多大分量。没等吩咐，他慌忙跑出去。

客人进来，沙子龙在外间屋等着呢。彼此拱手坐下，他叫三胜去泡茶。三胜希望两个老人立刻交了手，可是不能不沏茶去。孙老者没话讲，用深藏着的眼睛打量沙子龙。沙很客气：

"要是三胜得罪了你，不用理他，年纪还轻。"

孙老者有些失望，可也看出沙子龙的精明。他不知怎样好了，不能拿一个人的精明断定他的武艺。"我来领教领教枪法！"他不由地说出来。

沙子龙没接碴儿。王三胜提着茶壶走进来——急于看二人动手，他没管水开了没有，就沏在壶中。

"三胜，"沙子龙拿起个茶碗来，"去找小顺们去，天汇见，陪孙老者吃饭。"

"什么！"王三胜的眼珠几乎掉出来。看了看沙老师的脸，他敢怒而不敢言地说了声"是啦！"走出去，撅着大嘴。

"教徒弟不易！"孙老者说。

"我没收过徒弟。走吧，这个水不开！茶馆去喝，喝饿了就吃。"沙子龙从桌子上拿起缎子褡裢，一头装着鼻烟壶，一头装着点钱，挂在腰带上。

"不，我还不饿！"孙老者很坚决，两个"不"字把小辫从肩上抢到后边去。

"说会子话儿。"

"我来为领教领教枪法。"

"功夫早搁下了，"沙子龙指着身上，"已经放了肉！"

"这么办也行，"孙老者深深的看了沙老师一眼："不比武，教给我那趟五虎断魂枪。"

"五虎断魂枪？"沙子龙笑了："早忘净了！早忘净了！告诉你，在我这儿住几天，咱们各处逛逛,临走,多少送点盘缠。"

"我不逛,也用不着钱,我来学艺!"孙老者立起来,"我练趟给你看看,看够得上学艺不够!"一屈腰已到了院中,把楼鸽都吓飞起去。拉开架子,他打了趟查拳:腿快,手飘洒,一个飞脚起去,小辫儿飘在空中,像从天上落下来一个风筝;快之中,每个架子都摆得稳、准、利落;来回六趟,把院子满都打到,走得圆,接得紧,身子在一处,而精神贯串到四面八方。抱拳收势,身儿缩紧,好似满院乱飞的燕子忽然归了巢。

"好! 好!"沙子龙在台阶上点着头喊。

"教给我那趟枪!"孙老者抱了抱拳。

沙子龙下了台阶,也抱着拳:"孙老者,说真的吧;那条枪和那套枪都跟我入棺材,一齐入棺材!"

"不传?"

"不传!"

孙老者的胡子嘴动了半天,没说出什么来。到屋里抄起蓝布大衫,拉拉着腿:"打搅了,再会!"

"吃过饭走!"沙子龙说。

孙老者没言语。

沙子龙把客人送到小门,然后回到屋中,对着墙角立着的大枪点了点头。

他独自上了天汇,怕是王三胜们在那里等着。他们都没有去。

王三胜和小顺们都不敢再到土地庙去卖艺,大家谁也不再为沙子龙吹腾;反之,他们说沙子龙栽了跟头,不敢和个老头儿动手;那个老头子一脚能踢死个牛。不要说王三胜输给他,沙子龙也不是他的对手。不过呢,王三胜到底和老头子见了个高低,而沙子龙连句硬话也没敢说。"神枪沙子龙"慢慢似乎被人们忘了。

夜静人稀,沙子龙关好了小门,一气把六十四枪刺下来;而后,拄着枪,望着天上的群星,想起当年在野店荒林的威风。叹一口气,用手指慢慢摸着凉滑的枪身,又微微一笑,"不传! 不传!"

【导读】

《断魂枪》是老舍经典的短篇小说,小说仅用短短五千字不到的篇幅,讲述了三个拳师的经历与心路。小说一开始就说明"沙子龙的镖局已改成客栈"。这里已经给了我们提示,曾经的镖师变成了客栈老板,社会的变迁、时代的更迭已经浮现在小说中。老舍总是将大的社会格局融入个人的故事中,从小人物的变化看到深刻的内涵与寓意。"东方大梦"已经该醒了,曾经叱咤江湖的沙子龙,行走江湖的镖师事业已经随着社会的变迁一去不复返,现在需要的是洋枪洋炮,西方帝国主义的入侵,中国的格局已经发生了深刻的变化。

沙子龙是小说的主人公,他曾经凭借自己的绝技——"五虎断魂枪"战无不胜,成了有名的镖师,人称"神枪沙子龙"。同时,他也是最早清醒的人,风云突变,"今天是火车、快枪,通商与恐怖",他的武艺已经渐渐失色。因此,他将镖局改成了客栈,绝技"五虎断魂枪"也弃之一旁,即使有人来求教,他也决绝地说"不传,不传"。然而,其内心深处,仍旧无法放下他的"断魂枪",夜深人静之时,他会独自拿起枪来。他明白,他的时代已经回不去了,逐渐没落,这是一种英雄末路的悲凉与无奈。

小说中的第二个拳师是沙子龙的徒弟王三胜,人如其名,盲目浮躁,他是懵懂的,他是武功当中最肤浅的状态。他并不理解沙子龙对断魂枪的爱,那些招式只是他用来谋生以及向别人炫耀的资本,真正裹渎了这技艺。

第三个拳师是孙老者，他明显是一位武术名家。他有着和沙子龙一样对武术的执着，他以习武为毕生追求，但他无法理解沙子龙的心境，他无法明白时代已经巨变，拳脚时代已经过去，他无法明白武不能救中国，面对外来枪炮和文化的冲击，如何从武术中学到一种精神和思考。孙老者代表着中国的一类人，盲目地学习，希望从外习得精华，以为能借此改变中国，但真能如此吗？

《断魂枪》即使放在今天复杂多变的时代中仍有许多现实意义，我们每个人如何自处，在浮躁的人心中，如何去体味沙子龙的人生境界的精神妙处？

【思考】

1.你如何理解这门绝技的名字"断魂"？
2.如何解释沙子龙的两次"不传"？

家（节选）

巴 金

巴金（1904—2005），原名李尧棠，出生于四川成都一个封建官僚家庭，祖籍浙江嘉兴。在成都外语专门学校读书时期，深受五四新文化运动的影响，逐渐接受外国新思想，加入进步青年组织"均社"，并开始进行反封建的斗争。1927年，赴法国巴黎求学。在法期间，大量阅读西方哲学和文学作品，同时，时时关注着中国，开始写作《灭亡》。从此走上了文学创作之路。1982年巴金获"国际但丁文学奖"。巴金的《随想录》中充满着文学家的自我反省，因此被誉为"二十世纪中国文学的良心"。

长篇小说《家》是巴金得到哥哥李尧枚的鼓励而创作的，1929年7月，哥哥李尧枚来沪看望巴金。巴金告诉他，想写一部关于封建大家庭及家庭男女青年不幸遭遇的小说。哥哥当即表示非常支持，并后来来信写到："你要写我很赞成，我简直喜欢得了不得，我现在向你鞠躬致敬。"这成为巴金的动力，开始着手《家》的创作，为了不辜负最爱的大哥的期望，也为了让大哥冲破封建大家庭的束缚，"走新的路"。

李尧枚曾在信上说："《春梦》（即以后的小说《家》），我很赞成；并且以我们家的人为主人公，尤其赞成。实在的，我家的历史很可以代表一切家族的历史。我自从得到《新青年》书报，读过以后，我就想写一部书来，但是我实在写不出来。现在你想写，我简直喜欢得了不得。"

巴金以大哥李尧枚为原型创作了高觉新的形象，但在写作的过程中，噩耗传来，大哥终因压力服毒自尽。巴金悲痛欲绝，但也坚定了创作的决心：借助小说控诉封建家庭和制度。1931年巴金完成了《家》，在出版时，写了序《呈献给一个人》，而这个人正是大哥李尧枚。

【原文】

第十二章

旧历新年快来了。这是一年中的第一件大事。除了那些负债过多的人以外，大家都热烈地欢迎这个佳节的到来。但是这个佳节并不是突然跑来的；它一天一天地慢慢走近，每天都带来一些新的气象。整个的城市活动起来了。便是街上往来的行人，也比平日多些。市面上突然出现了许多灯笼、玩具和爆竹，到处可以听见喇叭的声音。

高公馆虽然坐落在一条很清静的街上，但是这个在表面上很平静的绅士家庭也活动起来了。大人们忙着准备过年时候礼节上和生活上需要的各种用品。仆人自然也跟着主子忙,一面还在等待新年的赏钱和娱乐。晚上厨子在厨房里做点心、做年糕;白天各房的女主人,大的和小的都聚在老太爷的房里,有时也在右上房的窗下,或者折金银锭,是预备供奉祖先用的;或者剪纸花(红的和绿的),是预备贴在纸窗上或放在油灯盘上面的。高老太爷还是跟往常一样,白天很少在家。他不是到戏院看戏,就是到老朋友家里打牌。两三年前他和几位老朋友组织了一个九老会,轮流地宴客作乐,或者鉴赏彼此收藏的书画和古玩。觉新和他的三叔克明两人在家里指挥仆人们布置一切,作过年的准备。堂屋里挂了灯彩,两边木板壁上也挂了红缎子绣花屏。高卧在箱子里的历代祖先的画像也拿出来,依次序挂在正中的壁上,享受这一年一度的供奉。

这一年除夕的前一天是高家规定吃年饭的日子。他们又把吃年饭叫做"团年"。这天下午觉慧和觉民一起到觉新的事务所去。他们在"华洋书报流通处"买了几本新杂志,还买了一本商务印书馆出版的翻译小说《前夜》。

他们刚走到觉新的办公室门口,就听见里面算盘珠子的响声,他们掀起门帘进去。

"你出来了?"觉新看见觉慧进来,抬起头看了他一眼,不觉吃惊地问道。

"我这几天都在外面,你还不晓得?"觉慧笑着回答。

"那么,爷爷晓得了怎么办?"觉新现出了为难的样子,但是他仍旧埋下头去拨算盘珠子。

"我管不了这许多,他晓得,我也不怕。"觉慧冷淡地说。

觉新又抬头看了觉慧一眼,便不再说话了。他只把眉头皱了皱,继续拨算盘珠子。

"不要紧,爷爷哪儿记得这许多事情?我想他一定早忘记了。"觉民在旁边解释道,他就在窗前那把藤椅上坐下来。

觉慧也拿着《前夜》坐在墙边一把椅子上。他随意翻着书页,口里念着:

爱情是个伟大的字,伟大的感觉……但是你所说的是什么样的爱情呢?

什么样的爱情吗?什么样的爱情都可以。我告诉你,照我的意思看来,所有的爱情,没有什么区别。若是你爱恋……

一心去爱恋。

觉新和觉民都抬起头带着惊疑的眼光看了他两眼,但是他并不觉得,依旧用同样的调子念下去:

爱情的热望,幸福的热望,除此而外,再没有什么了!

我们是青年,不是畸人,不是愚人,应当给自己把幸福争过来!

一股热气在他的身体内直往上冲,他激动得连手也颤抖起来,他不能够再念下去,便把书阖上,端起茶碗大大地喝了几口。

陈剑云从外面走了进来。

"觉慧,你刚才在说什么?你这样起劲。"剑云进来便用他的枯涩的声音问道。

"我在读书,"觉慧答道。他又翻开书,在先前看到的那几页上再念:

宇宙唤醒我们爱情的需要,可是又不尽力使爱情满足。

屋子里宁静了片刻,算盘珠子的声音也已经停止了。

宇宙里有生有死……

爱情里也有死有生。

"这是什么意思?"剑云低声说,没有人回答他。

一种莫名的恐怖在这小小的房间里飞翔,渐渐地压下来。一个共同的感觉苦恼着这四个处境不同的人。

"这样的社会,才有这样的人生!"觉慧觉得沉闷难受,愤愤不平地说,"这种生活简直是在浪费青春,浪费生命!"

这种思想近来不断地折磨他。他还是一个小孩的时候,他就有一种渴望:他想做一个跟他的长辈完全不同的人。他跟着做知县的父亲走过了不少高山大水,看见了好些不寻常的景物。他常常梦想着一个人跑到奇异的国土里,干一些不寻常的事业。在父亲的衙门里,他的生活还带了一点奇幻的色彩。可是他一旦回到省城里来,他的生活便更接近于平凡的现实了。在那个时候他对世界开始有了新的认识。在这个大的绅士家庭里单是仆人、轿夫之类的"下人"就有几十个。他们这般人来自四面八方,可是被相同的命运团结在一起。这许多不相识的人,为了微少的工资服侍一些共同的主人,便住下来在一处生活,像一个大家族一样,和平地,甚至亲切地过活着,因为他们都是一样的人,一旦触怒了主人就不知道第二天怎样生活下去。他们的命运引起了觉慧的同情。他曾在这个环境中度过他的一部分的童年,甚至得到仆人们的敬爱。他常常躺在马房里轿夫的床上,在烟灯旁边,看那个瘦弱的老轿夫一面抽大烟一面叙述青年时代的故事;他常常在马房里和"下人们"围着一堆火席地坐着,听他们叙说剑仙侠客的事迹。那时候他常常梦想:他将来长大成人,要做一个劫富济贫的剑侠,没有家庭,一个人一把剑,到处漂游。后来他进了中学,他的世界又改变了面目。书本和教员们的讲解逐渐地培养了他的爱国主义的热情和改良主义的信仰。他变成了梁任公的带煽动性的文章的爱读者。这时候他爱读的书是《中国魂》和《饮冰室丛著》,他甚至于赞成梁任公在《国民浅训》里所主张的征兵制,还有投笔从戎的心思。可是五四运动突然地给他带来了一个新的世界。在梁任公的主张被打得粉碎之后,他连忙带着极大的热诚去接受新的、而且更激进的学说。他又成了他的大哥所称呼他的,或者可以说嘲笑他的"人道主义者"。大哥的第一个理由就是他不肯坐轿子。那时候他因为读了《人生真义》和《人生问题发端》等等文章,才第一次想到人生的意义上面。但是最初他所理解的也不过是一些含糊的概念。生活的经验,尤其是最近这些日子里的幽禁的生活,内心的激斗和书籍的阅读,使他的眼界渐渐地宽广了。他开始明白了人生是怎么一回事,做一个人究竟应该怎样。他开始痛恨这种浪费青春、浪费生命的生活。然而他愈憎恨这种生活,便愈发现更多的无形的栅栏立在他的四周,使他不能够把这种生活完全摆脱。

"这种生活真该诅咒!"觉慧想到这里更加烦躁起来。他无意间遇见了觉新的茫然的眼光,连忙掉过头去,又看见剑云的忧郁的、忍受的表情。他转眼去看觉民,觉民埋着头在看书。屋子里是死一般的静寂。他觉得什么东西在咬他的心。他不能忍受地叫起来:

"为什么你们都不说话? ……你们,你们都该诅咒!"

众人惊讶地望着他,不知道他为什么缘故大叫。

"为什么要诅咒我们?"觉民阖了书温和地问:"我们跟你一样,都在这个大家庭里面讨生活。"

"就是因为这个缘故!"觉慧依旧愤恨地说,"你们总是忍受,你们一点也不反抗。你们究竟要忍受多久? 你们口里说反对旧家庭,实际上你们却拥护旧家庭。你们的思想是新的,你们的行为却是旧的。你们没有胆量!⋯⋯你们是矛盾的,你们都是矛盾的!"这时候他忘记了他自己也是矛盾的。

"三弟,平静点,你这样吵又有什么好处? 做事情总要慢慢地来,"觉民依旧温和地说,"你一个人又能够做什么? 你应该晓得大家庭制度的存在有它的经济的和社会的背景。"后一句话是他刚才在杂志上看见的,他很自然地把它说了出来。他又加上一句:"我们的痛苦不见得就比你的小。"

觉慧无意间掉过头,又遇见觉新的眼光,这眼光忧郁地望着他,好像在责备他似的。他埋下头去,翻开手里的书,过了一会儿,他的声音又响了:

弃了他们罢! 父亲并没有和我白说:"我们不是奢侈家,不是贵族,也不是命运和自然的爱子,并且还不是烈士。我们只是劳动者。穿起我们自己的皮制的围裙,在自己的黑暗的工厂里,做自己的工作。让日光照耀在别人身上去! 在我们这黯淡的生活里,也有我们自己的骄傲,自己的幸福!"⋯⋯

"这一段话简直是在替我写照。可是我自己的骄傲在哪儿? 我自己的幸福又在哪儿?"剑云心里这样想。

"幸福? 幸福究竟在什么地方? 人间果然有所谓幸福吗?"觉新叹息道。

觉慧看了觉新一眼,又埋下头把书页往前面翻过去,翻到有折痕的一页,便高声念着下面的话,好像在答复觉新一般:

我们是青年,不是畸人,不是愚人,应当给自己把幸福争过来!

"三弟,请你不要念了,"觉新痛苦地哀求道。

"为什么?"觉慧追问。

"你不晓得我心里很难受。我不是青年,我没有青春。我没有幸福,而且也永远不会有幸福,"这几句话在别人说来也许是很愤激的,然而到觉新的口里却只有悲伤的调子。

"难道你没有幸福,就连别人说把幸福争过来的话也不敢听吗?"觉慧对他的大哥这样不客气地说,他很不满意大哥的那种日趋妥协的生活方式。

"唉,你不了解我,你的环境跟我的不同,"觉新推开算盘,叹口气,望着觉慧说,"你说得对,我的确怕听见人提起幸福,正因为我已经没有得到幸福的希望了。我一生就这样完结了。我不反抗,因为我不愿意反抗,我自己愿意做一个牺牲者。⋯⋯我跟你们一样也做过美妙的梦,可是都被人打破了。我的希望没有一个实现过。我的幸福早就给人剥夺了。我并不怪别人。我是自愿地把担子从爹的肩膀上接过来的。我的痛苦你们不会了解。⋯⋯我还记得爹病中告诉我的一段话。爹临死的前一天,五妹死了,妈去给她料理殓具。五妹虽然只有六岁,但是这个消息也使在病中的爹伤心。他流着泪握着我的手说:'新儿,你母亲临死的时候,把你们弟兄姐妹六个人交给我,现在少了一个,我怎样对得起你母亲?'爹说了又哭,并且还说:'我的病恐怕不会好了,我把继母同弟妹交给你,你好好地替我看顾他们。你的性情我是知道的,你不会使我失望。'我忍不住大声哭起来。爷爷刚刚走过窗子底下,以为爹死了,喘着气走进来。他看见这种情形,就责备我不该引起爹伤心,还安慰爹几句。过后爷爷又把我叫到他的房里,问我是怎么一回事。我据实说了。爷爷也流下泪来。他挥手叫我回去好好地服侍病人。这天晚上深夜爹把我叫到床前去笔记遗嘱,妈拿烛台,你们大姐端墨盒。爹说一句我写一句,一面写一面流泪。第二天爹就死了。

爹肩膀上的担子就移到我的肩膀上来了。从此以后，我每想到爹病中的话，我就忍不住要流泪，同时我也觉得我除了牺牲外，再也没有别的路。我愿意做一个牺牲者。然而就是这样我也对不起爹，因为我又把你们大姐失掉了……"觉新愈说下去，心里愈难过，眼泪落下来，流进了他的嘴里。他结结巴巴地说到最后竟然俯在桌子上抬不起头来。

觉慧的眼泪快要流出来了，但是他极力忍住。他抬起头向四面看。他看见剑云拿着手帕在揩眼睛，觉民用杂志遮住了脸。

觉新把脸从桌上抬起来，揩了泪痕，又继续说：

"还有许多事你们都不晓得。我现在又要说老话了。有一年爹被派做大足县的典史，那时我才五岁多，你们都没有出世。爹妈带着我和你们大姐到了那里。当时那一带地方不太平，爹每夜都要出去守城，回来时总在一点钟以后。我们在家里等他回来才睡。那时候我已经被家人称为懂事的人。每夜我嗑着松子或者瓜子一搭一搭地跟妈谈话。妈要我发狠读书，给她争一口气，她又含着眼泪把她嫁到我们家来做媳妇所受的气一一告诉我。我那时候或者陪着她流眼泪，或者把她逗笑了才罢。我说我要发狠读书，只要将来做了八府巡按，妈也就可以扬眉吐气了。我此后果然用功读书。妈才渐渐地把愁肠放开。又过了几个月，省上另委一个人来接爹的事。我们临行时妈又含着眼泪把爹的痛苦一一告诉我。这时妈肚子里头怀着二弟已经有七八个月了。爹很着急，怕她在路上辛苦，但是没有法子，不能不走。回省不到两个月就把二弟你生出来。第二年爹以过班知县的身份进京引见去了。妈在家里日夜焦急地等着，后来三弟你就出世。这时爹在北京因验看被驳，陷居京城，消息传来，爷爷时常发气，家里的人也不时揶揄。妈心里非常难过，只有我和你们大姐在旁边安慰她。她每接到爹的信总要流一两天的眼泪。一直到后来接到爹的信说'已经引见中秋后回家'，她才深深地叹一口气，算是放了心，可是气已经受够了。总之，妈嫁到我们家里，一直到死，并没有享过福。她那样爱我，期望我，我究竟拿什么来报答她呢？……为了妈我就是牺牲一切，就是把我的前程完全牺牲，我也甘愿。只要使弟妹们长大，好好地做人，替爹妈争口气，我一生的志愿也就实现了。……"

觉新说到这里便从衣袋里摸出手帕揩脸上的泪痕。"大哥，你不要难过，我们了解你。"把脸藏在杂志后面的觉民说。

觉慧让眼泪流了下来，但是他马上又止住了泪。他心里想："过去的事就让它埋葬了罢！为什么还要挖开过去的坟墓？"但是他却不能不为他的亡故的父母悲伤。

"三弟，你刚才念的话很不错。我不是奢侈家，不是命运和自然的爱子。我只是一个劳动者。我穿着自己的围裙，在自己的黑暗的工厂里，做自己的工作。"觉新渐渐地安静下来，他望着觉慧凄凉地笑了笑，接着又说，"然而我却是一个没有自己的幸福的劳动者，我——"他刚说了一个"我"字，忽然听见窗外的咳嗽声，便现出惊惶的神情，改变了语调低声对觉慧说："爷爷来了，怎么办？"

觉慧稍微现出吃惊的样子，但是马上又安静了。他淡淡地说："有什么要紧？他又不会吃人。"

果然高老太爷揭起门帘走了进来，仆人苏福跟在他后面，在门口站住了。房里的四个人都站起来招呼他。觉民还把藤椅让给他坐。

"你们都在这儿！"高老太爷的暗黄色的脸上现出了笑容，大概因为心里高兴，相貌也显得亲切了。他温和地说:"你们可以回去了,今天'团年',大家早点回家罢。"他在窗前的藤椅上坐下去。但是过了一会儿他又站起来说:"新儿,我要买点东西,你跟我去看看。"他等觉新应了一声,便推开门帘,举起他那穿棉鞋的脚跨出了门槛。觉新和苏福也跟着出去了。觉民看见祖父出去了,便对着觉慧伸出舌头,笑道:"他果然把你的事忘记了。"

"如果我像大哥那样服从,恐怕会永远关在家里,"觉慧接口说,"其实我已经上当了。爷爷发气,不过是一会儿的事。事情一过,他把什么都忘记了。他哪儿还记得我在家里过那种痛苦的幽禁生活? ……我们回去罢,不必等大哥了,横竖他坐轿子回去。我们早些走,免得再碰见爷爷。"

"好罢,"觉民答应了一声,又回头问剑云道,"你走不走?"

"我也要回去,我跟你们一路走。"

三个人一道走了出来。

在路上觉慧很兴奋。他把过去的坟墓又深深地封闭了。他想着:

"我是青年,我不是畸人,我不是愚人,我要给自己把幸福争过来。"

他又为不是大哥的自己十分庆幸了。

【导读】

《家》以 20 世纪 20 年代初中国内地城市四川成都为背景,真实地反映出高家这个封建官僚地主家庭的历史,非常具有代表性,实际上高家就是中国封建社会与封建家族的代表。《家》描写了高家四代人的生活,以祖孙矛盾为线索,通过觉新与钱梅芬、李瑞珏,觉慧与鸣凤,觉民与琴三对青年爱情上的不同遭遇与悲剧,控诉封建大家庭的罪恶,对青年人残酷的摧毁,但另一方面,作者也热情歌颂了青年一代对自由与民主的追求,以及反封建斗争。

"家",一个温馨又美好的字。但封建的高公馆却是一个大牢笼。高老太爷引以为傲的大家庭,人人知书达理,尊卑有序,事事如意;但其内在已经腐朽不堪,勾心斗角,令人窒息。如叔叔辈的克安、克定,他们吃喝嫖赌,既荒淫无耻,又极端不孝。同时,作者用青年人的血泪控诉封建包办婚姻与封建礼教。因为母亲牌桌上的摩擦,觉新和钱梅芬这对真心相爱的恋人被迫分开,使钱梅芬在折磨中哀痛地离开人世。李瑞珏因生产所带来的"血光之灾"而被赶出家门,难产而死。觉新最爱的两个女人被封建制度害死,悔恨终生。另外还有鸣凤、婉儿等,她们都是封建礼教的牺牲品。

巴金给我们带来了一丝清风,青年一代受到五四运动的鼓舞,他们逐渐苏醒,不再浑浑噩噩,不再荒废青春。倔强、叛逆的高觉民、高觉慧即是青年的代表。他们积极参与五四运动,向往自由自在的生活,渴望自由自在的恋爱。在家庭内部和封建势力、封建礼教展开勇猛的战斗,他们最终成为推翻封建制度的中坚力量。

《家》具有缜密的情节结构与浓郁的抒情色彩,通过细腻的心理描写,增强小说的悲剧效果和艺术感染力。

【思考】

1.你是如何评价觉新这个人物的?

2."我们是青年,不是畸人,不是愚人,应当给自己把幸福争过来!"觉慧对这句话你是如何理解的?

天上的街市

郭沫若

郭沫若(1892—1978),原名郭开贞,四川乐山市人,著名文学家、剧作家、诗人、历史学家、古文字学家、书法家、学者、社会活动家。1914 年,郭沫若在留学日本学医期间,接受斯宾诺莎、惠特曼等人思想的影响,决定弃医从文。1921 年,他发表诗集《女神》,冲破传统诗歌的束缚,开新一代诗风,具有强烈的浪漫主义气息。同年与成仿吾、郁达夫等创办"创造社";1927 年参加南昌起义。后因被国民党通缉流亡日本,开始从事中国古代社会研究,撰写了《中国古代社会研究》《甲骨文字研究》等重要学术著作,回国后从事抗日救亡工作。中华人民共和国成立后,郭沫若当选为中华全国文学艺术界联合会主席,并且是中国科学技术大学的主要创建者之一。郭沫若是中国新诗奠基人,是继鲁迅之后公认的文化领袖。

1921—1923 年,郭沫若第三次从日本返国,中国当时处于半殖民地半封建社会,社会黑暗,军阀混战,而此时,五四运动也慢慢冷却,作者对国家前途感到极大的忧患与愤怒。但他并没有绝望,仍旧保持着一种浪漫主义的心态不断地追求,1921 年 10 月 24 日,写下了《天上的街市》,发表于 1922 年出版的《创造季刊》第 1 卷第 1 期。

【原文】

远远的街灯明了,
好像闪着无数的明星。
天上的明星现了,
好像点着无数的街灯。

我想那飘渺的空中,
定然有美丽的街市。
街市上陈列的一些物品,
定然是世上没有的珍奇。

你看,那浅浅的天河,
定然是不甚宽广。
那隔河的牛郎织女,
定能够骑着牛儿来往。

我想他们此刻,
定然在天街闲游。
不信,请看那朵流星,
那怕是他们提着灯笼在走。

1921 年 10 月 24 日

【导读】

郭沫若诗歌的一个重要内容就是描绘和赞美大自然,《天上的街市》将繁星点点的夜空描绘得清新优美。全诗只有十六行,但从诗歌中,我们跟着诗人的视角,从街市跳到空中,又将繁星点点的星空,看成有无数街灯的街市,又从街市飞到银河,将流星想象成牛郎织女提着灯笼的闲游,自由自在,将原本悲惨的神话传说改编成幸福美好的生活,表达了作者对美好自由生活的向往。作者想象丰富,画面多彩奇异,空间广阔浩大,让读者看到色彩鲜明的动人画面,具有浓厚的浪漫主义色彩。

诗歌语言清新别致,简单数句为我们展现了一幅色彩斑斓,形象丰富的美好景致。诗句的韵律和谐动听,朗朗上口,有高山流水之韵,如涓涓细流沁人心脾。与《凤凰涅槃》的磅礴大气截然相反,让我们感受到大诗人深厚的写作功底。

【思考】

1.简述本诗的浪漫主义特色。
2.诗人改编牛郎织女的传说用意何在?

日出(节选)

曹　禺

曹禺(1910—1996),原名万家宝,出生于天津没落的封建官僚家庭。父亲曾任总统黎元洪的秘书,后赋闲在家,郁郁不得志。曹禺幼年丧母,家庭氛围压抑,使得他个性内向。但小时候,曹禺的继母对他很好,经常带他到戏院听戏,观赏京剧、河北梆子、山西梆子、唐山落子、文明戏等中国传统戏剧,这些戏曲为他日后的创作奠定了一定基础。1922年他进入南开大学,并加入南开新剧团。1929年,他转入清华大学西洋文学系二年级,并且开始潜心钻研戏剧,阅读了许多剧作,如古希腊悲剧、莎士比亚戏剧、契诃夫、易卜生、奥尼尔的剧作。曹禺笔名来源于本姓“万”的繁体字,将万字上下拆开“草禺”,后取谐音“曹”,故叫曹禺。自1933年开始,曹禺便开始他的话剧创作,其创作的《雷雨》《日出》《原野》《北京人》等标志着中国话剧的成熟,曹禺也成为中国历史上成就最高的剧作家,人称“中国的莎士比亚”。

《日出》创作于1935年,四幕话剧剧本。曹禺创作《日出》其中一个因素来自阮玲玉的自杀,而剧中人物方达生的原型则来自曹禺的一个朋友作家靳以。当时曹禺生活在天津,经常和剧团的朋友到惠中饭店聚会。在饭店里,有时他会看到像剧中陈白露一样的女子,并且在她的身边围绕着许多形形色色的人物。同时,他也观察到中国当时许多下层人物的悲惨遭遇,这一幕幕不公平的黑暗事实冲击着曹禺,于是下定决心开始了《日出》的创作。

【原文】

第一幕

××大旅馆一间华丽的休息室,正中门通甬道,右通寝室,左通客厅,靠后偏右角划开一片长方形的圆线状窗户。窗外紧紧地压贴着一座座的大楼,遮住了光线,屋里也嫌过于阴暗。除了在早上斜射过来的朝日使这间屋有些光明之外,整天是见不着一线自然的光亮的。

屋内一切陈设俱是畸形的,现代式的,生硬而肤浅,刺激人的好奇心,但并不给人舒适之感。正中立着烟几,围着它横地竖地摆着方的、圆的、立体的、圆锥形的个凳和沙发。上面凌乱地放些颜色杂乱的座垫。沿着那不见棱角的窗户是一条水浪纹的沙发。在左边有立柜、食物柜,和一张小几,上面放着些女人临时用的化妆品。墙上挂着几张很荒唐的裸体画片、月份牌和旅馆章程。地下零零散散的是报纸、画报、酒瓶和烟蒂头。在沙发上、立柜上搁放许多女人的衣帽、围巾、手套等物。间或也许有一两件男人的衣服在里面。食柜上杂乱地陈列着许多酒瓶,玻璃杯、暖壶、茶碗。右角立一架阅读灯,灯旁有一张圆形小几,嵌着一层一层的玻璃,放些烟具和女人爱的零碎东西,如西洋人形、米老鼠之类。

（正中悬一架银熠熠的钟,指着五点半,是夜色将尽的时候。幕开时,室内只有沙发旁的阅读灯射出一圈光明。窗前的黄幔幕垂下来,屋内的陈设看不十分清晰,一切丑恶和凌乱还藏在黑暗里。

〔缓慢的脚步声由甬道传进来。正中的门"呀"地开了一半。一只秀美的手伸进来拧开中间的灯,室内豁然明亮。陈白露走进来。她穿着极薄的晚礼服,颜色鲜艳刺激,多褶的裙裾和上面两条粉飘带,拖在地面如一片云彩。她发际插一朵红花,乌黑的头发烫成小姑娘似的鬈髻,垂在耳际。她的眼明媚动人,举动机警,一种嘲讽的笑总挂在嘴角。神色不时地露出倦怠和厌恶;这种生活的倦怠是她那种飘泊人特有的性质。她爱生活,她也厌恶生活。生活对于她是一串习惯的桎梏,她不再想真实的感情的慰藉。这些年的飘泊教聪明了她,世上并没有她在女孩儿时代所幻梦的爱情。生活是铁一般的真实,有它自来的残忍!习惯,自己所习惯的种种生活的方式,是最狠心的桎梏,使你即使怎样美慕着自由,怎样憧憬着在情爱里伟大的牺牲(如小说电影中时常夸张地来叙述的),也难以飞出自己的生活的狭之笼。因为她试验过,她曾经如一个未经世故的傻女孩子,带着如望万花筒那样的惊奇,和一个画儿似的男人飞出这笼;终于,像寓言中那习惯于金丝笼的鸟,已失掉在自由的树林里盘旋的能力和兴趣,又回到自己的丑恶的生活圈子里。当然她并不甘心这样生活下去,她很骄傲,她生怕旁人刺痛她的自尊心。但她只有等待,等待着有一天幸运会来叩她的门,她能意外地得一笔财富,使她能独立地生活着。然而也许有一天她所等待的叩门声突然在深夜响了,她走去打开门,发现那来客,是那穿着黑衣服的,不做一声地走进来。她也会毫无留恋地和他同去,为着她知道生活中意外的幸福或快乐毕竟总是意外,而平庸、痛苦、死亡永不会放开人的。〔她现在拖着疲乏的步向台中走。右手的食指和中指盖着嘴,打了个呵欠。

陈白露　（走了两步,回过头)进来吧! (掷下皮包,一手倚着当中沙发的靠背。蹙着眉,脱下银色的高跟鞋,一面提住气息,一面快意地揉抚着自己尖瘦的脚。真地,好容易到了家,索性靠在柔软的沙发上舒展一下。"咦!"忽然她发现背后的那个人并没有跟进来。她套上鞋,倏地站起,转过身,一只腿还跪在沙发上,笑着向着房门)咦! 你怎么还不进来呀? (果然,有个人进来了。约摸有二十五六岁的光景,脸色不好看,皱着眉,穿一身半旧的西服。不知是疲倦,还是厌恶,他望着房内乱糟糟的陈设,就一言不发地立在房门口。但是女人误会了意思,她眼盯住他,看出他是一副惊疑的神色)走进来点! 怕什么呀!

方达生　（冷冷地)不怕什么! (忽然不安地)你这屋子没有人吧?

陈白露　（看看四周,故意地)谁知道? (望着他)大概是没有人吧!

方达生　（厌恶地)真讨厌。这个地方到处都是人。

陈白露　（有心来难为他，自然也因为他的态度使她不愉快）有人又怎样？住在这个地方还怕人？

方达生　（望望女人，又周围地嗅嗅）这几年，你原来住在这么个地方！

陈白露　（挑衅地）怎么，这个地方不好么？

方达生　（慢声）嗯——（不得已地）好！好！

陈白露　（笑着看男人那样呆呆地失了神）你怎么不脱衣服？

方达生　（突然收敛起来）哦，哦，哦，——衣服？（想不起话来）是的，我没有脱，脱衣服。

陈白露　（笑出声，看他怪好玩的）我知道你没有脱。我问你为什么这样客气，不肯自己脱大衣？

方达生　（找不出理由，有点窘迫）也许，也许是因为不大习惯进门就脱大衣。（忽然）嗯——是不是这屋子有点冷？

陈白露　冷？——冷么？我觉得热得很呢。

方达生　（想法躲开她的注意）你看，你大概是没有关好窗户吧？

陈白露　（摇头）不会。（走到窗前，拉开幔子，露出那流线状的窗户）你看，关得好好的，（望着窗外，忽然惊喜地）喂，你看！你快来看！

方达生　（不知为什么，慌忙跑到她面前）什么？

陈白露　（用手在窗上的玻璃划一下）你看，霜！霜！

方达生　（扫了兴会）你说的是霜啊！你呀，真——（底下的话自然是脱不了嫌她有点心浮气躁，但他没有说，只摇摇头）

陈白露　（动了好奇心）怎么，春天来了，还有霜呢。

方达生　（对她没有办法，对小孩似地）嗯，奇怪吧！

陈白露　（兴高采烈地）我顶喜欢霜啦！你记得我小的时候就喜欢霜。你看霜多美，多好看！（孩子似的，忽然指着窗）你看，你看，这个像我么？

方达生　什么？（伸头过去）哪个？

陈白露　（急切地指指点点）我说的是这窗户上的霜，这一块，（男人偏看错了地方）不，这一块，你看，这不是一对眼睛！这高的是鼻子，凹的是嘴，这一片是头发。（拍着手）你看，这头发，这头发简直就是我！

方达生　（着意地比较，寻找那相似之点，但是——）我看，嗯——（很老实地）并不大像。

陈白露　（没想到）谁说不像？（孩子似的执拗着，撒着娇）像！像！像！我说像！它就像！

方达生　（逆来顺受）好，像，像，像得很。

陈白露　（得意）啊。你说像呢！（又发现了新大陆）喂，你看，你看，这个人头像你，这个像你。

方达生　（指自己）像我？

陈白露　（奇怪他会这样地问）嗯，自然啦，就是这个。

方达生　（如同一个瞎子）哪儿？

陈白露　这块！这块！就是这一块。

方达生　（看了一会，摸了自己的脸，实在觉不出一点相似处，简单地）我，我看不大出来。

陈白露　（败兴地）你这个人！还是跟从前一样的别扭，简直是没有办法。

方达生　是么？（忽然微笑）今天我看了你一夜晚，就刚才这一点还像从前的你。

陈白露　怎么？

方达生　（露出愉快的颜色）还有从前那点孩子气。

陈白露　你……你说从前？（低声地）还有从前那点孩子气？（她仿佛回忆着，蹙起眉头，她打一个寒战，现实又像一只铁掌把她抓回来）

方达生　嗯，怎么？你怎么？

陈白露　（方才那一阵的兴奋如一阵风吹过去，她突然地显着老了许多。我们看见她额上隐隐有些皱纹，看不见几秒钟前那一种娇痴可喜的神态，叹一口气，很苍老地）达生，我从前有过这么一个时期，是一个孩子么？

方达生　（明白她的心情，鼓励地）只要你肯跟我走，你现在还是孩子，过真正的自由的生活。

陈白露　（摇头，久经世故地）哼，哪儿有自由？

方达生　什么，你——（他住了嘴、知道这不是劝告的事。他拿出一条手帕，仿佛擦鼻涕那样动作一下，他望到别处。四面看看屋子）

陈白露　（又恢复平日所习惯那种漠然的态度）你看什么？

方达生　（笑了笑，放下帽子）不看什么，你住的地方，很，很——（指指周围，又说不出什么来，忽然找出一句不关轻重而又能掩饰自己情绪的称誉）很讲究。

陈白露　（明白男人的话并不是诚意的）嗯，讲究么？（顺手把脚下一个靠枕拿起来，放在沙发上，把一个酒瓶轻轻踢进沙发底下，不在意地）住得过去就是了。（瞌睡虫似乎钻进女人的鼻孔里，不自主地来一个呵欠。传染病似地接着男人也打一个呵欠。女人向男人笑笑。男人像个刚哭完的小孩，用手背揉着眼睛）你累了么？

方达生　还好。

陈白露　想睡觉么？

方达生　还好。——方才是你一个人同他们那些人在跳，我一起首就坐着。

陈白露　你为什么不一起玩玩？

方达生　（冷冷地）我告诉过你，我不会跳舞，并且我也不愿意那么发疯似地乱蹦跶。

陈白露　（笑得有些不自然）发疯，对了！我天天过的是这样发疯的生活。（远远鸡喔喔地叫了一声）你听！鸡叫了。

方达生　奇怪，怎么这个地方会有鸡叫？

陈白露　附近就是一个市场。（看表，忽然抬起头）你猜，现在几点钟了？

方达生　（扬颈想想）大概有五点半，就要天亮了。我在那舞场里，五分钟总看一次表。

陈白露　（奚落地）就那么着急么？

方达生　（爽直地）你知道我现在在乡下住久了；在那种热闹地方总有点不耐烦。

陈白露　（理着自己的头发）现在呢？

方达生　（吐出一口气）自然比较安心一点。我想这里既然没有人，我可以跟你说几句话。

陈白露　可是（手掩着口，又欠伸着）现在就要天亮了。（忽然）咦，为什么你不坐下？

方达生　（拘谨地）你——你并没有坐。

陈白露　（笑起来，露出一半齐整洁白的牙齿）你真是书呆子，乡下人，到我这里来的朋友没有等我让坐的。(走到他面前,轻轻地推他坐在一张沙发上)坐下。(回头,走到墙边小柜前)渴得很,让我先喝一口水再陪着你,好么?(倒水,拿起烟盒)抽烟么?

方达生　(瞪她一眼)方才告诉过你,我不会抽烟。

陈白露　(善意地讥讽着他)可怜——你真是个好人!(自己很熟练地燃上香烟,悠悠然呼出淡蓝色的氤氲)

方达生　(望着女人巧妙地吐出烟圈,忽然,忍不住地叹一声,同情而忧伤地)真的我想不到,竹均,你居然会变——

陈白露　(放下烟)等一等,你叫我什么?

方达生　(吃了一惊)你的名字,你不愿意听么?

陈白露　(回忆地)竹均,竹均,仿佛有多少年没有人这么叫我了。达生,你再叫我一遍。

方达生　(受感动地)怎么,竹均——

陈白露　(回味男人叫的情调)甜得很,也苦得很。你再这样叫我一声。

方达生　(莫名其妙女人的意思)哦,竹均! 你不知道我心里头——(忽然)这里真没有人么?

陈白露　没有人,当然没有人。

方达生　(难过地)我看你现在这个样子。你不知道我的心,我的心里头是多么——
(——但是由右面寝室里蹒跚出来一个人,穿着礼服,硬领散开翘起来,领花拖在前面。他摇摇荡荡的,一只袖管没有穿,在它前后摆动着。他们一同回过头,那客人毫不以为意地立在门前,一手高高扶着门框,头歪得像架上熟透了的金瓜,脸通红,一绺一绺的头发奪下来。一副白金眼镜挂在鼻尖上,他翻着白眼由镜子上面望过去,牛吼似的打着嗝)

进来的客人　(神秘地,低声)嘘!(放正眼镜,摇摇晃晃地指点着)

陈白露　(大吃一惊倒吸一口气)Georgy!

张乔治　(更神秘地,摆手)嘘!(他们当然不说话了,于是他飘飘然地走到方达生面前,低声)什么,心里?(指着他)啊! 你说你心里头是多么——怎么?(亲昵地对着女人)白露,这个人是谁呀?

方达生　(不愉快而又不知应该怎么样)竹均,他是谁? 这个人是谁?

张乔治　(仿佛是问他自己)竹均?(向男人)你弄错了,她叫白露。她是这儿顶红,顶红的人,她是我的,嗯,是我所最崇拜的——

陈白露　(没有办法)怎么,你喝醉了!

张乔治　(指自己)我?(摇头)我没有喝醉!(摇摇摆摆地指着女人)是你喝醉了!(又指着那男人)是你喝醉了!(男人望望白露的脸,回过头,脸上更不好看,但进来的客人偏指着男人说)你看你,你看你那眼直瞪瞪的,喝得糊里糊涂的样子!(轻慢似地把雪白的手掌翻过来向外一甩,这是他最得意的姿势,接着又是一个嗝)我,我真有点看不下去。

陈白露　(这次是她真看不下去了)你到这里来干什么?

方达生　(大了胆)对了,你到这里来干什么?(两只质问的眼睛盯着他)

张乔治　（还是醉醺醺地）嗯，我累了，我要睡觉，（闪电似地来了一个理由）咦！你们不是也到这儿来的么？

陈白露　（直瞪瞪地看着他，急了）这是我的家，我自然要回来。

张乔治　（不大肯相信）你的家？（小孩子不信人的顽皮腔调，先高后低的）嗯？

陈白露　（更急了）你刚从我的卧室出来，你这是什么意思？

张乔治　什么？（更不相信地）我刚才是从你的卧室出来？这不对，——不对，我没有，（摇头）没有。（摸索自己的前额）可是你们光让我想想，……（望着天仿佛在想）

陈白露　（哭不得，笑不得，望着男人）他还要想想！

张乔治　（摆着手，仿佛是叫他们先沉沉气）慢慢地，你们等等，不要着急。让我慢慢，慢慢地想想。（于是他模糊地追忆着他怎样走进旅馆，迈进她的门；瞥见了那舒适的床，怎样转东转西，脱下衣服，一跤跌倒在一团柔软的巢窠里。他的唇上下颤动，仿佛念念有词；做出种种手势来追忆方才的情况。这样想了一刻，才低声地）于是我就喝了，我就转，转了我又喝，我就转，转呀转，转呀转的，……后来——（停顿了，想不起来）后来？哦，于是我就上了电梯，——哦，对了，对了，（很高兴地，敲着前额）我就进了这间屋子，……不，不对，我还更进一层，走到里面。于是我就脱了衣服，倒在床上。于是我就这么躺着，背向着天，脑袋朝下。于是我就觉得恶心，于是我就哇啦哇啦地——（拍脑袋，放开平常的声音说）对了，那就对了。我可不是从你的卧室走出来？

陈白露　（严厉地）Georgy，你今天晚上简直是发疯了。

张乔治　（食指抵住嘴唇，好莱坞明星的样子）嘘！（耳语）我告诉你，你放心。我并没有发疯。我先是在你床上睡着了，并且我喝得有点多，我似乎在你床上——（高声）糟了，我又要吐。（堵住嘴）哦，Pardon me, Mademoiselle[1]，对不起小姐。（走一步，又回转身）哦先生，请你原谅。Pardon, Monsieur[2]（狼狈地跳了两步，回过头，举起两手，如同自己是个闻名的演员对许多热烈的观众，做最后下台的姿势，那样一次再次地摇着手，鞠着躬）再见吧，二位。Good night! Good night! My lady and gentleman! oh, good-bye, aurevoir[3], Mabame; et[4] monsieur[5], I—I—I shall—I shall—（哇的一声，再也忍下住了，他堵住嘴，忙跑出门。门关上，就听见他呕吐的声音；似乎有人扶着他，他哼哼叽叽地走远了）

　　〔白露望望男人，没有办法地坐下。〕

方达生　（说不出的厌恶）这个东西是谁？

陈白露　（吁出一口气）这是此地的高等出产，你看他好玩不？

方达生　好玩！这简直是鬼！我不明白你为什么跟这样的东西来往？他是谁？他怎么会跟你这么亲近？

陈白露　（夹起烟，坐下来）你要知道么？这是此地最优秀的产品，一个外国留学生，他说他得过什么博士、硕士一类的东西，洋名George，在外国他叫乔治张，在中国他叫张乔治。回国来听说当过几任科长，现在口袋里很有几个钱。

方达生　（走近她）可是你为什么跟这么个东西认识，难道你觉不出这是个讨厌的废物？

陈白露　（掸了掸烟灰）我没有告诉你么？他口袋里有几个钱。

方达生　有钱你就要……

陈白露　(爽性替他说出来)有钱自然可以认识我,从前我在舞场做事的时候,他狠追过我一阵。

方达生　(明白站在他面前的女人已经不是他从前所想的)那就怪不得他对你那样了。(低下头)

陈白露　你真是个乡下人,太认真,在此地多住几天你就明白活着就是那么一回事。每个人都这样,你为什么这样小气? 好了,现在好了,没有人啦,你跟我谈你要谈的话吧。

方达生　(从深思醒过来)我刚才对你说什么?

陈白露　你真有点记性坏。(明快地)你刚才说心里头怎么啦! 这位张乔治先生就来了。

方达生　(沉吟,叹一口气)对了,"心里头","心里头",我就是这么一个人,永远在心里头活着。可是竹均,(诚恳地)我看你是这个样子,你真不知道我心里头是多么——(门呀地开了,他停住了嘴)大概是张先生又来了。

〔进来的是旅馆的茶役,一副狡猾的面孔,带着谄媚卑屈的神气。〕

王福升　不是张先生,是我。(赔着笑脸)陈小姐,您早回来了。

陈白露　你有什么事?

王福升　方才张先生您看见了。

陈白露　嗯,怎么样?

王福升　我扶他另外开一间房子睡了。

陈白露　(不愉快)他爱上哪里,就上哪里,你告诉我做什么!

王福升　说得是呀。张先生说十分对不起您,喝醉了,跑到您房里来,把您的床吐,吐,——

陈白露　啊,他吐了我一床?

王福升　是,陈小姐您别着急,我这就跟您收拾。(白露起来,他拦住她)您也别进去,省得看着别扭。

陈白露　这个东西,简直——也好,你去吧。

王福升　是。(又回转来)今天您一晚上不在家,来的客人可真不少。李五爷,方科长,刘四爷都来过。潘经理看了您三趟。还有顾家八奶奶来了电话说请您明天——嗯,今天晚上到她公馆去玩玩。

陈白露　我知道。回头你打个电话,请她下午先到这儿来玩玩。

王福升　胡四爷还说,过一会儿要到这儿来看看您。

陈白露　他愿意来就叫他来。我这里,哪一类的人都欢迎。

王福升　还有报馆的,张总编辑——

陈白露　知道。今天他有空也请他过来玩玩。

王福升　对了,潘经理今天晚上找了您三趟。现在他——

陈白露　(不耐烦)知道,知道,你刚才说过了。

王福升　可是,陈小姐,这位先生今天就——

陈白露　你不用管。这位先生是我的表哥。

方达生　（莫名其妙）表哥？

陈白露　（对着福升）他一会儿就睡在这儿。

方达生　不，竹均，我不，我是一会儿就要走的。

陈白露　好吧，（没想到他这样不懂事，不高兴地）随你的便。（对福升）你不用管了，走吧，你先把我的床收拾干净。

〔福升由卧室下。〕

方达生　竹均，怎么你现在会变成这样——

陈白露　（口快地）这样什么？

方达生　（叫她吓回去）呃，呃，这样地好客，——呃，我说，这样地爽快。

陈白露　我原来不是很爽快么？

方达生　（不肯直接道破）哦，我不是，我不是这个意思。……我说，你好像比以前大方得——

陈白露　（来得快）我从前也并不小气呀！哦，得了，你不要拿这样好听的话跟我说。我知道你心里是不是说我有点太随便，太不在乎。你大概有点疑心我很放荡，是不是？

方达生　（想掩饰）我……我……自然……，我……

陈白露　（追一步）你说老实话，是不是？

方达生　（忽然来了勇气）嗯——对了。你是比以前改变多了。你简直不是我以前想的那个人。你说话，走路，态度，行为，都，都变了。我一夜晚坐在舞场来观察你。你已经不是从前那样天真的女孩子，你变了。你现在简直叫我失望，失望极了。

陈白露　（故作惊异）失望？

方达生　（痛苦）失望，嗯，失望，我没有想到我跑到这里，你已经变成这么随便的女人。

陈白露　（警告他）你是要教训我么？你知道，我是不喜欢听教训的。

方达生　我不是教训你。我是看不下去你这种样子。我在几千里外听见关于你种种的事情，我不相信。我不相信我从前最喜欢的人会叫人说得一个钱也不值。我来看你，我发现你在这么一个地方住着；一个单身的女人，自己住在旅馆里，交些个不三不四的朋友，这种行为简直是，放荡，堕落，——你要我怎么说呢？

陈白露　（立起，故意冒了火）你怎么敢当着面说我堕落！在我的屋子里，你怎么敢说对我失望！你跟我有什么关系，你敢这么教训我？

方达生　（觉得已得罪了她）自然现在我跟你没有什么关系。

陈白露　（不放松）难道从前我们有什么关系？

方达生　（嗫嚅）呃，呃，自然也不能说有。（低头）不过你应该记得你是爱过我。并且你也知道我这一次到这里来是为什么？

陈白露　（如一块石头）为什么？我不知道！

方达生　（恳求地）我不喜欢看你这样，跟我这样装糊涂！你自然明白，我要你跟我回去。

陈白露　（睁着大眼睛）回去？回到哪儿去？你当然晓得我家里现在没有人。

方达生　不，不，我说你回到我那里，我要你，我要你嫁给我。

陈白露　（恍然大悟的样子）哦，你昨天找我原来是要跟我说媒，要我嫁人啊？（方才明白

的语调)嗯！——(拉长声)

方达生 (还是那个别扭劲儿)我不是跟你说媒，我要你嫁给我，那就是说，我做你的丈夫，你做我的——

陈白露 得了，得了，你不用解释。"嫁人"这两个字我们女人还明白怎么讲。可是，我的老朋友，就这么爽快么？

方达生 (取出车票)车票就在这里。要走天亮以后，坐早十点的车我们就可以离开这儿。

陈白露 我瞧瞧。(拿过车票)你真买了两张，一张来回，一张单程，——哦，连卧铺都有了。(笑)你真周到。

方达生 (急煞煞地)那么你是答应了，没有问题了。(拿起帽子)

陈白露 不，等等，我只问你一句话——

方达生 什么？

陈白露 (很大方地)你有多少钱？

方达生 (没想到)我不懂你的意思。

陈白露 不懂？我问你养得活我么？(男人的字典没有这样的字，于是惊吓得说不出话来)咦？你不要这样看我！你说我不应该这么说话么？咦，我要人养活我，你难道不明白？我要舒服，你不明白么？我出门要坐汽车，应酬要穿些好衣服，我要玩，我要跳舞，你难道听不明白？

方达生 (冷酷地)竹均，你听着，你已经忘了你自己是谁了。

陈白露 你要问我自己是谁么？你听着：出身，书香门第，陈小姐；教育，爱华女校的高材生；履历，一阵子的社交明星，几个大慈善游艺会的主办委员；……父亲死了，家里更穷了，做过电影明星，当过红舞女。怎么这么一套好身世，难道我不知道自己是谁？

方达生 (不屑地)你好像很自负似的。

陈白露 嗯，我为什么不呢？我一个人闯出来，自从离开了家乡，不用亲戚朋友一点帮忙，走了就走，走不了就死去。到了现在，你看我不是好好活着，我为什么不自负？

方达生 可是你以为你这样弄来的钱是名誉的么？

陈白露 可怜，达生，你真是个书呆子。你以为这些名誉的人物弄来的钱就名誉么？我这里很有几个场面上的人物，你可以瞧瞧，种种色色：银行家，实业家，做小官的都有。假若你认为他们的职业是名誉的，那我这样弄来的钱要比他们还名誉得多。

方达生 我不明白你究竟是什么意思，也许名誉的看法——

陈白露 嗯，也许名誉的看法，你跟我有些不同。我没故意害过人，我没有把人家吃的饭硬抢到自己的碗里。我同他们一样爱钱，想法子弄钱，但我弄来的钱是我牺牲过我最宝贵的东西换来的。我没有费着脑子骗过人，我没有用着方法抢过人，我的生活是别人甘心愿意来维持，因为我牺牲过我自己。我对男人尽过女子最可怜的义务，我享着女人应该享的权利！

方达生 (望着女人明媚的眼睛)可怕，可怕——哦，你怎么现在会一点顾忌也没有，一点羞耻的心也没有。你难道不知道金钱一迷了心，人生最可宝贵的爱情，就会像鸟儿似地从窗户飞了么？

陈白露　（略带辛酸）爱情？（停顿，掸掸烟灰，悠长地）什么是爱情？（手一挥，一口烟袅袅地把这两个字吹得无影无踪）你是个小孩子！我不跟你谈了。

方达生　（不死心）好，竹均，我看你这两年的生活已经叫你死了一半。不过我来了，我看见你这样，我不能看你这样下去。我一定要感化你，我要——

陈白露　（忍不住笑）什么，你要感化我？

方达生　好吧，你笑吧，我现在也不愿意跟你多辩了。我知道你以为我是个傻子，从那么远的路走到这里来找你，说出这一大堆傻话。不过我还愿意做一次傻请求，我想再把这件事跟你说一遍。我希望你还嫁给我。请你慎重地考虑一下，二十四小时内，希望你给我一个满意的答复。

陈白露　（故作惊吓状）二十四小时，可吓死我了。不过，如若到了你的期限，我的答复是不满意的，那么，你是否就要下动员令，逼着我嫁你么？

方达生　那，呃，那，——

陈白露　那你怎么样？

方达生　如果你不嫁给我——

陈白露　你怎么样？

方达生　（苦闷地）那——那我也许自杀。

陈白露　什么？（不高兴地）你怎么也学会这一套？

方达生　不，（觉得自己有点太时髦了）不，我不自杀。你放心，我不会为一个女人自杀的，我自己会走，我要走得远远的。

陈白露　（放下烟）对呀，这还像一个大人说的话。（立起）好了，我的傻孩子，那么你用不着再等二十四小时啦！

方达生　（立起以后）什么？

陈白露　（微笑）我现在就可以答复你。

方达生　（更慌了）现在？——不，你先等一等。我心里有点慌。你先不要说，我要把心稳一稳。

陈白露　（很冷静地）我先跟你倒一杯凉茶，你定定心好不好？

方达生　不，用不着。

陈白露　抽一支烟。

方达生　（不高兴）我告诉过你三遍，我不会抽烟。（摸着心）得了，过去了，你说吧。

陈白露　你心稳了。

方达生　（颤声）嗯！

陈白露　那么，（替他拿帽子）你就可以走了。

方达生　什么？

陈白露　在任何情形之下，我是不会嫁给你的。

方达生　为，为什么？

陈白露　不为什么！你真傻！这类的事情说不出个什么道来的。你难道不明白？

方达生　那么，你对我没有什么感情？

陈白露　也可以这么说吧。（达生想拉住她的手，但她飘然走到墙边）

方达生　你干什么?

陈白露　我想按电铃。

方达生　做什么?

陈白露　你真的要自杀,我好叫证人哪。

方达生　(望着白露,颓然跌在沙发里)方才的话是你真心说的话,没有一点意气作用么?

陈白露　你看我现在还像个再有意气的人么?

方达生　(立起)竹均!(拿起帽子)

陈白露　你这是做什么?

方达生　我们再见了。

陈白露　哦,再见了。(夸张的悲戚,拉住他的手)那么,我们永别了。

方达生　(几乎要流眼泪)嗯,永别了。

陈白露　(看他到门口)你真预备要走么?

方达生　(孩子似的)嗯。

陈白露　那么,你大概忘了你的来回车票。

方达生　哦!(走回来)

陈白露　(举着车票)你真要走么?

方达生　嗯,竹均!(回头,用手帕揩去忍不住的眼泪)

陈白露　(两手抓着他的肩膊)你怎么啦?傻孩子,觉得眼睛挂了灯笼了么?你真不害羞,眼泪是我们女人的事!好了,(如哄小兄弟一样)我的可怜虫,叫我气哭了,嗯?我跟你擦擦,你看,那么大的人,多笑话!不哭了,不哭了!是吧?(男人经过了这一番抚慰,心中更委屈起来,反加抽咽出了声音。白露大笑,推着他坐下)达生,你看你让我跟你说一句实在话。你先不要这样孩子气,你想,你要走,你就能随便走么?

方达生　(抬起头)怎么?

陈白露　(举车票)这是不是你的车票?

方达生　嗯,怎么?

陈白露　你看,这一下(把车票撕成两片)好不好?这又一下(把车票撕成四片)好不好?(扔在痰盂里)我替你保存在这里头。好不好?

方达生　你,你怎么——

陈白露　你不懂?

方达生　(眉梢挂着欢喜)怎么,竹均,你又答应我了么?

陈白露　不,不,你误会我的意思,我没有答应你,我方才是撕你的车票,我不是撕我的卖身契。我是一辈子卖给这个地方的。

方达生　那你为什么不让我走?

陈白露　(诚恳地)你以为世界上就是你一个人这样多情么?我不能嫁给你,难道就是我恨了你?你连跟我玩一两天、谈谈从前的事的情分都没有了么?你有点太古板,不结婚就不能做一个好朋友?难道想想我们以往的情感不能叫我们也留恋一点么?你一进门就斜眼看着我,东不是,西不是的。你说我这个不对,那个不对。

你说了我，骂了我。你简直是瞧不起我，你还要我立刻嫁给你。还要我二十四小时内答复你，哦，还要我立刻跟你走。你想一个女子就是顺从得该像一只羊，也不至于可怜到这步田地啊。

方达生　（憨直地）我向来是这个样子，我不会表示爱情，你叫我跪着，说些好听的话，我是不会的。

陈白露　是啊，所以无妨你先在我这里多学学，过两天，你就会了的。好了，你愿意不愿意跟我再谈一两天？

方达生　（爽直地）可是谈些什么呢？

陈白露　话自然多得很，我可以介绍你看看这个地方，好好地招待你一下，你可以看看这里的人怎样过日子。

方达生　不，用不着，这里的人都是鬼。我不用看，并且我的行李昨天已经送到车站了。

陈白露　真送到车站么？

方达生　自然，我从来不，——从来不说谎话的。

陈白露　福升。

　　　　　[茶房由卧室出。

王福升　陈小姐，您别忙，您的床就收拾好。

陈白露　不是这个，我问你，我走的时候，我叫你从东方饭店——嗯！从车站取来的行李，你拿回来了么？

王福升　你说方先生的是不是，拿回来了。我从饭店里拿回来了。

方达生　竹均，我的行李你怎么敢从我的旅馆取出来了。

陈白露　嗯，——我从你的旅馆居然就敢取取出来了。你这不会说谎的笨东西。（对福升）你现在搁在哪个房间里？

王福升　东边二十四号。

陈白露　是顶好的房子么？

王福升　除了您这四间房，二十四号是这旅馆顶好的。

陈白露　好，你领着方先生去睡吧。要是方先生看着不合适，告诉我，我把我的屋子让给他。

王福升　是，陈小姐。（下）

方达生　（红了脸）可是竹均，这不像话——

陈白露　这个地方不像话的事情多得很。这一次，我要请你多瞧瞧，把你这副古板眼镜打破了，多看看就像话了。

方达生　不，竹均，这总应该斟酌一下。

陈白露　不要废话，出去！（推他）福升，福升，福升！

　　　　　[福升上。

方达生　在这样的旅馆里，我一定睡不着的。

陈白露　睡不着，我这里有安眠药，多吃两片，你就怎么也不嫌吵得慌了。你要么？

方达生　你不要开玩笑，我告诉你，我不愿看这个地方。

陈白露　不，你得看看，我要你看看。（对福升）你领着他去看房子。（一面推达生，一面说)赶快洗个澡,睡个好觉。起来,换一身干净衣服,我带你出去玩玩。走,乖乖的,不要不听话,听见了没有? Good night——(远远一声鸡鸣)你听,真不早了。快点,睡去吧。

〔男人自然还是撅着嘴,倔强,但是经不得女人的手同眼睛,于是被她哄着骗着推下去。

〔她关上门。过度兴奋使她无力地倚在门框上。同时疲乏仿佛也在袭击着她,她是真有些倦意了。一夜晚的烟酒和激动吸去了她大半的精力。她打一个呵欠,手背揉着青晕更深了的眼睛。她走到桌前,燃着一支香烟。外面遥遥又一声鸡鸣。她回过头,凝望窗外漫漫浩浩一片墨影渐渐透出深蓝的颜色。如一只鸟,她轻快地飞到窗前。她悄悄地在窗上的霜屑划着痕路。丢下烟,她又笑又怕地想把脸猫似地偎在上面,"啊!"的一声,她顿时又缩回去。她不甘心,她偏把手平排地都放在霜上面。冷得那样清爽! 她快意地叫出来。她笑了。她索性擦掉窗上叶子大的一块霜迹,眯着一只眼由那隙缝窥出。但她想起来了,她为什么不开了窗子看天明? 她正要拧转窗上铁链,忽然想着她应该关上灯,于是敏捷地跑到屋子那一端灭了亮。房屋顿时黑暗下来,只有窗子渗进一片宝蓝的光彩。望见一个女人的黑影推开了窗户。

〔外面:在阴暗的天空里,稀微的光明以无声的足步蹑着脚四处爬上来。窗外起初是乌漆一团黑,现在由深化浅。微暗天空上面很朦胧地映入对面一片楼顶棱棱角角的轮廓,上面仿佛晾着裤褂床单一类的东西,掩映出重重叠叠的黑影。她立在窗口,斜望出去,深深吸进一口凉气,不自主地打一个寒战。远处传来低沉的工厂的汽笛声,哀悼似地长号着。

〔屋内光影暧昧,不见轮廓。这时由屋的左面食物柜后悄悄爬出一个人影,倚着柜子立起,颤抖着,一面蹑足向门口走,预备乘机偷逃。白露这时觉得背后窸窸窣窣有人行走。她蓦然回转头,看过去。那人仿佛钉在那里,不能动转。

陈白露　(低声,叫不出来)有贼。
那　人　(先听见气逬出的字音)别叫,别叫!
陈白露　谁,(慌张)你是谁?
那　人　(缩作一团,喘气和抖的声音)小……姐! 小……姐!
陈白露　(胆子大了点)你是干什么的?
那　人　我……我……(抽咽)
　　　　〔白露赶紧跑到墙边开灯,室内大放光明。在她面前立着一个瘦弱胆怯的小女孩子。约摸有十五六岁的样子,两根小辫垂在胸前,头发乱蓬蓬的,惊惶地睁着两个大眼睛望着白露,两行眼泪在睫毛下挂着。她穿一件满染油渍,肥大绝伦的蓝绸褂子,衣裾同袖管儿乎拖曳地面。下面的裤也硕大无比,裤管总在地上摩擦着。这一身衣服使她显得异样怯弱渺小,如一个婴儿裹在巨人的袍褂里。因为寒冷和恐惧,她抖得可怜,在她亮晶晶的双眼里流露出天真和哀求。她低下头,一寸一寸地向后蹒跚,手里提着裤子,提心吊胆,怕一不谨慎,跌在地上。
陈白露　(望着这可笑又可怜的动物)哦,可怜,原来是这么一个小东西。

小东西	(惶恐而忸怩地)是,是,小姐。(小东西一跛一跛地向后退,一不小心踏在自己的裤管上,几乎跌倒)
陈白露	(忍不住笑——但是故意地绷起脸)啊,你怎么会想到我这里,偷东西? 啊! (佯为怒态)小东西,你说!
小东西	(手弄着衣裾)我……我没有偷东西。
陈白露	(指着)那么,你这衣服偷的是谁的?
小东西	(低头估量自己的衣服)我,我偷的是我妈妈的。
陈白露	谁是你妈妈?
小东西	(望白露一眼,呆呆地撩开眼前的短发)我妈妈! ——我不知道我妈妈是谁。
陈白露	(笑了——依然忖度她)你这个糊涂孩子,你怎么连你妈妈都不知道。你妈妈住在什么地方?
小东西	(指屋顶)在楼上。
陈白露	在楼上。(她恍然明白了)哦,你在楼上,可怜,谁叫你跑出来的?
小东西	(声音细得快听不见)我,我自己。
陈白露	为什么?
小东西	(胆怯)因为……他们……(低下头去)
陈白露	怎么?
小东西	(忽然)他们前天晚上——(惧怕使她说不下去)
陈白露	你说,这儿不要紧的。
小东西	他们前天晚上要我跟一个黑胖子睡在一起,我怕极了,我不肯,他们就——(抽咽)
陈白露	哦,他们打你了。
小东西	(点头)嗯,拿皮鞭子抽。昨天晚上他们又把我带到这儿来。那黑胖子又来了。我实在是怕他,我吓得叫起来,那黑胖子气走了,他们……(抽咽)
陈白露	(泫然)他们又打你了。
小东西	(摇头,眼泪流下来)没有,隔壁有人,他们怕人听见。堵住我的嘴,掐我,拿(哭起来)……拿……拿烟签子扎我(忍住泪)您看,您看! (现出臂膊,白露执着她的手。太虚弱了,小东西不自主地跪下去,但膝甫触地,"啊"的一声,她立刻又起来)
陈白露	(抱住她)你怎么啦?
小东西	(痛楚地)腿上扎的也是,小姐。
陈白露	天! (不敢看她的臂膊)你这只胳膊怎么会这样……(用手帕揩去自己的眼泪)
小东西	不要紧的,小姐,您不要哭。(盖上自己的臂膊)他们怕我跑,不给我衣服,叫我睡在床上。
陈白露	你跑出去的时候,他们干什么?
小东西	在隔壁抽烟打牌。我才偷偷地起来,把妈妈的衣服穿上。
陈白露	你怎么不一直跑出去?
小东西	(仿佛很懂事的)我上哪儿去? 我不认识人,我没有钱。

陈白露	不过你的妈妈呢？
小东西	（傻气地）在楼上。
陈白露	不是，我说你的亲妈妈，生你的妈妈。
小东西	她？（眼眶含满了泪）她早死了。
陈白露	父亲呢？
小东西	前个月死的。
陈白露	哦！（她回过身去）——可是你怎么跑到我这里来？他们很容易找着你的。
小东西	（恐惧到了极点）不，不，不！（跪下）小姐，您修个好吧，千万不要叫他们找着我，那他们会打死我的。（拉着小姐的手）小姐，小姐，您修个好吧！（叩头）
陈白露	你起来，（把她拉起来）我没有说把你送回去，你先坐着，让我们想个法子。
小东西	谢谢您，谢谢您，小姐。（她忽然跑到门前，把门关好）
陈白露	你干什么？
小东西	我把门关严，人好进不来。
陈白露	哦——不要紧的。你先不要怕。（停）可是你方才不是想出去吗？
小东西	（点首）嗯。
陈白露	你预备上哪儿去？
小东西	（低声）我原先想回去。
陈白露	（奇怪）回去，还回到他们那里去？
小东西	（低头）嗯。
陈白露	为什么？
小东西	饿——我实在饿得很。我想也许他们还不知道我跑出来。我知道天亮以后他们还得打我一顿，可是过一会他们会给我一顿稀饭吃的。旁的地方连这点东西也不会给我。
陈白露	你还没有吃东西？
小东西	（天真的样子）肚子再没有东西，就会饿死的，他们不愿意我死，我知道。
陈白露	你多少时没有吃东西？（她到食物柜前）
小东西	有一天多了。他们说是要等那黑胖子喜欢之后才许我吃呢。
陈白露	好，你先吃一点饼干。
小东西	（接过来）谢谢您，小姐。（她背着脸贪婪地吃）
陈白露	你慢慢吃，不要噎着。
小东西	（忽然）就这么一点么？
陈白露	（怜悯地看着她）不要紧！你吃完了还有。——（哀矜地）饿逼得人会到这步田地么？
	（中门呀地开了）
小东西	（赶紧放下食物，在墙角躲起来）啊，小姐。
陈白露	谁？
	（福升上）
王福升	是我，福升。

小东西	小姐,(惊惧)他……他……
陈白露	不要怕,小东西,他是侍候人的茶房。
王福升	小姐,大丰银行的潘经理,昨天晚上来了三遍。
陈白露	知道,知道。
王福升	他还没有走。
陈白露	没有走?为什么不走?
王福升	这旅馆旁边不是要盖一座大楼么?潘经理这也许跟他那位秘书谈这件事呢。可是他说了,小姐回来,就请他去。他要见您。
陈白露	真奇怪,他们盖房子就得了,偏要半夜到这个地方来谈。
王福升	说得是呢。
陈白露	那么刚才你为什么不说?
王福升	刚才,不是那位方先生还在——
陈白露	哦,那你不要叫他来,你跟潘经理说,我要睡了。
王福升	怎么,您为什么不见见他呢,您想,人家潘经理,大银行开着——
陈白露	(讨厌这个人的啰唆)你不要管,我不愿意见他,我不愿意见他,你听见了没有?
王福升	(卑屈的神色,谄笑着)可是,小姐,您千万别上火。(由他袋里摸出一大把账单来)您听着,您别着急!这是美丰金店六百五十四块四,永昌绸缎公司三百五十五元五毛五,旅馆二百二十九块七毛六,洪生照相馆一百一十七块零七毛,久华昌鞋店九十一块三,这一星期的汽车七十六元五——还有——
陈白露	(忍不住)不要念,不要念,我不要听啊。
王福升	可是,小姐,不是我不侍候您老人家,您叫我每天这样搪账,说好说歹,今天再没有现钱,实在下不去了。
陈白露	(叹了一口气)钱,钱,永远是钱!(哀痛地)为什么你老是用这句话来吓唬我呢!
王福升	我不敢,小姐,可是,这年头不济,市面紧,今天过了,就不知道明天还过不过——
陈白露	我从来没有跟旁人伸手要过钱,总是旁人看着过不去,自己把钱送来。
王福升	小姐身份固然要紧。可是——
陈白露	好吧,我回头就想法子吧,叫他们放心得了。
王福升	(正要出门)咦,小姐。哪里来的这么个丫头? (小东西乞怜地望着白露)
陈白露	(走到小东西旁边)你不用管。
王福升	(上下打量小东西)这孩子我好像认得。小姐,我劝您少管闲事。
陈白露	怎么?
王福升	外面有人找她。
陈白露	谁?
王福升	楼上的一帮地痞们,穿黑衣服,歪戴着毡帽,尽是打手。
小东西	(吓出声音)啊,小姐,(走到福升前面,抓住他)啊,老爷。您得救救我?(正要跪下,福升闪开)
王福升	(对小东西)你别找我。

陈白露　（向福升）把门关上！锁住。

王福升　可是，小姐——

陈白露　锁上门。

王福升　（锁门）小姐，这藏不住，她妈妈跟她爸爸在这楼里到处找她呢。

陈白露　给他们一点钱，难道不成，

王福升　您又大方起来了。给他们钱？您有几万？

陈白露　怎么讲？

王福升　您这时出钱，那他们不敲个够。

陈白露　那我们就——

　　　　（外面是足步与说话声）

王福升　别做声！外面有人。（听一会儿）他们来了。

小东西　（失声）啊，小姐！

陈白露　（紧紧握着她的手）你要再叫，管不住自己，我就把你推出去。

小东西　（喑哑）小，小姐，不，不！

陈白露　（低声）不要说话，听着。

〔外面男甲的声音　（暴躁地）这个死丫头，一点造化也没有，放着福不享，偏要跑，真的是乡下人，到底不是人揍的〕

外面女人的声音　（尖锐的喉咙）你看金八爷叫这孩子气跑了。

外面男乙的声音　（迟缓沙哑地）什么，金八看上了她？

外面女人的声音　你看这不是活财神来了。可是这没有人心的孩子，偏跑了，你看这怎么交代？这可怎么交代——

外面男甲的声音　（不耐烦地对着妇人咆哮）去你妈的一边去吧。孩子跑了，你不早看着，还叨叨叨，叨叨叨，到这时候，说他妈的一大堆废话。（女人不做声）喂，老三，你看，她不会跑出去吧？

外面男乙的声音　（老三，地痞里面的智多星，迟缓而自负地）不会的，不会的，她是穿着大妈的衣服走的，一件单褂子，这么冷的天，她上哪儿去？

外面女人的声音　（想得男甲的欢心。故意插进嘴）可不是，她穿我的衣服跑的。那会跑哪儿去？可是二楼一楼都说没看见，老三，你想，她会——

外面男丙的声音　（一个凶悍而没有一点虑谋的人）大妈，这楼的茶房说刚才见过她，那她还会跑到哪儿去？

外面男甲粗暴的声音　（首领的口气）那么一定就在这一层楼里，下工（功）夫找吧。

外面女人声　（狺狺然）哼，反正跑不了，这个死丫头。

　　　　（屋内三人屏息谛听，男女足步声渐远）

陈白露　走了么？

王福升　（啊出一口气）走了，大概是到那边去了。

陈白露　（忽然打开门）那么，让我看看。（正要探出头去，小东西拉着她的手，死命地拉地回来）

小东西　（摇头，哀求）小姐！小姐！

王福升	（推着地，关好门，摇头，警告地）不要跟他们打交道。
陈白露	（向小东西）不要怕，不要紧的。（向福）怎么回事，难道——
王福升	别惹他们。这一帮人不好惹，好汉不吃眼前亏。
陈白露	怎么？
王福升	他们成群结党，手里都有家伙，都是吃卖命饭的。
陈白露	咦，可是他们总不能不讲理呀！把这孩子打成这样，你看，（拿起小东西臂膊）拿烟签子扎的，流了多少血。闹急了，我就可以告他们。
王福升	（鄙夷地）告他们！告谁呀？他们都跟地面上的人有来往，怎么告，就是这官司打赢了，这点仇您可跟他们结得了？
陈白露	那么——难道我把这个孩子送给他们去？
小东西	（恐惧已极，喑哑声）不，小姐。（眼泪暗暗流下来，她用大袖子来揩抹）
王福升	（摇头）这个事难，我看您乖乖地把这孩子送回去。我听说这孩子打了金八爷一巴掌，金八爷火了。您不知道？
陈白露	金八爷！谁是金八爷？
小东西	（抬起头）就是那黑胖子。
王福升	（想不到白露会这样孤陋寡闻）金八爷！金八爷！这个地方的大财神，又是钱，又是势，这一帮地痞都是他手下的，您难道没听说过？
陈白露	（慢慢倒吸一口气，惊愕地）什么，金八？是他？他怎么会跑到这旅馆来？
王福升	家里不开心，到这儿来玩玩，有了钱做什么不成。
陈白露	（低声）金八，金八。（向小东西）你的命真苦，你怎么碰上这么个阎王。——小东西，你是打了他一巴掌？
小东西	（憨态地）你说那黑胖子？——嗯。他拼命抱着我，我躲不开，我就把他打了，（仿佛这回忆是很愉快的）狠狠地在他那肥脸上打了一巴掌！
陈白露	（自语，严肃地）你把金八打了！
小东西	（看神气不对，求饶）可是，小姐，我以后再也不打他了，再也不了。
陈白露	（自语）打得好！打得好！打得痛快！
王福升	（怯惧）小姐，这件事我可先说下，没有我在内。您要大发慈悲，管这个孩子，这可是您一个人的事，可没有我。过一会，他们要问到我——
陈白露	（毅然）好，你说你没看见！
王福升	（望着小东西）没看见？
陈白露	（命令）我要你说没看见。
王福升	（不安状）可是——
陈白露	出了事由我担待。
王福升	（正希望白露说出这句话）好，好，好，由您担待。（油嘴滑舌）上有电灯，下有地板，这可是您自己说的。
陈白露	（点头）嗯，自然，我说一句算一句。现在你把潘经理请进来吧。
王福升	可是您刚才不是不要他老人家来么？
陈白露	我叫你去，你就去，少说废话——

王福升　（一字比一字声拖得长）是，——是，——是，——

　　　　（福升不以为然地走出去）

陈白露　（向小东西）吃好了没有？

小东西　才吃了两块。

陈白露　怎么？

小东西　我……我……没有吃饱。

陈白露　你尽量地吃吧。

小东西　不，我不吃了。

陈白露　怎么？

小东西　我怕，我实在是怕得慌。（忍不住哭出声来）

陈白露　（过来安慰她）不要哭！不要哭！

小东西　小姐，你不会送我到他们那儿去吧。

陈白露　不，不会的。你别哭了，别哭了，你听，外边有人！

　　　　（小东西立刻止住哭声，屏息凝视房门）

　　　　（潘经理进，潘经理——一块庞然大物，短发已经斑白，行动很迟缓，然而见着白露，他的年纪，举动态度就突然来得如他自己的儿子一般年青，而他最小的少爷已经二十出头了。他的秃顶油亮亮的，眼睛懵懵的，鼻子像个狮子狗；有两撇胡子，一张大嘴，金质的牙时常在呵呵大笑的时刻，夸耀地闪烁着。他穿一件古铜色的骆绒皮袍，上面套着缎坎肩。那上面挂着金表链和翠坠儿。他仿佛将穿好衣服，领扣还未系好，上一边的领子还折在里面，一只手拿着雪茄，皱着眉却又忍不住笑。那样尴尬的神气迎着白露）

潘月亭　白露，我知道你会找我来的！我等了你一夜晚，幸亏李石清来了，跟我谈谈银行的事，不然真不知道怎么过，我叫人看看你，没回来；叫人看看你，没回来。你看我请你吃饭，你不去；我请你跳舞，你不去；我请你——可是（非常得意）我知道你早晚会找我的。

陈白露　（睨视）你这么相信你的魔力么？

潘月亭　（自负地）可惜，你没有瞧见我年青的时候，那时——（忽然向福升）你没有事，在这儿干什么，出去！

王福升　是，潘经理。

　　　　（福升下）

潘月亭　（低声）我知道你想我，（自作多情）是不是？你想我。你说，你想我，是不是？（呵呵大笑）

陈白露　嗯！我想你。

潘月亭　是的，我知道，（指点着）你良心好。

陈白露　嗯，我想你跟我办一件事。

潘月亭　（故意皱起眉头）又是办事，又是办事。——你见着我，没有别的，你专门好管这些闲事。

陈白露　你怎么知道的？

潘月亭　福升全告诉我了。

陈白露　你管不管？

潘月亭　(走近小东西)原来是这么个小东西。

小东西　是,老爷。

陈白露　你看她多么可怜。——她——

潘月亭　得了,我都知道,反正总是那么一套。

陈白露　(要挟地)月亭,你管不管？

潘月亭　我管！我管！

陈白露　小东西,你还不谢谢潘经理。

　　　　(小东西正要跪下)

潘月亭　(拦住他)得了,得了。白露,你真会跟我找麻烦。

陈白露　你听！(外面人声)他们好像就在门口。小东西你到(指右面)那屋去。

　　　　(小东西进右屋)

　　　　(门外男甲声:是这个门口么)

　　　　(门外男乙声:是)

陈白露　(向潘)他们大概指着我的这个门。

潘月亭　嗯！

　　　　(门外男甲声:别含糊,你是看见她进了这个门)

　　　　(门外男乙声:嗯)

　　　　(门外男甲声:没有出来)

　　　　(门外女人声:你看你,走到门口又犹疑什么)

　　　　(门外男丙声:不,弄清楚,别走错了门)

　　　　(男人说话混杂声)

陈白露　月亭,你不能等他们进来,你打开门出去,叫他们滚蛋。

潘月亭　这帮人他们大概都认识我,叫他们走倒还容易。

陈白露　好,月亭,谢谢你,谢谢你,你真是个好人。

潘月亭　(傻笑)自从我认识你,你第一次说谢谢我。

陈白露　(揶揄地)因为你第一次当好人。

潘月亭　怎么你又挖苦我,白露,你——

陈白露　不要吵了,你打发他们走吧。

潘月亭　好。(转门钮正要开门)

陈白露　可是月亭,你当然知道这个小东西是金八看上的。

潘月亭　金八。什么？(手拿回来)

陈白露　她把金八得罪了。

潘月亭　什么,这是金八看上的人？

陈白露　福升没有告诉你？

潘月亭　没有,没有,你看你,险点做个错事。(逡巡退回)

陈白露　怎么,月亭,你改主意了。

潘月亭　白露,你不知道,金八这个家伙不大讲面子,这个东西有点太霸道。

陈白露　那么,你不管了?

潘月亭　不是我不管,是我不能管,并且这么一个乡下孩子,你又何必——

陈白露　月亭,你不要拦我,你不管就不管,不要拦我。

潘月亭　你看,你看。

　　　　〔门外男丙声:(粗暴地)敲门,她一定在这儿,一定在这儿〕

　　　　(门外男甲声:怎么)

　　　　(门外男丙声:你看,这不是大妈的手绢?那孩子不是穿着大妈衣服跑的么)

　　　　(门外女人声:可不是,就是我的手绢)

　　　　(门外男甲声:那一定是这个门,她一定在这里。开门,开门)

陈白露　(揶揄)你不要怕啊!(正要开门迎出)

潘月亭　(拉住白露的手)你别理他们。

　　　　(门外人声:开门,开门,我们找人)

陈白露　月亭,你先进到那屋去,省得你为难,我要开门。

潘月亭　别,白露。

陈白露　你进去。(指左边)你进去,——我生气了。

潘月亭　好,我进去。

陈白露　快快。

　　　　(潘进左门,白露立刻大开中门)

陈白露　(对门外)你们进来吧!你们找谁?

门外男甲　(穿着黑衣服,戴着黑帽子的)你管我找谁呢,(气汹汹地,对着后边的党羽)进来,你们都进来,搜搜吧。

陈白露　(忽然声色俱厉地)站住,都进来,谁叫你们都进来?你们吃些什么长大的,你们要是横不讲理,这个码头横不讲理的祖宗在这儿呢!(笑)你们是搜私货么?我这儿搜烟土有烟土,搜手枪有手枪,(挺起胸)不含糊你们!(指左屋)我这间屋里有五百两烟土,(指右屋)那间屋里有八十杆手枪。你们说,要什么吧?这点东西总够你们大家玩的。(门口的人一时吓住了。向门口)进来呀!诸位!(很客气地)你们怎么不进来呀?怎么那么大的人,怕什么呀!

男　丙　(懵懵地)进来就进来!这算个什么?

男　甲　混蛋!谁叫你进来的,滚出去!

男　丙　(颠顶地)滚就滚,这又算什么!

男　甲　(笑)您别,别多心。您这生的是哪一家子气!我们没有事也不会到这儿来打搅。我们跑丢了一个小孩子,一个刚混事由的。我们到这儿来也是看看,怕她藏在什么地方,回头吓着您。

陈白露　哦,(恍然)你们这一大帮人赶到我这儿来,是为找一个小姑娘呀!

男　甲　(非常关心)那么您大概一定是看见她进来了。

陈白露　对不起,我没有看见。

男　甲　可是在您门口我们找着她丢的一个手绢。

陈白露	那她要丢,我有什么法子?
男 甲	您不知道,刚才还有人看见她进到您门里来。
陈白露	到我的屋子来,那我可说在头里,她要偷了我的东西,你们可得赔。
男 甲	您别打哈哈。我们说不定都是一家子的人。您也帮个忙,我看得出来,您跟金八爷一定也是——
陈白露	金八爷?哦,你们也是八爷的朋友?
男 甲	(笑)够不上朋友,常跟他老人家办点小事。
陈白露	那么,好极了,金八爷方才叫我告诉门口的人,叫你们滚开。
男 甲	怎么?金八爷跟你会说——
陈白露	(索性做到底)八爷就在这儿。
男 甲	(疑惑)在这儿!我们刚送八爷出旅馆。
陈白露	可是你们没看见,他又进来了。
男 甲	又进来了?(停顿,看出她的谎)那我们得见见,我们得把这件事告诉他。(回向门口)你们说,对不对?
	(门口人声:对,对,我们得见见)
陈白露	(镇静)不成!八爷说不愿见人。
男 甲	他不会不见我。我要见他,我要见。
陈白露	不成,你不能见。
男 甲	不能见,我也得见。(看见白露向着右边小东西藏的屋子走)八爷大概就在这个屋子。
陈白露	(忽然跑到左边潘藏匿的房屋门口。故意用两手抵着门框)好,你进到那屋子去吧,只要你不进这屋子来。
男 甲	哦,——八奶奶又要跟我们打哈哈,是不是?(向白露走来狞笑。凶恶地)躲开!躲开!
陈白露	你大概要作死!(回头向左门)八爷,八爷,你先出来教训教训他们这帮混账东西。
	(门开,潘月亭披着一件睡衣出)
潘月亭	(低声指着门内)白露,吵什么,八爷睡觉了。(望着男甲)咦。黑三?是你,你这是干什么?
男 甲	哦,(想不到)潘四爷,您老人家也在这儿。
潘月亭	我刚跟八爷进来,到这儿来歇歇腿,抽口烟,你们在这儿是要造反,怎么啦?
男 甲	(嗫嚅)怎么,八爷是在这儿,(笑)——呃呃,是在这儿睡觉了?
潘月亭	怎么,你要进来谈谈么?那么,请进来坐坐吧!(大开门)我烧一口烟,叫金八起来陪陪你好么?
男 甲	(赔着笑)潘四爷跟我们开什么心?
潘月亭	不坐坐么?门口那几位不进来歇歇?不么?
男 甲	不,不。您看我们也是有公事——
潘月亭	好极了。你们要有事,那就请你们跟我滚蛋,少在这里废话!

男　甲	（服从地）是,潘四爷您别生这么大的气! 我们得罪的地方您可得多担待着点。（忽然回头向门口的人们）你们看什么,你们这些混蛋还不滚! 他妈的这些死人! （又转过笑脸）没有法子! 这一群人! 回头,潘四爷,八爷醒了之后您可千万别说我们到这儿胡闹来啦。小姐,您得多替我们美言两句。刚才的事您千万一字不提。方才我对您算开的玩笑,是我该死! （自己打自己的嘴巴）该死! 该死!
陈白露	好好,快滚吧。
男　甲	（谄媚）您出气了吧? 好,我们走了。 （男甲下）
陈白露	（关上门）完了,（自语）我第一次做这么一件痛快事。
潘月亭	完了,我第一次做这么一件荒唐事。
陈白露	好啦,走啦,请金八爷归位吧。
潘月亭	哼! "请神容易送神难"。用这个招牌把他们赶走了倒容易,回头见着金八,我们说不定就有乱子,出麻烦。
陈白露	今天不管明天事。反正这事好玩得很。
潘月亭	好玩?
陈白露	我看什么事都"好玩",你说是不是? （呵欠）我真有点累了,（忽然瞥见地上的日影）喂! 你看,你看!
潘月亭	什么? 什么?
陈白露	太阳,太阳,——太阳都出来了。（跑到窗前）
潘月亭	（干涩地）太阳出来就出来了,这有什么喊头。
陈白露	（对着日光,外面隐隐有雀噪声）你看,满天的云彩,满天的亮——喂,你听,麻雀! （窗外吱吱雀噪声）春天来了。（满心欢悦,手舞足蹈地）哦! 我喜欢太阳,我喜欢春天,我喜欢年轻,我喜欢我自己。哦,我喜欢! （长长吸一口冷气）
潘月亭	（不感觉兴趣地）喜欢就喜欢得了,说什么! （忽然地）白露,这屋子太冷了,你要冻着,我跟你关上窗户。
陈白露	（执拗地）不,我不关! 我不关!
潘月亭	好,好,好,不关就不关吧。你这孩子,我真没有办法。我对我的亲生女儿也没有这么体贴过。
陈白露	（回过头来）这有什么稀奇,我要是你的亲生女儿,你还会这么体贴我? 你说是不是?
潘月亭	说得好,说得透彻。（恳求）可是你关上窗户吧,我要着……着……（张嘴翕鼻,要打喷嚏的样子）着……着……阿嚏（大声一个喷嚏）你看,我已经着凉了。
陈白露	（忽从窗户回来）这个傻孩子,你怎么早不说?
潘月亭	（得意地）那么你可以关上窗户吧。
陈白露	（摇头）不,不,我跟你多加衣服。来,你先坐下,你披上我的大衣,围上我的围巾,脚上盖着皮袍子,你再拿着我这个热水袋,你看,这不好了么? （弄得老头奇形怪状地堆在沙发上）我真喜欢你,你真像我的父亲,哦,我可怜的老爸爸! 你净在我这儿受委屈了。

潘月亭　（推开她）白露,（要立起来）我不要你叫我老爸爸。

陈白露　（推他跌在沙发里）我喜欢叫你是我的老爸爸,我要叫你是我的老爸爸。

潘月亭　（抗议地）我不老,你为什么叫我老爸爸。

陈白露　（一面笑,一面把头猫似地偎过来擦过去）我要叫,我偏要叫,老爸爸! 老爸爸!

潘月亭　（反而高兴起来）你要叫,就随你叫吧,也好,叫吧! 叫得好,叫得好。（眉开眼笑地）

陈白露　（忽然）月亭,你好好地坐着。（把他身上一堆衣服拢好,又塞一塞）你这样就像我的小 baby,我跟你唱个摇篮歌吧。

潘月亭　（莫名其妙）摇篮歌?（摸着自己的斑白胡子）不,不好。

陈白露　那我跟你念一段小说听,你听着。（拿起一本很精致的书）

潘月亭　（读着白露手里的书的名字）《日出》,不好,不好,这个名字第一个就不好。

陈白露　（撒娇）不好你也得听。

潘月亭　我不听,我不爱听。

陈白露　（又执拗起来）我要你听,我偏要你听!

潘月亭　（望着白露,满肚子委屈,叹一口气）唉,你念吧! 我听,我听。

陈白露　（翻阅书本,念）"……太阳升起来了,黑暗留在后面。"

潘月亭　（欠伸）不通,不通,没有一点道理。

陈白露　（不理他,念下去）"……但是太阳不是我们的,我们要睡了。

潘月亭　（深深一个呵欠）也不通,不过后头这一句话还有点意思。

陈白露　（不耐烦地关上书）你真讨厌。你再这样多嘴,我就拿书……（正要举书打下去）

　　　　〔右边卧室内有个小巴儿狗汪汪着,夹杂着小东西惊号的声音。

潘月亭　你听,这是什么?

　　　　（露立起）

　　　　（忽然小东西由卧室拖着裤,提着鞋跑出来,巴儿狗仿佛就在她身后追赶。她惊慌地关上门,巴儿狗在门缝儿里吠着）

小东西　（喘着气,非常狼狈的样子。几乎跌倒）小姐,……小姐!

陈白露　怎么?

小东西　它……它在后面跟着我。它……它醒了。

陈白露　（失色）什么? 谁,谁?

小东西　（惊喘）您的巴儿狗,您的巴儿狗醒了。（回头望）它咬我,它不叫我在屋里呆着。

陈白露　（定下心）你这孩子! 我真怕他们从卧室进来啦!

潘月亭　你看多麻烦!

　　　　（外面有敲门的声音）

小东西　小姐,有人敲门。

潘月亭　别是他们又回来了?

陈白露　（走近门）谁?

　　　　（方达生推门进）

方达生　（穿着睡衣,拖着鞋）是我,竹均。

陈白露　（惊愕）你怎么不睡,又回来了!

方达生　这个地方太吵,睡不着。方才福升告诉我,说你刚认一个干女儿。

陈白露　干女儿?

方达生　嗯。

陈白露　(明白了)哦,(指小东西)在这儿! 你看,好么? 这就是我的干女儿。

方达生　(有兴味地)原来是这么一个小东西。

潘月亭　(从衣服堆里立起来,红红绿绿的围巾。大氅披满一身)喂,喂,白露,你们不要谈得这么高兴,这位先生是谁呀?

陈白露　(故作惊惶状)你不知道? 让我介绍介绍,这是我的表哥。

潘月亭　(惊讶)表哥?

方达生　(这才发现还有一个男人在屋子里)怎么,竹均,这一会儿这屋子怎么又——

陈白露　(一本正经地)咦,你不认识,这是我的爸爸。

潘月亭　(愉快地)爸爸!

方达生　(惊愕地)爸爸?

潘月亭　(对白露,玩笑地)哦是一家人! (忽然,指着窗户)可是快关……关……(张口翕鼻,手指指点点地)……关……阿嚏! (喷嚏)你看这一次我真着凉了。

　　　　(三人对视小东西,傻傻地立在那里)

—— 幕急落

【注释】

[1]mademoiselle:<法>小姐(相当于英语的 Miss,单数略为 Mlle,复数略为 Mlles)。

[2]monsieur:先生(对法国男性的尊称)。

[3]aurevoir:<法>再会,再见。

[4]et:<法>和、及、与、而且、并且、又、而、但是、可是、然而[表示相加、对比、对立],放在句首,表示强调。

【导读】

《日出》主要描写的是 20 世纪 30 年代中国大都市黑暗的现实生活。陈白露是全剧的核心人物,她曾经是一个知识女性,为了追求真正的爱情,与浪漫诗人许光夫私自结合,并生下女儿。然而生活的压力使婚姻破裂。其丈夫的诗集《日出》,成了她回忆与丈夫真挚爱情唯一的纪念物。她不得不投奔远房亲戚——前清大太监的遗孀李老太太,做她的干女儿。陈白露凭借其年轻漂亮、舞姿曼妙、优美歌喉,在"哈斯曼"歌舞厅渐渐走红。此时,大丰银行总经理潘月亭发现了她,将她捧红,成为"舞会皇后"和电影明星。但实际上,潘月亭的银行只剩下一个空壳,但仍装腔作势,天天花天酒地,欺骗客户,最后落得破产。而陈白露在潘月亭的供养下沉迷在夜夜笙歌、纸醉金迷的生活中。然而,其大学初恋情人方达生知道她的堕落,从家乡赶来,希望能通过结婚回乡来唤醒她,但由于对生活、爱情以及社会的失望,陈白露拒绝了他。此时,陈白露全力救护的为了逃避蹂躏的"小东西",最终被黑帮头子手下的人卖到妓院里,不堪凌辱而死。另外,和"小东西"一样出身于社会最底层的黄省三、妓女翠花等也难逃悲惨的命运。同时,在金八的压榨下,潘月亭银行倒闭。陈白露看到了社会的黑暗,但又看不见出路,最终自杀,只有许光夫的《日出》诗集中的词:"太阳升起来了,黑暗留在后面。而太阳不是我们的,我们要睡了……"陪伴她。而方达生则迎着日出而去。

剧作选取了陈白露的豪华大饭店和"小东西"陷身的下等妓院作为强烈对比的场景,鞭挞那个"损不足以奉有余"的不公平的社会制度。一方面,"有余者"——剥削者贪得无厌,寻欢作乐,生活糜烂。人性已被金钱扭曲。而另一面，"不足者"——被剥削者善良、忠厚，却备受凌辱，命运悲惨。两者形成强烈的对比，充分展示剧本主题。最终作者喊出了"你们的末日到了"的愤怒吼声。

曹禺在创作《日出》时又做了新的尝试，他放弃了《雷雨》中"太像戏"的结构，采用"横断面的描写""用片段的方法写出《日出》，用人生的零碎来阐明一个观点"，以主题思想为结构的统一点。在剧本中，每个角色都有着独立的作用，它们显示出当时社会人性的复杂与丰富，它们互相映衬，共同揭露了"损不足以奉有余"的黑暗社会。作品光怪陆离，但穿插有致，繁而不乱，具有强烈的生活气息和真实感。同时，人物的刻画也是剧本的成功之处。台词有较强的动作性和鲜明的个性色彩，使人物形象栩栩如生。

【思考】

1. 陈白露复杂性格在戏剧中是怎样体现的？
2. 作品怎样表现了"损不足以奉有余"的社会现实？

沙扬娜拉[1]
——赠日本女郎

徐志摩

徐志摩（1897—1931），原名徐章垿，出生于浙江海宁，父亲徐申如曾兴办实业，蜚声浙江。自幼入私塾读书。1915 年中学毕业后，徐志摩先后进入北京大学、上海沪江大学、天津北洋大学就读；1918 年去美国克拉克大学学习，后转入纽约的哥伦比亚大学；1920 年，进入英国剑桥大学当特别生，在那里受到西方 19 世纪浪漫主义及西方文学的影响，开始诗歌创作，并奠定其诗歌风格。1922 年回国，与胡适、陈西滢、丁西林等人，创立新月社。先后担任过北京大学、上海光华大学、东吴大学教授。1931 年 11 月 19 日由南京返北平途中，因飞机失事罹难。代表作品有《再别康桥》《翡冷翠的一夜》。

1924 年 4 月，印度诗人泰戈尔来到中国，徐志摩一直陪在他左右。1924 年 5 月 29 日，徐志摩随泰戈尔等人前往东京讲学。在访日期间，他写了长诗《沙扬娜拉十八首》，收录于《志摩的诗》中。1928 年 8 月，徐志摩将《沙扬娜拉十八首》的前十七首删去，仅保存了最后一首，即这首副标题为"赠日本女郎"的诗，重新出版了《志摩的诗》。

【原文】

最是那一低头的温柔，
像一朵水莲花不胜凉风的娇羞，
道一声珍重，道一声珍重，
那一声珍重里有蜜甜的忧愁——
沙扬娜拉！

【注释】

[1]沙扬娜拉：即日语"再见"的音译。

【导读】

《沙扬娜拉——赠日本女郎》以"再见"为题，抓住最常见的场景，生动地写出了那一瞬间的感受。全诗共五句，仅仅四十八个字，却让我们看到日本女郎与朋友分别时，执手相看的脉脉含情、娇羞内敛的动人神情和风姿绰约的柔美风情。她那一瞬间的情绪、动作、语言让人过目难忘,展现了日本妇女温柔谦恭的性格。徐志摩的诗歌是浪漫的,他总能找到形象又美好的比喻,将妙龄少女低头道别的娇羞姿态,比喻成一朵在凉风中摇曳多姿的水莲花,一股朦胧的美感透彻肺腑。水莲花洁白素雅同少女单纯美丽相互映衬,给人画面感。"道一声珍重,道一声珍重,那一声珍重里有蜜甜的忧愁",在重叠反复的字句中,情透纸背,让我们感受到日本女郎的绵绵情意与离愁别绪。"蜜甜的忧愁"是全诗的诗眼,采用矛盾修辞法,使情感具有张力,丰满有力。"沙扬娜拉"既是分离时的挥手作别,又仿佛在呼唤女郎温柔的名字,悠悠离愁,千种风情,尽在不言中!

节奏感和音乐美是诗的生命,一首优美的抒情诗,不仅体现在丰富深厚的抒情内容,也要体现在声律上。徐志摩在《诗刊放假》一文中指出:"一首诗应当是一个有机的整体,部分与部分相连,部分对全体有比例的一种东西;正如一个人身的秘密是它的血脉的流通,一首诗的秘密也就是它内含的音节的匀称与流动。……明白了诗的生命在于它内在音节的道理,我们才能领会诗的真正的趣味。"《沙扬娜拉——赠日本女郎》就是一首完整的抒情曲,诗歌的句子长短相间,第一、三、五行短句,二、四行长句。全诗平仄搭配,第一、二句节奏轻微起伏;第三、四句"道一声珍重,道一声珍重"重复运用,生动地引出"蜜甜的忧愁",缠绵悱恻,细致入微;第五句,以四字短行收尾,是日本女郎的对白,如闻其声,余音不绝。徐志摩用本诗实践了音乐美的主张,诠释了对新诗建筑美的思考,自由洒脱。整首诗歌细腻柔美,情感和谐自然。

【思考】

1. "那一声珍重里有蜜甜的忧愁"一句中,"蜜甜"和"忧愁"矛盾吗? 请谈谈你的理解。
2. 最后,诗人用"沙扬娜拉"(日语,意谓"再见")作结,有何作用?

死　水

闻一多

闻一多(1899—1946),原名闻家骅,出生于湖北浠水。1922年赴美国学习文学与美术。1925年,怀着一腔强烈的爱国之情和殷切的期望提前回国。回国后参加新月社,成为该社重要成员。其新诗主张形式上的格律化,讲求"节的匀称,句的均齐",诗歌具有奇特的幻想,严谨的结构,喷涌的激情,善于运用比喻、夸张、象征、反复等修辞手法,形成自己独特的风格,著有诗集《红烛》《死水》等。后来开始进行学术研究,对《诗经》《楚辞》《周易》的研究非常深刻,取得很大成就。先后在青岛大学、清华大学任教,抗战期间任昆明西南联合大学教授。闻一多先生一身正气,积极投身爱国民主运动,1946年夏在昆明被国民党特务暗杀。

1925年,闻一多回国后,看到他热爱的祖国军阀混战、帝国主义横行,国家满目疮痍,民生凋敝,以至于他的感情由希望到失望、痛苦,最终转到极度的愤怒之中。《死水》一诗就是在这种情况下创作的。

【原文】

这是一沟绝望的死水,
清风吹不起半点漪沦。
不如多扔些破铜烂铁,
爽性泼你的剩菜残羹。

也许铜的要绿成翡翠，
铁罐上锈出几瓣桃花；
再让油腻织一层罗绮，
霉菌给他蒸出些云霞。

让死水酵成一沟绿酒，
漂满了珍珠似的白沫；
小珠们笑声变成大珠，
又被偷酒的花蚊咬破。

那么一沟绝望的死水，
也就夸得上几分鲜明。
如果青蛙耐不住寂寞，
又算死水叫出了歌声。

这是一沟绝望的死水，
这里断不是美的所在，
不如让给丑恶来开垦，
看他造出个什么世界。

【导读】

诗人怀着对祖国的热爱和希望提前回国，但残酷的社会现实让他感到失望与痛苦，激情被社会凝固，于是诗人想象到"死水"的形象。"死水"正是当时黑暗社会的真实写照：没有活力，没有希望。诗人想通过这一潭"死水"表达自己的愤怒与痛苦，并对现实社会做狠狠的揭露与批判。

全诗分五节，可以分为三个层次。第一层为第一节，表达诗人对"死水"般黑暗中国的失望与愤怒之情。"这是一沟绝望的死水"象征着当时军阀混战、列强入侵的半殖民地半封建的旧中国。而"绝望"二字，强烈表现了诗人沉重的绝望心情。第二层为第二、三、四节，诗人具体描述了"死水"，令人作呕，肮脏腥臭，实际上揭露出中国腐朽败落的社会状况，抒发了诗人对旧中国的憎恶与愤怒。但诗人却用"翡翠""桃花""罗绮""云霞""珍珠"等美好鲜明的事物来形容肮脏的死水，以美写丑，这样独特的方法，更显示出死水的腐臭事实，同时也表达了诗人强烈的嘲讽意味。第三层为第五节，作者虽然痛恨现实，但仍旧饱含热情，希望能改变这样黑暗的社会。全诗首尾两节感情一致，遥相呼应，中间三节动静结合，重在反讽，构成诗歌的主体部分。

本诗辛辣而细腻。首先，多用反语，用非常美好、鲜亮的词语来形容腐臭的"死水"，增加了诗人情感的力度，如"绿成翡翠""锈出几瓣桃花""蒸出些云霞"等，表达诗人的憎恨之情。其次，本诗是新诗格律化的典型之作，全诗共五节，每节四句，每句九个字，隔行押韵，每节各押一韵，体式严整，朗朗上口，富有韵味。

【思考】

1.你如何理解"造出个什么世界"？

2.闻一多创作诗歌讲究"三美"，即"音乐美、绘画美、建筑美"，本诗就体现了他的"三美"主张，请举例分析其中的一美。

我用残损的手掌

戴望舒

戴望舒(1905—1950)，原名戴梦鸥，出生于浙江杭县(今杭州市余杭区)。"望舒"出自屈原的《离骚》："前望舒使先驱兮，后飞廉使奔属。"意思是说屈原上天入地漫游求索，坐着龙马拉来的车子，前面由月神望舒开路，后面由风神飞廉做跟班。望舒就是神话传说中替月亮驾车的天神，美丽温柔，纯洁优雅。1923年秋天，考入上海大学文学系。1925年，转入震旦大学学习法语。1927年写下《雨巷》，1929年4月，出版了第一本诗集《我的记忆》，是其早期象征主义诗歌的代表，其中《雨巷》受到了叶圣陶的极力推荐，盛赞他"替新诗开创了一个新纪元"，成为传诵一时的名作，因此他被誉为"雨巷诗人"。

1942年春，戴望舒因为在报纸上编发宣传抗战的诗歌被日寇逮捕入狱，受尽种种酷刑，但他并没有屈服。及至1942年5月，经叶灵凤设法被保释出狱的时候，身体已被折磨得异常虚弱，但诗人自己的抗日精神依然不减，更加痛恨日本的侵略，对祖国和人民更加同情爱怜。《我用残损的手掌》即写于他出狱不久的日子里。

【原文】

我用残损的手掌
摸索这广大的土地：
这一角已经变成灰烬，
那一角只是血和泥；
这一片湖该是我的家乡，
(春天，堤上繁花如锦幛，
嫩柳枝折断有奇异的芬芳，)
我触到荇藻和水的微凉；
这长白山的雪峰冷到彻骨，
这黄河的水夹泥沙在指间滑出；
江南的水田，你当年新生的禾草
是那么细，那么软……现在只有蓬蒿；
岭南的荔枝花寂寞地憔悴，
尽那边，我蘸着南海没有渔船的苦水……
无形的手掌掠过无限的江山，
手指沾了血和灰，手掌沾了阴暗，
只有那辽远的一角依然完整，

温暖,明朗,坚固而蓬勃生春。

在那上面,我用残损的手掌轻抚,

像恋人的柔发,婴孩手中乳。

我把全部的力量运在手掌

贴在上面,寄与爱和一切希望,

因为只有那里是太阳,是春,

将驱逐阴暗,带来苏生,

因为只有那里我们不像牲口一样活,

蝼蚁一样死……那里,永恒的中国!

1942 年 7 月 3 日

【导读】

全诗可以分为两个部分。第一部分是作者对祖国命运的深切关注:自己的手掌虽然已经"残损",但出于对祖国的强烈感情,仍要摸索祖国"广大的土地",即使触到的是"灰"、是"血和泥",一片狼藉景象。曾经山清水秀的"家乡",如今被列强践踏,通过诗人的笔触,也让我们感受到祖国笼罩在黑暗之中。作者对长白山雪峰的"冷",黄河的"水夹泥沙",江南水田里生长的"蓬蒿",岭南憔悴的"荔枝花",南海没有渔船的"苦水"的感官描写,实际上是对祖国土地的感受,同时也是对沦陷区人民苦难生活的暗示,流露出作者的忧愤。第二部分,描写作者触到的"那辽远的一角",情绪转换,那里"依然完整",那里是没有被侵略的解放区,那里"温暖""明朗""蓬勃生春",前后两部分一对比,诗人的情感倾向更加突出。"恋人的柔发""婴孩手中乳",两个比喻让人对解放区倍感亲切。作者用的"爱""希望""太阳""春"等词语,深情地赞美了这块象征着"永恒的中国"的土地。全诗用前后对比的手法,表现出作者对解放区的深情向往和对祖国光明的热切期盼。

本诗写诗写意,第一部分写沦陷区的黑暗,从实处入手,让读者看到一幅幅富有象征意味的小画面。第二部分写解放区的光明,则侧重于写意,用了一连串温馨比喻,深情与温柔地展现出解放区的明媚色彩。另外,"残损的手掌"既是写实也是写意。戴望舒几次谈到中国的疆土,就如一片树叶,可惜缺了一块,希望有一天能看到一片完整的树叶。如今他以《残损的手掌》为题,显然以这手掌比喻他对祖国的思念,也直指他死里逃生的心声。这首诗是诗人忍受肉体和心灵的痛苦,在苦难之中却依旧保持着爱国精神的情感升华。

【思考】

1.这首诗前后两部分的感情色彩和描写手法明显不同,结合原诗具体分析一下。

2.这首诗描写的对象很多,而我们读起来却不觉芜杂,这是为什么?

鱼化石

艾 青

艾青(1910—1996),原名蒋正涵,号海澄,出生于浙江省金华市。1928 年考入国立杭州西湖艺术院。1932 年在上海加入中国左翼美术家联盟,开始从事革命文艺活动。1933 年第一次用笔名发表长诗《大堰河——我的保姆》。这首诗奠定了他在诗歌的艺术特色以及文学史上的重要地位,是中国现代诗的代表之一。1935 年,出版了第一本诗集《大堰河》。1957 年被错划为右派。曾赴黑龙江、新疆生活和劳动,诗歌创作被中断了二十余年。1979 年平反后,任中国作家协会副主席、国际笔会中心副会长等职。1985 年获法国文学艺术最高勋章。

《鱼化石》是诗人 1978 年重返诗坛之后所创作的。中华人民共和国成立前,艾青的诗歌主题是讴歌光明,诅咒黑暗,笔调深沉、奔放。中华人民共和国成立以后,诗歌一如既往地礼赞光明,赞颂人民,同时多了一些人生的思考。他重返诗坛,内容更为丰富,思想更为成熟,情感更为深沉,手法更为多彩。

【原文】

动作多么活泼,
精力多么旺盛,
在浪花里跳跃,
在大海里浮沉;

不幸遇到火山爆发,
也可能是地震,
你失去了自由,
被埋进了灰尘;

过了多少亿年,
地质勘探队员
在岩层里发现你,
依然栩栩如生。

但你是沉默的,
连叹息也没有,
鳞和鳍都完整,
却不能动弹;

你绝对的静止,
对外界毫无反应,
看不见天和水,
听不见浪花的声音。

凝视着一片化石,
傻瓜也得到教训:
离开了运动,
就没有生命。

活着就要斗争，

在斗争中前进，

当死亡没有来临，

把能量发挥干净。

【导读】

《鱼化石》是一首富含哲理的诗。诗人从鱼化石的特殊惨痛体验中升华出人生的感悟，抒发了对逝去生命的悼念之情，具有很强的现实意义。

诗歌前六节形象地描述了一条鱼本来富有强大生命力，突然遇到火山爆发而变成化石的过程。这条鱼"动作多么活泼""精力多么旺盛"，它是那么富有朝气，那么自由自在，这样快乐的生命状态让我们想到风华正茂、朝气蓬勃的青年，在黄金年龄里大有可为。但可惜的是，火山的爆发，或者地震的发生，鱼儿年轻的生命被不幸剥夺，掩埋数个世纪，直到地质队员发现时仍旧栩栩如生，但往日的风采已经定格，"不能动弹"，没有任何感官，这种没有生命，只有躯壳的完整又有什么意义？在天灾人祸面前，人们往往脆弱渺小，无能为力，除了哀悼和惋惜，我们还能做什么？

【思考】

1.第一节写鱼儿生前自由、活泼、快乐的生活，这对后文有什么作用？

2.作者通过对鱼化石的记叙和描写，告诉我们一个什么道理？

春之声

王 蒙

王蒙，1934年10月15日生于北京，祖籍河北沧州，父亲曾任教北京大学，母亲曾任教北京市某小学。王蒙的名字来自法国小说《茶花女》中的主人公阿芒。1953年，创作第一部长篇小说《青春万岁》。1956年，发表小说《组织部新来的青年人》，小说描写了一位刚到共青团团委工作的青年人对领导的官僚作风不满。小说引起轰动，而王蒙也被错划为右派，到北京郊区劳动。1978年调北京市作家协会，1979年，被平反。1983—1986年担任《人民文学》主编。王蒙是一个多产的作家，有近百部小说，反映了中国人民前进道路的坎坷经历。曾获意大利蒙德罗文学奖、日本创价学会和平与文化奖、俄罗斯科学院远东研究所与澳门大学荣誉博士学位、约旦作家协会名誉会员等荣衔。作品被翻译为二十多种语言在各国发行。

【原文】

咣的一声，黑夜就到来了。一个昏黄的，方方的大月亮出现在对面墙上。岳之峰的心紧缩了一下，又舒张开了。车身在轻轻地颤抖。人们在轻轻地摇摆。多么甜蜜的童年的摇篮啊！夏天的时候，把衣服放在大柳树下，脱光了屁股的小伙伴们一跃跳进故乡的清凉的小河里，一个猛子扎出十几米，谁知道谁在哪里露出头来呢？谁知道被他慌乱中吞下的一口水里，包含着多少条蛤蟆蝌蚪呢？闭上眼睛，熟睡在闪耀着阳光和树影的涟漪之上，不也是这样轻轻地、轻轻地摇晃着的吗？失去了的和没有失去的童年和故乡，责备我么？欢迎我么？母亲的坟墓和正在走向坟墓的父亲！

方方的月亮在移动，消失，又重新诞生。唯一的小方窗里透进了光束，是落日的余辉还是站台的灯？为什么连另外三个方窗也遮严了呢？黑咕隆冬，好像紧接着下午便是深夜。门咣地一关，就和外界隔开了。那愈来愈响的声音是下起了冰雹吗？是铁锤砸在铁砧上？在黄土高原的乡下，到处还靠人打铁，我们祖国的胳膊有多么发达的肌肉！呵，当然，那只是车轮撞击铁轨的噪音，来自这一节铁轨与那一节铁轨之间的缝隙。目前不是正在流行一支轻柔的歌曲吗，叫作什么来着——《泉水叮咚响》。如果火车也叮咚叮咚地响起来呢？广州人可真会生活，不像这西北高原上，人的脸上和房屋的窗玻璃上到处都蒙着一层厚厚的黄土。广州人的凉棚下面，垂挂着许许多多三角形的瓷板，它们伴随着清风，发出叮叮咚咚的清音，愉悦着心灵。美国的抽象派音乐却叫人发狂。真不知道基辛格听我们的杨子荣咏叹调时有什么样的感受。京剧锣鼓里有噪音，所有的噪音都是令人不快的吗？反正火车开动以后的铁轮声给人以鼓舞和希望。下一站，或者下一站的下一站，或者许多许多的下一站以后的下一站，你所寻找的生活就在那里，母亲或者孩子，友人或者妻子，温热的澡盆或者丰盛的饮食正在那里等待着你。都是回家过年的。过春节，我们古老民族的最美好的节日。谢天谢地，现在全国人民都可以快快乐乐地过年了。再不会用"革命化"的名义取消春节了。

还真有趣。在出国考察三个月回来之后，在北京的高级宾馆里住了一阵——总结啦，汇报啦，接见啦，报告啦……之后，岳之峰接到了八十多岁的刚刚摘掉地主帽子的父亲的信。他决定回一趟阔别二十多年的家乡。这是不是个错误呢？他怎么也没想到要坐两个小时零四十七分钟的闷罐子车呀。三个小时以前，他还坐在从北京开往X城的三叉戟客机的宽敞、舒适的座位上。两个月以前，他还坐在驶向汉堡的易北河客轮上。现在呢，他和那些风尘仆仆的，在黑暗中看不清面容的旅客们挤在一起，就像沙丁鱼挤在罐头盒子里。甚至于他辨别不出火车到底是在向哪个方向行走。眼前只有那月亮似的光斑在飞速移动，火车的行驶究竟是和光斑方向相同抑或相反呢？他这个工程物理学家竟为这个连小学生都答得上来的、根本算不上是几何光学的问题伤了半天脑筋。

他已经有二十多年没有回过家乡了。谁让他错投了胎？地主，地主！一九五六年他回过一次家，一次就够用了——回家呆（待）了四天，却检讨了二十二年！而伟人的一句话，也够人们学习贯彻一百年。使他惶惑的是，难道人生一世就是为了作检讨？难道他生在中华，就是为了作一辈子检讨的么？好在这一切都过去了。斯图加特的奔驰汽车工厂的装配线在不停地转动，车间洁净敞亮，没有多少噪音。西门子公司规模巨大，具有一百三十年的历史。我们才刚刚起步。赶上，赶上！不管有多么艰难。哐，哐，哐，快点开，快点开，快开，快开，快，快，快，车轮的声音从低沉的三拍一小节变成两拍一小节，最后变成高亢的呼号了。闷罐子车也罢，正在快开。何况天上还有三叉戟？

尘土和纸烟的雾气中出现了旱烟叶发出的辣味，像是在给气管和肺作针灸。梅花针大概扎在肺叶上了。汗味就柔和得多了。方言的浓度在旱烟与汗味之间，既刺激，又亲切。还有南瓜的香味哩！谁在吃南瓜？X城火车站前的广场上，没有见卖熟南瓜的呀。别的小吃和土特产倒是都有。花生、核桃、葵花籽、柿饼、醉枣、绿豆糕、山药、蕨麻……全有卖的。就像变戏法，举起一块红布，向左指上两指，这些东西就全没了，连火柴、电池、肥皂都跟着短缺。现在呢，一下子又都变了出来，也许伸手再抓两抓，还能抓出更多的财富。柿饼和枣朴质无华，却叫人甜到心里。岳之峰咬了一口上火车前买的柿饼，细细地咀嚼着儿时的甜香。辣味总是一下子就能尝到,甜味却埋得很深很深。要有耐心,要有善意,要有经验,要知觉灵敏。透过辛辣的烟草和热烘烘的汗味儿,岳之峰闻到了乡亲们携带的绿豆香。绿豆苗是可爱的,灰兔子也是可爱的,但是灰色的野兔常常要毁坏绿豆。为了追赶野兔,他和小柱子一口气跑了三里,跑得连树木带田垅都摇来摆去。在中秋的月夜,他亲眼见过一只银灰色的狐狸,走路悄无声息,像仙人,像梦。

车声小了,车声息了。人声大了,人声沸了。咣——哧,铁门打开了,女列车员——一个高个子,大骨架的姑娘正在洒利地用家乡方言指挥下车和上车的乘客。"没有地方了,没有地方了,到别的车厢去吧,"已经在车上获得了自己的位置的人发出了这种无效的,也是自私的呼吁。上车的乘客正在拥上来,熙熙攘攘。到哪里都是熙熙攘攘。与我们的王府井相比,汉堡的街道上简直可以说是看不见人,而且市区的人口还在减少。岳之峰从飞机场来到 X 城火车站的时候吓了一跳——黑压压的人头,压迫得白雪不白,冬青也不绿了。难道是出了什么事情?一九四六年学生运动,人们集合在车站广场,准备拦车去南京请愿,也没有这么多人!岳之峰上大学的时候在北平,有一次他去逛故宫博物院,刚刚下午四点就看不见人影了,阴森森的大殿使他的后脊背冒凉气。他小跑着离开了故宫,上了拥挤的有轨电车才放心了一点。如果跑慢了,说不定珍妃会从井里钻出来把他拉下去哩!

但是现在,故宫南门和北门前买入场券的人排着长队。而且不是星期天。X 城火车站前的人群令人晕眩。好像全中国有一半人要在春节前夕坐火车。到处都是团聚,相会,团圆饺子,团圆元宵,对于旧谊,对于别情,对于天伦之乐,对于故乡和童年的追寻。卖刚出屉的肉馅包子的,盖包子的白色棉褥子上尽是油污。卖烧饼、锅盔、油条、大饼的。卖整盒整盒的点心的。卖面包和饼干的。X 车站和 X 城饮食服务公司倾全力到车站前露天售货。为了买两个烧饼也要挤出一身汗。岳之峰出了多少汗啊!他混饱了(环境和物质条件的急骤改变已使他分辨不出饥和饱了)肚子,又买到了去家乡的短途客车的票。找给钱的时候使他一怔,写的是一块二,怎么只收了六角呢?莫非是自己没有报清站名?他想再问一问,但是排在他后面的人已经占据了售票窗口前的有利阵地,他挤不回去了。

他快快地看着手中的火车票。火车票上黑体铅字印的是 1.20 元,但是又用双虚线勾上了两个占满票面的大字:陆角。这使他百思不得其解,简直像是一种生物学上的密码。"这是怎么回事?为什么我买一块二角的票她却给了我六角钱的?"他自言自语。他问别人。没有人回答他。等待上车的人大多是一些忙碌得可以原谅的利己主义者。

各种信息在他的头脑里撞击。黑压压的人群。遮盖热气腾腾的肉包子的油污的棉被。候车室里张贴着的大字通告:关于春节期间增添新车次的情况,和临时增添的新车次的时刻表。男女厕所门前排着等待小便的人的长队。陆角的双钩虚线。大包袱和小包袱,大篮筐和小篮筐,大提兜和小提兜……他得出了这最后一段行程会是艰难的结论。他有了思想准备。终于他从旅客们的闲谈中听到了"闷罐子车"这个词儿,他恍然了。人脑毕竟比电脑聪明得多。

上到列车上的时候,他有点垂头丧气。在二十世纪八十年代的第一个春节即将来临之时,正在梦寐以求地渴望实现四个现代化的人们,却还要坐瓦特和史蒂文森时代的闷罐子车!事实如此。事实就像宇宙,就像地球,华山和黄河,水和土,氢和氧,钛和铀。既不像想象那样温柔,也不像想象那么冷酷。不是么,闷罐子车里坐满了人,而且还在一个两个，十个二十个地往人与人的缝隙，分子与分子，原子与原子的空隙之中嵌进。奇迹般地难以思议，已经坐满了人的车厢里又增加了那么多人。没有人叫苦。

有人叫苦了："这个箱子不能压。"一个包着头巾的抱着孩子的妇女试探着能不能坐到一只箱子上。"您到这边来，您到这边来。"岳之峰连忙站起身，把自己的靠边的位置让了出来。坐在靠边的地方，身子就能倚在车壁上，这就是最优越的"雅座"了。那女人有点不好意思。但终于抱着小孩子挪动了过来，她要费好大的力气才能不踩着别人。"谢谢您！"妇女用流利的北京话说。她抬起头。岳之峰好像看到一幅炭笔的素描。题目应该叫《微笑》。

叮铃叮铃的铃声响了，铁门又哐地一声关上了，是更深沉的黑夜。车外的暮色也正在浓重起来嘛。大骨架的女列车员点起了一支白蜡，把蜡烛放到了一个方形的玻璃罩子里。为什么不点油灯呢？大概是怕煤油摇洒出来。偌大车厢，就靠这一盏蜡烛照亮。些微的亮光，照得乘客变成了一个又一个的影子。车身又摇晃了，对面车壁上的方形的光斑又在迅速移动了。离家乡又近一些了。摘了帽子，又见到了儿子，父亲该可以瞑目了吧？不论是他的罪恶或者忏悔，不论是他的眼泪还是感激，也不论是他的狰狞丑恶还是老实善良，这一切都快要随着他的消失而云消雾散了。老一辈人正在一个又一个地走向河的那边。咚咚咚，嚓嚓嚓，嘭嘭嘭，是在过桥了吗？联结着过去和未来，中国和外国，城市和乡村，此岸和彼岸的桥啊！

靠得很近的蜡灯把黑白分明的光辉和阴影印制在女列车员的脸上。女列车员像是一尊全身的神像。"旅客同志们，春节期间，客运拥挤，我们的票车（票车：铁路人员一般称客车为票车）去支援长途……提高警惕……"她说得挺带劲，每吐出一个字就像拧紧了一个螺母。她有一种信心十足，指挥若定的气概，以小小的年纪，靠一支蜡烛的光亮，领导着一车的乌合之众。但是她的声音也淹没在轰轰轰，嗡嗡嗡，隆隆隆，不仅是七嘴八舌，而且是七十嘴八十舌的喧嚣里了。

自由市场。百货公司。香港电子石英表。豫剧片《卷席筒》。羊肉泡馍。醪糟蛋花。三接头皮鞋。三片瓦帽子。包产到组。收购大葱。中医治癌。差额选举。结婚筵席……在这些温暖的闲言碎语之中，岳之峰轮流把体重从左腿转移到右腿，再从右腿转移到左腿。幸好人有两条腿，要不然，无依无靠地站立在人和物的密集之中，可真不好受。立锥之地，岳之峰现在对于这句成语才有了形象的理解。莫非古代也有这种拥挤的、没有座位和灯光的旅行车辆吗？但他给一个女同志让了"座位"。不，没有座，只有位。想不到她讲一口北京话。这使岳之峰兴致似乎高了一些。"谢谢"，"对不起"，在国外到处是这种礼貌的用语。虽然有一个装着坚硬的铁器的麻袋正在挤压他右腿的小腿肚子。而另一个席地而坐的人的脊背干脆靠到了他的酸麻难忍的左腿上。

简直是神奇。不仅在慕尼黑的剧院里观看演出的时候；而且在北京，在研究所、部里和宾馆里，在二十三平方米的住房和一零三和三三二路公共汽车上；他也想不到人们还要坐闷罐子车。这不是运货和运牲畜的车吗？倒霉！可又有什么倒霉的呢？咒骂是最容易不过的。咒骂闷罐子车比起制造新的美丽舒适的客运列车来，既省力又出风头。无所事事而又怨气冲天的人的口水，正在淹没着忍辱负重、埋头苦干的人的劳动。人们时而用高调，时而又用低调冲击着、替代着那些一件又一件，一天又一天，一年又一年地坚韧不拔的工作。

"给这种车坐,可真缺德!"

"你凑合着吧。过去,还没有铁路哩!"

"运兵都是用闷罐子车,要不,就暴露了。"

"要赶上拉肚子的就麻烦了,这种车上没有厕所。"

"并没有一个人拉到裤子里么。"

"有什么办法呢? 每逢春节,有一亿多人要坐火车……"

黑暗中听到了这样一些交谈。岳之峰的心平静下来了。是的,这里曾经没有铁路,没有公路,连自行车走的路也没有。阔人骑毛驴,穷人靠两只脚。农民挑着一千五百个鸡蛋,从早晨天不亮出发,越过无数的丘陵和河谷,黄昏时候才能赶到X城。我亲爱的美丽而又贫瘠的土地! 你也该富饶起来了吧? 过往的记忆,已经像烟一样,雾一样地淡薄了,但总不会被彻底地忘却吧? 历史,历史;现实,现实;理想,理想;哞——哞——咣气咣气……喀郎喀郎……沿着莱茵河的高速公路。山坡上的葡萄。暗绿色的河流。飞速旋转。

这不就是法兰克福的孩子们吗? 男孩子和女孩子,黄眼睛和蓝眼睛,追逐着的,奔跑着的,跳跃着的,欢呼着的。喂食小鸟的,捧举鲜花的,吹响铜号的,扬起旗帜的。那欢乐的生命的声音。那友爱的动人的呐喊。那红的、粉的和白的玫瑰。那紫罗兰和蓝蓝的毋忘我。

不,那不是法兰克福。那是西北高原的故乡。一株巨大的白丁香把花开在了屋顶的灰色的瓦瓴上。如雪,如玉,如飞溅的浪花。摘下一条碧绿的柳叶,卷成一个小筒,仰望着蓝天白云,吹一声尖厉的哨子。惊得两个小小的黄鹂飞起。挎上小篮,跟着大姐姐,去采撷灰灰菜。去掷石块,去追逐野兔,去捡鹌鹑的斑烂的彩蛋。连每一条小狗,每一只小猫,每一头牛犊和驴驹都在嬉戏。连每一根小草都在跳舞。

不,那不是西北高原。那是解放前的北平。华北局城工部(它的部长是刘仁同志)所属的学委组织了平津学生大联欢。营火晚会。"太阳下山明朝依旧爬上来……我的青春小鸟一样不回来","山上的荒地是什么人来开? 地上的鲜花是什么人来栽?"一支又一支的歌曲激荡着年轻人的心。最后,大家发出了使国民党特务胆寒的强音:"团结就是力量……让一切不民主的制度死亡!"信念和幸福永远不能分离。

不,那不是逝去了的,遥远的北平。那是解放了的,飘扬着五星红旗的首都。那是他青年时代的初恋,是第一次吹动他心扉的和煦的风。春节刚过,忽然,他觉察到了,风已经不那么冰冷,不那么严厉了。二月的风就带来了和暖的希望,带来了早春的消息。他跑到北海,冰还没有化哩。还没有什么游人哩。他摘下帽子,他解开上衣领下的第一个扣子。还是冬天吗? 当然,还是冬天。然而是已经联结着春天的冬天,是冬与春的桥。有风为证,风已经不冷! 风会愈来愈和煦,如醉,如酥……他欢迎着承受着别人仍然觉得凛冽,但是他已经为之雀跃的"春"风,小声叫着他悄悄地爱着的女孩子的名字。

那,那……那究竟是什么呢? 是金鱼和田螺吗? 是荸荠和草莓吗? 是孵蛋的芦花鸡吗? 是山泉,榆钱,返了青的麦苗和成双的燕子吗? 他定了定神。那是春天,是生命,是青年时代。在我们的生活里,在我们每个人的心房里,在猎户星座和仙后星座里,在每一颗原子核,每一个质子、中子、介子里,不都包含着春天的力量,春天的声音吗?

他定了定神,揉了揉眼睛。分明是法兰克福的儿童在歌唱,当然,是德语。在欢快的童声合唱旁边,有一个顽强的、低哑的女声伴随着。

他再定了定神,再揉了揉眼睛,分明是在从 X 城到 N 地的闷罐子车上。在昏暗和喧嚣当中,他听到了德语的童声合唱,和低哑的,不熟练的,相当吃力的女声伴唱。

什么? 一台录音机。在这个地方听起了录音。一支歌以后又是一支歌,然后是一个成人的歌。三支歌放完了,是叭啦叭啦的撤动键钮的声音,然后三支歌重新开始。顽强的,低哑的,不熟练的女声也重新开始。这声音盖过了一切喧嚣。

火车悠长的鸣笛。对面车壁上的移动着的方形光斑减慢了速度,加大了亮度。在昏暗中变成了一个个的影子的乘客们逐渐显出了立体化的形状和轮廓。车身一个大晃,又一个大晃,大概是通过了岔道。又到站了。咣——哧,铁门打开了,站台的聚光灯的强光照进了车厢。岳之峰看清楚了,录音机就放在那个抱小孩的妇女的膝头。开始下人和上人。录音机接受了女主人的指令,"叭"地一声,不唱了。

"这是……什么牌子的?"岳之峰问。

"三洋牌。这里人们开玩笑地叫它作'小山羊'。"妇女抬起头来,大大方方地回答。岳之峰仿佛看到了她的经历过风霜的,却仍然是年轻而又清秀的脸。

"从北京买的么?"岳之峰又问,不知为什么这么有兴趣。本来,他并不是一个饶舌的人。

"不,就从这里。"

这里? 不知是指 X 城还是火车正在驶向的某一个更小的县镇。他盯着"三洋"商标。

"你在学外国歌吗?"岳之峰又问。

妇女不好意思地笑了,"不,我在学外国语。"她的笑容既谦逊,又高贵。

"德语吗?"

"噢,是的。我还没学好。"

"这都是些什么歌儿呀?"一个坐在岳之峰脚下的青年问。岳之峰的连续提问吸引了更多的人。

"它们是……《小鸟,你回来了》,《五月的轮转舞》和《第一株烟草花》,"女同志说,"欣梅尔——天空,福格尔——鸟儿,布鲁米——花朵……"她低声自语。

他们的话没有再继续下去。车厢里充满了的照旧是"别挤!""这个箱子不能坐!""别踩着孩子!""这边没有地方了!"……之类的喊叫。

"大家注意啦!"一个穿着民警服装的人上了车,手里拿着半导体扬声喇叭,一边喘着气一边宣布道:"刚才,前一节车厢里上去了两个坏蛋,混水摸鱼,流氓扒窃。有少数坏痞,专门到闷罐子车上偷东西。那两个坏蛋我们已经抓住了。希望各位旅客提高警惕,密切配合,向刑事犯罪分子作坚决的斗争。大家听清楚了没有?"

"听清楚了!"车上的乘客像小学生一样地齐声回答。

乘务警察满意地,匆匆地跳了下去,手提扩音喇叭,大概又到别的车厢作宣传去了。

岳之峰不由得也摸了摸自己携带的两个旅行包,摸了摸上衣的四个和裤子的三个口袋。一切都健在无恙。

车开了。经过了短暂的混乱之后,人们又已经各得其所,各就其位。各人说着各人的闲话,各人打着各人的瞌睡,各人嗑着各人的瓜子,各人抽着各人的烟。"小山羊"又响起来了,仍然是《小鸟,你回来了》,《五月的轮转舞》和《第一株烟草花》。她仍然在学着德语,仍然低声地歌唱着欣梅尔——天空,福格尔——鸟儿,和布鲁米——花朵。

她是谁?她年轻吗?抱着的是她的孩子吗?她在哪里工作?她是搞科学技术的吗?是夜大学的新学员吗?是"老三届"的毕业生吗?她为什么学德语学得这样起劲?她在追赶那失去了的时间吗?她作到了一分钟也不耽搁了吗?她有机会见到德国朋友或者到德国去或者已经到德国去过了吗?她是北京人还是本地人呢?她常常坐火车吗?有许多个问题想问啊。

"您听音乐吧。"她说。好像是在对他说。是的,三支歌曲以后,她没有撤键钮。在《第一株烟草花》后面,是约翰·斯特劳斯的《春之声圆舞曲》。闷罐子车正随着这春天的旋律而轻轻地摇摆着,熏熏地陶醉着,裹裹地前行着。

车到了岳之峰的家乡。小站,停车一分钟。响过了到站的铃,又立刻响起了发车的铃。岳之峰提着两个旅行包下了车。小站没有站台,闷罐子车又没有阶梯。每节车厢放着一个普通木梯,临时支上。岳之峰从这个简陋的木梯上终于下得地来,他长出了一口气。他向那位女同志道了再见。那位女同志也回答了他的再见。他有点依依不舍。他刚下车,还没等着验票出站,列车就开动了。他看到闷罐子车的破烂寒伧的外表:有的地方已经掉了漆,灯光下显得白一块、花一块的。但是,下车以后他才注意到,火车头是蛮好的,火车头是崭新的、清洁的、轻便的内燃机车。内燃机车绿而显蓝,瓦特时代毕竟没有内燃机车。内燃机车拖着一长列闷罐子车向前奔驶。天上升起了月亮。车站四周是薄薄的一层白雪。天与雪都泛着连成一片的青光。可以看到远处墓地上的黑黑的、永远长不大的松树。有一点风。他走在了坑坑洼洼的故乡土地上。他转过头,想再多看一眼那一节装有小鸟、五月、烟草花和约翰·斯特劳斯的神妙的春之声的临时代用的闷罐子车。他好像从来还没有听过这么动人的歌。他觉得如今每个角落的生活都在出现转机,都是有趣的,有希望的和永远不应该忘怀的。春天的旋律,生活的密码,这是非常珍贵的。

(选自《人民文学》1980 年 5 月)

【导读】

《春之声》主要展现了中国改革开放的喜人消息,而且王蒙作为一个历经坎坷,同时具有诗人浪漫主义气息和革命理想主义精神的作家,采用"标新立异,另辟蹊径,花样翻新"的创作手法,为新时期的中国文学的发展与创新作出了贡献。

小说主要写工程师岳之峰从德国访问归来,春节前夕搭乘闷罐子车在回乡探亲途中的思绪。小说没有贯穿全篇的故事情节,而是通过特定环境下人物的心理和潜意识的活动,来塑造某些情境,反映新时期的社会生活和人的心理,向人们传递春天的消息。

文章的主旋律是春天的声音,作者用春天象征着社会的蓬勃生机,以及改革开放给国家和人民带来的希望。主人公在闷罐子车里浮想联翩,每一次的联想都有一定的象征意味,其所见、所闻、所思、所感,既有总体象征,也有局部象征。如"崭新的、清洁的、轻便的内燃机火车头,拖着破烂寒伧的车厢奔驰","落后、破旧、令人不适的闷罐子车里,却有先进精巧的进口录音机在播放音乐",这两幅图景,一方面象征着现实社会的诸多不和谐、诸多落后,但另一方面也象征着希望。旧的东西虽然还存在,但社会的改革应该开始,新鲜的血液正在注入,生机勃勃的春天已经来临。另外,还象征着我国 20 世纪 80 年代初期,正在进行的改革开放事业既有沉重的责任又有光明的前途。作者向我们展示了一幅焕然一新的春景图,使我们感受到中国在改革开放后,物质财富不断积累,人民生活水平不断提高,群众的思想素质也在提高,这一切都出现了令人可喜的转机,伟大的祖国即将迎来振兴发展的春天。

作者非常成功地借鉴了意识流的创作手法,摒弃了传统小说以人物、情节、环境为要素的叙述模式,运用了以人物为中心的放射状结构。小说借助主人公周围如声响、晃动、味道、乐曲等信息的刺激,使主人公意识流动,产生多样的联想,通过人物心理的流动反映了新旧时代交替时丰富多彩的社会生活。主人公的联想是从闷罐子车里引发的,但他的心灵已经飘到广阔的天地,既为改革开放高兴,又为祖国的落后忧心;既为美好的生活兴奋,又为种种丑陋哀愁,最终渴望祖国能走向温暖的春天。这也是作者内心深爱祖国的表现。而主人公也展现了一个热爱祖国、独立思索、心灵自由的典型。正是由于 20 世纪 80 年代的改革开放,人们的意识才开始觉醒,才会有如此丰富的想象与思考。主人公的形象标志着思想的解放与意识的觉醒。

【思考】

1.月亮本来是圆的,作者为什么反复描述为"方方的大月亮"?

2.以"声音的联想"为例,简要说说作者的意识流动的线索及其根据。

受 戒

汪曾祺

汪曾祺(1920—1997),出生于江苏省高邮市,1935 年考入江阴市南菁中学读高中。1937 年,日本人占领了江南,学校的教学秩序被打乱,他勉强读完高中。但战事紧张,于是他随祖父、父亲逃到高邮偏远村庄的小庵里避难半年,《受戒》里描写过这个小庵。他 1939 年考入西南联大中国文学系,与同学合办杂志,并不断在杂志上发表诗歌和小说。1949 年出版小说集《邂逅集》。1950 年任北京文联主办的《北京文艺》编辑。1996 年 12 月,在中国作家协会第五次全国代表大会上被推选为顾问。

汪曾祺的小说充满着"中国味儿",在创作上,他追求回到民族传统文化中去,表现对传统文化的挚爱。因此,他在语言的运用上着力使用中国味的语言。他善于发现民族的传统与心灵,以认真的态度来描述民族的传统道德,《受戒》便是代表小说之一。

《受戒》写于 1980 年 8 月 12 日,写的是 43 年前(即 1937 年暑假)的一个梦。这两个时间信息给我们透露了小说的写作背景。据汪曾祺传纪资料,1937 年暑假,高中毕业的汪曾祺为躲避战乱,与家人逃到高邮偏远村庄的小庵里避难半年,期间,曾与一个姑娘发生恋情。虽然这段感情未果,但已经深埋在他的心中。虽然世事变迁,直到 1980 年,年近六十的汪曾祺把这个埋藏已久的故事写出来。当然除此以外,全国思想大解放的大背景也是不容忽视的,另外回归传统的文化热潮,人性与人道主义的讨论等都给汪曾祺带来了契机,于是《受戒》问世了。

【原文】

明海出家已经四年了。

他是十三岁来的。

这个地方的地名有点怪,叫庵赵庄。赵,是因为庄上大都姓赵。叫做庄,可是人家住得很分散,这里两三家,那里两三家。一出门,远远可以看到,走起来得走一会儿,因为没有大路,都是弯弯曲曲的田埂。庵,是因为有一个庵。庵叫菩提庵,可是大家叫讹了,叫成荸荠庵。连庵里的和尚也这样叫。"宝刹何处?"——"荸荠庵。"庵本来是住尼姑的。"和尚庙""尼姑庵"嘛。可是荸荠庵住的是和尚。也许因为荸荠庵不大,大者为庙,小者为庵。

明海在家叫小明子。他是从小就确定要出家的。他的家乡不叫"出家",叫"当和尚"。他的家乡出和尚。就像有的地方出劁猪的,有的地方出织席子的,有的地方出箍桶的,有的地方出弹棉花的,有的地方出画匠,有的地方出婊子,他的家乡出和尚。人家弟兄多,就派一个出去当和尚。当和尚也要通过关系,也有帮。这地方的和尚有的走得很远。有到杭州灵隐寺的、上海静安寺的、镇江金山寺的、扬州天宁寺的。一般的就在本县的寺庙。明海家田少,老大、老二、老三,就足够种的了。他是老四。他七岁那年,他当和尚的舅舅回家,他爹、他娘就和舅舅商议,决定叫他当和尚。他当时在旁边,觉得这实在是在情在理,没有理由反对。当和尚有很多好处。一是可以吃现成饭。哪个庙里都是管饭的。二是可以攒钱。只要学会了放瑜伽焰口,拜梁皇忏,可以按例分到辛苦钱。积攒起来,将来还俗娶亲也可以;不想还俗,买几亩田也可以。当和尚也不容易,一要面如朗月,二要声如钟磬,三要聪明记性好。他舅舅给他相了相面,叫他前走几步,后走几步,又叫他喊了一声赶牛打场的号子:"格当嘚!——",说是"明子准能当个好和尚,我包了!"要当和尚,得下点本,——念几年书。哪有不认字的和尚呢! 于是明子就开蒙入学,读了《三字经》《百家姓》《四言杂字》《幼学琼林》《上论、下论》《上孟、下孟》,每天还写一张仿。村里都夸他字写得好,很黑。

舅舅按照约定的日期又回了家,带了一件他自己穿的和尚领的短衫,叫明子娘改小一点,给明子穿上。明子穿了这件和尚短衫,下身还是在家穿的紫花裤子,赤脚穿了一双新布鞋,跟他爹、他娘磕了一个头,就随舅舅走了。

他上学时起了个学名,叫明海。舅舅说,不用改了。于是"明海"就从学名变成了法名。

过了一个湖。好大一个湖! 穿过一个县城。县城真热闹:官盐店,税务局,肉铺里挂着成边的猪,一个驴子在磨芝麻,满街都是小磨香油的香味,布店,卖茉莉粉、梳头油的什么斋,卖绒花的,卖丝线的,打把式卖膏药的,吹糖人的,耍蛇的,……他什么都想看看。舅舅一劲地推他:"快走! 快走!"

到了一个河边,有一只船在等着他们。船上有一个五十来岁的瘦长瘦长的大伯,船头蹲着一个跟明子差不多大的女孩子,在剥一个莲蓬吃。明子和舅舅坐到舱里,船就开了。

明子听见有人跟他说话,是那个女孩子。

"是你要到荸荠庵当和尚吗?"

明子点点头。

"当和尚要烧戒疤呕! 你不怕?"

明子不知道怎么回答,就含含糊糊地摇了摇头。

"你叫什么?"

"明海。"

"在家的时候?"

"叫明子。"

"明子! 我叫小英子! 我们是邻居。我家挨着荸荠庵。——给你!"

小英子把吃剩的半个莲蓬扔给明海,小明子就剥开莲蓬壳,一颗一颗吃起来。

大伯一桨一桨地划着,只听见船桨拨水的声音:

"哗——许! 哗——许!"

……

荸荠庵的地势很好,在一片高地上。这一带就数这片地势高,当初建庵的人很会选地方。门前是一条河。门外是一片很大的打谷场。三面都是高大的柳树。山门里是一个穿堂。迎门供着弥勒佛。不知是哪一位名士撰写了一副对联:

"大肚能容容天下难容之事 开颜一笑笑世间可笑之人"

弥勒佛背后,是韦驮。过穿堂,是一个不小的天井,种着两棵白果树。天井两边各有三间厢房。走过天井,便是大殿,供着三世佛。佛像连龛才四尺来高。大殿东边是方丈,西边是库房。大殿东侧,有一个小小的六角门,白门绿字,刻着一副对联:

"一花一世界 三藐三菩提"

进门有一个狭长的天井,几块假山石,几盆花,有三间小房。

小和尚的日子清闲得很。一早起来,开山门,扫地。庵里的地铺的都是箩底方砖,好扫得很,给弥勒佛、韦驮烧一炷香,正殿的三世佛面前也烧一炷香、磕三个头、念三声"南无阿弥陀佛",敲三声磬。这庵里的和尚不兴做什么早课、晚课,明子这三声磬就全都代替了。然后,挑水,喂猪。然后,等当家和尚,即明子的舅舅起来,教他念经。

教念经也跟教书一样,师父面前一本经,徒弟面前一本经,师父唱一句,徒弟跟着唱一句。是唱哎。舅舅一边唱,一边还用手在桌上拍板。一板一眼,拍得很响,就跟教唱戏一样。是跟教唱戏一样,完全一样哎。连用的名词都一样。舅舅说,念经:一要板眼准,二要合工尺。说:当一个好和尚,得有条好嗓子。说:民国二十年闹大水,运河倒了堤,最后在清水潭合龙,因为大水淹死的人很多,放了一台大焰口,十三大师——十三个正座和尚,各大庙的方丈都来了,下面的和尚上百。谁当这个首座? 推来推去,还是石桥——善因寺的方丈! 他往上一坐,就跟地藏王菩萨一样,这就不用说了;那一声"开香赞",围看的上千人立时鸦雀无声。说:嗓子要练,夏练三伏,冬练三九,要练丹田气! 说:要吃得苦中苦,方为人上人! 说:和尚里也有状元、榜眼、探花! 要用心,不要贪玩! 舅舅这一番大法要说得明海和尚实在是五体投地,于是就一板一眼地跟着舅舅唱起来:

"炉香乍爇——"

"炉香乍爇——"

"法界蒙薰——"

"法界蒙薰——"

"诸佛现金身……"

"诸佛现金身……"

……

等明海学完了早经,——他晚上临睡前还要学一段,叫做晚经,——荸荠庵的师父们就都陆续起床了。

这庵里人口简单,一共六个人。连明海在内,五个和尚。

有一个老和尚,六十几了,是舅舅的师叔,法名普照,但是知道的人很少,因为很少有人叫他法名,都称之为老和尚或老师父,明海叫他师爷爷。这是个很枯寂的人,一天关在房里,就是那"一花一世界"里。也看不见他念佛,只是那么一声不响地坐着。他是吃斋的,过年时除外。

下面就是师兄弟三个,仁字排行:仁山、仁海、仁渡。庵里庵外,有的称他们为大师父、二师父;有的称之为山师父、海师父。只有仁渡,没有叫他"渡师父"的,因为听起来不像话,大都直呼之为仁渡。他也只配如此,因为他还年轻,才二十多岁。

仁山,即明子的舅舅,是当家的。不叫"方丈",也不叫"住持",却叫"当家的",是很有道理的,因为他确确实实干的是当家的职务。他屋里摆的是一张账桌,桌子上放的是账簿和算盘。账簿共有三本。一本是经账,一本是租账,一本是债账。和尚要做法事,做法事要收钱,——要不,当和尚干什么?常做的法事是放焰口。正规的焰口是十个人。一个正座,一个敲鼓的,两边一边四个。人少了,八个,一边三个,也凑合了。荸荠庵只有四个和尚,要放整焰口就得和别的庙里合伙。这样的时候也有过。通常只是放半台焰口。一个正座,一个敲鼓,另外一边一个。一来找别的庙里合伙费事;二来这一带放得起整焰口的人家也不多。有的时候,谁家死了人,就只请两个,甚至一个和尚咕噜咕噜念一通经,敲打几声法器就算完事。很多人家的经钱不是当时就给,往往要等秋后才还。这就得记账。另外,和尚放焰口的辛苦钱不是一样的。就像唱戏一样,有份子。正座第一份。因为他要领唱,而且还要独唱。当中有一大段"叹骷髅",别的和尚都放下法器休息,只有首座一个人有板有眼地曼声吟唱。第二份是敲鼓的。你以为这容易呀?哼,单是一开头的"发擂",手上没功夫就敲不出迟疾顿挫!其余的,就一样了。这也得记上:某月某日、谁家焰口半台,谁正座,谁敲鼓……省得到年底结账时赌咒骂娘。……这庵里有几十亩庙产,租给人种,到时候要收租。庵里还放债。租、债一向倒很少亏欠,因为租佃借钱的人怕菩萨不高兴。这三本账就够仁山忙的了。另外香烛、灯火、油盐"福食",这也得随时记记账呀。除了账簿之外,山师父的方丈的墙上还挂着一块水牌,上漆四个红字:"勤笔免思。"

仁山所说当一个好和尚的三个条件,他自己其实一条也不具备。他的相貌只要用两个字就说清楚了:黄,胖。声音也不像钟磬,倒像母猪。聪明吗?难说,打牌老输。他在庵里从不穿袈裟,连海青直裰也免了。经常是披着件短僧衣,袒露着一个黄色的肚子。下面是光脚趿拉着一双僧鞋,——新鞋他也是趿拉着。他一天就是这样不衫不履地这里走走,那里走走,发出母猪一样的声音:"呣——呣——"。

二师父仁海。他是有老婆的。他老婆每年夏秋之间来住几个月,因为庵里凉快。庵里有六个人,其中之一,就是这位和尚的家眷。仁山、仁渡叫她嫂子,明海叫她师娘。这两口子都很爱干净,整天地洗涮。傍晚的时候,坐在天井里乘凉。白天,闷在屋里不出来。

三师父是个很聪明精干的人。有时一笔账大师兄扒了半天算盘也算不清,他眼珠子转两转,早算得一清二楚。他打牌赢的时候多,二三十张牌落地,上下家手里有些什么牌,他就差不多都知道了。他打牌时,总有人爱在他后面看歪头胡。谁家约他打牌,就说"想送两个钱给你"。他不但经忏俱通(小庙的和尚能够拜忏的不多),而且身怀绝技,会"飞铙"。七月间有些地方做盂兰会,在旷地上放大焰口,几十个和尚,穿绣花袈裟,飞铙。飞铙就是把十多斤重的大铙钹飞起来。到了一定的时候,全部法器皆停,只几十副大铙紧张急促地敲起来。忽然起手,大铙向半空中飞去,一面飞,一面旋转。然后,又落下来,接住。

接住不是平平常常地接住,有各种架势,"犀牛望月""苏秦背剑"……这哪是念经,这是要杂技。也许是地藏王菩萨爱看这个,但真正因此快乐起来的是人,尤其是妇女和孩子。这是年轻漂亮的和尚出风头的机会。一场大焰口过后,也像一个好戏班子过后一样,会有一个两个大姑娘、小媳妇失踪,——跟和尚跑了。他还会放"花焰口"。有的人家,亲戚中多风流子弟,在不是很哀伤的佛事——如做冥寿时,就会提出放花焰口。所谓"花焰口"就是在正焰口之后,叫和尚唱小调,拉丝弦,吹管笛,敲鼓板,而且可以点唱。仁渡一个人可以唱一夜不重头。仁渡前几年一直在外面,近二年才常住在庵里。据说他有相好的,而且不止一个。他平常可是很规矩,看到姑娘媳妇总是老老实实的,连一句玩笑话都不说,一句小调山歌都不唱。有一回,在打谷场上乘凉的时候,一伙人把他围起来,非叫他唱两个不可。他却情不过,说:"好,唱一个。不唱家乡的。家乡的你们都熟,唱个安徽的。"

姐和小郎打大麦,
一转子讲得听不得。
听不得就听不得,
打完了大麦打小麦。

唱完了,大家还嫌不够,他就又唱了一个:

姐儿生得漂漂的,
两个奶子翘翘的。
有心上去摸一把,
心里有点跳跳的。
……

这个庵里无所谓清规,连这两个字也没人提起。

仁山吃水烟,连出门做法事也带着他的水烟袋。

他们经常打牌。这是个打牌的好地方。把大殿上吃饭的方桌往门口一搭,斜放着就是牌桌。桌子一放好,仁山就从他的方丈里把筹码拿出来,哗啦一声倒在桌上。斗纸牌的时候多,搓麻将的时候少。牌客除了师兄弟三人,常来的是一个收鸭毛的,一个打兔子兼偷鸡的,都是正经人。收鸭毛的担一副竹筐,串乡串镇,拉长了沙哑的声音喊叫:

"鸭毛卖钱——!"

偷鸡的有一件家什——铜蜻蜓。看准了一只老母鸡,把铜蜻蜓一丢,鸡婆子上去就是一口。这一啄,铜蜻蜓的硬簧绷开,鸡嘴撑住了,叫不出来了。正在这鸡十分纳闷的时候,上去一把薅住。

明子曾经跟这位正经人要过铜蜻蜓看看。他拿到小英子家门前试了一试,果然! 小英的娘知道了,骂明子:

"要死了! 儿子! 你怎么到我家来玩铜蜻蜓了!"

小英子跑过来:

"给我！给我！"

她也试了试，真灵，一个黑母鸡一下子就把嘴撑住，傻了眼了！

下雨阴天，这二位就光临荸荠庵，消磨一天。

有时没有外客，就把老师叔也拉出来，打牌的结局，大都是当家和尚气得鼓鼓的："×妈妈的！又输了！下回不来了！"

他们吃肉不瞒人。年下也杀猪。杀猪就在大殿上。一切都和在家人一样，开水、木桶、尖刀。捆猪的时候，猪也是没命地叫。跟在家人不同的，是多一道仪式，要给即将升天的猪念一道"往生咒"，并且总是老师叔念，神情很庄重：

"……一切胎生、卵生、息生，来从虚空来，还归虚空去往生再世，皆当欢喜。南无阿弥陀佛！"

三师父仁渡一刀子下去，鲜红的猪血就带着很多沫子喷出来。

……

明子老往小英子家里跑。

小英子的家像一个小岛，三面都是河，西面有一条小路通到荸荠庵。独门独户，岛上只有这一家。岛上有六棵大桑树，夏天都结大桑椹，三棵结白的，三棵结紫的；一个菜园子，瓜豆蔬菜，四时不缺。院墙下半截是砖砌的，上半截是泥夯的。大门是桐油油过的，贴着一副万年红的春联：

"向阳门第春常在　积善人家庆有余"

门里是一个很宽的院子。院子里一边是牛屋、碓棚；一边是猪圈、鸡窠，还有个关鸭子的栅栏。露天地放着一具石磨。正北面是住房，也是砖基土筑，上面盖的一半是瓦，一半是草。房子翻修了才三年，木料还露着白茬。正中是堂屋，家神菩萨的画像上贴的金还没有发黑。两边是卧房。橐扇窗上各嵌了一块一尺见方的玻璃，明亮亮的，——这在乡下是不多见的。房檐下一边种着一棵石榴树，一边种着一棵栀子花，都齐房檐高了。夏天开了花，一红一白，好看得很。栀子花香得冲鼻子。顺风的时候，在荸荠庵都闻得见。

这家人口不多，他家当然是姓赵。一共四口人：赵大伯、赵大妈，两个女儿，大英子、小英子。老两口没得儿子。因为这些年人不得病，牛不生灾，也没有大旱大水闹蝗虫，日子过得很兴旺。他们家自己有田，本来够吃的了，又租种了庵上的十亩田。自己的田里，一亩种了荸荠，——这一半是小英子的主意，她爱吃荸荠，一亩种了茨菇。家里喂了一大群鸡鸭，单是鸡蛋鸭毛就够一年的油盐了。赵大伯是个能干人。他是一个"全把式"，不但田里场上样样精通，还会罩鱼、洗磨、凿砻、修水车、修船、砌墙、烧砖、箍桶、劈篾、绞麻绳。他不咳嗽，不腰疼，结结实实，像一棵榆树。人很和气，一天不声不响。赵大伯是一棵摇钱树，赵大娘就是个聚宝盆。大娘精神得出奇。五十岁了，两个眼睛还是清亮亮的。不论什么时候，头都是梳得滑滴滴的，身上衣服都是格挣挣的。像老头子一样，她一天不闲着。煮猪食，喂猪，腌咸菜，——她腌的咸萝卜干非常好吃，舂粉子，磨小豆腐，编蓑衣，织芦篍。她还会剪花样子。这里嫁闺女，陪嫁妆，磁坛子、锡罐子，都要用梅红纸剪出吉祥花样，贴在上面，讨个吉利，也才好看："丹凤朝阳"呀、"白头到老"呀、"子孙万代"呀、"福寿绵长"呀。二三十里的人家都来请她："大娘，好日子是十六，你哪天去呀？"——"十五，我一大清早就来!"

"一定呀!"——"一定!一定!"

两个女儿,长得跟她娘像一个模子里托出来的。眼睛长得尤其像,白眼珠鸭蛋青,黑眼珠棋子黑,定神时如清水,闪动时像星星。浑身上下,头是头,脚是脚。头发滑滴滴的,衣服格挣挣的。——这里的风俗,十五六岁的姑娘就都梳上头了。这两小丫头,这一头的好头发!通红的发根,雪白的簪子!娘女三个去赶集,一集的人都朝她们望。

姐妹俩长得很像,性格不同。大姑娘很文静,话很少,像父亲。小英子比她娘还会说,一天叽叽呱呱地不停。大姐说:

"你一天到晚叽叽呱呱——"

"像个喜鹊!"

"你自己说的!——吵得人心乱!"

"心乱?"

"心乱!"

"你心乱怪我呀!"

二姑娘话里有话。大英子已经有了人家。小人她偷偷地看过,人很敦厚,也不难看,家道也殷实,她满意。已经下过小定,日子还没有定下来。她这两年,很少出房门,整天赶她的嫁妆。大裁大剪,她都会。挑花绣花,不如娘。她可又嫌娘出的样子太老了。她到城里看过新娘子,说人家现在绣的都是活花活草。这可把娘难住了。最后是喜鹊忽然一拍屁股:"我给你保举一个人!"

这人是谁?是明子。明子念"上孟下孟"的时候,不知怎么得了半套《芥子园》,他喜欢得很。到了荸荠庵,他还常翻出来看,有时还把旧账簿子翻过来,照着描。小英子说:

"他会画!画得跟活的一样!"

小英子把明海请到家里来,给他磨墨铺纸,小和尚画了几张,大英子喜欢得了不得:

"就是这样!就是这样!这就可以乱孱!"——所谓"乱孱"是绣花的一种针法:绣了第一层,第二层的针脚插进第一层的针缝,这样颜色就可由深到淡,不露痕迹,不像娘那一代绣的花是平针,深浅之间,界线分明,一道一道的。小英子就像个书童,又像个参谋:

"画一朵石榴花!"

"画一朵栀子花!"

她把花掐来,明海就照着画。

到后来,凤仙花、石竹子、水蓼、淡竹叶、天竺果子、腊梅花,他都能画。

大娘看着也喜欢,搂住明海的和尚头:

"你真聪明!你给我当一个干儿子吧!"

小英子捺住他的肩膀,说:

"快叫!快叫!"

小明子跪在地下磕了一个头,从此就叫小英子的娘做干娘。

大英子绣的三双鞋,三十里方圆都传遍了。很多姑娘都走路坐船来看。看完了,就说:"啧啧啧,真好看!这哪是绣的,这是一朵鲜花!"她们就拿了纸来央大娘求了小和尚来画。有求画帐檐的,有求画门帘飘带的,有求画鞋头花的。每回明子来画花,小英子就给他做点好吃的,煮两个鸡蛋,蒸一碗芋头,煎几个藕团子。

因为照顾姐姐赶嫁妆,田里的零碎生活小英子就全包了。她的帮手,是明子。

这地方的忙活是栽秧、车高田水、薅头遍草,再就是割稻子、打场子。这几茬重活,自己一家是忙不过来的。这地方兴换工。排好了日期,几家顾一家,轮流转。不收工钱,但是吃好的。一天吃六顿,两头见肉,顿顿有酒。干活时,敲着锣鼓,唱着歌,热闹得很。其余的时候,各顾各,不显得紧张。

薅三遍草的时候,秧已经很高了,低下头看不见人。一听见非常脆亮的嗓子在一片浓绿里唱:

栀子哎开花哎六瓣头哎……
姐家哎门前哎一道桥哎……

明海就知道小英子在哪里,三步两步就赶到,赶到就低头薅起草来。傍晚牵牛“打汪”,是明子的事。——水牛怕蚊子。这里的习惯,牛卸了轭,饮了水,就牵到一口和好泥水的“汪”里,由它自己打滚扑腾,弄得全身都是泥浆,这样蚊子就咬不透了。低田上水,只要一挂十四轧的水车,两个人车半天就够了。明子和小英子就伏在车杠上,不紧不慢地踩着车轴上的拐子,轻轻地唱着明海向三师父学来的各处山歌。打场的时候,明子能替赵大伯一会儿,让他回家吃饭。——赵家自己没有场,每年都在荸荠庵外面的场上打谷子。他一扬鞭子,喊起了打场号子:

“格当嘚——”

这打场号子有音无字,可是九转十三弯,比什么山歌号子都好听。赵大娘在家,听见明子的号子,就侧起耳朵:

“这孩子这条嗓子!”

连大英子也停下针线:

“真好听!”

小英子非常骄傲地说:

“一十三省数第一!”

晚上,他们一起看场。——荸荠庵收来的租稻也晒在场上。他们并肩坐在一个石磙子上,听青蛙打鼓,听寒蛇唱歌,——这个地方以为蝼蛄叫是蚯蚓叫,而且叫蚯蚓叫“寒蛇”,听纺纱婆子不停地纺纱,“嗦——”,看萤火虫飞来飞去,看天上的流星。

“呀!我忘了在裤带上打一个结!”小英子说。

这里的人相信,在流星掉下来的时候在裤带上打一个结,心里想什么好事,就能如愿。

……

“踩”荸荠,这是小英最爱干的生活。秋天过去了,地净场光,荸荠的叶子枯了,——荸荠的笔直的小葱一样的圆叶子里是一格一格的,用手一掐,哔哔地响,小英子最爱掐着玩,——荸荠藏在烂泥里。赤了脚,在凉浸浸滑滑溜溜的泥里踩着,——哎,一个硬疙瘩!伸手下去,一个红紫红紫的荸荠。她自己爱干这生活,还拉了明子一起去。她老是故意用自己的光脚去踩明子的脚。

她挎着一篮子荸荠回去了,在柔软的田埂上留了一串脚印。明海看着她的脚印,傻了。五个小小的趾头,脚掌平平的,脚跟细细的,脚弓部分缺了一块。明海身上有一种从来没有过的感觉,他觉得心里痒痒的。这一串美丽的脚印把小和尚的心搞乱了。

……

明子常搭赵家的船进城,给庵里买香烛,买油盐。闲时是赵大伯划船;忙时是小英子去,划船的是明子。

从庵赵庄到县城,当中要经过一片很大的芦花荡子。芦苇长得密密的,当中一条水路,四边不见人。划到这里,明子总是无端端地觉得心里很紧张,他就使劲地划桨。

小英子喊起来:

"明子!明子!你怎么啦?你发疯啦?为什么划得这么快?"

……

明海到善因寺去受戒。

"你真的要去烧戒疤呀?"

"真的。"

"好好的头皮上烧十二个洞,那不疼死啦?"

"咬咬牙。舅舅说这是当和尚的一大关,总要过的。"

"不受戒不行吗?"

"不受戒的是野和尚。"

"受了戒有啥好处?"

"受了戒就可以到处云游,逢寺挂褡。"

"什么叫'挂褡'?"

"就是在庙里住。有斋就吃。"

"不把钱?"

"不把钱。有法事,还得先敬外来的师父。"

"怪不得都说'远来的和尚会念经'。就凭头上这几个戒疤?"

"还要有一份戒牒。"

"闹半天,受戒就是领一张和尚的合格文凭呀!"

"就是!"

"我划船送你去。"

"好。"

小英子早早就把船划到荸荠庵门前。不知是什么道理,她兴奋得很。她充满了好奇心,想去看看善因寺这座大庙,看看受戒是个啥样子。

善因寺是全县第一大庙,在东门外,面临一条水很深的护城河,三面都是大树,寺在树林子里,远处只能隐隐约约看到一点金碧辉煌的屋顶,不知道有多大。树上到处挂着"谨防恶犬"的牌子。这寺里的狗出名的厉害。平常不大有人进去。放戒期间,任人游看,恶狗都锁起来了。

好大一座庙！庙门的门坎比小英子的胉膝都高。迎门矗着两块大牌，一边一块，一块写着斗大两个大字："放戒"，一块是："禁止喧哗。"这庙里果然是气象庄严，到了这里谁也不敢大声咳嗽。明海自去报名办事，小英子就到处看看。好家伙，这哼哈二将、四大天王，有三丈多高，都是簇新的，才装修了不久。天井有二亩地大，铺着青石，种着苍松翠柏。"大雄宝殿"，这才真是个"大殿"！一进去，凉嗖嗖的。到处都是金光耀眼。释迦牟尼佛坐在一个莲花座上，单是莲座，就比小英子还高。抬起头来也看不全他的脸，只看到一个微微闭着的嘴唇和胖敦敦的下巴。两边的两根大红蜡烛，一缕多粗。佛像前的大供桌上供着鲜花、绒花、绢花，还有珊瑚树，玉如意、整根的大象牙。香炉里烧着檀香。小英子出了庙，闻着自己的衣服都是香的。挂了好些幡。这些幡不知是什么缎子的，那么厚重，绣的花真细。这么大一口磬，里头能装五担水！这么大一个木鱼，有一头牛大，漆得通红的。她又去转了转罗汉堂，爬到千佛楼上看了看。真有一千个小佛！她还跟着一些人去看了看藏经楼。藏经楼没有什么看头，都是经书！妈吶！逛了这么一圈，腿都酸了。小英子想起还要给家里打油，替姐姐配丝线，给娘买鞋面布，给自己买两个坠围裙飘带的银蝴蝶，给爹买旱烟，就出庙了。

等把事情办齐，晌午了。她又到庙里看了看，和尚正在吃粥。好大一个"膳堂"，坐得下八百个和尚。吃粥也有这样多讲究：正面法座上摆着两个锡胆瓶，里面插着红绒花，后面盘膝坐着一个穿了大红满金绣袈裟的和尚，手里拿了戒尺。这戒尺是要打人的。哪个和尚吃粥吃出了声音，他下来就是一戒尺。不过他并不真的打人，只是做个样子。真稀奇，那么多的和尚吃粥，竟然不出一点声音！她看见明子也坐在里面，想跟他打个招呼又不好打。想了想，管他禁止不禁止喧哗，就大声喊了一句："我走啦！"她看见明子目不斜视地微微点了点头，就不管很多人都朝自己看，大摇大摆地走了。

第四天一大清早小英子就去看明子。她知道明子受戒是第三天半夜，——烧戒疤是不许人看的。她知道要请老剃头师傅剃头，要剃得横摸顺摸都摸不出头发茬子，要不然一烧，就会"走"了戒，烧成了一片。她知道是用枣泥子先点在头皮上，然后用香头子点着。她知道烧了戒疤就喝一碗蘑菇汤，让它"发"，还不能躺下，要不停地走动，叫做"散戒"。这些都是明子告诉她的。明子是听舅舅说的。

她一看，和尚真在那里"散戒"，在城墙根底下的荒地里。一个一个，穿了新海青，光光的头皮上都有十二个黑点子。——这黑疤掉了，才会露出白白的、圆圆的"戒疤"。和尚都笑嘻嘻的，好像很高兴。她一眼就看见了明子。隔着一条护城河，就喊他：

"明子！"

"小英子！"

"你受了戒啦？"

"受了。"

"疼吗？"

"疼。"

"现在还疼吗？"

"现在疼过去了。"

"你哪天回去?"

"后天。"

"上午? 下午?"

"下午。"

"我来接你!"

"好!"

……

小英子把明海接上船。

小英子这天穿了一件细白夏布上衣,下边是黑洋纱的裤子,赤脚穿了一双龙须草的细草鞋,头上一边插着一朵栀子花,一边插着一朵石榴花。她看见明子穿了新海青,里面露出短褂子的白领子,就说:"把你那外面的一件脱了,你不热呀!"

他们一人一把桨。小英子在中舱,明子扳艄,在船尾。

她一路问了明子很多话,好像一年没有看见了。

她问,烧戒疤的时候,有人哭吗? 喊吗?

明子说,没有人哭,只是不住地念佛。有个山东和尚骂人:

"俺日你奶奶! 俺不烧了!"

她问善因寺的方丈石桥相貌和声音都很出众吗?

"是的。"

"说他的方丈比小姐的绣房还讲究?"

"讲究。什么东西都是绣花的。"

"他屋里很香?"

"很香。他烧的是伽楠香,贵得很。"

"听说他会做诗,会画画,会写字?"

"会。庙里走廊两头的砖额上,都刻着他写的大字。"

"他是有个小老婆吗?"

"有一个。"

"才十九岁?"

"听说。"

"好看吗?"

"都说好看。"

"你没看见?"

"我怎么会看见? 我关在庙里。"

明子告诉她,善因寺一个老和尚告诉他,寺里有意选他当沙弥尾,不过还没有定,要等主事的和尚商议。

"什么叫'沙弥尾'?"

"放一堂戒,要选出一个沙弥头,一个沙弥尾。沙弥头要老成,要会念很多经。沙弥尾要年轻,聪明,相貌好。"

"当了沙弥尾跟别的和尚有什么不同？"

"沙弥头，沙弥尾，将来都能当方丈。现在的方丈退居了，就当。石桥原来就是沙弥尾。"

"你当沙弥尾吗？"

"还不一定哪。"

"你当方丈，管善因寺？管这么大一个庙?!"

"还早呐!"

划了一气，小英子说："你不要当方丈！"

"好，不当。"

"你也不要当沙弥尾！"

"好，不当。"

又划了一气，看见那一片芦花荡子了。

小英子忽然把桨放下，走到船尾，趴在明子的耳朵旁边，小声地说：

"我给你当老婆，你要不要？"

明子眼睛鼓得大大的。

"你说话呀！"

明子说："嗯。"

"什么叫'嗯'呀！要不要，要不要？"

明子大声地说："要!"

"你喊什么!"

明子小小声说："要——!"

"快点划!"

英子跳到中舱，两只桨飞快地划起来，划进了芦花荡。

芦花才吐新穗。紫灰色的芦穗，发着银光，软软的，滑溜溜的，像一串丝线。有的地方结了蒲棒，通红的，像一支一支小蜡烛。青浮萍，紫浮萍。长脚蚊子，水蜘蛛。野菱角开着四瓣的小白花。惊起一只青桩(一种水鸟)，擦着芦穗，扑噜噜噜飞远了。

……

一九八〇年八月十二日，写四十三年前的一个梦。

【导读】

《受戒》讲述的是一个世俗化的佛门故事，展现了一片乐土中普通人的快乐生活，表达了作者对普通民间生活的喜爱，赞扬了普通人民的单纯与朴实，同时也隐射出对世间清规戒律的批判。

小说展现的是一个世外桃源，在庵赵庄人们的心中，做和尚和种地、经商、做工一样，仅仅是一种职业，和尚也是自由的，并不是异类。这里有个菩提庵(叫讹为荸荠庵)，里面的和尚们和普通人一样，可以娶妻生子、可以赌钱吃荤，过着自由自在的随性生活。而佛事只是一种谋生的手段。主人公小明子随舅舅当和尚，很是自由自在，经常往邻居小英子家跑。两个人单纯可爱，开朗活泼，两小无猜。随着年龄增长，两人在接触中产生了朦胧的爱情。其中有一段白描，"她挎着一篮子荸荠回去了，在柔软的田埂上留下了一串脚印。明海看着她的脚印，傻了。五个小小的趾头，脚掌平平的，脚跟细细的，脚弓部分缺了一块。明海身上有过一种从来没有过的感觉，他觉得心里痒痒的。这一串美丽的脚印把小和尚的心搞乱了"，多美的描写啊，把少男少女初恋时的心态跃然纸上，惟妙惟肖。小英子更是一个活泼大胆，天真烂漫的女孩。她对爱情更是勇敢追求，主动要求明子不要做方丈，更主动提出"我给你当老婆，你要不要？"小说对小明子和小英子单纯美好的爱情，做了诗意的描写，真诚地表达了作者对那份至真至纯的人性之善的赞美之情。读者自然而然地走入情节与环境，如此美好、如此沉静，产生无限遐想。

小说有点像陶渊明的诗歌，带着清新的抒情田园风格。在文体风格上，作者追求小说与散文、诗歌的融合，有意淡化故事情节和典型性格心理的塑造。小说没有很强的故事性和情节的完整性，小明子和小英子的爱情会遇到什么阻碍，会产生怎样的矛盾，最后会出现怎样的结局，小说并没有具体交代。作者采用散文的笔调和诗歌的意境填充小说，语言优美淡雅，叙述自然洒脱，将南方水乡的自然风光表现得淋漓尽致。他们的日常生活具有诗情画意，他们的共同劳动也情趣盎然，他们的爱情朦胧单纯，这一切的场景构成一幅原始质朴的诗意画面，形成了《受戒》的清新田园抒情风格。

【思考】

1.《受戒》是一篇散文化诗意化的小说，主要表现在什么地方？

2.你如何理解《受戒》的主题意蕴？

神女峰

舒　婷

舒婷，原名龚佩瑜，1952年出生于福建石码镇，从小跟随父母在厦门定居。四岁时，祖父把唐诗当儿歌教她念，外婆给她讲"三国""水浒""聊斋"等故事。小学三年级开始读五花八门的书籍，直到初中。1969年"上山下乡"插队到闽西山区，1972年被照顾回城。1979年开始发表诗歌《致橡树》《祖国啊，我亲爱的祖国》《这也是一切》。1983年加入中国作家协会。

舒婷活跃于20世纪70年代末中国诗坛，和同代人北岛、顾城、梁小斌等，在中国诗坛上掀起"朦胧诗"的大浪潮。与过去新诗如白话、分行散文的特点的不同，朦胧诗语言不直白却意蕴深厚，多层次的意象的表现，给人留下广阔的想象空间，使诗歌蒙上一层朦朦胧胧的氛围，表达新一代诗人对国家的反思，对社会发展的思索与批判。

《神女峰》创作于1981年，当时，中国社会已经结束了十年浩劫，进入了改革开放的新时期。诗人经过长江看到神女峰的美景后，想到"巫山神女"的世代传说，心潮澎湃，有感而发。面对"神女"这一坚贞不屈的典型形象，世世代代被人们赞美，诗人却提出深深的质疑。

【原文】

在向你挥舞的各色花帕中

是谁的手突然收回

紧紧捂住了自己的眼睛

当人们四散离去，谁

还站在船尾

衣裙漫飞，如翻涌不息的云

江涛

高一声

低一声

美丽的梦留下美丽的忧伤

人间天上,代代相传

但是,心

真能变成石头吗

沿着江岸

金光菊和女贞子[1]的洪流

正煽动新的背叛

与其在悬崖上展览千年

不如在爱人肩头痛哭一晚

1981 年 6 月于长江

【注释】

[1]金光菊和女贞子:巫峡中的常见植物。

【导读】

《神女峰》是在《致橡树》发表四年后问世的。《致橡树》表现爱情的独立平等,互相尊重对方而又珍惜自己的爱情观。而《神女峰》无论从主题还是艺术上都达到了相当高的成就。诗中对古老神话,封建礼教的反思,体现着新时代女性的青春气息,对女性从一而终的封建节烈观的批判,充分展现了现代女性意识的解放与张扬。

首先,从诗歌主题意义上看,《神女峰》相当深刻。在男权体制的人类社会中,女性一直都是处于附属地位,女性只能按照社会给予的审美标准和价值被动地生存着。社会需要她们时刻扮演着"贤妻良母"的角色,并且以一些"贞女""烈女"的形象作为妇道妇德的榜样。女性也逆来顺受,认同着这些准则,并作为自我道德的标准。"巫山神女"就是这样一个典型,在悬崖上展览千年,虽然作为守贞的典范被人们赞颂,却无法体验生存的快乐,经历真实的情感。在作者看来"不如在爱人肩头痛哭一晚",这才是对生命本真的敬畏与呼唤,是对封建传统道德的挑战。诗歌将寂寞凄凉的"神女"拉下神坛,从漫长岁月中解放出来,唤醒她的生命意识,从女性的生命真谛来揭示爱情传说的悲剧本质,对男权制度提出挑战,颠覆了千百年来关于忠贞与背叛的肤浅解读。

另外,从诗歌艺术性来看,"挥舞花帕""突然收回""捂住眼睛"传神的动作表现出主人公的细腻情感,同时三个动作看似平行实际却有序推进,"挥舞、突然、捂住"既是连接性的,也是对照性的,展现了主人公的心理变化。"江涛/高一声/低一声"增加了诗歌的"建筑美"同时极富音乐感,循环往复,耐人寻味,让人感受到像一首小夜曲似的悠远动人。"金光菊和女贞子的洪流/正煽动新的背叛"充分展现了女性立场,通过巫峡中的植物来宣讲自己对封建传统道德的背叛,体现了对女性生命的理解与关注。最后,诗人呐喊"与其在悬崖上展览千年/不如在爱人肩头痛哭一晚",这也是全诗主旨,是抒情的最高峰。诗人的情感如此细腻敏感,抓住女性所特有的情绪体验打动人心。新时期的女性应该追求生命的真意,放下"贞女"的虚伪,大胆寻求人世间的幸福,为爱而哭为爱而笑。最后一句是朦胧诗歌的一种聚焦,"言有尽,而意无穷",每个人都会有无限遐想。

【思考】

1.诗人善于选取新奇的观察角度,请结合本诗简单谈一谈。

2.最后一句"与其在悬崖上展览千年,不如在爱人的肩头痛哭一晚",放在当代社会,你有没有什么新的理解?

秦腔(节选)

贾平凹

贾平凹,1952年2月21日生于陕西省商洛市丹凤县棣花镇。1974年开始发表作品,1975年在西北大学中文系毕业,毕业后任陕西人民出版社文艺编辑、《长安》文学月刊编辑。新时期开始,他的作品《满月儿》《果林里》以山地青年的眼光发现爱和美,清新自然,引起学界注意。1982年创作《鬼城》《二月杏》等引起争鸣。1990年,其小说创作转向对生命本体的关注与思考,1993年创作《废都》。2008年,凭借《秦腔》获得第七届茅盾文学奖。

《秦腔》写作历时近两年,是贾平凹修改最好、耗时最长的一部作品。秦腔是一门艺术,小时候,他就对秦腔很感兴趣。三岁时,他就随着大伯看戏,六岁时,自己趴到台角上听戏,被戏里的情节感动落泪。从小受到秦腔的熏陶,里面的故事是他道德启蒙的第一课。于是他把喜爱和了解秦腔运用到作品中。除了喜爱之外,贾平凹从小受母亲和生活环境的影响,对商洛及观众地区的风土人情有着亲身体验,在这样的文化中成长,因此对这类语言非常熟悉,容易搜集相关材料。而且时代在演进,许多过去的文化正在慢慢消失,有些独特的语言已经不用,他用这样的方式来纪念消失的文化与故乡。

【原文】

第一章

要我说,我最喜欢的女人还是白雪。

喜欢白雪的男人在清风街很多,都是些狼,眼珠子发绿,我就一直在暗中监视着。谁一旦给白雪送了发卡,一个梨子,说太多的奉承话,或者背着白雪又说她的不是,我就会用刀子割掉他家柿树上的一圈儿皮,让树慢慢枯死。这些白雪都不知道。她还在村里的时候,常去包谷地里给猪剜草,她一走,我光了脚就踩进她的脚窝子里,脚窝子一直到包谷地深处,在那里有一泡尿,我会呆呆地站上多久,回头能发现脚窝子里都长满了蒲公英。她家屋后的茅厕边有棵桑树,我每在黄昏天爬上去瞧院里动静,她的娘以为我偷桑椹,用屎涂了树身,但我还是能爬上去的。我就是为了能见到她,有一次从树上掉下来跌破了头。清风街的人都说我是为吃嘴摔疯了,我没疯,他们只知道吃嘴,哪里晓得我有我的惦记。窑场的三踅端了碗蹴在碌碡上吃面,一边吃一边说:清风街上的女人数白雪长得稀,要是还在旧社会,我当了土匪会抢她的!他这话我不爱听,走过去,抓一把土撒在他的碗里,我们就打起来。我打不过三踅,他把我的饭吃了,还要砸我的碗,旁边人劝架,说甭打引生啦,明日让引生赔你个锅盔,拿手还比画了一个大圆。三踅收了拳脚,骂骂咧咧回去了,他一走,我倒埋怨劝架人:为啥给他比画那么大个锅盔?他吃他娘的×去!旁边人说:你这引生,真个是疯子!

我不是疯子。我用一撮鸡毛粘了颧骨上的血口子在街上走，赵宏声在大清堂药铺里对我喊："引生，急啥哩？"我说："急屁哩。"赵宏声说："信封上插鸡毛是急信，你脸上粘鸡毛没急事？进来照照镜子看你那熊模样！"赵宏声帽盔柿子大个脑袋，却是清风街上的能人，研制出了名药大清膏。药铺里那个穿衣镜就是白雪她娘用膏药贴好了偏头痛后谢赠的。我进了药铺照镜子，镜子里就有了一个我。再照，里边又有了白雪。我能在这块镜子里看见白雪，已经不是一次两次了，这秘密我不给任何人说。天很热，天再热我有祛热的办法，就是把唾沫蘸在乳头上，我也不告诉他赵宏声。赵宏声赤着上身给慢结巴武林用磁片放眉心的血，武林害头疼，眉心被推得一片红，磁片割了一下，血流出来，黑得像是酱油。赵宏声说："你汗手不要摸镜！"一只苍蝇就落在镜上，赶也赶不走。我说："宏声你把你家的苍蝇领走吗！"赵宏声说："引生，你能认出那苍蝇是公的还是母的？"我说："女的。"赵宏声说："为啥？"我说："女的爱漂亮才来照镜哩。"武林高兴了，说："啊都，都，都说引生是疯子，引生不，不，不疯，疯吗！"我懒得和武林说话，我瞧不起他，才要呕他一口，夏天智夹着红纸上了药铺门的台阶，我就坐到屋角不动了。

夏天智还是端着那个白铜水烟袋，进来坐下，呼噜呼噜先吸了一锅儿，才让赵宏声给他写门联。赵宏声立即取笔拿墨给他写了，说："我是听说夏风在省城结婚了，还想着几时上门给你老贺喜呀！明日待客着好，应该在老家待客，平日都是你给大家行情，这回该轮到给你热闹热闹了！"夏天智说："这就算我来请过你喽！"赵宏声说："这联写得怎样？"夏天智："墨好！给戏楼上也写一副。"赵宏声说："还要唱大戏呀？！"夏天智说："县剧团来助兴的。"武林手舞足蹈起来。武林手舞足蹈了才能把话说出来，但说了上半句，下半句又口吃了，夏天智就让他不急，慢慢说。武林的意思终于说明白了，他是要勒掯着夏天智出水，夏天智爽快地掏了二十元，武林就跑去街上买酒了。赵宏声写完了对联，拿过水烟袋也要吸，吸一口，竟把烟水吸到嘴里，苦得就吐，乐得夏天智笑了几声。赵宏声就开始说奉承话，说清风街过去现在的大户就只有夏家和白家，夏家和白家再成了亲家，大鹏展翅，把半个天光要罩啦！夏天智："胡说的，家窝子大就吃人呀？！"赵宏声便嘿嘿地笑，说："靠德望，四叔的德望高。我就说啦，君亭之所以当了村主任，他凭的还不是夏家老辈人的德望？"夏天智说："这我得告诉你，君亭一上来，用的可都是外姓人啊！"我咳嗽了一下。夏天智没有看我。他不理会我就不理会吧，我咳出一口痰往门外唾。武林提了一瓶酒来，笑呵呵地说："四叔，叔，县剧团演戏，戏哩，白雪演演，不演？"夏天智说："她不演。"赵宏声说："清风街上还没谁家过事演大戏的。"夏天智说："这是村上定的，待客也只是趁机挑了这个日子。"就站起身，跺了跺脚面上的土，出了铺门往街上去了。

夏天智一走，武林拿牙把酒瓶盖咬开了，招呼我也过去喝。我不喝。赵宏声说："四叔一来你咋喂口了？"我说："我舌头短。"武林却问赵宏声："明日我，我，我去呀，不去？"赵宏声说："你们是一个村里的，你能不去？"武林说："啊我没，没没，钱上，上礼呀！"赵宏声说："你也没力气啦？！"他们喝他们的酒，我啃我的指甲，我说："夏风伴了哪里的女人，从省城带回来的？"赵宏声说："你装糊涂！"我说："我真不知道！"赵宏声说："人是归类的，清风街上除了白雪，夏风还能看上谁？"我脑子里嗡地一下，满空里都是火星子在闪。我说："白雪结了婚？白雪和谁结婚啦？"药铺门外的街道往起翘，翘得像一堵墙，鸡呀猫呀的在墙上跑，赵宏声捏着酒盅喝酒，嘴突然大得像个盆子，他说："你咋啦，引生，你咋啦？"我死狼声地喊："这不可能！不可能！"哇地就哭起来。清风街人都怕我哭的，我一哭嘴脸要乌青，牙关紧咬，倒在地上就得气死了。我当时就倒在地上闭住了气，赵宏声忙过来掐我人中，说："爷，小爷，我胆小，你别吓我！"武林却说："啊咱们没没，没打，打他，是他他，他，死的！"拉了我的腿往药铺门外拖。我哽了哽气，缓醒了，一脚端在武林的卵子上，他一个趔趄，我便夺过酒瓶，咣嚓摔在地上。武林扑过来要打我，我说："你过来，你狗日的过来！"武林就没敢过来，举着的手落下去，捡了那个瓶子底，瓶子底里还有一点酒，他咂一口，说："啊，啊，我惹你？你，你，你是疯子，不，不惹，啊惹！"又咂一口。

我回到家里使劲地哭，哭得咯了血。院子里有一个捶布石，提了拳头就打，打得捶布石都软了，像是棉花包，一疙瘩面。我说:老天！咋不来一场地震哩？震得山摇地动了，谁救白雪哩，夏风是不会救的，救白雪的只有我！如果大家都是乞丐那多好，成乞丐了，夏风还会爱白雪吗？我会爱的，讨来一个馍馍了，我不吃，全让白雪吃！哎嗨，白雪呀白雪，你为啥脸上不突然生出个疤呢？瘸了一条腿呢？那就能看出夏风是真心待你好呀还是我真心待你好?！一股风咚地把门吹开，一片子烂报纸就飞进来贴在墙上。这是我爹的灵魂又回来了，我一有事，我爹的灵魂就回来了。但我这阵恨我爹，他当村干部当得好好的偏就短命死了，他要是还活着，肯定有媒人撮揽我和白雪的姻缘的。恨过了爹我就恨夏风，多大的人物，既然已经走出了清风街，在省城里有事业，哪里寻不下个女人，一碗红烧肉端着吃了，还再把馍馍揣走？我的心刀剁着疼，张嘴一吐吐出一节东西来，我以为我的肠子断了，低头一看，是一条蛔虫。我又恨起白雪了，我说，白雪白雪，这不公平么，人家夏风什么样的衣服没有，你仍然要给袍子，我引生是光膀子冷得打颤哩，你就不肯给我件褂子?！

那天下午，我见谁恨谁，一颗牙就掉了下来。牙掉在尘土里，我说：牙呢，我的牙呢？捡起来种到院墙角。种一颗麦粒能长出一株麦苗，我发誓这颗牙种下了一定要长出一株带着刺的树的，也毒咒了他夏风的婚姻不得到头。

【导读】

《秦腔》是一部贴近生活、贴近现实的作品，作品展现的是农村的贫困与落败，看到的是农村一幅苍凉的景象。小说描写的是关中大地一个历史深厚的村子——清风街，通过一年左右琐碎烦闷的日子，读者看到当今农村的社会问题，农村经济停滞不前，而且农民的生活日益困难，不少家庭的青壮年进城打工，但仍在贫困线上苦苦挣扎。青年走出村庄，村子里只剩下老弱病残，曾经美丽的村庄渐渐颓败，土地荒芜，变成了"荒村"，表现出农民与土地的脱离与无奈，无助与失败。

小说通过夏君亭和夏天义之间的冲突表现人与地的冲突。夏君亭建议占用耕地建农贸市场以繁荣经济，而老主任夏天义坚决反对，抵制用七里沟换鱼塘，带领老弱病残修建七里沟，最后"天葬"在这片土地里。这种脱离当下现状和经济发展的愚公精神，虽有些崇高与悲壮，但仍旧显现出现代化进程中的尴尬与孤独，表现出在新时期社会转型发展中，农民的困惑、依恋、无奈与挣扎。

作者是一位具有传统精神的作家，饱含对民间文化艺术的欣赏和惋惜。小说里，作者用极大的笔墨描写了秦腔，对秦腔的历史、音乐、价值等作了细致的阐释、记录和描写。秦腔与秦地人的关系非同一般，清风街上的人都极其热爱这种古老的艺术，其中作者塑造了一个典型——夏天智。但这个古老的民间艺术在新时期已经开始走下坡路，渐渐走向没落，它的颓败仅仅靠个人的努力是无法改变的，它已渐渐被现代文化所侵袭，终将走向灭亡。秦腔在小说中贯穿始终，让读者感受忧伤和无奈。秦腔是一种告别，一种仪式，是古老的乡村文化的一种象征，最终被时代所抛弃，这是一种文化的挽歌。

由此看来，作者的主题并不仅仅是秦腔的衰弱，而是用秦腔隐含着传统文化道德的衰亡。从小说中我们可以发现,随着传统文化与道德的缺失,人们精神空虚,行为失责,内心混乱,写出了对分崩离析的乡村文明和传统文化的惋惜与凭吊。

【思考】

1.如何理解夏天义这个人物?
2.作者对传统文化道德是怎样认为的?

西风颂

雪 莱

珀西·比希·雪莱(1792—1822),出生于英国的一个世代贵族家庭,父母思想老派,雪莱从小和父母不亲。八岁时,作讽刺诗《一只猫咪》,十二岁进入伊顿贵族学校,十八岁进入牛津大学,后由于其刊发《论无神论的必然性》而被牛津大学开除。1913 年 2 月完成《麦布女王》长诗及散文注释。1819 年写完《解放了的普罗米修斯》和《倩契》,以及其不朽的名作《西风颂》,据传记家言,这一年是雪莱最多产的一年。后来又发表了许多作品。1922 年雪莱葬身于海上风暴,当时不满三十周岁。

《西风颂》写于 1819 年,当时欧洲各国正在经历工人运动和革命运动。为了争取自己的权利,英国工人同资产阶级展开了激烈的斗争,罢工事件一浪高过一浪。据雪莱夫人言:"雪莱在 1819 年时已相信人民与统治者之间的一场冲突已不可避免,而他急切地希望站在人民一边。他计划写一组政治诗,但因当时英国有所谓'诽谤罪'的法律压制,不可能出版。"于是雪莱用非常隐晦的语言创作《西风颂》用来预示社会的新生。

【原文】

第一节

哦,狂暴的西风,秋之生命的呼吸!
你无形,但枯死的落叶被你横扫,
有如鬼魅碰上了巫师,纷纷逃避:
黄的,黑的,灰的,红得像患肺痨,
呵,重染疫疠的一群:西风呵,是你
以车驾把有翼的种子催送到
黑暗的冬床上,它们就躺在那里,
像是墓中的死穴,冰冷,深藏,低贱,
直等到春天,你碧空的姊妹吹起
她的喇叭,在沉睡的大地上响遍,
(吹出嫩芽,像羊群一样,觅食空中)
将色和香充满了山峰和平原。
不羁的精灵呵,你无处不远行;
破坏者兼保护者:听吧,你且聆听!

第二节

没入你的急流,当高空一片混乱,
流云像大地的枯叶一样被撕扯
脱离天空和海洋的纠缠的枝干,
成为雨和电的使者:它们飘落
在你的磅礴之气的蔚蓝的波面,
有如狂女的飘扬的头发在闪烁,
从天穹的最遥远而模糊的边沿
直抵九霄的中天,到处都在摇曳
欲来雷雨的卷发,对濒死的一年
你唱出了葬歌,而这密集的黑夜
将成为它广大墓陵的一座圆顶,
里面正有你的万钧之力的凝结;
那是你的浑然之气,从它会逆涌
黑色的雨,冰雹和火焰:哦,你听!

第三节

是你,你将蓝色的地中海唤醒,
而它曾经昏睡了一整个夏天,
被澄澈水流的回旋催眠入梦,
就在巴亚海湾的一个浮石岛边,
它梦见了古老的宫殿和楼阁
在水天辉映的波影里抖颤,
而且都生满青苔、开满花朵,
那芬芳真迷人欲醉! 呵,为了给你
让一条路,大西洋的汹涌的浪波
把自己向两边劈开,而深在渊底
那海洋中的花草和泥污的森林
虽然枝叶扶疏,却没有精力;
听到你的声音,它们已吓得发青:
一边颤栗,一边自动萎缩:哦,你听!

第四节

哎,假如我是一片枯叶被你浮起,
假如我是能和你飞跑的云雾,
是一个波浪,和你的威力同喘息,
假如我分有你的脉搏,仅仅不如

你那么自由,哦,无法约束的生命!
假如我能像在少年时,凌风而舞
便成了你的伴侣,悠游天空
(因为呵,那时候,要想追你上云霄,
似乎并非梦幻),我就不致像如今
这样焦躁地要和你争相祈祷。
哦,举起我吧,当我是水波、树叶、浮云!
我跌在生活的荆棘上,我流血了!
这被岁月的重轭所制服的生命
原是和你一样:骄傲、轻捷而不驯。

第五节
把我当作你的竖琴,有如树林:
尽管我的叶落了,那有什么关系!
你巨大的合奏所振起的音乐
将染有树林和我的深邃的秋意:
虽忧伤而甜蜜。呵,但愿你给予我
狂暴的精神! 奋勇者呵,让我们合一!
请把我枯死的思想向世界吹落,
让它像枯叶一样促成新的生命!
哦,请听从这一篇符咒似的诗歌,
就把我的话语,像是灰烬和火星
从还未熄灭的炉火向人间播散!
让预言的喇叭通过我的嘴唇
把昏睡的大地唤醒吧! 西风呵,
如果冬天来了,春天还会远吗?

查良铮 译

【导读】

正如雪莱夫人所言,雪莱这首《西风颂》虽没有一句话写革命,但整首诗采用了非常隐晦的语言,是一首政治抒情诗。

全诗共分有五节,前三节都是描写和赞美西风,后两节是进一步的升华。第一节,诗人描写西风横扫树林中的残叶,吹送生命的种子。第二节描写了西风和云、雨、电这些景象的关系,西风吹乱了云雾,呼唤雷电的到来。诗人在这里利用雨和电全力呼风唤雨,展现西风的强大与气势。第三节描述了西风在海上的力量,使得平静的海面海浪翻涌,海底丛林变色。作者在这三节的描写中,从树林写到天空,进而到海洋,在现实与想象中不断转换。诗人的想象是奇特而丰富的,实际上表达了西风对腐朽的反抗,以及对新生的强烈鼓舞。第四节从写景转化成抒情,作者希望自己能化成树叶、浮云或波涛,感受西风的强劲,借助西风赐予的"狂暴的精神",与其融为一体,去抗击腐败的反动力量。最后一节是整首诗的高潮所在,表现了西风是作为"保护者"而出现的。诗人希望自己成为西风的竖琴,能够贡献自己的力量去传播革命的思想,播撒革命的种子,把沉睡的人民唤醒,"哪怕我的叶片也像森林一样凋谢"极大地表现出作者愿意为革命牺牲的决心与勇气。这也正是诗人所展现在我们面前的西风的气势,同时也展现了作者对西风的热爱与追求。

《西风颂》一个重要的特色就是象征性手法的运用,全诗围绕着秋天的西风描写,写景也好,抒情也罢,始终不离开西风这个描写对象。全诗没有一句革命的呼唤和口号,但借助对西风的歌唱,实际上是对革命的赞颂。诗中的西风、残叶、种子、云、风雨雷电、大海波涛、海底树木都是一种象征性的物体,其中包含着深刻的寓意。自然界给予我们无限变幻的丰富景象,是人类不断向前进步的革命力量的象征。通过这些,我们看到《西风颂》不是一首写景诗,而是一首政治抒情诗,虽没有一句写革命,但全诗都是在象征革命,给人无比强大的震撼。尤其是最后"西风啊,如果冬天来了,春天还会远吗?"既是自然现象的展现,也深刻地表达出人类发展的必然规律,革命斗争虽然艰险崎岖但终究会迎来光明。诗人也愿意用生命体味西风,等待春天,展现了诗人对新生活的向往和对旧世界的反对。"如果冬天来了,春天还会远吗?"也成为人们广为流传的名言。

【思考】

1.本诗中西风具有怎样的性格,请你用诗句中的语句说明。

2.你怎样理解"如果冬天来了,春天还会远吗?"这句话。

德国——一个冬天的童话(节选)

海 涅

海因里希·海涅(1797—1856),出生于德国杜塞尔多夫一个破落的犹太商人的家庭,在德国备受歧视。童年和少年时期经历了拿破仑战争,从小就受到了法国资产阶级革命思想的影响。1819—1823年先后在波恩大学、哥廷根大学、柏林大学学习并从事文学创作。早期诗作有《青春的苦恼》《抒情插曲》《还乡集》《北海集》等组诗,主题多以个人境遇和爱情为主。1824—1828年,海涅游历了许多地方,并去过英国、意大利等国,对现实社会有了进一步的理解,写了四部散文旅行札记。海涅晚年的思想矛盾主要体现在对共产主义的理解上,这也是那个时代的产物。

《德国—— 一个冬天的童话》是1843年10月海涅回家看望母亲时所写,海涅经过十二年的流亡后重回故乡,但他看到的却是德意志的千疮百孔和停滞不前,这些触动了海涅的神经,创作了这首杰出的诗篇。

【原文】

第一章

在凄凉的十一月,

日子变得更阴郁,

风吹树叶纷纷落,

我旅行到德国去。

当我来到边界上,

我觉得我的胸怀里

跳动得更为强烈，
泪水也开始往下滴。

听见德国的语言，
我有了奇异的感觉；
我觉得我的心脏
好像在舒适地溢血。

一个弹竖琴位的女孩，
用真感情和假嗓音
曼声歌唱，她的弹唱
深深感动了我的心。

她歌唱爱和爱的痛苦，
她歌唱牺牲，歌唱重逢，
重逢在更美好的天上，
一切苦难都无影无踪。

她歌唱人间的苦海，
歌唱瞬息即逝的欢乐，
歌唱彼岸，解脱的灵魂
沉醉于永恒的喜悦。

她歌唱古老的断念歌，
歌唱天上的催眠曲，
用这把哀泣的人民，
当作蠢汉催眠入睡。

我熟悉那些歌调与歌词，
也熟悉歌的作者都是谁；
他们暗地里享受美酒，
公开却教导人们喝白水。

一首新的歌，更好的歌，
啊朋友，我要为你们制作！
我们已经要在大地上
建立起天上的王国。

我们要在地上幸福生活，
我们再也不要挨饿；
绝不让懒肚皮消耗
双手勤劳的成果。

为了世上的众生
大地上有足够的面包，
玫瑰，常青藤，美和欢乐，
甜豌豆也不缺少。

人人都能得到甜豌豆，
只要豆荚一爆裂！
天堂，我们把它交给
那些天使和麻雀。

死后若是长出翅膀，
我们就去拜访你们，
在天上跟你们同享
极乐的蛋糕和点心。

一首新的歌，更好的歌！
像琴笛合奏，声调悠扬！
忏悔的赞诗消逝了，
丧钟也默不作声。

欧罗巴姑娘已经
和美丽的自由天使订婚，
他们拥抱在一起，
沉醉于初次的接吻。

虽没有牧师的祝福，
也不失为有效的婚姻——
新郎和新娘万岁，
万岁，他们的后代子孙！

我的更好的、新的歌，
是一首新婚的歌曲！
最崇高的庆祝的星火

在我的灵魂里升起——

兴奋的星火热烈燃烧，
溶解为火焰的溪流——
我觉得我无比坚强，
我能够折断栎树！

自从我走上德国的土地，
全身流遍了灵液神浆——
巨人又接触到他的地母，
他重新增长了力量。

冯至 译

【导读】

《德国———一个冬天的童话》采用了丰富多彩的表现手法,把现实和虚幻交织在一起,在辛辣的讽刺中无情地揭露了德国当时的腐败现状,有力地抨击了贵族地主阶层及僧侣阶层的封建专制统治。

全诗最主要的思想就是热爱祖国,作者在标题中就用"冬天"表达德国社会所经历的严寒和奄奄一息,一切停滞不前,但冬天过去就会迎来春天,借此来阐明新的希望正悄悄来临。而"童话"是一切不切实际的虚幻,象征着社会的荒诞,所有的伪善与幻象终有一天会破灭,而要改变现状只有经过改革。诗歌以游记的形式写作,自由随性,并没有具体的行程,而是借助旅行的线索来展现德国暮气沉沉的现状。诗人将自己幻化成主人公,将自己的见闻写于始终,描写细致而准确,情感细腻而丰富。诗歌饱含着作者对祖国的热爱和对理想的坚持。"他既有革命家的热情,又有理想主义者的沉思,既有对祖国母亲的怀念,又有淡淡的哀愁,有炽热的爱,也有强烈的恨"。诗人五次回到"梦境",在现实与幻想间穿梭,诗人在残酷地揭露一个现实后又幻想光明的未来,给自己一个美好的梦。

《德国———一个冬天的童话》又是一首政治抒情诗,作者希望打破封建的、落后的、老旧的德意志,重新建立一个自由、民主、向上的国家。诗人将自己内心的真实情感和爱国主义精神充分展现在世人面前,让读者深入其心灵,感受他的悲苦与伤痛、决心与热情。因此能打动人们的内心深处。而且诗人善于运用渲染、烘托、夸张、比喻、象征的表现手法,让诗歌充满了气势磅礴、和谐自在的意境,读来也是感慨颇多。另外,这首诗具有浓浓的民歌气息,形象生动自然,非常容易被大众接受,因此脍炙人口。

【思考】

1.阐述《德国———一个冬天的童话》的思想内容和艺术特色。

2.阐述诗歌中讽刺手法的运用。

致大海

普希金

　　亚历山大·谢尔盖耶维奇·普希金(1799—1837)出生于莫斯科一个家道中落的贵族家庭,1811年进入贵族子弟学校皇村学校学习,十二岁便开始文学创作,其在中学考试中创作的"皇村回忆"得到广泛的赞赏。学习期间接受了法国启蒙思想的熏陶,反对专制统治,追求自由。毕业后,到彼得堡外交部工作,创作了许多讴歌自由、反对农奴的诗歌。这些作品让沙皇政府不安,曾两次将他流放,但他不肯屈服。沙皇政府恶意策划其与人决斗,最终他腹部受重伤,不治身亡,年仅三十八岁。

　　普希金二十一岁时第一次被流放到俄国南部的奥德萨。在流放时期,他长期与大海相伴,逐渐将大海视为自由的象征。第二次流放是与总督发生冲突,被军警押送到米哈伊洛夫斯克村。在即将离开奥德萨和大海分别之时,他思绪万千,情绪高涨,于是开始在心中酝酿这些激愤的诗篇,最终在第二次流放时完成了这首《致大海》。

【原文】

　　再见吧,自由的元素!
　　这是你最后一次在我的眼前
　　滚动着蔚蓝色的波涛
　　和闪耀着骄傲的美色。

　　好像是朋友的忧郁的怨诉,
　　好像是他在别离时的呼唤,
　　我现在最后一次倾听
　　你悲哀的喧响,你召唤的喧响。

　　你是我心灵愿望之所在呀!
　　我时常沿着你的岸边,
　　一个人静悄悄地、朦胧地徘徊,
　　还因为那个隐秘的愿望而苦恼着!

　　我多么爱你的回音。
　　爱你阴沉的声调,你悠远无尽的音响,
　　还有那黄昏时分的静寂,
　　和那反复无常的激情!

　　渔夫们的谦卑的风帆,
　　靠了你的任性的保护,
　　在波涛之间勇敢地滑过,

但当你跳跃起来而无法控制时，
大群的船只就会被覆没。

我永不能舍弃
你这寂寞和静止的海岸，
我怀着狂欢之情来祝贺你
和任我的诗歌驰骋过
你波涛的峰顶。

你等待着，你召唤着……而我却被束缚住；
我的心灵在徒然地挣扎：
我被一种强烈的热情所魅惑，
独自留在你的岸边。

有什么好怜惜？现在哪儿
才是我毫无牵挂的路程？
而在你的荒漠中只有一样东西
会震惊我的心灵。

这是一个峭岩，一个光荣的坟墓……
沉溺在那儿寒冷的睡梦里的，
是那些威严的回忆：
拿破仑就在那儿消逝。

在那儿，他长眠在苦难中。
而紧跟在他之后，正像风暴的喧腾一样，
另一个天才，我们思想上的另一个王者，
也从我们中间飞逝而去。

自由之神所悲泣着的这位歌者消失了，
他把自己的桂冠留给了世界。
喧腾起来吧，激荡起阴恶的天气吧。
哦，大海，他曾经是你的歌者。

你的形象反映在他的身上，
他是用你的精神塑成，
他像你一样威严、深邃和阴沉，
他像你一样，什么都不能使他驯服。

世界空虚了……

海洋,你现在要把我带到哪儿?

人们的命运到处都是一样:

有着幸福的地方,早已就有人看守,

或许是开明的贤者,或许是暴君。

哦,再见吧,大海!

我永不会忘记你庄严的美色,

我将长久地,长久地

倾听你黄昏时分的轰响。

我的心灵充满了你,

还将把你的峭岩,你的港湾,

你的闪光,你的阴影,和波涛的喧响,

带进森林,带进静寂的荒原。

戈宝权 译

【导读】

　　《致大海》是诗人的一篇浪漫主义代表作,歌颂了大自然的美好,对世俗的丑陋与庸俗的批判,表现人与自然的和谐与共鸣,将自然景物作为精神和理想的寄托,诗人的理想就是对自由和解放的追求以及对暴力专制的反抗与唾弃。

　　在这首诗中,诗人将大海拟人化了,直接与大海对话,跟大海告别。这么美丽的大海,这么娇羞的模样,但诗人却要和大海告别。大海发出"悲哀的喧响","召唤的喧响",像是"朋友忧郁的怨诉",又像是"临别时的呼唤",这实际是诗人自己的一种感受,表达作者的忧郁之情,也是作者对自由大海的一种向往之情。

　　接着,诗人把大海的自由和奔放,浪漫与不受束缚,看作自己的心愿所在,无比留恋海滩,常常静静在那里徘徊,诗人感慨着沙皇专制的黑暗。大海阴沉的音响,引起了诗人的想象;大海有它的性格,时而温顺时而奔腾,时而寂静时而澎湃,让诗人对这样自由的大海无比向往。诗人从大海得到启发,曾为了追求自由和解放,准备离开海岸,也曾希望"怀着狂欢之情",向大海祝贺"自由"的胜利,还想带着诗篇随大海远航,但一切都不能如愿。大海不断召唤自由,而诗人却从未得到过自由,心灵无比地挣扎。但诗人并不气馁,他仍旧对自由进行赞美,对自由无比向往与坚持,因此他仍旧留在大海的身边接受召唤。

　　诗人开始追忆拿破仑和拜伦。诗人借用拿破仑,实际上是对封建统治的反对,在这个意义上,拿破仑是值得赞扬的。但拿破仑为了自己的权力和欲望,连年发动侵略战争,人民生活水深火热,拿破仑最终失败,死在大西洋圣赫勒拿岛,即诗中的"峭岩"。一个目空一切、唯我独尊的暴君,最终"沉浸在寒冷的睡梦中",只能去追忆那些"光荣",他"在那儿消亡"了。诗人对拿破仑有一定的痛惜,但更多的是对这个暴君的谴责,而对拜伦的死,作者无比失落,觉得自由之神幻灭了,世界都变得空虚无趣了。而且此时的欧洲革命和民族解放运动正处在低潮,于是诗人对自由命运感到迷茫和忧伤。但诗人仍抱着希望,在向大海告别时,仍旧告诉大海自己不会忘记大海的"容光"和"轰响",最终将大海的自由精神带到各处。

　　诗人反映了时代的精神,人民的期望和关心的问题。诗人寓情于景,借景抒情,将自己的感受融入大海的形象,寄情于大海,同时让大海具有人的灵性和性情,人和景自然和谐的交融在一起,也是浪漫主义的一个特点。

【思考】

1.诗人为什么如此热爱大海?大海的象征意义是什么?

2.诗人面对大海为什么感到悲伤痛苦?

第十二夜(节选)

莎士比亚

威廉·莎士比亚(1564—1616),出生于英国中部一个富裕的市民家庭,其父是杂货商人。七岁时被送去当地的文法学校念书,掌握了基本的写作技巧和较为丰富的知识。因父亲破产,未能毕业就开始谋生,使他增长了许多社会阅历。十八岁与安妮·海瑟薇结婚。16世纪末到17世纪初的二十多年的时间里,莎士比亚在伦敦开始了他的剧团生涯,他肩负多重身份,既是演员又是剧作家,还是宫内大臣剧团的合伙人之一。这个时期是他创作的黄金时期,早期剧本主要包括戏剧和历史剧,后期开始创作悲剧,常常阐述复仇与牺牲。他流传下来的作品有三十七部戏剧,一百五十五首十四行诗、两首长叙事诗,他的作品至今仍广受欢迎。

【原文】

第一幕

第一场　公爵府中一室

公爵、丘里奥、众臣同上;乐工随侍。

公　爵　假如音乐是爱情的食粮,那么奏下去吧;尽量地奏下去,好让爱情因过饱噎塞而死。又奏起这个调子来了!它有一种渐渐消沉下去的节奏。啊!它经过我的耳畔,就像微风吹拂一丛紫罗兰,发出轻柔的声音,一面把花香偷走,一面又把花香分送。够了!别再奏下去了!它现在已经不像原来那样甜蜜了。爱情的精灵呀!你是多么敏感而活泼;虽然你有海一样的容量,可是无论怎样高贵超越的事物,一进了你的范围,便会在顷刻间失去了它的价值。爱情是这样充满了意象,在一切事物中是最富于幻想的。

丘里奥　殿下,您要不要去打猎?

公　爵　什么,丘里奥?

丘里奥　去打鹿。

公　爵　啊,一点不错,我的心就像是一头鹿。唉!当我第一眼瞧见奥丽维娅的时候,我觉得好像空气给她澄清了。那时我就变成了一头鹿;从此我的情欲像凶暴残酷的猎犬一样,永远追逐着我。

凡伦丁　上。

公　爵　怎样!她那边有什么消息?

凡伦丁　启禀殿下,他们不让我进去,只从她的侍女嘴里传来了这一个答复:除非再过七个寒暑，就是青天也不能窥见她的全貌；她要像一个尼姑一样，蒙着面幕而行，每天用辛酸的眼泪浇洒她的卧室：这一切都是为着纪念对于一个死去的哥哥的爱，她要把对哥哥的爱永远活生生地保留在她悲伤的记忆里。

公　爵　唉！她有这么一颗优美的心，对于她的哥哥也会挚爱到这等地步。假如爱神那支有力的金箭把她心里一切其他的感情一齐射死；假如只有一个唯一的君王占据着她的心肝头脑——这些尊严的御座，这些珍美的财宝——那时她将要怎样恋爱着啊！

给我引到到芬芳的花丛；

相思在花荫下格外情浓。（同下）

第二场　海　滨

薇奥拉、船长及水手等上。

薇奥拉　朋友们，这儿是什么国土？

船　长　这儿是伊利里亚，姑娘。

薇奥拉　我在伊利里亚干什么呢？我的哥哥已经到极乐世界里去了。也许他侥幸没有淹死。水手们，你们以为怎样？

船　长　您也是侥幸才保全了性命的。

薇奥拉　唉，我的可怜的哥哥！但愿他也侥幸无恙！

船　长　不错，姑娘，您可以用侥幸的希望来宽慰您自己。我告诉您，我们的船撞破了之后，您和那几个跟您一同脱险的人紧攀着我们那只给风涛所颠摇的小船，那时我瞧见您的哥哥很有急智地把他自己捆在一根浮在海面的桅樯上，勇敢和希望教给了他这个计策；我见他像阿里翁骑在海豚背上似的浮沉在波浪之间，直到我的眼睛望不见他。

薇奥拉　你的话使我很高兴，请收下这点钱，聊表谢意。由于我自己脱险，使我抱着他也能够同样脱险的希望；你的话更把我的希望证实了几分。你知道这国土吗？

船　长　是的，姑娘，很熟悉；因为我就是在离这儿不到三小时旅程的地方生长的。

薇奥拉　谁统治着这地方？

船　长　一位名实相符的高贵的公爵。

薇奥拉　他叫什么名字？

船　长　奥西诺。

薇奥拉　奥西诺！我曾经听见我父亲说起过他；那时他还没有娶亲。

船　长　现在他还是这样，至少在最近我还不曾听见他娶亲的消息；因为只一个月之前我从这儿出发，那时刚刚有一种新鲜的风传——您知道大人物的一举一动，都会被一般人纷纷议论着的——说他在向美貌的奥丽维娅求爱。

薇奥拉　她是谁呀？

船　长　她是一位品德高尚的姑娘；她的父亲是位伯爵，约摸在一年前死去，把她交给他的儿子，她的哥哥照顾，可是他不久又死了。他们说为了对于她哥哥的深切的友爱，她已经发誓不再跟男人们在一起或是见他们的面。

薇奥拉	唉！要是我能够侍候这位小姐，就可以不用在时机没有成熟之前泄露我的身份了。
船　长	那很难办到，因为她不肯接纳无论哪一种请求，就是公爵的请求她也是拒绝的。
薇奥拉	船长，你瞧上去是个好人；虽然造物常常用一层美丽的墙来围蔽住内中的污秽，但是我可以相信你的心地跟你的外表一样好。请你替我保守秘密，不要把我的真相泄露出去，我以后会重谢你的；你得帮助我假扮起来，好让我达到我的目的。我要去侍候这位公爵，你可以把我送给他作为一个净了身的传童；也许你会得到些好处的，因为我会唱歌，用各种的音乐向他说话，使他重用我。 以后有什么事以后再说； 我会使计谋，你只须静默。
船　长	我便当哑巴，你去做近侍； 倘多话挖去我的眼珠子。 　　薇奥拉　谢谢你，领着我去吧。（同下）

第三场　奥丽维娅宅中一室

托比·培尔契爵士及玛利娅上。

托　比	我的侄女见什么鬼把她哥哥的死看得那么重？悲哀是要损寿的呢？
玛利娅	真的，托比老爷，您晚上得早点儿回来；您那侄小姐很反对您深夜不归呢？
托　比	哼，让她去今天反对、明天反对，尽管反对下去吧。
玛利娅	哦，但是您总得有个分寸，不要太失身份才是。
托　比	身份！我这身衣服难道不合身份吗？穿了这种衣服去喝酒，也很有身份的了；还有这双靴子，要是它们不合身份，就叫它们在靴带上吊死了吧。
玛利娅	您这样酗酒会作践了您自己的，我昨天听见小姐说起过；她还说起您有一晚带到这儿来向她求婚的那个傻骑士。
托　比	谁？安德鲁·艾古契克爵士吗？
玛利娅	呢，就是他。
托　比	他在伊利里亚也算是一表人才了。
玛利娅	那又有什么相干？
托　比	哼，他一年有三千块钱收入呢。
玛利娅	哦，可是一年之内就把这些钱全花光了。他是个大傻瓜，而且是个浪子。
托　比	呸！你说出这种话来！他会拉低音提琴；他会不看书本讲三四国文字，一个字都不模糊；他有很好的天分。
玛利娅	是的，傻子都是得天独厚的；因为他除了是个傻瓜之外，又是一个惯会惹是生非的家伙；要是他没有懦夫的天分来缓和一下他那喜欢吵架的脾气，有见识的人都以为他就会有棺材睡的。
托　比	我举手发誓，这样说他的人，都是一批坏蛋，信口雌黄的东西。他们是谁啊？
玛利娅	他们又说您每夜跟他在一块儿喝酒。
托　比	我们都喝酒祝我的侄女健康呢。只要我的喉咙里有食道，伊利里亚有酒，我便要

为她举杯祝饮。谁要是不愿为我的侄女举杯祝饮，喝到像抽陀螺似的天旋地转，他就是个不中用的汉子，是个卑鄙小人。嘿，丫头！放正经些！安德鲁·艾古契克爵士来啦。

安德鲁·艾古契克爵士上。

安德鲁 托比·培尔契爵士！您好，托比·培尔契爵士！

托 比 亲爱的安德鲁爵士！

安德鲁 您好，美貌的小泼妇！

玛利娅 您好，大人。

托 比 寒暄几句，安德鲁爵士，寒暄几句。

安德鲁 您说什么？

托 比 这是舍侄女的丫鬟。

安德鲁 好寒萱姊姊，我希望咱们多多结识。

玛利娅 我的名字是玛丽，大人。

安德鲁 好玛丽·寒萱姊姊，——

托 比 你弄错了，骑士；"寒暄几句"就是跑上去向她应酬一下，招呼一下，客套一下，来一下的意思。

安德鲁 哎哟，当着这些人我可不能跟她打交道。"寒暄"就是这个意思吗？

玛利娅 再见，先生们。

托 比 要是你让她这样走了，安德鲁爵士，你以后再不用充汉子了。

安德鲁 要是你这样走了，姑娘，我以后再不用充汉子了。好小姐，你以为你手边是些傻瓜吗？

玛利娅 大人，可是我还不曾跟您握手呢。

安德鲁 那很好办，让我们握手。

玛利娅 好了，大人，思想是无拘无束的。请您把这只手带到卖酒的柜台那里去，让它喝两盅吧。

安德鲁 这怎么讲，好人儿？你在打什么比方？

玛利娅 我是说它怪没劲的。

安德鲁 是啊，我也这样想。不管人家怎么说我蠢，应该好好保养两手的道理我还懂得。可是你说的是什么笑话？

玛利娅 没劲的笑话。

安德鲁 你一肚子都是这种笑话吗？

玛利娅 不错，大人，满手里抓的也都是。得，现在我放开您的手了，我的笑料也都吹了。（下）

托 比 骑士啊！你应该喝杯酒儿。几时我见你这样给人愚弄过？

安德鲁 我想你从来没有见过；除非你见我给酒弄昏了头。有时我觉得我跟一般基督徒和平常人一样笨；可是我是个吃牛肉的老饕，我相信那对于我的聪明很有妨害。

托 比 一定一定。

安德鲁 要是我真那样想的话，以后我得戒了。托比爵士，明天我要骑马回家去了。

托　比	Pourquoi，我的亲爱的骑士？
安德鲁	什么叫 Pourquoi？好还是不好？我理该把我花在击剑、跳舞和耍熊上面的工夫学几种外国话的。唉！要是我读了文学多么好！
托　比	要是你花些工夫在你的鬈发钳上头，你就可以有一头很好的头发了。
安德鲁	怎么，那跟我的头发有什么关系？
托　比	很明白，因为你瞧你的头发不用些工夫上去是不会鬈曲起来的。
安德鲁	可是我的头发不也已经够好看了吗？
托　比	好得很，它披下来的样子就像纺杆上的麻线一样，我希望有哪位奶奶把你夹在大腿里纺它一纺。
安德鲁	真的，我明天要回家去了，托比爵士。你侄女不肯接见我；即使接见我，多半她也不会要我。这儿的公爵也向她求婚呢。
托　比	她不要什么公爵不公爵；她不愿嫁给比她身份高、地位高、年龄高、智慧高的人，我听见她这样发过誓。嘿，老兄，还有希望呢。
安德鲁	我再耽搁一个月。我是世上心思最古怪的人；我有时老是喜欢喝酒跳舞。
托　比	这种玩意儿你很擅长的吗，骑士？
安德鲁	可以比得过伊利里亚无论哪个不比我高明的人；可是我不愿跟老手比。
托　比	你跳舞的本领怎样？
安德鲁	不骗你，我会旱地拔葱。
托　比	我会葱炒羊肉。
安德鲁	讲到我的倒跳的本事，简直可以比得上伊利里亚的无论什么人。
托　比	为什么你要把这种本领藏匿起来呢？为什么这种天才要覆上一块幕布？难道它们也会沾上灰尘，像大姑娘的画像一样吗？为什么不跳着"加里阿"到教堂里去，跳着"科兰多"一路回家？假如是我的话，我要走步路也是"捷格"舞，撒泡尿也是五步舞呢。你是什么意思？这世界上是应该把才能隐藏起来的吗？照你那双出色的好腿看来，我想它们是在一个跳舞的星光底下生下来的。
安德鲁	哦，我这双腿很有气力，穿了火黄色的袜子倒也十分漂亮。我们喝酒去吧？
托　比	除了喝酒，咱们还有什么事好做？咱们的命宫不是金牛星吗？
安德鲁	金牛星！金牛星管的是腰和心。
托　比	不，老兄，是腿和股。跳个舞给我看。哈哈！跳得高些！哈哈！好极了！

（同下）

第四场　公爵府中一室

凡伦丁及薇奥拉男装上。

凡伦丁	要是公爵继续这样宠幸你，西萨里奥，你多半就要高升起来了；他认识你才只有三天，你就跟他这样熟了。
薇奥拉	看来你不是怕他的心性捉摸不定，就是怕我会玩忽职守，所以你才怀疑他会不会继续这样宠幸我。先生，他待人是不是有始无终的？
凡伦丁	不，相信我。

薇奥拉 谢谢你。公爵来了。

公爵,丘里奥及侍从等上。

公　爵 喂! 有谁看见西萨里奥吗?

薇奥拉 在这儿,殿下,听候您的吩咐。

公　爵 你们暂时走开些。西萨里奥,你已经知道了一切,我已经把我秘密的内心中的书册向你展示过了;因此,好孩子,到她那边去,别让他们把你摈之门外,站在她的门口,对他们说,你要站到脚底下生了根,直等她把你延见为止。

薇奥拉 殿下,要是她真像人家所说的那样沉浸在悲哀里,她一定不会允许我进去的。

公　爵 你可以跟他们吵闹,不用顾虑一切礼貌的界限,但一定不要毫无结果而归。

薇奥拉 假定我能够和她见面谈话了,殿下,那么又怎样呢?

公　爵 噢! 那么就向她宣布我的恋爱的热情,把我的一片挚诚说给她听,让她吃惊。你表演起我的伤心来一定很出色,你这样的青年一定比那些面孔板板的使者们更能引起她的注意。

薇奥拉 我想不见得吧,殿下。

公　爵 好孩子,相信我的话;因为像你这样的妙龄,还不能算是个成人:狄安娜的嘴唇也不比你的更柔滑而红润;你的娇细的喉咙像处女一样尖锐而清朗;在各方面你都像个女人。我知道你的性格很容易对付这件事情。四五个人陪着他去;要是你们愿意,就全去也好;因为我欢喜孤寂。你倘能成功,那么你主人的财产你也可以有份。

薇奥拉 我愿意尽力去向您的爱人求婚。(旁白)

唉,怨只怨多阻碍的前程!

但我一定要做他的夫人。(各下)

第五场　奥丽维娅宅中一室

玛利娅及小丑上。

玛利娅 不,你要是不告诉我你到哪里去来,我便把我的嘴唇抿得紧紧的,连一根毛发也钻不进去,不替你说句好话。小姐因为你不在,要吊死你呢。

小　丑 让她吊死我吧;好好地吊死的人,在这世上可以不怕敌人。

玛利娅 把你的话解释解释。

小　丑 因为他看不见敌人了。

玛利娅 好一句无聊的回答。让我告诉你"不怕敌人"这句话是怎么来的吧。

小　丑 怎么来的,玛利娅姑娘?

玛利娅 是从打仗里来的;下回你再撒赖的时候,就可以放开胆子这样说。

小　丑 好吧,上帝给聪明与聪明人;至于傻子们呢,那只好靠他们的本事了。

玛利娅 可是你这么久在外边鬼混,小姐一定要把你吊死的,否则把你赶出去,那不是跟把你吊死一样好吗?

小　丑 好好地吊死常常可以防止坏的婚姻;至于赶出去,那在夏天倒还没甚要紧。

玛利娅 那么你已经下了决心了吗?

小　丑　不，没有；可是我决定了两端。

玛利娅　假如一端断了，一端还连着；假如两端都断了，你的裤子也落下来了。

小　丑　妙，真的很妙。好，去你的吧；要是托比老爷戒了酒，你在伊利里亚的雌儿中间也好算是个门当户对的调皮角色了。

玛利娅　闭嘴，你这坏蛋，别胡说了。小姐来啦，你还是好好地想出个推托来。（下）

小　丑　才情呀，请你帮我好好地装一下傻瓜！那些自负才情的人，实际上往往是些傻瓜；我知道我自己没有才情，因此也许可以算作聪明人。昆那拍勒斯怎么说的？"与其做愚蠢的智人，不如做聪明的愚人。"

　　　　奥丽维娅偕马伏里奥上。

小　丑　上帝祝福你，小姐！

奥丽维娅　把这傻子撵出去！

小　丑　喂，你们不听见吗？把这位小姐撵出去。

奥丽维娅　算了吧！你是个干燥无味的傻子，我不要再看见你了；而且你已经变得不老实起来了。

小　丑　我的小姐，这两个毛病用酒和忠告都可以治好。只要给干燥无味的傻子一点酒喝，他就不干燥了。只要劝不老实的人洗心革面，弥补他从前的过失：假如他能够弥补的话，他就不再不老实了；假如他不能弥补，那么叫裁缝把他补一补也就得了。弥补者，弥而补之也：道德的失足无非补上了一块罪恶；罪恶悔改之后，也无非补上了一块道德。假如这种简单的论理可以通得过去，很好；假如通不过去，还有什么办法？当王八是一件倒霉的事，美人好比鲜花，这都是无可怀疑的。小姐吩咐把傻子撵出去；因此我再说一句，把她撵出去吧。

奥丽维娅　尊驾，我吩咐他们把你撵出去呢。

小　丑　这就是大错而特错了！小姐，"戴了和尚帽，不一定是和尚"；那就好比是说，我身上虽然穿着愚人的彩衣，可是我并不一定连头脑里也穿着它呀。我的好小姐，准许我证明您是个傻子。

奥丽维娅　你能吗？

小　丑　再便当也没有了，我的好小姐。

奥丽维娅　那么证明一下看。

小　丑　小姐，我必须把您盘问；我的贤淑的小乖乖，回答我。

奥丽维娅　好吧，先生，为了没有别的消遣，我就等候着你的证明吧。

小　丑　我的好小姐，你为什么悲伤？

奥丽维娅　好傻子，为了我哥哥的死。

小　丑　小姐，我想他的灵魂是在地狱里。

奥丽维娅　傻子，我知道他的灵魂是在天上。

小　丑　这就越显得你的傻了，我的小姐；你哥哥的灵魂既然在天上，为什么要悲伤呢？列位，把这傻子撵出去。

奥丽维娅　马伏里奥，你以为这傻子怎样？是不是更有趣了？

马伏里奥　是的，而且会变得越来越有趣，一直到死。老弱会使聪明减退，可是对于傻子却能使他变得格外傻起来。

小　丑　大爷,上帝保佑您快快老弱起来,好让您格外傻得厉害!托比老爷可以发誓说我
　　　　不是狐狸,可是他不愿跟人家打赌两便士说您不是个傻子。

奥丽维娅　你怎么说,马伏里奥?

马伏里奥　我不懂您小姐怎么会喜欢这种没有头脑的混账东西。前天我看见他给一个像
　　　　石头一样冥顽不灵的下等的傻子算计了去。您瞧,他已经毫无招架之功了;要是
　　　　您不笑笑给他一点题目,他便要无话可说。我说,听见这种傻子的话也会那么高
　　　　兴的聪明人们,都不过是些傻子们的应声虫罢了。

奥丽维娅　啊!你是太自命不凡了,马伏里奥;你缺少一副健全的胃口。你认为是炮弹
　　　　的,在宽容慷慨、气度汪洋的人看来,不过是鸟箭。傻子有特许放肆的权利,虽然
　　　　他满口骂人,人家不会见怪于他;君子出言必有分量,虽然他老是指摘人家的错
　　　　处,也不能算为谤骂。

小　丑　麦鸠利赏给你说谎的本领吧,因为你给傻子说了好话!

玛利娅　重上。

玛利娅　小姐,门口有一位年轻的先生很想见您说话。

奥丽维娅　从奥西诺公爵那儿来的吧?

玛利娅　我不知道,小姐;他是一位漂亮的青年,随从很盛。

奥丽维娅　我家里有谁在跟他周旋呢?

玛利娅　是令亲托比老爷,小姐。

奥丽维娅　你去叫他走开;他满口都是些疯话。不害羞的!(玛利娅下)马伏里奥,你给我
　　　　去;假若是公爵差来的,说我病了,或是不在家,随你怎样说,把他打发走。(马伏
　　　　里奥下)你瞧,先生,你的打诨已经陈腐起来,人家不喜欢了。

小　丑　我的小姐,你帮我说话就像你的大儿子也会是个傻子一般;愿上帝在他的头颅里
　　　　塞满脑子吧!瞧你的那位有一副最不中用的头脑的令亲来了。

　　　　托比·培尔契爵士上。

奥丽维娅　哎哟,又已经半醉了。叔叔,门口是谁?

托　比　一个绅士。

奥丽维娅　一个绅士!什么绅士?

托　比　有一个绅士在这儿——这种该死的咸鱼!怎样,蠢货!

小　丑　好托比爷爷!

奥丽维娅　叔叔,叔叔,你怎么这么早就昏天黑地了?

托　比　声天色地!我打倒声天色地!有一个人在门口。

小　丑　是呀,他是谁呢?

托　比　让他是魔鬼也好,我不管;我说,我心里举头二尺有神明。好,都是一样。(下)

奥丽维娅　傻子,醉汉像个什么东西?

小　丑　像个溺死鬼,像个傻瓜,又像个疯子。多喝了一口就会把他变成个傻瓜;再喝一
　　　　口就发了疯;喝了第三口就把他溺死了。

奥丽维娅　你去找个验尸的来吧,让他来验验我的叔叔;因为他已经喝酒喝到了第三个阶

段,他已经溺死了。瞧瞧他去。

小　丑　他还不过是发疯呢,我的小姐;傻子该去照顾疯子。(下)

马伏里奥　重上。

马伏里奥　小姐,那个少年发誓说要见您说话。我对他说您有病;他说他知道,因此要来见您说话。我对他说您睡了;他似乎也早已知道了,因此要来见您说话。还有什么话好对他说呢,小姐?什么拒绝都挡他不了。

奥丽维娅　对他说我不要见他说话。

马伏里奥　这也已经对他说过了;他说,他要像州官衙门前竖着的旗杆那样立在您的门前不去,像凳子脚一样直挺挺地站着,非得见您说话不可。

奥丽维娅　他是怎样一个人?

马伏里奥　呃,就像一个人那么的。

奥丽维娅　可是是什么样子的呢?

马伏里奥　很无礼的样子;不管您愿不愿意,他一定要见您说话。

奥丽维娅　他的相貌怎样?多大年纪?

马伏里奥　说是个大人吧,年纪还太轻;说是个孩子吧,又嫌大些:就像是一颗没有成熟的豆荚,或是一只半生的苹果,又像大人又像小孩,所谓介乎两可之间。他长得很漂亮,说话也很刁钻;看他的样子,似乎有些未脱乳臭。

奥丽维娅　叫他进来。把我的侍女唤来。

马伏里奥　姑娘,小姐叫着你呢。(下)

玛利娅　重上。

奥丽维娅　把我的面纱拿来;来,罩住我的脸。我们要再听一次奥西诺来使的说话。
　　　　　薇奥拉及侍从等上。

薇奥拉　哪一位是这里府中的贵小姐?

奥丽维娅　有什么话对我说吧;我可以代她答话。你来有什么见教?

薇奥拉　最辉煌的、卓越的、无双的美人!请您指示我这位是不是就是这里府中的小姐,因为我没有见过她。我不大甘心浪掷我的言辞;因为它不但写得非常出色,而且我费了好大的辛苦才把它背熟。两位美人,不要把我取笑;我是个非常敏感的人,一点点轻侮都受不了的。

奥丽维娅　你是从什么地方来的,先生?

薇奥拉　除了我背熟了的以外,我不能说别的话;您那问题是我所不曾预备作答的。温柔的好人儿,好好儿地告诉我您是不是府里的小姐,好让我陈说我的来意。

奥丽维娅　你是个唱戏的吗?

薇奥拉　不,我的深心的人儿;可是我敢当着最有恶意的敌人发誓,我并不是我所扮演的角色。您是这府中的小姐吗?

奥丽维娅　是的,要是我没有篡夺了我自己。

薇奥拉　假如您就是她,那么您的确是篡夺了您自己了;因为您有权利给予别人的,您却没有权力把它藏匿起来。但是这种话跟我来此的使命无关;就要继续着恭维您的言辞,然后告知您我的来意。

奥丽维娅　把重要的话说出来；恭维免了吧。

薇奥拉　唉！我好容易才把它背熟，而且它又是很有诗意的。

奥丽维娅　那么多半是些鬼话，请你留着不用说了吧。我听说你在我门口一味顶撞；让你进来只是为要看看你究竟是个什么人，并不是要听你说话。要是你没有发疯，那么去吧；要是你明白事理，那么说得简单一些：我现在没有那样的心思去理会一段没有意思的谈话。

玛利娅　请你动身吧，先生；这儿便是你的路。

薇奥拉　我还要在这儿闲荡一会儿呢。亲爱的小姐，请您劝劝您这位"彪形大汉"别那么神气活现。

奥丽维娅　把你的尊意告诉我。

薇奥拉　我是一个使者。

奥丽维娅　你那种礼貌那么可怕，你带来的信息一定是些坏事情。有什么话说出来。

薇奥拉　除了您之外不能让别人听见。我不是来向您宣战，也不是来要求您臣服；我手里握着橄榄枝，我的话里充满了和平，也充满了意义。

奥丽维娅　可是你一开始就不讲礼。你是谁？你要的是什么？

薇奥拉　我的不讲礼是我从你们对我的接待上学来的。我是谁，我要些什么，是个秘密；在您的耳中是神圣，别人听起来就是亵渎。

奥丽维娅　你们都走开吧；我们要听一听这段神圣的话。（玛利娅及侍从等下）现在，先生，请教你的经文？

薇奥拉　最可爱的小姐——

奥丽维娅　倒是一种叫人听了怪舒服的教理，可以大发议论呢。你的经文呢？

薇奥拉　在奥西诺的心头。

奥丽维娅　在他的心头！在他的心头的哪一章？

薇奥拉　照目录上排起来，是他心头的第一章。

奥丽维娅　噢！那我已经读过了，无非是些旁门左道。你没有别的话要说了吗？

薇奥拉　好小姐，让我瞧瞧您的脸。

奥丽维娅　贵主人有什么事要差你来跟我的脸接洽的吗？你现在岔开你的正文了；可是我们不妨拉开幕儿，让你看看这幅图画。（揭除面幕）你瞧，先生，我就是这个样子；它不是画得很好吗？

薇奥拉　要是一切都出于上帝的手，那真是绝妙之笔。

奥丽维娅　它的色彩很耐久，先生，受得起风霜的侵蚀。

薇奥拉　那真是各种色彩精妙地调和而成的美貌；那红红的白白的都是造化亲自用他的可爱的巧手敷上去的。小姐，您是世上最忍心的女人，要是您甘心让这种美埋没在坟墓里，不给世间留下一份副本。

奥丽维娅　啊！先生，我不会那样狠心；我可以列下一张我的美貌的清单，一一开陈清楚，把每一件细目都载在我的遗嘱上，例如：一款，浓淡适中的朱唇两片；一款，灰色的倩眼一双，附眼睑；一款，玉颈一围，柔颐一个；等等。你是奉命到这儿来恭维我的吗？

薇奥拉　我明白您是个什么样的人了。您太骄傲了；可是即使您是个魔鬼，您是美貌的。我的主人爱着您；啊！这么一种爱情，即使您是人间的绝色，也应该酬答他的。

奥丽维娅　他怎样爱着我呢？

薇奥拉　用崇拜，大量的眼泪，震响着爱情的呻吟，吞吐着烈火的叹息。

奥丽维娅　你的主人知道我的意思，我不能爱他；虽然我想他品格很高，知道他很尊贵，很有身份，年轻而纯洁，有很好的名声，慷慨，博学，勇敢，长得又体面；可是我总不能爱他，他老早就已经得到我的回音了。

薇奥拉　要是我也像我主人一样热情地爱着您，也是这样受苦，这样了无生趣地把生命拖延，我不会懂得您的拒绝是什么意思。

奥丽维娅　啊，你预备怎样呢？

薇奥拉　我要在您的门前用柳枝筑成一所小屋，不时到府中访谒我的灵魂；我要吟咏着被冷淡的忠诚的爱情的篇章，不顾夜多么深我要把它们高声歌唱，我要向着回声的山崖呼喊您的名字，使饶舌的风都叫着"奥丽维娅"。啊！您在天地之间将要得不到安静，除非您怜悯了我！

奥丽维娅　你的口才倒是颇堪造就的。你的家世怎样？

薇奥拉　超过于我目前的境遇，但我是个有身份的士人。

奥丽维娅　回到你主人那里去；我不能爱他，叫他不要再差人来了；除非或者你再来见我，告诉我他对于我的答复觉得怎样。再会！多谢你的辛苦；这几个钱赏给你。

薇奥拉　我不是个要钱的信差，小姐，留着您的钱吧；不曾得到报酬的，是我的主人，不是我。但愿爱神使您所爱的人也是心如铁石，好让您的热情也跟我主人的一样遭到轻蔑！再会，忍心的美人！（下）

奥丽维娅　"你的家世怎样？""超过于我目前的境遇，但我是个有身份的士人。"我可以发誓你一定是的；你的语调，你的脸，你的肢体、动作、精神，各方面都可以证明你的高贵。——别这么性急。且慢！且慢！除非颠倒了主仆的名分。——什么！这么快便染上那种病了？我觉得好像这个少年的美处在悄悄地蹑步进入我的眼中。好，让它去吧。喂！马伏里奥！

马伏里奥　重上。

马伏里奥　有，小姐，听候您的吩咐。

奥丽维娅　去追上那个无礼的使者，公爵差来的人，他不管我要不要，硬把这戒指留下；对他说我不要，请他不要向他的主人献功，让他死不了心，我跟他没有缘分。要是那少年明天还打这儿走过，我可以告诉他为什么。去吧，马伏里奥。

马伏里奥　是，小姐。（下）

奥丽维娅　我的行事我自己全不懂，

　　　　　怎一下子便会把人看中？

　　　　　一切但凭着命运的吩咐，

　　　　　谁能够做得了自己的主！（下）

【导读】

　　"第十二夜"这个名称，是因圣诞节后的第十二天，即一月六日，是一个节日，即所谓"十二日节"，又称"主显节",是为了纪念耶稣诞生后,东方的贤士于此日来到伯利恒朝拜耶稣的故事。在这一天,不仅教堂里要照例举行仪式,在宫廷里和贵族家里也常常演剧庆祝,莎士比亚此剧显然是为这样的节日而写的,故命名为"第十二夜"。

《第十二夜》中的主人公薇奥拉,有个孪生哥哥,在一次航海事故中两人失散,薇奥拉以为哥哥遭遇不幸,便女扮男装,化名西萨里奥,投到当地奥西诺公爵的门下当侍童,获得奥西诺的信任与喜爱。奥西诺于是派她替自己向年轻美貌富有的伯爵小姐奥丽维娅求婚。但薇奥拉已经渐渐爱上了主人奥西诺,而奥丽维娅却对代主求婚的薇奥拉一见钟情。事情变得微妙复杂了。

为了获得奥丽维娅的芳心,奥西诺再次派薇奥拉去她家游说。但事与愿违,奥丽维娅却越加爱慕薇奥拉了。但奥丽维娅的叔父却执意要她嫁给蠢笨的富户安德鲁,于是极力鼓动安德鲁和薇奥拉决斗。

原来薇奥拉的哥哥西巴斯辛遇难时被海盗船长安东尼奥所救,两人成为莫逆之交。来到伊利里亚后,由于安东尼奥船长惧怕政府追捕,不能陪西巴斯辛逛城,便把钱袋交给他使用。安东尼奥意外遇到正在和安德鲁决斗的薇奥拉,把她当成哥哥西巴斯辛,于是拔刀相助。但是,路过此地的警察认出了他并将他抓捕。安东尼奥看到薇奥拉无动于衷,也不还钱袋,非常吃惊,大骂其忘恩负义。而安德鲁等人还想找薇奥拉决斗,却遇到了西巴斯辛,错把他当成薇奥拉,便拔剑相向,幸被及时赶来的奥丽维娅所制止。奥丽维娅也错把西巴斯辛当成薇奥拉,并把他请到家里示爱,两人遂私下结百年之好。

最后,西巴斯辛和薇奥拉兄妹重逢,西巴斯辛和奥丽维娅相爱,奥西诺公爵被薇奥拉的品貌所感动,宣布娶她为妻,安东尼奥船长亦获自由,众人皆大欢喜。

《第十二夜》讴歌了爱情和友情的美好,展现了爱情、生活之美。同时也突出了当时女性的生存环境,对女性的才华大加赞美,作者借此来呼吁男女平等,对男权社会提出挑战,实现女性的自我价值。

【思考】

1. 分析《第十二夜》中人物的语言特点。
2. 简单谈谈作品中两位女主人公的人物形象。

乞力马扎罗的雪

海明威

欧内斯特·米勒尔·海明威(1899—1961),出生于奥克帕克,童年时光在瓦隆湖的农舍中度过,小时候非常喜欢听故事,继承了父亲的兴趣:打猎、钓鱼、露营,非常热爱大自然。1913—1917年,在高中学习期间,为文学报社撰写文章,后成为学报的编辑。十八岁到《堪城星报》任记者,开始他的写作生涯。1918年,第一次世界大战爆发,海明威不顾反对,辞掉记者一职,他希望能尽量接近战场,于是在红十字会救伤队担任救护车司机。后来在美国红十字会的医院工作。他的早期小说《永别了,武器》的创作灵感来源于此,主人公实际就是海明威自己的体验。1926年,海明威的小说《太阳照常升起》(The Sun Also Rises)出版,1937—1938年,他以战地记者的身份奔波于西班牙内战前线。1961年7月2日,海明威用猎枪结束了自己的生命。海明威是美国"迷惘的一代"(Lost Generation)作家中的代表人物,作品中也时常表现出对社会、人生的迷茫与彷徨。

海明威获得过不少奖项。第一次世界大战时,他被意大利政府授予他银制勇敢勋章。第二次世界大战后,他获得一枚铜质奖章。1953年,小说《老人与海》获得普利策奖,1954年《老人与海》使得海明威夺得诺贝尔文学奖。2001年,海明威的《太阳照常升起》与《永别了,武器》两部作品被美国现代图书馆列入

"二十世纪中的百部最佳英文小说"中。

【原文】

乞力马扎罗是一座海拔一万九千七百一十英尺的常年积雪的高山,据说它是非洲最高的一座山。西高峰叫马塞人的"鄂阿奇—鄂阿伊",即上帝的庙殿。在西高峰的近旁,有一具已经风干冻僵的豹子的尸体。豹子到这样高寒的地方来寻找什么,没有人作过解释。

"奇怪的是它一点也不痛,"他说。"你知道,开始的时候它就是这样。"

"真是这样吗?"

"千真万确。可我感到非常抱歉,这股气味准叫你受不了啦。"

"别这么说!请你别这么说。"

"你瞧那些鸟儿,"他说。"到底是这儿的风景,还是我这股气味吸引了它们?"

男人躺在一张帆布床上,在一棵含羞草树的浓荫里,他越过树荫向那片阳光炫目的平原上望去,那儿有三只硕大的鸟讨厌地蹲伏着,天空中还有十几只在展翅翱翔,当它们掠过时,投下了迅疾移动的影子。

"从卡车抛锚那天起,它们就在那儿盘旋了,"他说。"今天是它们第一次落到地上来。我起先还很仔细地观察过它们飞翔的姿态,心想一旦我写一篇短篇小说的时候,也许会用得上它们。现在想想真可笑。"

"我希望你别写这些,"她说。

"我只是说说罢了,"他说,"我要是说着话儿,就会感到轻松得多。可是我不想让你心烦。"

"你知道这不会让我心烦,"她说,"我是因为没法出点儿力,才搞得这么焦灼的。我想在飞机来到以前,咱们不妨尽可能轻松一点儿。"

"或者直等到飞机根本不来的时候。"

"请你告诉我能做些什么吧。总有一些事是我能干的。"

"你可以把我这条腿锯下来,这样就可以不让它蔓延开去了,不过,我怀疑这样恐怕也不成。也许你可以把我打死。你现在是个好射手啦。我教过你打枪,不是吗?"

"请你别这么说。我能给你读点什么吗?"

"读什么呢?"

"咱们书包里不论哪本咱们没有读过的书都行。"

"我可听不进啦,"他说,"只有谈话最轻松了。咱们来吵嘴吧,吵吵嘴时间就过得快。"

"我不吵嘴。我从来就不想吵嘴。咱们再不要吵嘴啦。不管咱们心里有多烦躁。说不定今天他们会乘另外一辆卡车回来的。也说不定飞机会来到的。"

"我不想动了,"男人说,"现在转移已经没有什么意思了,除非使你心里轻松一些。"

"这是懦弱的表现。"

"你就不能让一个男人尽可能死得轻松一点儿,非得把他痛骂一顿不可吗?你辱骂我有什么用处呢?"

"你不会死的。"

"别傻啦。我现在就快死了。不信你问问那些个杂种。"他朝那三只讨厌的大鸟蹲伏的地方望去,它们光秃秃的头缩在耸起的羽毛里。第四只掠飞而下,它快步飞奔,接着,蹒珊地缓步向那几只走去。

"每个营地都有这些鸟儿。你从来没有注意罢了。要是你不自暴自弃,你就不会死。"

"你这是从哪儿读到的? 你这个大傻瓜。"

"你不妨想想还有别人呢。"

"看在上帝的分上,"他说,"这可一向是我的行当哩。"

他静静地躺了一会儿,接着越过那片灼热而炫目的平原,眺望灌木丛的边缘。在黄色的平原上,有几只野羊显得又小又白,在远处,他看见一群斑马,映衬着葱绿的灌木丛,显得白花花的。这是一个舒适宜人的营地,大树遮荫,背倚山岭,有清冽的水。附近有一个几乎已经干涸的水穴,每当清晨时分,沙松鸡就在那儿飞翔。

"你要不要我给你读点什么?"她问道。她坐在帆布床边的一张帆布椅上。"有一阵微风吹来了。"

"不要,谢谢你。"

"也许卡车会来的。"

"我根本不在乎什么卡车来不来。"

"我可是在乎。"

"你在乎的东西多着哩,我可不在乎。"

"并不很多,哈里。"

"喝点酒怎么样?"

"喝酒对你是有害的。在布莱克出版的书里说,一滴酒都不能喝。你不应该喝酒啦。"

"莫洛!"他唤道。

"是,先生。"

"拿威士忌苏打来。"

"是,先生。"

"你不应该喝酒,"她说。"我说你自暴自弃,就是这个意思。书上说酒对你是有害的。我就知道酒对你是有害的。"

"不,"他说。"酒对我有好处。"

现在一切就这样完了,他想。现在他再没有机会来了结这一切了。一切就这样在为喝一杯酒这种小事争吵中了结了。自从他的右腿开始生坏疽以来,他就不觉得痛,随着疼痛的消失,恐惧也消失了,他现在感到的只是一种强烈的厌倦和愤怒:这居然就是结局。至于这个结局现在正在来临,他倒并不感到多大奇怪。多少年来它就一直萦绕着他,但是现在它本身并不说明任何意义。真奇怪,只要你厌倦够了,就能这样轻而易举地达到这个结局。

现在他再也不能把原来打算留到将来写作的题材写出来了,他本想等到自己有足够的了解以后才动笔,这样可以写得好一些。唔,他也不用在试着写这些东西的时候遭遇失败了。也许你永远不能把这些东西写出来,这就是你为什么一再延宕,迟迟没有动笔的缘故。得了,现在,他永远不会知道了。

"我但愿咱们压根儿没上这儿来,"女人说。她咬着嘴唇望着他手里举着的酒杯。"在巴黎你绝不会出这样的事儿。你一向说你喜欢巴黎。咱们本来可以待在巴黎或者上任何别的地方去。不管哪儿我都愿意去。我说过你要上哪儿我都愿意去。要是你想打猎,咱们本来可以上匈牙利去,而且会很舒服的。"

"你有的是该死的钱,"他说。

"这么说是不公平的,"她说。"那一向是你的,就跟是我的一样。我撇下了一切,不管上哪儿,只要你想去我就去,你想干什么我就干什么。可我真希望咱们压根儿没上这儿来。"

"你说过你喜欢这儿。"

"我是说过的,那时你平安无事。可现在我恨这儿。我不明白干吗非得让你的腿出岔儿。咱们到底干了什么,要让咱们遇到这样的事?"

"我想我干的事情就是,开头我把腿擦破了,忘了给抹上碘酒,随后又根本没有去注意它,因为我是从不感染的。后来等它严重了,别的抗菌剂又都用完了,可能就因为用了药性很弱的石炭酸溶液,使微血管麻痹了,于是开始生坏疽了。"他望着她,"除此以外还有什么呢?"

"我不是指这个。"

"要是咱们雇了一个高明的技工,而不是那个半瓶子醋的吉库尤人司机,他也许就会检查机油,而决不会把卡车的轴承烧毁啦。"

"我不是指这个。"

"要是你没有离开你自己的人——你那些该死的威斯特伯里、萨拉托加和棕榈滩的老相识——偏偏捡上了我——"

"不,我是爱上了你。你这么说,是不公平的。我现在也爱你。我永远爱你。你爱我吗?"

"不,"男人说。"我不这么想。我从来没有这样想过。"

"哈里,你在说些什么?你昏了头啦。"

"没有,我已经没有头可以发昏了。"

"你别喝酒啦,"她说。"亲爱的,我求求你别喝酒啦。只要咱们能办到的事,咱们就得尽力去干。"

"你去干吧,"他说。"我可是已经累啦。"

现在,在他的脑海里,他看见的卡拉加奇的一座火车站,他正背着背包站在那里,现在正是辛普伦—奥连特列车的前灯划破了黑暗,当时在撤退以后他正准备离开色雷斯。这是他准备留待将来写的一段情景,还有下面一段情节:早晨吃早餐的时候,眺望着窗外保加利亚群山的积雪,南森的女秘书问那个老头儿,山上是不是雪,老头儿望着窗外说,不,那不是雪。这会儿还不到下雪的时候哩。于是那个女秘书把老头儿的话重复讲给其他几个姑娘听,不,你们看。那不是雪,她们都说,那不是雪,咱们都看错了。可是等他提出交换居民,把她们送往山里去的时候,那年冬天她们脚下一步步踩着前进的正是积雪,直到她们死去。

那年圣诞节在高厄塔耳山,雪也下了整整一个星期。那年他们住在伐木人的屋子里,那口正方形的大瓷灶占了半间屋子,他们睡在装着山毛榉树叶的垫子上,这时那个逃兵跑进屋来,两只脚在雪地里冻得鲜血直流。他说宪兵就在他后面紧紧追赶,于是他们给他穿上了羊毛袜子,并且缠住宪兵闲扯,直到雪花盖没了逃兵的足迹。

在希伦兹,圣诞节那天,雪是那么晶莹闪耀,你从酒吧间望出去,刺得你的眼睛发痛,你看见每个人都从教堂回到自己的家里去。他们肩上背着沉重的滑雪板,就是从那儿走上松林覆盖的陡峭的群山旁的那条给雪橇磨得光溜溜的、尿黄色的河滨大路的,他们那次大滑雪,就是从那儿一直滑到"梅德纳尔之家"上面那道冰川的大斜坡的,那雪看来平滑得像糕饼上的糖霜,轻柔得像粉末似的,他记得那次悄无声息的滑行,速度之快,使你仿佛像一只飞鸟从天而降。

他们在"梅德纳尔之家"被大雪封了一个星期,在暴风雪期间,他们挨着灯光,在烟雾弥漫中玩牌,伦特先生输得越多,赌注也跟着越下越大。最后他输得精光,把什么东西都输光了,把滑雪学校的钱和那一季的全部收益都输光了,接着把他的资金也输光了。他能看到伦特先生那长长的鼻子,捡起了牌,接着翻开牌说:"不看。"那时候总是赌博。天不下雪,你赌博,雪下得太多,你又是赌博。他想起他这一生消磨在赌博里的时间。

可是关于这些,他连一行字都没有写;还有那个凛冽而晴朗的圣诞节,平原那边显出了群山,那天加德纳飞过防线去轰炸那列运送奥地利军官去休假的火车,当军官们四散奔跑的时候,他用机枪扫射他们。他记得后来加德纳走进食堂,开始谈起这件事。大家听他讲了以后,鸦雀无声,接着有个人说:"你这个该死的杀人坏种。"关于这件事,他也一行字都没有写。

他们杀死的那些奥地利人,就是不久前跟他一起滑雪的奥地利人,不,不是那些奥地利人。汉斯,那年一整年跟他一起滑雪的奥地利人,是一直住在"国王—猎人客店"里的,他们一起到那家锯木厂上面那个小山谷去猎兔的时候,他们还谈起那次在帕苏比奥的战斗和向波蒂卡和阿萨洛纳的进攻,这些他连一个字都没有写。关于孟特科尔诺、西特科蒙姆、阿尔西陀,他也一个字都没有写。

在福拉尔贝格和阿尔贝格他住过几个冬天?住过四个冬天,于是他记起那个卖狐狸的人,当时他们到了布卢登茨,那回是去买礼物,他记起甘醇的樱桃酒特有的樱桃核味儿,记起在那结了冰的像粉一般的雪地上的快速滑行,你一面唱着"嗨!嗬!罗利说!"一面滑过最后一段坡道,笔直向那险峻的陡坡飞冲而下,接着转了三个弯滑到果园,从果园出来又越过那道沟渠,登上客店后面那条滑溜溜的大路。你敲松缚带,踢下滑雪板,把它们靠在客店外面的木墙上,灯光从窗里照射出来,屋子里,在烟雾缭绕、冒着新醅的酒香的温暖中,人们正在拉着手风琴。

"在巴黎咱们住在哪儿?"他问女人,女人正坐在他身边一只帆布椅里,现在,在非洲。

"在克里昂。这你是知道的。"

"为什么我知道是那儿?"

"咱们始终住在那儿。"

"不,并不是始终住在那儿。"

"咱们在那儿住过,在圣日耳曼区的亨利四世大楼也住过。你说过你爱那个地方。"

"爱是一堆粪,"哈里说。"而我就是一只爬在粪堆上咯咯叫的公鸡。"

"要是你一定得离开人间的话，"她说，"是不是你非得把你没法带走的都赶尽杀绝不可呢？我的意思是说，你是不是非得把什么东西都带走不可？你是不是一定要把你的马，你的妻子都杀死，把你的鞍子和你的盔甲都烧掉呢？"

"对，"他说。"你那些该死的钱就是我的盔甲。就是我的马和我的盔甲。"

"你别这么说。"

"好吧。我不说了。我不想伤害你的感情。"

"现在这么说，已经有点儿晚啦。"

"那好吧，我就继续来伤害你。这样有趣多啦。我真正喜欢跟你一起干的唯一的一件事，我现在不能干了。"

"不，这可不是实话。你喜欢干的事情多得很，而且只要是你喜欢干的，我也都干过。"

"啊，看在上帝的分上，请你别那么夸耀啦，行吗？"

他望着她，看见她在哭了。

"你听我说，"他说。"你以为我这么说有趣吗？我不知道我为什么要这样说。我想，这是想用毁灭一切来让自己活着。咱们刚开始谈话的时候，我还是好好的。我并没有意思要这样开场，可是现在我蠢得像个老傻瓜似的，对你狠心也真狠到了家。亲爱的，我说什么，你都不要在意。我爱你，真的。你知道我爱你。我从来没有像爱你这样爱过任何别的女人。"

他不知不觉地说出了他平时用来谋生糊口的那套说惯了的谎话。

"你对我挺好。"

"你这个坏娘们，"他说。"你这个有钱的坏娘们。这是诗。现在我满身都是诗。腐烂和诗。腐烂的诗。"

"别说了。哈里，为什么你现在一定要变得这样恶狠狠的？"

"任何东西我都不愿留下来，"男人说。"我不愿意有什么东西在我身后留下来。"

现在已是傍晚，他睡熟了一会儿。夕阳已隐没在山后。平原上一片阴影，一些小动物正在营地近旁吃食；它们的头很快地一起一落，摆动着尾巴，他看着它们现在正从灌木丛那边跑掉了。那几只大鸟不再在地上等着了。它们都沉重地栖息在一棵树上。它们还有很多。他那个随身侍候的男仆正站在床边。

"太太打猎去了，"男仆说，"先生要什么吗？"

"不要什么。"

她打猎去了，想搞一点兽肉，她知道他喜欢看打猎，有心跑得远远的，这样她就不会惊扰这一小片平原而让他看到她在打猎了。她总是那么体贴周到，他想。只要是她知道的或是读到过的，或是她听人讲过的，她都考虑得很周到。

这不是她的过错，他来到她身边的时候，他已经完了。一个女人怎么能知道你说的话，都不是真心实意呢？怎么能知道你说的话，不过是出于习惯，而且只是为了贪图舒服呢？自从他对自己说的话不再当真以后，他靠谎话跟女人相处，比他过去对她们说真心话更成功。

他撒谎并不都是因为他没有真话可说。他曾经享有过生命，他的生命已经完结，接着他又跟一些不同的人，而且有更多的钱，在从前那些最好的地方，以及另外一些新的地方重新活了下来。

你不让自己思想，这可真是了不起。你有这样一副好内脏，因此你没有那样垮下来，他们大部分都垮下来了，而你却没有垮掉，你抱定一种态度，既然现在你再也不能干了，你就毫不关心你经常干的工作了。可是，在你心里，你说你要写这些人，写这些非常有钱的人；你说你实在并不属于他们这一类，而只是他们那个国度里的一个间谍；你说你会离开这个国度，并且写这个国度，而且是第一次由一个熟悉这个国度的人来写它。可是他永远不会写了，因为每天什么都不写，贪图安逸，扮演自己所鄙视的角色，就磨钝了他的才能，松懈了他工作的意志，最后他干脆什么都不干了。他不干工作的时候，那些他现在认识的人都感到惬意得多。非洲是在他一生幸运的时期中感到最幸福的地方，他所以上这儿来，为的是要从头开始。他们这次是以最低限度的舒适来非洲作狩猎旅行的。没有艰苦，但也没有奢华，他曾想这样他就能重新进行训练。这样或许他就能够把他心灵上的脂肪去掉，像一个拳击手，为了消耗体内的脂肪，到山里去干活和训练一样。

她曾经喜欢这次狩猎旅行来着。她说过他爱这次狩猎旅行。凡是激动人心的事情，能因此变换一下环境，能结识新的人，看到愉快的事物，她都喜爱。他也曾经感到工作的意志力重新恢复的幻觉。现在如果就这样了结，他知道事实就是如此，他不必变得像一条蛇那样，因为背脊给打断了就啃咬自己。这不是她的过错。如果不是她，也会有别的女人。如果他以谎言为生，他就应该试着以谎言而死。他听到山那边传来一声枪响。

她的枪打得挺好，这个善良的，这个有钱的娘们，这个他的才能的体贴的守护人和破坏者。废话，是他自己毁了自己的才能。他为什么要嗔怪这个女人，就因为她好好地供养了他？他虽然有才能，但是因为弃而不用，因为出卖了自己，也出卖了自己所信仰的一切，因为酗酒过度而磨钝了敏锐的感觉，因为懒散，因为怠惰，因为势利，因为傲慢和偏见，因为其他种种缘故，他毁灭了自己的才能。这算是什么？一张旧书目录卡？到底什么是他的才能？就算是才能吧，可是他没有充分利用它，而是利用它做交易。他从来不是用他的才能去做些什么，而总是用它来决定他能做些什么。他决意不靠钢笔或铅笔谋生，而靠别的东西谋生。说来也怪，是不是？每当他爱上另一个女人的时候，为什么这另一个女人总是要比前一个女人更有钱？可是当他不再真心恋爱的时候，当他只是撒谎的时候，就像现在对这个女人那样，她比所有他爱过的女人更有钱，她有的是钱，她有过丈夫，孩子，她找过情人，但是她不满意那些情人，她倾心地爱他，把他当作一位作家，当作一个男子汉，当作一个伴侣，当作一份引为骄傲的财产来爱他——说来也怪，当他根本不爱她，而且对她撒谎的时候，为了报答她为他花费的钱，他所能给予她的，居然比他过去真心恋爱的时候还多。

咱们干什么，都是注定了的，他想。不管你是干什么过活的，这就是你的才能所在。他的一生都是出卖生命力，不管是以这种形式或者那种形式。而当你并不十分钟情的时候，你越是看重金钱。他发现了这一点，但是他绝不会写这些了，现在也不会写了。不，他不会写了，尽管这是很值得一写的东西。

现在她走近来了，穿过那片空地向营地走过来了。她穿着马裤，擎着她的来复枪，两个男仆扛着一只野羊跟在她后面走来。她仍然是一个很好看的女人，他想，她的身躯也很动人,她对床第之乐很有才能,也很有领会,她并不美,但是他喜欢她的脸庞,她读过大量的书,她喜欢骑马和打枪,当然,她酒喝得太多。她还是一个比较年轻的女人的时候,丈夫就死了,在一个很短暂的时间里,她把心都放在两个刚长大的孩子身上,孩子却并不需要她,她在他们身边,他们就感到不自在,她还专心致志地养马、读书和喝酒。她喜欢在黄昏吃晚饭前读书,一面阅读一面喝威士忌苏打。到吃晚饭的时候,她已经喝得醉醺醺的,在晚饭桌旁再喝上一瓶甜酒,往往就醉得足够使她昏昏欲睡了。

这是她在有情人以前的情况。在有了那些情人以后,她就不再喝那么多的酒了,因为她不必喝醉了酒去睡觉了。但是情人使她感到厌烦。她嫁过一个丈夫,他从没有使她厌烦,而这些人却使她感到厌烦透了。

接着,她的一个孩子在一次飞机失事中死去了,事件过去以后,她不再需要情人了,酒也不再是麻醉剂了,她必须建立另一种生活。突然间,孤身独处吓得她心惊胆战。但是她要跟一个她所尊敬的人在一起生活。

事情发生得很简单。她喜欢他写的东西,她一向羡慕他过的那种生活。她认为他正是干了他自己想干的事情。她为了获得他而采取的种种步骤,以及她最后爱上了他的那种方式,都是一个正常过程的组成部分,在这个过程中她给自己建立起一个新生活,而他则出售他旧生活的残余。

他出售他旧生活的残余,是为了换取安全,也是为了换取安逸,除此以外,还为了什么呢?他不知道。他要什么,她就会给他买什么。这他是知道的。她也是一个非常温柔的女人。他跟任何人一样,愿意立刻和她同床共枕;特别是她,因为她更有钱,因为她很有风趣,很有欣赏力,而且因为她从不大吵大闹。可是现在她重新建立的这个生活行将结束了,因为两个星期以前,一根荆棘刺破了他的膝盖,而他没有给伤口涂上碘酒,当时他们挨近去,想拍下一群羚羊的照片,这群羚羊站立着,扬起了头窥视着,一面用鼻子嗅着空气,耳朵向两边张开着,只等一声响动就准备奔入丛林。他没有能拍下羚羊的照片,它们已跑掉了。

现在她到这儿来了。

他在帆布床上转过头来看她,"你好,"他说。

"我打了一只野羊,"她告诉他。"它能给你做一碗好汤喝,我还让他们搞一些土豆泥拌奶粉。你这会儿觉得怎么样?"

"好多啦。"

"这该有多好? 你知道,我就想过你也许会好起来的。我离开的时候,你睡熟了。"

"我睡了一个好觉。你跑得远吗?"

"我没有跑远,就在山后面。我一枪打中了这只野羊。"

"你打得挺出色,你知道。"

"我爱打枪。我已经爱上非洲了。说真的,要是你平安无事,这可是我玩得最痛快的一次了。你不知道跟你一起射猎是多么有趣。我已经爱上这个地方了。"

"我也爱这个地方。"

"亲爱的,你不知道看到你觉得好多了,那有多么了不起。刚才你难受得那样,我简直受不了。你再不要那样跟我说话了,好吗? 你答应我吗?"

"不会了,"他说。"我记不起我说了些什么了。"

"你不一定要把我给毁掉，是吗？我不过是个中年妇女，可是我爱你，你要干什么，我都愿意干。我已经给毁了两三次啦。你不会再把我给毁掉吧，是吗？"

"我倒是想在床上再把你毁几次，"他说。

"是啊。那可是愉快的毁灭。咱们就是给安排了这样毁灭的。明天飞机就会来啦。"

"你怎么知道明天会来？"

"我有把握。飞机一定要来的。仆人已经把木柴都准备好了，还准备了生浓烟的野草。今天我又下去看了一下。那儿足够让飞机着陆，咱们在空地两头准备好两堆浓烟。"

"你凭什么认为飞机明天会来呢？"

"我有把握它准定会来。现在它已经耽误了。这样，到了城里，他们就会把你的腿治好，然后咱们就可以搞点儿毁灭，而不是那种讨厌的谈话。"

"咱们喝点酒好吗？太阳落山啦。"

"你想喝吗？"

"我想喝一杯。"

"咱们就一起喝一杯吧。莫洛，去拿两杯威士忌苏打来！"她唤道。

"你最好穿上防蚊靴，"他告诉她。

"等我洗过澡再穿……"

他们喝着酒的时候，天渐渐暗下来，在这暮色苍茫没法瞄准打枪的时刻，一只鬣狗穿过那片空地往山那边跑去了。

"那个杂种每天晚上都跑过那儿，"男人说。"两个星期以来，每晚都是这样。"

"每天晚上发出那种声音来的就是它。尽管这是一种讨厌的野兽，可我不在乎。"

他们一起喝着酒，没有痛的感觉，只是因为一直躺着不能翻身而感到不适，两个仆人生起了一堆篝火，光影在帐篷上跳跃，他感到自己对这种愉快的投降生活所怀有的那种默认的心情，现在又油然而生了。她确实对他非常好。今天下午他对她太狠心了，也太不公平了。她是个好女人，确实是个了不起的女人。可是就在这当儿，他忽然想起他快要死了。

这个念头像一种突如其来的冲击；不是流水或者疾风那样的冲击；而是一股无影无踪的臭气的冲击，令人奇怪的是，那只鬣狗却沿着这股无影无踪的臭气的边缘轻轻地溜过来了。

"干什么，哈里？"她问他。

"没有什么，"他说。"你最好挪到那一边去坐。坐到上风那一边去。"

"莫洛给你换药了没有？"

"换过了。我刚敷上硼酸膏。"

"你觉得怎么样？"

"有点颤抖。"

"我要进去洗澡了，"她说。"我马上就会出来的。我跟你一起吃晚饭，然后把帆布床抬进去。"

这样，他自言自语地说，咱们结束吵嘴，是做对啦。他跟这个女人从来没有大吵大闹过，而他跟他爱上的那些女人却吵得很厉害，最后由于吵嘴的腐蚀作用，总是毁了他们共同怀有的感情：他爱得太深，要求得也太多，这样就把一切全都耗尽了。

他想起那次他孤零零地在君士坦丁堡的情景，从巴黎出走之前，他吵了一场。那一阵他夜夜宿娼，而事后他仍然无法排遣寂寞，相反更加感到难忍的寂寞，于是他给她，他那第一个情妇，那个离开了他的女人写了一封信告诉她，他是怎样始终割不断对她的思念……怎样有次在摄政院外面他以为看到了她，为了追上她，他跑得头昏眼花，心里直想吐，他会在林荫大道跟踪一个外表有点像她的女人，可就是不敢看清楚不是她，生怕就此失去了她在他心里引起的感情。他跟不少女人睡过，可是她们每个人又是怎样只能使他更加想念她，他又是怎样决不介意她干了些什么，因为他知道他摆脱不掉对她的爱恋。他在夜里总会冷静而清醒地写了这封信，寄到纽约去，央求她把回信寄到他在巴黎的事务所去。这样似乎比较稳当。那天晚上他非常想念她，他觉得心里空荡荡的直想吐，他在街头踯躅，一直溜过塔克辛姆，碰到了一个女郎，带她一起去吃晚饭。后来他到了一个地方，同她跳舞，可是她跳得很糟，于是丢下了她，搞上了一个风骚的亚美尼亚女郎，她把肚子贴着他的身子摆动，擦得肚子都几乎要烫坏了。他跟一个少尉衔的英国炮手吵了一架，就把她从炮手手里带走了。那个炮手把他叫到外面去，于是他们在暗地里，在大街的圆石地面上打了起来。他朝他的下巴颏狠狠地揍了两拳，可是他并没有倒下，这一下他知道他免不了要有一场厮打了。那个炮手先打中了他的身子，接着又打中他的眼角。他又一次挥动左手，击中了那个炮手，炮手向他扑过来，抓住了他的上衣，扯下了他的袖子，他往他的耳朵后面狠狠揍了两拳，接着在他把他推开的时候，又用右手把他击倒在地。炮手倒下的时候，头先磕在地上，于是他带着女郎跑掉了，因为他们听见宪兵来了。他们乘上一辆出租汽车，沿着博斯普鲁斯海峡驶向雷米利希萨兜了一圈，在凛冽的寒夜回到城里睡觉，她给人的感觉就像她的外貌一样，过于成熟了，但是柔滑如脂，像玫瑰花瓣，像糖浆似的，肚～光滑，胸脯高耸，也不需要在她的臀部下垫个枕头，在她醒来以前，他就离开了她，在　　　照射下，她的容貌显得粗俗极了，他带着一只打得发青的眼圈来到彼拉宫，手　　　因为袖子已经没了。

就在那天晚上，他离开君士坦丁堡动身到安纳托利亚去，后来　　　　　　整天穿行在种着罂粟花的田野里，那里的人们种植罂粟花提炼鸦片，　　　　　奇，最后——不管朝哪个方向走仿佛都不对似的——到了他们曾经跟那些　　　　　　堡来的军官一起发动进攻的地方，那些军官啥也不懂，大炮都打到部队里去了，那个　国观察员哭得像个小孩子似的。

就在那天，他第一次看到了死人，穿着白色的芭蕾舞裙子和向上翘起的有绒球的鞋子。土耳其人像波浪般地不断涌来，他看见那些穿着裙子的男人在奔跑着，军官们朝他们打枪，接着军官们自己也逃跑了，他同那个英国观察员也跑了，跑得他肺都发痛了，嘴里尽是那股铜腥味，他们在岩石后面停下来休息，土耳其人还在波浪般地涌来。后来他看到了他从来没有想象到的事情，后来他还看到比这些更糟的事情。所以，那次他回到巴黎的时候，这些他都不能谈，即使提起这些他都受不了。他经过咖啡馆的时候，里面有那位美国诗人，面前一大堆碟子，土豆般的脸上露出一副蠢相，正在跟一个名叫特里斯坦·采拉的罗马尼亚人讲达达运动。特里斯坦·采拉老是戴着单眼镜，老是闹头痛；接着，当他回到公寓跟他的妻子在一起的时候，他又爱他的妻子了，吵架已经过去了，气恼也过去了，他很

高兴自己又回到家里,事务所把他的信件送到了他的公寓。这样,一天早晨,那封答复他写的那封信的回信托在一只盘子里送进来了,当他看到信封上的笔迹时,他浑身发冷,想把那封信塞在另一封信下面。可是他的妻子说:"亲爱的,那封信是谁寄来的?"于是那件刚开场的事就此了结。

他想起他同所有这些女人在一起时的欢乐和争吵。她们总是挑选最妙的场合跟他吵嘴。为什么她们总是在他心情最愉快的时候跟他吵嘴呢?关于这些,他一点也没有写过,因为起先是他绝不想伤害她们任何一个人的感情,后来看起来好像即使不写这些,要写的东西就已经够多了。但是他始终认为最后他还是会写的。要写的东西太多了。他目睹过世界的变化;不仅是那些事件而已;尽管他也曾目睹过许多事件,观察过人们,但是他目睹过更微妙的变化,而且记得人们在不同的时刻又是怎样表现的。他自己就曾经置身于这种变化之中,他观察过这种变化,写这种变化,正是他的责任,可是现在他再也不会写了。

"你觉得怎样啦?"她说。现在她洗过澡从帐篷里出来了。

"没有什么。"

"这会儿就给你吃晚饭好吗?"他看见莫洛在她后面拿着折叠桌,另一个仆人拿着菜盘子。

"我要写东西,"他说。

"你应该喝点肉汤恢复体力。"

"我今天晚上就要死了,"他说,"我用不着恢复什么体力啦。"

"请你别那么夸张,哈里,"她说。

"你干吗不用你的鼻子闻一闻?我都已经烂了半截啦,现在烂到大腿上了。我干吗还要跟肉汤开玩笑?莫洛,拿威士忌苏打来。"

"请你喝肉汤吧,"她温柔地说。

"好吧。"

肉汤太烫了。他只好把肉汤倒在杯子里,等凉得可以喝了,才把肉汤喝下去,一口也没有哽住过。

"你是一个好女人,"他说,"你不用关心我啦。"

她仰起她那张在《激励》和《城市与乡村》上人人皆知,人人都爱的脸庞望着他,那张脸因为酗酒狂饮而稍有逊色,因为贪恋床第之乐而稍有逊色,可是《城市与乡村》从未展示过她那美丽的胸部,她那有用的大腿,她那轻柔地爱抚你的纤小的手,当他望着她,看到她那著名的动人的微笑的时候,他感到死神又来临了。这回没有冲击。它是一股气,像一阵使烛光摇曳,使火焰腾起的微风。

"待会儿他们可以把我的蚊帐拿出来挂在树上,生一堆篝火。今天晚上我不想搬到帐篷里去睡了。不值得搬动了。今天是一个晴朗的夜晚。不会下雨。"

那么,你就这样死了,在你听不见的悄声低语中死去了。好吧,这样就再也不会吵嘴了。这一点他可以保证。这个他从来没有经历过的经验,他现在不会去破坏它了。但是他也可能会破坏。你已经把什么都毁啦。但是也许他不会。

"你能听写吗?"

"我没有学过，"她告诉他。

"好吧。"

没有时间了，当然，尽管好像经过了压缩，只要你能处理得当，你只消用一段文字就可以把那一切都写进去。

在湖畔，一座山上，有一所圆木构筑的房子，缝隙都用灰泥嵌成白色。门边的柱子上挂着一只铃，这是召唤人们进去吃饭用的。房子后面是田野，田野后面是森林。一排伦巴底白杨树从房子一直伸展到码头。另一排白杨树沿着这一带迤逦而去。森林的边缘有一条通向山峦的小路，他曾经在这条小路上采摘过黑莓。后来，那所圆木房子烧坍了，在壁炉上面的鹿脚架上挂着的猎枪都烧掉了，枪筒和枪托跟熔化在弹夹里的铅弹也都一起烧坏了，搁在那一堆灰上——那堆灰原是给那只做肥皂的大铁锅熬碱水用的，你问祖父能不能拿去玩，他说，不行。你知道那些猎枪仍旧是他的，他从此也再没有买别的猎枪了。他也再不打猎了。现在在原来的地方用木料重新盖了那所房子，漆成了白色，从门廊上你可以看见白杨树和那边的湖光山色；可是再也没有猎枪了。从前挂在圆木房子墙上的鹿脚上的猎枪筒，搁在那堆灰上，再也没有人去碰过。

战后，我们在黑森林里，租了一条钓鲑鱼的小溪，有两条路可以跑到那儿去。一条是从特里贝格走下山谷，然后绕着那条覆盖在林荫（靠近那条白色的路）下的山路走上一条山坡小道，穿山越岭，经过许多矗立着高大的黑森林式房子的小农场，一直走到小道和小溪交叉的地方。我们就在这个地方开始钓鱼。

另一条路是陡直地爬上树林边沿，然后翻过山巅，穿过松林，接着走出林子来到一片草地边沿，下山越过这片草地到那座桥边。小溪边是一溜桦树，小溪并不宽阔，而是窄小、清澈而湍急，在桦树根边冲出了一个个小潭。在特里贝格的客店里，店主人这一季生意兴隆。这是使人非常快活的事，我们都是亲密的朋友。第二年通货膨胀，店主人前一年赚的钱，还不够买进经营客店必需的物品，于是他上吊死了。

你能口授这些，但是你无法口授那个城堡护墙广场，那里卖花人在大街上给他们的花卉染色，颜料淌得路面上到处都是，公共汽车都从那儿出发，老头儿和女人们总是喝甜酒和用果渣酿制的低劣的白兰地，喝得醉醺醺的；小孩子们在寒风凛冽中淌着鼻涕；汗臭和贫穷的气味，"业余者咖啡馆"里的醉态，还有"风笛"跳舞厅的妓女们，她们就住在舞厅楼上。那个看门女人在她的小屋里款待那个共和国自卫队员，一张椅上放着共和国自卫队员的那顶插着马鬃的帽子。门厅那边还有家住户，她的丈夫是个自行车赛手，那天早晨她在牛奶房打开《机动车》报看到他在第一次参加盛大的巴黎环城比赛中名列第三时，她是多么高兴。她涨红了脸，大声笑了出来，接着跑到楼上，手里拿着那张淡黄色的体育报哭了起来。他，哈里，有一次凌晨要乘飞机出门，经营"风笛"跳舞厅的女人的丈夫驾了一辆出租汽车来敲门唤他起身，动身前他们两个人在酒吧间的锌桌边喝了一杯白葡萄酒。那时，他熟悉那个地区的邻居，因为他们都很穷。

在城堡护墙广场附近有两种人：酒徒和运动员。酒徒以酗酒打发贫困，而运动员则在锻炼中忘却贫困。他们是巴黎公社的后裔，因此，对于他们来说，懂得他们的政治并不难。他们知道是谁打死了他们的父老兄弟和亲属朋友的，当凡尔赛的军队开进巴黎，继公社之后而占领了这座城市，任何人，只要是他们摸到手上有茧的，或者戴着便帽的，或者带有任何其他标志说明他是一个劳动者的,一律格杀勿论。就是在这样的贫困之中,就是在这个地区里,街对面是一家马肉铺和一家酿酒合作社,他开始了他此后的写作生涯。巴黎再没有他这样热爱的地区了,那蔓生的树木,那白色的灰泥墙,下面涂成棕色的老房子,那在圆形广场上的长长的绿色公共汽车,那路面上淌着染花的紫色颜料,那从山上向塞纳河急转直下的莱蒙昂红衣主教大街,还有那另一条狭窄然而热闹的莫菲塔德路。那条通向万神殿的大街和那另一条他经常骑着自行车经过的大街,那是那个地区唯一的一条铺上沥青的大街,车胎驶过,感到光溜平滑,街道两边尽是高耸而狭小的房子,还有那家高耸的下等客店,保尔·魏尔伦就死在这里。在他们住的公寓里,只有两间屋子,他在那家客店的顶楼上有一间房间,每月他要付六十法郎的房租,他在这里写作,从这间房间,他可以看到鳞次栉比的屋顶和烟囱以及巴黎所有的山峦。

你从那幢公寓却只能看到那个经营木柴和煤炭的人的店铺,他也卖酒,卖低劣的甜酒。马肉铺子外面挂着金黄色的马头,在马肉铺的橱窗里挂着金黄色和红色的马肉,那涂着绿色油漆的合作社,他们就在那儿买酒喝;醇美而便宜的甜酒。其余就是灰泥的墙壁和邻居们的窗子。夜里,有人喝醉了躺在街上,在那种典型的法国式的酩酊大醉(人们向你宣传,要你相信根本不存在这样的大醉)中呻吟着,那些邻居会打开窗子,接着是一阵喃喃的低语。

"警察上哪儿去了? 总是在你不需要警察的时候,这个家伙就出现了。他准是跟哪个看门女人在睡觉啦。去找警察。"等到不知是谁从窗口泼下一桶水,呻吟声才停止了。"倒下来的是什么? 水。啊,这可是聪明的办法。"于是窗子都关上了。玛丽,他的女仆,抗议一天八小时的工作制说,"要是一个丈夫干到六点钟,他在回家的路上就只能喝得稍微有点醉意,花钱也不会太多。可要是他活儿只干到五点钟,那他每天晚上都会喝得烂醉,你也就一个子儿也没有了。受这份缩短工时的罪的是工人的老婆。"

"你要再喝点儿肉汤吗?"女人现在问他。

"不要了,多谢你。味道好极了。"

"再喝一点儿吧。"

"我想喝威士忌苏打。"

"酒对你可没有好处。"

"是啊,酒对我有害。柯尔·波特写过这些歌词,还作了曲子。这种知识正使你在生我的气。"

"你知道我是喜欢你喝酒的。"

"啊,是的,不过因为酒是对我有害的。"

等她走开了,他想,我就会得到我所要求的一切。不是我所要求的一切,而只是我所有的一切。嗳,他累啦。太累啦。他想睡一会儿。他静静地躺着,死神不在那儿。它准是上另一条街溜达去了。它成双结对地骑着自行车,静悄悄地在人行道上行驶。

不,他从来没有写过巴黎。没有写过他喜爱的那个巴黎。可是其余那些他从来没有写过的东西又是如何呢?

大牧场和那银灰色的山艾灌木丛,灌溉渠里湍急而清澈的流水和那浓绿的苜蓿又是如何呢?那条羊肠小道蜿蜒而上向山里伸展,而牛群在夏天胆小得像麋鹿一样。那吆喝声和持续不断的喧嚷声,那一群行动缓慢的庞然大物,当你在秋天把它们赶下山来的时候,扬起了一片尘土。群山后面,嶙峋的山峰在暮霭中清晰地显现,在月光下骑马沿着那条小道下山,山谷那边一片皎洁。他记得,当你穿过森林下山时,在黑暗中你看不见路,只能抓住马尾巴摸索前进,这些都是他想写的故事。

还有那个打杂的傻小子,那次留下他一个人在牧场,并且告诉他别让任何人来偷干草,从福克斯来的那个老坏蛋,经过牧场停下来想搞点饲料,傻小子过去给他干活的时候,老家伙曾经揍过他。孩子不让他拿,老头儿说他要再给他一顿狠揍。当他想闯进牲口栏去的时候,孩子从厨房里拿来了来复枪,把老头儿打死了,于是等他们回到牧场的时候,老头儿已经死了一个星期,在牲口栏里冻得直僵僵的,狗已经把他吃掉了一部分。但是你把残留的尸体用毯子包起来,捆在一架雪橇上,让那个孩子帮你拖着,你们两个穿着滑雪板,带着尸体赶路,然后滑行六十英里,把孩子解救到城里去。他还不知道人家会逮捕他呢。他满以为自己尽了责任,你是他的朋友,他准会得到报酬呢。他是帮着把这个老家伙拖进城来的,这样谁都能知道这个老家伙一向有多坏,他又是怎样想偷饲料,饲料可不是他的啊,等到行政司法官给孩子戴上手铐时,孩子简直不能相信。于是他放声哭了出来。这是他留着准备将来写的一个故事。从那儿,他至少知道二十个有趣的故事,可是他一个都没有写。为什么?

"你去告诉他们,那是为什么,"他说。

"什么为什么,亲爱的?"

"不为什么。"

她自从有了他,现在酒喝得不那么多了。可要是他活着,他绝不会写她。这一点现在他知道了。他也决不写她们任何一个。有钱的人都是愚蠢的,他们就知道酗酒,或者整天玩巴加门。他们是愚蠢的,而且唠唠叨叨叫人厌烦。他想起可怜的朱利安和他对有钱人怀着的那种罗曼蒂克的敬畏之感,记得他有一次怎样动手写一篇短篇小说,他开头这样写道:"豪门巨富是跟你我不同的。"有人曾经对朱利安说,是啊,他们比咱们有钱。可是对朱利安来说,这并不是一句幽默的话。他认为他们是一种特殊的富有魅力的族类,等到他发现他们并非如此,他就毁了,正好像任何其他事物把他毁了一样。

他一向鄙视那些毁了的人。你根本没有必要去喜欢这一套,因为你了解这是怎么回事。什么事情都骗不过他,他想,因为什么都伤害不了他,如果他不在意的话。

好吧。现在要是死,他也不在意。他一向害怕的一点是痛。他跟任何人一样忍得住痛,除非痛的时间太长,痛得他精疲力竭,可是这儿却有一种什么东西曾经痛得他无法忍受,但就在他感觉到有这么一种东西在撕裂他的时候,痛却已经停止了。

他记得在很久以前,投弹军官威廉逊那天晚上钻过铁丝网爬回阵地的时候,给一名德国巡逻兵扔过来的一枚手榴弹打中了,他尖声叫着,央求大家把他打死。他是个胖子,尽管喜欢炫耀自己,有时叫人难以相信,却很勇敢,也是一个好军官。可是那天晚上他在铁丝网里给打中了，一道闪光突然把他照亮了，他的肠子淌了出来，钩在铁丝网上，所以当他们把他抬进来的时候，当时他还活着，他们不得不把他的肠子割断。打死我，哈里。看在上帝的分上，打死我。有一回他们曾经对凡是上帝给你带来的你都能忍受这句话争论过，有人的理论是，经过一段时间，痛会自行消失。可是他始终忘不了威廉逊和那个晚上。在威廉逊身上痛苦并没有消失，直到他把自己一直留着准备自己用的吗啡片都给他吃下以后，也没有立刻止痛。

可是，现在他感觉到的痛苦却非常轻松，如果就这样下去而不变得更糟的话，那就没有什么需要担心的事情了。不过他想，要是能有更好的同伴在一起，该有多好。

他想了一下他想要的同伴。

不，他想，你干什么事情，总是干得太久，也干得太晚了，你不可能指望人家还在那儿。人家全走啦。已经酒阑席散，现在只留下你和女主人啦。

我对死越来越感到厌倦，就跟我对其他一切东西都感到厌倦一样，他想。

"真使人厌倦，"他禁不住说出声来。

"你说什么，亲爱的？"

"你干什么事情都干得太久了。"

他瞅着她坐在自己身边和篝火之间。她靠坐在椅子里，火光在她那线条动人的脸上照耀着，他看得出她困了。他听见那只鬣狗就在那一圈火光外发出一声嗥叫。

"我一直在写东西，"他说，"我累啦。"

"你想你能睡得着吗？"

"一定能睡着。为什么你还不去睡？"

"我喜欢跟你一起坐在这里。"

"感觉到有什么奇怪的东西吗？"他问她。

"没有。只是我有点困啦。"

"我可是感觉到了。"

就在这时候，他感到死神又一次临近了。

"你知道，我唯一没有失去的东西，只有好奇心了，"他对她说。

"你从来没有失去什么东西。你是我所知道的一个最完美的人了。"

"天哪，"他说。"女人知道的东西实在太少啦。你根据什么这样说？是直觉吗？"

因为正是这个时候死神来了，死神的头靠在帆布床的脚上，他闻得出它的呼吸。

"你可千万别相信死神是镰刀和骷髅，"他告诉她。"它很可能是两个从从容容骑着自行车的警察或者是一只鸟儿。或者是像鬣狗一样有一只大鼻子。"

现在死神已经挨到他的身上来了，可是它已不再具有任何形状了。它只是占有空间。

"告诉它走开。"

它没有走，相反挨得更近了。

"你呼哧呼哧地净喘气，"他对它说，"你这个臭杂种。"

它还是在向他一步步挨近，现在他不能对它说话了，当它发现他不能说话的时候，又向他挨近了一点，现在他想默默地把它赶走，但是它爬到他的身上来了，这样，它的重量就全压到他的胸口了,它卧在那儿,他不能动弹也说不出话来,他听见女人说,"先生睡着了,把床轻轻地抬起来,抬到帐篷里去吧。"

他不能开口告诉她把它赶走,现在它更沉重地卧在他的身上,这样他气也透不过来了,但是当他们抬起帆布床的时候,忽然一切又正常了,重压从他胸前消失了。

现在已是早晨,已是早晨好一会儿了,他听见了飞机声。飞机显得很小,接着飞了一大圈,两个男仆跑出来用汽油点燃了火,堆上野草,这样在平地两端就冒起了两股浓烟,晨风把浓烟吹向帐篷,飞机又绕了两圈,这次是低飞了,接着往下滑翔,拉平,平稳地着陆了,老康普顿穿着宽大的便裤,上身穿一件花呢茄克,头上戴着一顶棕色毡帽,朝着他走来。

"怎么回事啊,老伙计?"康普顿说。

"腿坏了,"他告诉他。"你要吃点儿早饭吗?"

"谢谢。我只要喝点茶就行啦,你知道这是一架'天社蛾',我没有能搞到那架'夫人'。只能坐一个人。你的卡车正在路上。"

海伦把康普顿拉到旁边去,正在给他说着什么话。康普顿显得更兴高采烈地走回来。

"我们得马上把你抬进飞机去,"他说。"我还要回来接你太太。现在我怕我得在阿鲁沙停一下加油。咱们最好马上就走。"

"喝点茶怎么样?"

"你知道,我实在并不想喝。"

两个男仆抬起了帆布床,绕着那些绿色的帐篷兜了一圈,然后沿着岩石走到那片平地上,走过那两股浓烟——现在正亮晃晃地燃烧着,风吹旺了火,野草都烧光了——来到那架小飞机前。好不容易把他抬进飞机,一进飞机他就躺在皮椅子里,那条腿直挺挺地伸到康普顿的座位旁边。康普顿发动了马达,便上了飞机。他向海伦和两个男仆扬手告别,马达的咔哒声变成惯常熟悉的吼声,他们摇摇摆摆地打着转儿,康普顿留神地看着那些野猪的洞穴,飞机在两堆火光之间的平地上怒吼着,颠簸着,随着最后一次颠簸起飞了,而他看见他们都站在下面扬手,山边的那个帐篷现在显得扁扁的,平原展开着,一簇簇的树林,那片灌木丛也显得扁扁的,那一条条野兽出没的小道,现在似乎都平坦坦地通向那些干涸的水穴,有一处新发现的水,这是他过去从来不知道的。斑马,现在只看到它们那圆圆的隆起的背脊了。大羚羊像长手指头那么大,它们越过平原时,仿佛是大头的黑点在地上爬行,现在当飞机的影子向它们逼近时,都四散奔跑了,它们现在显得更小了,动作也看不出是在奔驰了。你极目望去,现在平原是一片灰黄色,前面是老康普顿的花呢茄克的背影和那顶棕色的毡帽。接着他们飞过了第一批群山,大羚羊正往山上跑去,接着他们又飞越高峻的山岭,陡峭的深谷里斜生着浓绿的森林,还有那生长着茁壮的竹林的山坡,接着又是一大片茂密的森林,他们又飞过森林,穿越一座座尖峰和山谷。山岭渐渐低斜,接着又是一片平原,现在天热起来了,大地显出一片紫棕色,飞机热哄哄地颠簸着,康普顿回过头来看看他在飞行中情况怎样。接着前面又是黑压压的崇山峻岭。

接着,他们不是往阿鲁沙方向飞,而是转向左方,很显然,他揣想他们的燃料足够了,往下看,他见到一片像筛子里筛落下来的粉红色的云,正掠过大地,从空中看去,却像是突然出现的暴风雪的第一阵飞雪,他知道那是蝗虫从南方飞来了。接着他们爬高,似乎他们是往东方飞,接着天色晦暗,他们碰上了一场暴风雨,大雨如注,仿佛穿过一道瀑布似的,接着他们穿出水帘，康普顿转过头来咧嘴笑着，一面用手指着，于是在前方，极目所见，他看到像整个世界那样宽广无垠，在阳光中显得那么高耸、宏大，而且白得令人不可置信，那是乞力马扎罗山的方形的山巅。于是他明白，那儿就是他现在要飞去的地方。

正是这个当儿，鬣狗在夜里停止了呜咽，开始发出一种奇怪的几乎像人那样的哭声。女人听到了这种声音，在床上不安地反侧着。她并没有醒。在梦里她正在长岛的家里，这是她女儿第一次参加社交的前夜。似乎她的父亲也在场，他显得很粗暴。接着鬣狗的大声哭叫把她吵醒了，一时她不知道自己身在何处，她很害怕。接着她拿起手电照着另一张帆布床，哈里睡着以后，他们把床抬进来了。在蚊帐的木条下，他的身躯隐约可见，但是他似乎把那条腿伸出来了，在帆布床沿耷拉着，敷着药的纱布都掉落了下来，她不忍再看这幅景象。

"莫洛，"她喊道，"莫洛！莫洛！"

接着她说："哈里，哈里！"接着她提高了嗓子，"哈里！请你醒醒，啊，哈里！"

没有回答，也听不见他的呼吸声。

帐篷外，鬣狗还在发出那种奇怪的叫声，她就是给那种叫声惊醒的。但是因为她的心在怦怦跳着，她听不见鬣狗的哭叫声了。

汤永宽 译

【导读】

《乞力马扎罗的雪》讲述的是一个作家哈里去非洲狩猎，但在途中汽车抛锚，他的皮肤被刺划破，因此染上了坏疽病。在他和情人等待飞机救援时，在生命的最后时刻回到过去，回顾了过去到现在的历程。哈里有着很多经历，他都想把这些故事写下来，却无法完成自己的梦想，追悔不已。最终，他死在一个梦境：他乘着飞机，向非洲最高峰——乞力马扎罗的山顶飞去。

《乞力马扎罗的雪》一直贯穿着自然拯救的主旨。哈里远离家门来到非洲，实际就是对美好大自然的憧憬以及对喧闹城市的厌恶。他就是希望从头开始，不仅仅是为了旅游和刺激，更多的是为了找回自我和寻求自然，是为了找回作家的灵感、睿智和执着。而非洲是一个几乎与外界隔绝，远离世俗的地方，原始、纯然，表现出与大城市完全不同的环境景象。这样的世界可以给人不限的想象和启迪。

作者借助意识流的手法，将哈里来到原始非洲的感悟和体会描绘出来。最低限度的舒适实际指哈里回归自然的愿望，作者并没有直接描写哈里舒适、懒散的都市生活，但从哈里和海伦的对话及哈里的回忆中，我们可以看到污浊喧嚣的城市和天然开阔的自然的强烈对比，作者的追求显而易见。哈里也感到重新恢复，真善美之心慢慢复苏。他开始对过去追忆，对自己生命状态的重新思索，升华出理性的思索，使得心灵与自然有机地契合在一起。世界与自我融为一体，万物与自我同根同源，因此哈里对过去的虚度悔恨不已。

身处大自然的哈里虽然得到了一定的感化，但仍旧无法彻底摆脱世俗的杂念与诱惑，因此，在最后哈里通过死亡的救赎完成拯救，死亡即新生，哈里经历了肉到灵，由死亡到新生的生命历程。哈里正是在临死前的回忆和感悟中找回了迷失已久的生活的目标和价值，通过死亡而完成了与大自然的融合。

【思考】

1. 简单谈谈作者意识流手法的运用。
2. 谈谈这篇小说所展现的关于生与死的主题。

参考文献

[1] 沈玉成,刘宁. 春秋左传学史稿[M].南京:江苏古籍出版社,1992.

[2] 缪文远. 战国策新校注[M]. 成都:巴蜀书社,1987.

[3] 余冠英. 汉魏六朝诗选[M]. 北京:人民文学出版社,1978.

[4] 程千帆,吴新雷. 两宋文学史[M]. 上海:上海古籍出版社,1991.

[5] 孔凡礼. 苏轼文集[M].北京:中华书局,1986.

[6] 王兆鹏. 唐宋词汇评[M].杭州:浙江教育出版社,2004.

[7] 沈祖棻. 宋词赏析[M].北京:北京出版社,2003.

[8] 牛海蓉. 元初宋金遗民词人研究[M].北京:中国社会科学出版社,2007.

[9] 隋树森. 元曲选外编[M].北京:中华书局,1980.

[10] 徐沁君. 新校元刊杂剧三十种[M].北京:中华书局,1980.

[11] 王季思,等. 元散曲选注[M].北京:北京出版社,1981.

[12] 郭豫适. 论红楼梦及其研究[M].上海:上海古籍出版社,1992.

[13] 游国恩. 中国文学史[M].北京:人民文学出版社,1996.

[14] 袁行霈,聂石樵,李炳海. 中国文学史[M].北京:高等教育出版社,2014.

[15] 朱东润. 中国历代文学作品选[M].上海:上海古籍出版社,2003.

[16] 冯其庸. 历代文选[M].北京:中国青年出版社,1997.

[17] 程千帆. 古今诗选[M].上海:上海古籍出版社,1983.

[18] 钱谷融,吴宏聪. 中国现代文学作品选[M].上海:华东师范大学出版社,2001.

[19] 陈思和. 中国现当代文学名篇十五讲[M] 北京:北京大学出版社,2009.

[20] 王庆生. 中国当代文学作品选[M].武汉:华中师范大学出版社,2001.

[21] 钱理群,温儒敏,吴福辉. 中国现代文学三十年(修订版)[M]. 北京:北京大学出版社,2013.

[22] 洪子诚. 中国当代文学史[M]. 北京:北京大学出版社,2010.

[23] 严家炎. 二十世纪中国文学史[M]. 北京:高等教育出版社,2010.

[24] 李怡,干天全. 中国现当代文学[M]. 重庆:重庆大学出版社,2010.

[25] 聂珍钊. 外国文学作品选[M].武汉:华中师范大学出版社,2000.

[26] 朱维之. 外国文学史(欧美卷)[M]. 北京:人民文学出版社,1998.

[27] 冯天瑜. 中华文化史[M].上海:上海人民出版社,2005.

[28] 童庆炳. 文学概论[M].武汉:武汉大学出版社,1997.

[29] 李泽厚. 美的历程[M].合肥:安徽文艺出版社,1994.

后 记

　　近年来,在高校转型的大趋势下,我校《大学语文》课程的设置也是时废时立。直到去年,在我院院长李振华教授及本教研室各位老师的共同努力下,该课程的设置方案才尘埃落定,《大学语文》作为重要的文化素质教育课程,再次在全校范围内全面开设。

　　在此背景下,本教研室各位老师召开紧急会议并取得了一致认识,认为新的环境和新的形势对教材建设提出了新的要求,为适应技术应用型大学教学改革的总目标,我们应编写出适合该类大学学生实际情况的新型教材。考虑到应用技术型大学学生文化素养普遍偏低以及普遍不重视的情况,加强其文化修养和审美能力则是首要任务。因此,本教研室老师在总结各高校《大学语文》课程教学及各种教材的基础上,正式开启了本教材的编写工作。

　　经过几个月的紧张编写和反复修改,本教材基本成型。本教材由主编黎晓莲整体策划、组织编撰、协调分配。具体分工如下:黎晓莲负责中国文学的先秦、两汉、魏晋南北朝及唐代部分,徐萍负责中国文学的宋、元、明、清部分,李婷负责中国文学的现当代部分和外国文学部分,黄妮妮负责本书的校对及后期编排工作。其中,简介、前言、后记、参考文献,中国文学的先秦、两汉、魏晋南北朝及唐代部分的编排由黎晓莲撰写;先秦、两汉部分的导读由彭晓玲撰写;魏晋南北朝部分的导读由鲁清清撰写;唐代部分的导读由陆燊佳和吴莹撰写;宋、元、明、清部分的编排和宋代部分的导读由徐萍撰写;元代部分的导读由张星星撰写;明清部分的导读由黄妮妮撰写;现当代和外国部分全部由李婷撰写。另外,本教材部分材料来自网络和大量同类教材,因作者无法考证或无法取得联系,故教材中并未署名,在此特向原作者和版权所有者略表歉意和谢意。

　　最后,再次向本教材编写过程中曾经给予指导、关心和帮助的各界人士致以最深挚的谢意! 对于书中的疏漏和不足,还恳请各专家学者、同行和同学们提出宝贵意见!

编 者

2016 年 3 月